【越南人文研究丛书】

刘玉珺 主编

喃字文字学概论

［越］阮光红◎著

梁茂华 刘亚琼 黄先民◎译

本书受到国家社科基金重大招标项目
“中越书籍交流研究（多卷本）”
（20&ZD333）资助

巴蜀书社

图书在版编目（CIP）数据

喃字文字学概论 /［越］阮光红著；梁茂华，刘亚琼，黄先民译 . -- 成都：巴蜀书社，2024.10.（2025.6 重印）

ISBN 978-7-5531-2273-1

Ⅰ . H282.2

中国国家版本馆 CIP 数据核字第 2024UC8321 号

NANZI WENZIXUE GAILUN

喃字文字学概论

［越］阮光红 著

梁茂华　刘亚琼　黄先民 译

主　　编	刘玉珺
责任编辑	康丽华
责任印制	田东洋　谷雨婷
出　　版	巴蜀书社 四川省成都市锦江区三色路238号新华之星A座36楼 邮编：610023　总编室电话：（028）86361843
网　　址	www.bsbook.com
发　　行	巴蜀书社 发行科电话：（028）86361852
经　　销	新华书店
制　　作	四川胜翔数码印务设计有限公司
印　　刷	成都壹起印数码印刷有限公司
版　　次	2024年12月第1版
印　　次	2025年6月第2次印刷
开　　本	148mm × 210mm
印　　张	16.5
字　　数	400千
书　　号	ISBN 978-7-5531-2273-1
定　　价	108.00元

总　序

刘玉珺

越南是与中国关系最密切的邻国之一。中越两国历史渊源至少可以上溯到秦始皇三十三年（前 214）平定岭南，所设三郡中的象郡。象郡所辖之地即包括了今越南的中北部，这也开启了相关区域作为中国一个郡县的历史。唐高宗调露元年（679）改交州大总管为安南都护府，属岭南道，以刘延佑为都护，从此“安南”作为越南的正式名称一直沿用至清初。公元 968 年，丁部领自称为“大胜明皇帝”，建立了大瞿越国，越南正式结束了北属郡县时期的历史，进入了独立自主的封建王朝时期。开宝八年（975），宋太祖封丁部领为交趾郡王，之后中越两国建立了长达近千年的宗藩关系，直至 1884 年越南沦为法国殖民地。因此，以历史的眼光来看，一部越南古代史几乎就是一部中越古代关系史。

作为汉文化圈的组成部分，越南也是使用汉字历史最为悠久的域外国家之一。1945 年，越南宣布独立，成立民主共和国，拉丁化的越南国语字成为法定文字，才取代了汉字在越南文字系统中的主导地位。从文化交流来看，毫无疑问，书籍是中越两国文化往来最重要的载体和媒介，中越书籍交流史的起点甚至有可能更早于汉文化圈其他文明单元之间的书籍交流。在上述背景之下，我于 2020 年申请了国家社科基金重大招标项目“中越书籍交流研究（多卷本）”（20&ZD333），希望通过这个项目的研究达到如下学术目标：

一，从提供学术新知和梳理历史脉络而言，力图勾勒出两千余年来中越书籍交流的历史过程，细致地追寻古典汉籍在书籍之路上的多向流转和辐射轨迹，多维度地完善、丰富东亚书籍史的书写，填补目前尚无中越书籍交流的系统、全面研究成果的学术空白。

二，从拓展研究新领域而言，将努力挖掘一批学术界鲜有利用过的学术新史料，在此基础上提出研究新论题。以更为丰富的研究手段，构建东亚书籍史研究的新理论，提供详尽的史实与鲜活的个案，开拓韩越、日越比较等具有创新价值的学术新领域，丰富和完善传统的研究主题和论述体系。

三，从扩大研究视角而言，试图在更为宽广的视野下审视以书籍为载体的汉文化的发展和变迁，改变以往的东亚整体研究，往往以中、朝、日为主角，越南研究则常常缺席的状况，实现真正意义上的汉文化整体视野的学术观照，更全面地实践“作为方法的汉文化圈”的学术理念与思考模式，为建立以书籍为切入视角，包含汉文化完整知识结构的、真正可以与西方学术对话的东方古典学研究做出贡献。

四，从学科发展而言，越南的古代文明和民族文化均是在中华文明的影响下发展起来的，以文献之眼追寻书籍之路，从而更深入地观察中华文明在世界文明中是如何确立经典地位，以及与其他民族文化融合后所发生的历史演变。

五，从提供新的学术资料而言，拟整理、编纂出一批具有重要学术意义的新资料和工具书。这批资料既包括中越两国的逸书，也包括涉及文学、历史、哲学、语言、艺术等多个学科的越南重要学术基本典籍，着力改变现有越南古典学研究资料匮乏的局面，促进中越古典学研究的相互借鉴和融合。

然而，在具体实施的过程中，我却深刻地感受到，除在申请课题之际已经预想到的研究资料复写不易、异国访书与田野调查条件艰苦、在知识结构上难以真正做到贯通东亚、所面对的越南汉喃古籍文献形态复杂、杂抄本的辨读难度大等难点之外，还面临着已有学术基础过于薄弱的问题。例如，中越书籍交流研究所面对的书籍，除了汉文典籍之外，还包括越南的喃文典籍和拉丁化越南文典籍。所谓的喃字，是一种模仿会意、假借、形声等造字方法，用汉字字形来拼写越语语音的文字。喃字分属于汉字系统，是汉字与越南俗语乡语相结合的产物。中国典籍的喃译是本课题研究的重点，目前能够很好地掌握喃文的中国学者不多，而越南学者又往往与汉文化有一定的隔阂。为了真正达到既定的学术目标，需要课题组成员不仅对书籍本身进行钻研，还须充分了解越南学者已有的喃字研究成果。类似的情况不一而足。

二十多年前，我在攻读博士学位期间，为弥补语言的不足，曾穷尽力量搜寻越南学者的中文译著进行研读，当时仅找到明峥《越南史略》（范宏科、吕谷译，生活·读书·新知三联书店，1958 年）、陶维英《越南古代史》（刘统文、子钺译，科学出版社，1959 年）、明峥《越南社会发展史研究》（范宏贵译，生活·读书·新知三联书店，1963 年）、阮鸿峰《越南村社》（梁红奋译，云南省东南亚研究所，1983 年）、陈重金《越南通史》（戴可来译，商务印书馆，1992 年）等为数不多的几部关于越南历史研究的著作。至今，除了陈重金的《越南通史》分别以《海外东南亚研究译丛》《区域国别史丛书》的名义被重新翻印外，国内对于越南学者文史研究专著的译介，依然处于亟待开拓之境。尤其是与同属汉文化圈的日本、韩国相比，几乎接近于空白。因此，从近期目标来看，是为了切实推进中越书籍交流的研究，从长远来看，则是为了加深国内学术界对相关越南学术研究成果的把握，遂有了以“越南人文研究丛书”之名，将课题阶段性成果中较为成熟的部分结集出版的计划。这套丛书既包括课题组成员直接的学术研究成果，也收录课题组成员所翻译的、具有代表性的学术著作。最终的目标是期待这一系列著作的出版，能够真正推动越南学研究的发展，使得东亚汉文化圈的古典学研究体系更为完善。

作 者 简 介

阮光红教授

1939 己卯年生于越南广南省潍川县茶峤村。1965 年获得中国北京大学文学学士学位，1974 年获得苏联科学院东方学研究所、莫斯科国立大学文学副博士学位，1985 年获得莫斯科国立大学文学博士学位。1984 年晋升为副教授，1991 年晋升为教授。原越南汉喃研究院副院长、高级专员，原越南语言学会主席兼《语言与生活》总编，原越南国家教授职称委员会委员兼语言学教授职称委员会主席，原越南国家文化遗产委员会委员，越南河内国家大学兼职教授。多年在越南各大科研院校从事语言学及文字学的教学和科研工作。

主要著作：

1. *Văn khắc Hán Nôm Việt Nam*《越南汉喃铭文》（主编），河内：社会科学出版社，1992 年。

2. *Âm tiết và loại hình ngôn ngữ*《音节与语言类型》（专著），河内：社会科学出版社，1994 年；河内：河内国家大学出版社，2001 年；胡志明市：胡志明国家大学出版社，2012 年。

3. *Di văn Chùa Dâu*《延应寺遗文》（主编），河内：社会科学出版社，1996 年。

4. *Truyền kỳ mạn lục giải âm*《传奇漫录解音》（编订、译注），河内：社会科学出版社，2001 年 / 2019 年（再版）。

5. *Tự điển chữ Nôm*《喃字字典》（主编），河内：教育出版社，

2006 年。

6. *Kho chữ Hán Nôm mã hóa*《汉喃文字数字库》（主编：阮光红、吴清娴），河内：社会科学出版社，2008 年。

7. *Khái luận văn tự học chữ Nôm*《喃字文字学概论》（专著），胡志明市：教育出版社，2008 年。

8. *Tự điển chữ Nôm dẫn giải*《喃字字典引解》（全 2 册），河内：社会科学出版社，2014 年/2021 年（再版）。

9. *Âm tiết tiếng Việt và ngôn từ thi ca* 《越南语的音节与诗歌》（阮光红、潘艳芳），河内：河内国家大学出版社，2016 年。

10. *Ngôn ngữ. Văn tự. Ngữ văn*《语言、文字、语文》（论文选集），河内：社会科学出版社，2018 年。

主要获奖情况：

2017 年，专著《喃字文字学概论》荣获越南最高奖之一——国家科学技术奖；

2022 年，字典《喃字字典引解》荣获越南最高奖之一——胡志明奖。

前　言

本书是文字学研究领域的一部专著。文字学研究常涉及语言学，与语言学一并成为东西方语文科学的两大支柱。本书主要针对人们试图了解越南各民族的传统文字，尤其是越族喃字的诸多问题进行系统的研究与论述。本书的各章将对上述问题依次展开讨绎。前三章介绍越南各种传统文字，通过对照比较区域中与喃字相关的汉字和其他相关民族的传统文字书写系统来探讨喃字的渊源和形成过程，并确定其类型特征。第四章和第五章深入考察越族喃字的功能结构、形体结构及喃字的历史演变情况。此两章旁征博引大量喃字史料并对其进行详细分析，就深层次问题展开必要研究。最后一章在古今越南社会使用汉字和国语字背景下，对喃字的社会功能、使用环境及其作用进行考察。此外，作为附录，“喃字和国语字之外的越南文字设想”对越南前贤冀望创制能以毛笔书写、形类喃字的表音越南文字的构思进行述评。

对上述内容进行研究，显然必须使用比较研究方法，就诸多相关对象进行多维度比较研究：首先，对民族文字系统，尤其是对类型相同，抑或相异的同源传统民族文字进行比较研究；其次，对同一历史时期或不同历史时期的文字现象进行比较研究等。正因如此，本书使用了丰富而多样的材料。若非基于确凿可信的材料，那么诸多著作的考究与认识将缺乏价值可言。为了获取确凿可信的材料，作者躬亲对诸多文献上的证据与材料进行考察、搜集和统计。至于不得已而援引非“亲眼所见”的证据与材料，则在行文中对其来源做详细注解。在援引喃字证据与资料时，为了让读者确实读到喃字原貌，除使用国语字将其译介外，还运用同行提供的喃字字体输入法。例如，用顺化潘英勇（Phan Anh Dũng）先生创制的 Việt-Hán-Nôm 输入法；河内 Nôm Na 协会创制的 Hanokey-Nom Na Tong 输入法将其打出。一些年轻朋友还帮助笔者造出目前所使用喃字字库中尚阙如的若干字形。在不少情况下，为了分析和解释某些喃字，笔者也须使用一些特别的符号，谨做如下说明：

“/”符号，如 A/B：指总体上并行使用的字体，以及喃字（包括汉字）的异体或变体字体。

“>”符号，如 A>B：指演变的方向或双方的演变结果。

“<>”符号，如 A<>B：指比较对照或双方的对立关系。

“{}”符号中的“+”符号，如{A+B}：指合体字的结构部件。这种结构可以有不同的体现形式，如⿰符号指“左右结构”，⿱符号指“上下结构”，⿴符号指“全包围结构”，⿺符号指“半包围结构”，等等。

2006 年初至 2007 年末，笔者伏案一年有余撰写了这一研究专著。但笔者对专著中涉及的诸多问题的关注已 20 余年，其中大致从 2004 年至 2007 年倾注的心血最多。若干具体问题，笔者已在不少越南国内外学术研讨会中阐述过，或已成文发表于专业期刊。

诚然笔者在研究中倾注了大量心血和气力，但可以肯定的是专著中并非所有的问题都能进行彻底阐述，错漏之处在所难免。希望读者诸贤及学界同行雅量分享和不吝赐教。

在此项目研究、撰写和出版过程中，汉喃研究院、教育出版社、诸位同行以及家中亲人为笔者创造了有利条件，并尽心帮助。在此一并致以诚挚谢忱。

阮光红

丁亥年末于河内

目录

001　**第一章　文字学及越南传统书写文字系统**

001　第一节　开篇概念界定

011　第二节　越南传统文字概览

049　第三节　关于若干概念的讨论

059　**第二章　喃字的起源及其形成**

059　第一节　古越字、越语、汉越音

080　第二节　越族喃字的渊源及其形成

135　**第三章　汉字与喃字概览**

135　第一节　汉字的范式

154　第二节　喃字与其他民族的类汉字

174　第三节　喃文作品中的汉字和喃字

198 **第四章 喃字的结构与功能**

198 第一节 对象及方法之界说

210 第二节 喃字造字的方式及成素

264 第三节 部首的功能

282 第四节 喃字之转用

288 第五节 喃字形体的特点

320 **第五章 喃字的历史演变**

320 第一节 喃字的内在演变

364 第二节 喃字系统的发展进程

369 **第六章 越南社会生活中的喃字**

369 第一节 喃字的使用领域

409 第二节 传统文字与现代生活

442 **附录 喃字和国语字之外的越南文字方案设想**

466 **汉喃文献**

478 **参考文献**

504 **译后记**

512 **编后记**

第一章　文字学及越南传统书写文字系统

开篇概念界定

越南传统书写文字系统

关于若干概念之讨论

第一节　开篇概念界定

一、语言与文字

语言及之后出现的文字（书写文字），是人类诸多发明中最为重要的两种发明。动物也用某种信号系统进行交流，例如：蜜蜂使用各种飞行模式来相互告知如何找到花粉；鸟类用叫声“求偶”，或传递好的、坏的信息；长臂猿使用不同的声音来召唤同伴或发出警报；等等。较之于人类的语言系统和文字书写系统，动物的此类信号系统均非常简单。自从创造出语言之后，人类才逐步与类人猿分化，成为真正意义上的人。而自从创造出文字之后，人类才可以记录自己的历史，结束“史前”时期，迈进有文字记载的历史阶段。

语言是人类创造的用于特定社会群体进行交流的有声信号系统。它是人类交流最为重要的工具。尽管图画、行为/肢体语言均可用以表示情感或想法，但其信息传递能力大受限制，因为它们所蕴含的信息不如话语声音这一复杂系统所承载的信息丰富，况且当被障碍物遮蔽或缺少光亮时就难以被感知。这些视觉效果，只可以在人们面对面进行语言交流时起到辅助的作用。在此过程中，因为每个人的肌体中均有语言发音器官和听觉感知器官，使得语言通过声音发出并被听觉器官所感知，成为最便捷的交流工具。当然作为有声语言交流也有其局限性：听、说双方必须进行即时和现场交流，换而言之即“发言”和“受听”必须在有限的狭小空间范围内同时进行。人类已有很多办法克服和补救有声语言的上述“局限性”，并创造出诸多工具以拓展语言的“功能”。

“书面语”（文字）是人类创造的通过视觉认知的工具，在时空方面拓展了语言活动功能的范围。古往今来，文字一直是语言最得力和最重要的辅助工具。基于现代通讯技术的诸多交流工具，在目前人类生活交流中扮演重要的角色，但它们均无法脱离世界各民族和国家的语言与文字。

在语文科学的各领域中，专门研究文字的领域被称为“文字学”（Grammatology）。在（越南）文字学学科中，“文字”这一汉越术语的使用与“书面语”这一词语相当。文字学框架之外，在越语中“文字”这一词还有“文书”之意（比如越南俗语“卖天无需文书”）。就如俄语中“письмо”一词不仅有“书面语”（文字）之意，而且还有“书信”之意；英文中“writing”不仅有“书面语”（文字）之意，而且还有“书写”和“文章、作品”之意。

总而言之，文字学可以研究人类的文字现象，确定文字的属性与功能，同时还可以关注不同的书写文字系统，并根据其根源和类型来探究世界各种不同文字的形成、演变和传播的共同规律。我们可以在世界文字学领域的若干名著中看到不同学者对上述问题的相似阐述：苏联文字学家伊斯特林（V.A. Istrin）1961 年出版的《文字发展史》（*Развитие пиьма*）[1]，美国文字学家伊格纳茨·杰·盖尔布（I.J. Gelb）1963 年出版的《文字研究》（*A Study of Writing*）[2]，德国文字学家约翰内斯·冯·弗雷德里希（J.V. Friedrich）1966 年出版的《文字历史》[3]，以及中国学者周有光分别于 1997 年和 1998 年出版的《世界文字发展史》[4]和《比较文字学初探》[5]，等等。文字学大纲中有着太多的共同问题需要探讨，但本研究暂时仅就若干我们认为对阐述观点和见解不可或缺的问题进行探究。

（一）文字的根源与"前文字"概念

世界上对古文字进行综合研究的著作表明，古代所有的文字均源于图画。原始人的图画朝着两个方向发展：一是艺术化，逐渐形成绘画艺术；一是符号化，逐渐形成文字。从图画变成文字必须经过不同步骤的演变。首先，那些综合的图画，对某些固定对象具有写实性，并且根据联想的可能性连接在一起，以便可以表达某些概念，传达给他人。在此情况下，图画与某种固定语言无关，说不同语言的人可以用自己的语言推测和"阅读"图画。这些图画可以在世界上许多原始人居住的地方找到。这些图画有时被称为"图画字"，但由于它们不与特定语言联系在一起，所以文字学家们将其视为"前文字"，而不是真正的文字。

---

① ［苏联］伊斯特林：《文字发展史》，莫斯科：苏联科学院出版社，1961 年。

② ［美］伊格纳茨·杰·盖尔布：《文字研究》，芝加哥：芝加哥大学出版社，1963 年。

③ ［德］约翰内斯·冯·弗雷德里希著，［越］范文快译：《文字历史》，河内：河内国家大学下属人文与社会科学大学，2005 年。

④ 周有光：《世界文字发展史》，上海：上海教育出版社，1997 年。

⑤ 周有光：《比较文字学初探》，北京：语文出版社，1998 年。

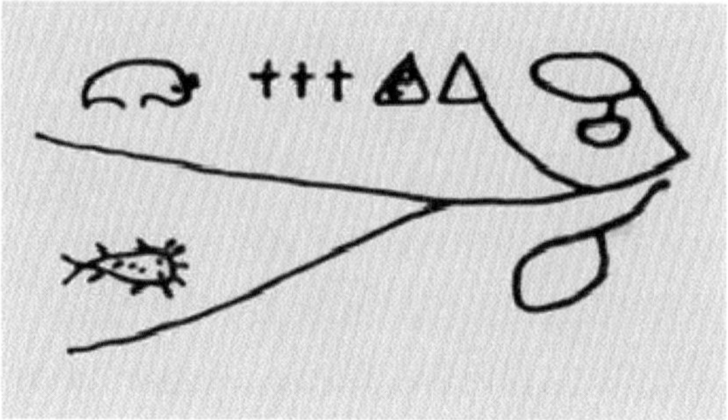

图 1.1.1.a：“前文字”图画[①]

上图是加拿大印第安欧吉蓓（Ojibwa）部落一位少女给男友的一封“前文字”情书：左上角的“熊”图腾是发信人（女方）的图腾。左下角的“泥狗”是收信人（男方）的图腾。上方三个“十字架”表示信基督教的三个女人。十字架的右边有两间小屋。其中的一间屋里画着一只“招呼的手”，表示这是发信少女的住处，希望男方赴约。右边尽头有三个湖泊，两大一小。有三条道路，一条通往男方的住处。

在接下来的步骤中，绘制的对象、事物通常会被简化，带有诸多象征和惯例的性质。在这些图中，有图画逐渐变得固定化，并且与所表示刻画事物、对象的词语的读音联系起来。同时，有些想法被他们刻画成真正表意的符号。那时，原始人创制的图画，就像是象形表意符号，可以代表一定的词语。此阶段正是人们创制象形表意文字的时期。象形文字常被借（假借）来记录无法用图画表示的语言。正因如此，在文本中除了表意象形字之外，开始出现了一些原本是象形字，但主要用于记录与其读音相同（或相近）的词语的字。美国语言学家莱昂纳德·布龙菲

① 图片来源于周有光：《世界文字发展史》，上海：上海教育出版社，2003年。

尔德（L. Bloomfield）认为："在一个真正的文字系统中，有些文字带有双重角色，既代表一个可以刻画成形的事物，又可以代表某种形式的语音或语言。"[①]中国古代刻在龟甲、兽骨上的甲骨文基本上就是这样一种音义兼表的文字。这是古代真正完整的文字系统之一。

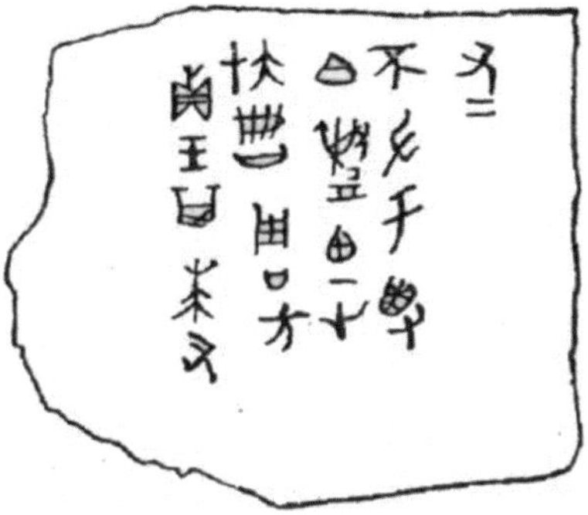

图 1.1.1.b：刻在龟甲上的甲骨文（卜辞）[②]

图 1.1.1.c：埃及古文字（从象形文字到表音文字）[③]

① [美]莱昂纳德·布龙菲尔德：《语言论》，纽约：亨利·霍尔特公司，1933年。

② 图片来源于张桂光：《汉字学简论》，广州：广东高等教育出版社，2004 年。

③ 图片来源于[德]约翰内斯·冯·弗雷德里希著，[越]范文快译：《文字历史》，河内：河内国家大学下属人文与社会科学大学，2005 年。

（二）文字的共同体（文字圈）及类型

虽然世界上很多地方曾发现了古代若干具有“前文字”性质的图画遗迹，甚至还发现了古代某些完整的文字系统被创制出来的证据，但并非所有这些原始文字都可以发展成今天的文字系统。例如，1500年前，中美洲的玛雅人已经创制了完整的文字系统，但16世纪中叶，这种文字被西班牙殖民主义者摧毁，并失传了350余年，直到20世纪中叶才通过遗留下来的几块石碑得以重见天日。当前，世界上使用的绝大多数文字体系，均主要源于埃及文字、苏美尔文字和汉字这几种历史悠久的古老文字。在欧洲，以希腊字母、拉丁字母或斯拉夫字母拼写的诸表音文字系统，以及中亚、印度和南亚诸表音文字系统，均受“楔形文字”（其前身为苏美尔文字）和“圣书”（其前身为古埃及文字）的双重影响而产生。而东亚地区诸音意兼表（包括纯表音）文字系统几乎均源于中国汉字。以上是从渊源的角度来考察现代诸文字系统之间的关系。

古老的同源文字，可以逐渐演化成多个不同的分支。例如，以拉丁字母拼写的诸文字系统从欧洲传遍全世界，形成了拉丁文字圈。汉字和类汉字文字系统则形成了方块汉字文字圈。对目前的情况进行考察，则当今世界上的所有文字可以分为5个不同的文字的共同体（“文字圈”）：（a）拉丁文字圈：使用范围超过世界面积的63%，人数占世界人口约30%。（b）汉字圈：使用范围小于世界面积的10%，人数占世界人口约25%。（c）梵文圈：使用范围小于世界面积的5%，人数占世界人口约20%。（d）阿拉伯文字圈：使用范围约占世界面积的15%，人数占世界人口约9%。（e）斯拉夫文字圈：使用范围约占世界面积的 13%，人数占世界人口约 9%。此外，使用范围占世界面积约 4%，人数占世界人口约 7%的其他民族也拥有自己的文字系统。他们的文字系统独立于上述几种文字的共同体（“文字圈”）。例如：中国彝族和水族的传统文字、纳西族的东巴文等。

如果从文字与语言关系的角度考察，又可以根据不同文字类型对各种文字系统进行分类。文字类型的分类有两种。第一种，根据文字单位与语言单位之间的音意对应关系，可以对文字系统进行如下分类：（a）表意文字（主要是“前文字”），这里的“表意”术语可以把它理解为广义的表意，它既是象形文字（可“望”字“生”意），又是表示思想的符号；（b）音意兼表文字，指由独立表意符号和独立表音符号结合起来的文字；（c）表音文字，其中又可以分为如下几小类：（c1）音节文字，（c2）音素文字（用字母拼写的拼音文字）。第二种，根据文字单位与语言单位之间关于语言信号表达的整体相关性，可以将文字分为：（A）表词文字（word），（B）语素文字（morpheme）。

（三）文字相对于语言的独立性

如上所述，图画符号不能与具体的语言单位相对应，因此无法形成真正的文字系统。语言和文字均随时间而不断发展和变化。但每种文字和语言系统均按自身的内在规律演变，它们之间虽有联系，但互不隶属。显而易见的是，经过长期的演变，语音会发生显著的变化，但文字仍可保持其原有形态。如此一来，将会出现文字与语音所要表达的意思无法真正匹配的现象。现代英国文字和英语便是个典型例子。重要的是，无论如何，文字仍然是经过视觉器官感受的符号系统，因此它可以接受不隶属于声音形式和语言形态的独立规则，以利于跨越时空而使用。就原则而言，为一种语言选择或转换文字类型与该语言类型特点无关，而很大程度上取决于母语人士的文化和历史条件。但是，语言类型特征对于一种语言与一种文字类型的适应性并非毫不相干。例如，无论是音意兼表的方块汉字，还是以拉丁字母拼写的越南国语字，时至今日这种以“语素-音节”为整体的传统拼写方式仍非常适合这两种“单音节孤立语”。

文字学研究对象可以是（同源）文字圈或者是一种具体类型的文字。其中，对照和比较多种文字系统的形成、传播过程及其类型特征将是此类研究的主要内容。比如，近期就涌现了诸多关于汉字和类汉字方块文字的比较研究成果：2000 年，（北京）华语教学出版社出版了由赵丽明、黄国营主编的《汉字的应用与传播》；2002 年，语文出版社出版了中国学者陆锡兴的《汉字传播史》；等等。

当然，文字学研究的对象也可以只是某种具体语言所对应的文字，比如通过汉字来研究汉语从古至今的发展变化情况。这些研究成果有：裘锡圭的《文字学概要》（1988/2002），刘又辛和方有国合著的《汉字发展史纲要》（2000 年，中国大百科全书出版社出版），张桂光的《汉字学简论》（2004/2005），等等。还有 20 世纪出版的吕思勉和唐兰等学者的名著。此外，还有学者通过研究喃字（chữ Nôm）或国语字（chữ Quốc ngữ）来考证越南语各阶段的发展情况。比如：陶维英（Đào Duy Anh）的《喃字的起源、结构与演变》（1975），阮才谨（Nguyễn Tài Cẩn）的《关于喃字的若干问题》（1985），杜光政（Đỗ Quang Chính）的《1620—1659 之间的国语字历史》（1972），黄春越（Hoàng Xuân Việt）的《国语字历史探究》（2007），等等。虽然上述文字学研究专著为此类文字学研究领域提供了诸多必要的证据和资料，但从另一方面来说，它们在对具体文字对象进行分析和研究的过程中，也从此类文字学研究领域中吸收了必要的知识。在一定程度和语境下，就某种具体文字，如喃字或国语字的专题研究，完全可以运用比较研究方法，对记录相同或相异语言的某种或几种文字系统，尤其是同类和同源的语言与文字进行比较研究。

二、语言、文字、民族

提起语言和文字，就不得不说到民族。在越南语和汉语中，“民族”这一概念（术语）的使用常常与民族学的“nation”和“ethnos”有所不同。当胡志明主席说“越南国家是一个整体，越南民族是一个整体”时，此处“民族”指的是“nation”，即越南国民。但当说到“在越南的国土上生活着 54 个兄弟民族”时，此处“民族”指的是“ethnos”，即具体的族群。但是，由于上下文有助于克服具体含义的“模糊性”，因此我们仍可以继续一如惯例地使用“民族”这一术语。只有在必要的时候，我们才将“国民”这一术语用指“nation”，而将“族群”用指“ethnos”。语言学领域也是如此，弄清语言（language）和言语（parole）之间的区别是非常有必要的，但对行文语境中已经明确意指“parole”的情况，也无须处处“忌讳”使用“语言”这一通俗常用的词语。比如，当人们提及“阮攸的语言”和“胡春香的语言”时，指的不是一般越南人的语言，而是指阮攸和胡春香所使用的越南语（语言）及其在他们作品（言语）中的体现。

据不完全统计，目前世界上有 6000 多种语言，但仅有 500 多种文字[①]。通常而言，每个民族都有自己的母语，但不同民族经过长期接触，有些民族可能会放弃自己的母语，并逐步转向使用其他民族的语言；反之，也有些民族发展出多个使用不同语言的分支。一个民族在自己的历史发展进程中，尤其是中世纪以来，有时除了自己的母语之外，还使用其他民族的语言和文字。这导致了世界上很多国家存在双语或多语的现象。每个民族从起源时起就拥有自己的语言，但不一定都拥有自己的文字。一个民族必须发展到一定的文明程度，才有创制文字的要求和条件。直到目前为止，仍有不少（民族）语言只用于口语交流而没有文字载体。与此同时，有些民族已经先后甚至同时使用不同的文字作为自己语言的载体。

据 1989 年统计，越南共有 54 个民族。其中，京（越）族人口最多，京族的语言和现代文字（国语字）被全国各族人民视为全国的通用语言和通用文字。总体而言，越南的每个民族均有自己的母语，但使用情况各有差异。少数民族也都在公共交际场合使用越语和国语字，使用程度也各有差异。

在越南 54 个民族中，目前 27 个民族已有记录本民族语言的文字。这些文字系统，大多是在拉丁字母基础上创制出来的，最早的是记录越南语的国语字（创制于 17 世纪中叶，19 世纪至今得以广泛普及），其余的主要是为西原和越北部分地区创制的民族文字系统。然而也有一些民族由于长期与印度文明和中华文明接触，在基于梵文字母或汉字的基础上自古就创制了不同的文字系统。我们将之称为越南各民族

① R. breton. Les ethnies.PUf，Que sais je?. N.1934，Paris，1981. 转引自［越］邓严万：《越南民族共同体》，胡志明市：胡志明市国家大学出版社，2003 年，第 54 页。

的传统文字系统。换言之，除了近现代因接触西方文明而创制的拉丁字母形态的文字系统外，越南各民族源于东方文明的类梵文和类汉字的其他文字系统都属于越南的传统文字系统。

梵文（其后是巴利文）的孳乳文字包括占族、南部高棉族、泰族（黑泰、白泰）、老挝族和越南北部卢族的传统文字系统。上述民族虽然已经或正在创制拉丁字母类型的文字系统记录他们的语言，但目前传统文字仍然是他们使用的正统文字。

汉字的孳乳文字则包括越族、岱族（包括艾族）、侬族、瑶族，以及在某种程度上还包括山由族和高栏族的传统文字系统。所有这些文字都像汉字一样属于音意兼表的“方块文字”，越南将它们统称为“喃字”，如越族喃字、岱族喃字和瑶族喃字等等。

第二节　越南传统文字概览

甲、类梵文文字系统

梵文是记录印欧语系梵语的文字。这种语言可能曾是一种自然语言，但现在它已不再用于交际，而只在印度古文献，特别是佛教经文中得以体现。多数大乘佛教经书用梵文书写。梵文可能源于苏美尔楔形文字，但经过了多次改变。中国唐朝玄奘法师（602—664）曾在《大唐西域记》中记载：“详其文字，梵天所制，原始垂则，四十七言也。”[①]

① 玄奘述，辩机撰：《大唐西域记》卷二《三国》，桂林：广西师范大学出版社，2007年，第21页。

अस्ति हस्तिनापुरे कर्पूरविलासो नाम रजकः। तस्य गर्द-
भो ऽतिभारवाहनाद्दुर्बलो मुमूर्षुरिवाभवत्। ततस्तेन रज-

（a）

गोबर ने और कुछ न कहा। लाठी कन्धे पर रखी और चल दिया। होरी उसे
जाते देखता हुआ अपना कलेजा ठंडा करता रहा। अब लड़के की सगाई में देर न करनी

（b）

图 1.2：印度梵文（a）、印地文（b）[①]

由于梵文是字母拼音文字，因此所有类梵文文字系统（不管如何改变）也都是字母拼音类型的文字。在诸多类梵文文字系统中，越南占文和泰（黑泰和白泰）文的本土特点最为浓郁。就传统文字和语言而言，越南境内的高棉族、佬族和卢族与他们在柬埔寨、老挝和中国等邻国的跨境族群并无二致。其中，占文由占族创制于古占婆之地，而越南西北地区的泰族文字虽然与老挝文字有直接联系，但已有较大的改进和变化，以便于越南泰族社会群体使用。

一、占文

据中国典籍和（越南）周边国家的史料记载可知，公元 190—193 年日南郡象林县占人起兵抗拒东汉，建立独立王国，定都茶峤（今属广南省潍川县）。随后该王国从岣蒙（Cù Mông）向南开疆拓土至今日之平顺省。及至 15 世纪（1471），越南后黎朝将占婆王国并入大越国版图。占语属马来南岛语系。占人传统文字直接在梵文字母基础上

① 资料来源周有光：《世界文字发展史》，上海：上海教育出版社，2003 年。

创制而成。占人古文字的使用散见于碑刻、棕榈叶刻文和纸质文本上。其中，占城碑文向来为东方学界所关注，并受到高度评价。在芽庄发现的以梵文刻就的占人武竞（Võ Cạnh）碑铭，年代当在 2 世纪左右，是东南亚所发现年代最早的古碑。在已发现的 170 块占城古碑中，仅在都城茶峤附近的美山圣地，就有 31 块。其中，13 块为梵文碑铭，10 块为古占文碑铭，4 块为梵文和占文并刻碑铭，另有 4 块已无法释读。在这些古碑中，年代可考者占 50%，其上下限分别为 579 年和 1166 年。法国学者皮诺（M.F. Pinot，法国远东博古学院院长）是首位对美山胜地古碑铭文进行释读并编号的学者。其中，刻于公元 658 年的 3 号碑最早记录了占婆王国的名称（Nagara Campa），而 22 号古碑的前半部分碑铭是梵文，供国王用以祭祀神灵；后半部分碑铭是古占文，供国王用以训导民众。传世抄录文献数量颇多，其中上百册藏编于远东博古学院、亚洲协会、巴黎外方传教会等机构的图书馆，及法国其他各大图书馆。此外，据越南社会科学院和国家文化遗产委员会资料显示，研究专家已对占族人家庭中尚保存的诸多抄录文献进行了初步的收集与研究。

古占字有多种形态。最常用的是标准体（Akhar Thrah）。从这种基本字体中衍生出繁复体（Akhar Yok）、悬挂体（Akhar atwer）和草书体（Akhar Kalimưng）三种变体。这三种变体文字都使用标准体占字（Akhar Thrah）的基本构字要素（包括 41 个字母和 24 个辅助符号），但进行了若干简化，改变了风格①。从传统标准体占字（Akhar Thrah）的使用角度看，目前越南的占人可以分成两个生活地域相距遥远的分支。

① 参见[越]裴庆世：《占语语法》，河内：教育出版社，1996 年，第 17—30 页。

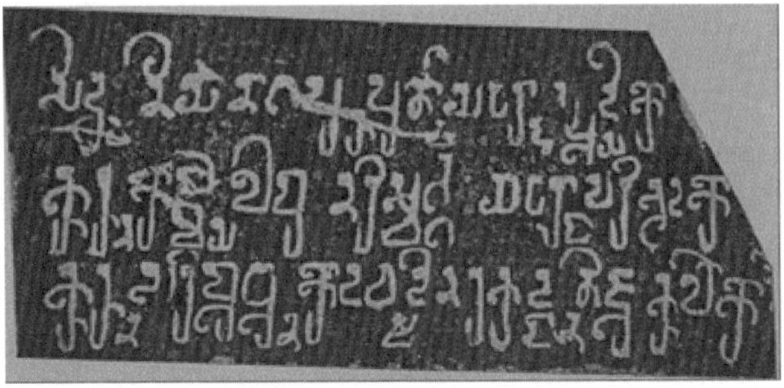

图 1.2.1. a：4 世纪茶峤东安州（Đông An Châu）碑铭古占字[1]

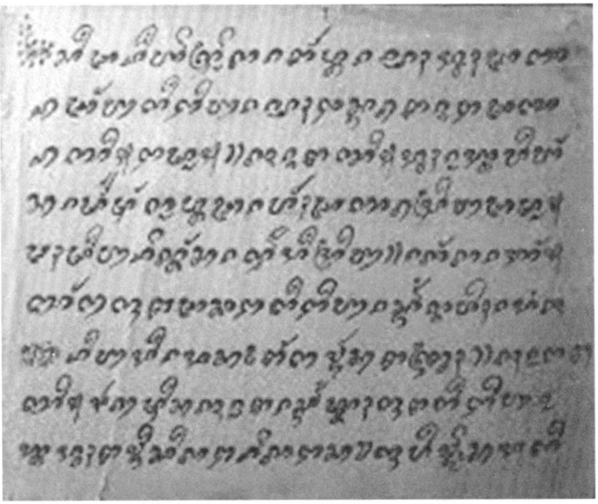

图 1.2.1. b：纸抄本上的标准占字[2]

一支继承了标准体占字（Akhar Thrah），反映了占族的古老语言，使用的地域主要在占人最集中的宁顺省和平顺省。那些区域目前还保存有诸多写在棕榈叶、纸张上的和碑刻、木刻（标准体古占字）文本。

① 资料来源《占婆文字》，Kauthara.org./article/108。

②《多彩占婆文化》，Traihevietnam.vn。

历经多个世纪后，标准体古占字相比初创时已发生了诸多改变：某些字符得到了补充或简化，另一些辅助字符不再标于字母之上或之下，而与字母同行并写。目前，此占人分支也已经创制出能用于电脑输入的文字输入法。如今，宁顺省和平顺省的占人知识分子仍向自己的子孙后辈教授标准体古占字，因为这种文字原用于抄录占人供奉婆罗门教和按本民族风俗习惯进行祭祀的祭文。

另一部分占人移居至印度尼西亚和马来西亚并皈依伊斯兰教，辗转到柬埔寨后，大部分又返回越南，散居于南部诸省，其中聚居于安江省的人数最多。此部分占人创制了直接受阿拉伯文字影响的阿拉伯占字，以及直接受马来西亚爪威文字影响的马来占字，从字体形态上看，这两种占字脱离了传统古占字的风格。借助此两种占字，南部占人可以通过诵读阿拉伯文《古兰经》和爪威文布道经书，学习伊斯兰教义。此外，南部占人群体还用马来占字来记录工作及进行信息交流。

长期以来，占族人散居于越南南方，形成不同地域的族群，其语言也大相迥异。因此，为占语创制一套统一的拉丁占文系统变得异常困难。法国学者曾创制了多套拉丁占文系统（例如新占文、罗马占文），其后胡志明市和西宁省也推出了几套占文系统。上述拉丁占文已在一些地方通用，尤其受到年轻（占）人的追捧。

二、泰文

泰国的泰文（以前称为暹罗文）原是基于孟文和高棉文创制而成，13 世纪的兰甘亨碑文是最古老的泰文碑铭。但是越南泰族使用的古泰文未必直接源于暹罗文。越南的泰人系从中国南方向南迁徙至越南西北部地区，散居于从红河西岸至清化山区、乂安等地，分成黑泰、白泰、由泰（Thái Do）、芒泰（Thái Mường）等若干支系。其中，从中国云南省迁徙至越南西北广大地区定居的黑泰（Thay Đăm）民族成分相对纯正，人口最多。有学者认为，公元前老泰人本来拥有与汉字相类的象形文字，后来演变为梵文类型文字，形成了北浒省（Bắc Cạn）和高平省（Cao Bằng）的泰族文字，进而演变和分化成西北和越北地区诸多形态各异的“鼠尾形”文字[①]，并以使用地域命名，如西北泰文、莱袍（Lai Pao）泰文、葵州（Quỳ Châu）泰文、曼青（Man Thanh）泰文等[②]。

据《大越史记全书·本纪》卷三记载，李朝丁未年（1067）间，哀牢与牛吼向大越进贡：“春，二月，牛吼、哀牢等国献金银、沉香、犀角、象牙、土宜等物。”[③]牛吼正是与哀牢接壤的山萝地区黑泰的祖先，俗称为“曼人”。

如今，黑泰和白泰的语言虽差异较大，但书写文字却基本一致。两种书写文字的相异之处是，黑泰文字没有白泰文字独有的表音符号。黑泰传统文字出现了两种发展趋势，一是保留了传统的古泰文，二是改进型泰文。人们可以在很多地方遗留下来的纸板、棕榈叶、铜箔等写本或刻本上看到黑泰传统古文字。这些文本记录了本民族祖先的来历、英雄事迹、民族法律习俗和诗文等。（*Xống chụ xon xao*，*Khun Lú*

① 详见[老]洪番·拉达纳冯：《佬-岱族群的葵州字是一种从中国象形文字发展到印度字母文字的过渡文字》，载《语言杂志》1996 年第 1—2 期，第 72—73 页。

② [越]陈智睿：《越南少数民族语言研究》，河内：河内国家大学出版社，1999 年，第 212—234 页。

③ [越]吴士连等著，越南社会科学通讯院译：《大越史记全书·本纪》卷三（黎朝正和版，1697），河内：社会科学出版社，1992 年，第 244 页。

Nàng Ủa，*Táy pú xấc*，*Quám tô mương*，v.v.等著作均有反映。）

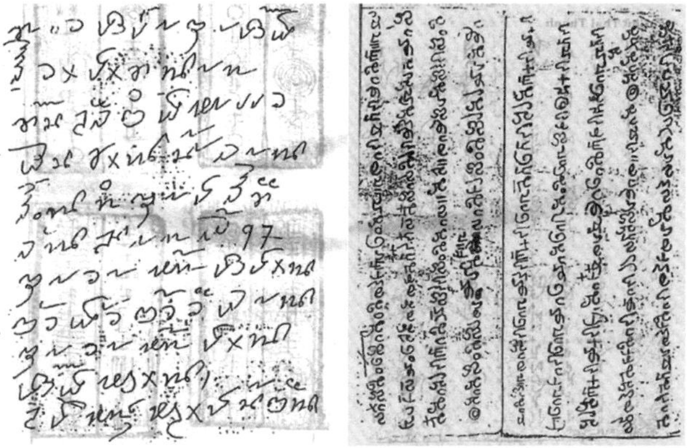

（a）　　　　　　　　（b）

图 1.2.2：莱袍泰文文本（a）、葵州泰文文本（b）[①]

如今，尚有不少泰族知识分子能释读这种古泰文文本，很多家庭也很珍惜保护它们。20 世纪 60 年代初，西北地区教育界对传统古泰文进行了改造，其结果是字母不再按传统的上下、左右拼写，而是横向拼写，并增加“锐”声和“玄”声，使之易写易读。这样改进了的传统古泰文受到了泰族知识分子的欢迎，如今被越南泰族人民用于日常生活的书写记录和文本印刷。

虽然从法属时期起，就有若干法国学者给泰语创制了拉丁泰文，近年来河内语言研究院也用拉丁字母为泰语创制了一套文字系统，并为此编撰了一部《泰越词典》（1992）。但目前鲜有人使用这种拉丁泰文。不管是传统古泰文、改进型泰文或拉丁泰文，几乎所有在读（泰

① ［越］陈智睿：《越南少数民族语言研究》，河内：河内国家大学出版社，1999 年。

族）中学生均不认识。与此相反的是，根据何光能博士的初步调查，在 609 名中学毕业后的青少年中，187 人（30.7%）能够读写泰文。其中，78 人能释读传统古泰文，99 人能释读改进型泰文，5 人能释读拉丁泰文，5 人能释读上述三种泰文[①]。

乙、类汉字文字系统

自秦始皇于公元前 214 年平定岭南之后，汉字随着秦朝军队向南方传播。公元前 207 年，赵佗在五岭以南至越南中部地区建立南越国。公元前 112 年，西汉平南越国，于其地置交趾部，下设九郡，其中六郡主要位于两广，其余三郡位于今越南领土境内：交趾郡（越南北部地区）、九真郡（清化省至广平省）和日南郡（广治省至广南省）。正因如此，从公元前直至后来的“千年北属”时期，越南诸民族不仅共同生活在一起，而且还与今日中国南方诸民族，以及南下的汉人共同相处。涌入交趾、九真、日南三郡的汉人主要分为以下三类：第一，中原政权选派南下统治当地民众的大小官吏和军队。第二，某些不愿被中原政权束缚，南下避难的中原文墨之士。第三，一些想在他乡异地安居乐业的平民。在这些“平民”中，包括两种人：一种是在中国被贬谪“他乡”的“罪人”，另一种是自愿前往越地谋生的平民。

上述中原汉人，虽然南下目的和方式各异，但或多或少均对汉语和汉字融入本地居民的文化生活做出了贡献。

① ［越］黄文行、阮文康、范雄越等：《越南语言情况与政策》，河内：社会科学出版社，2002 年，第 237 页。

本地民众使用汉语和汉字或主动或被动，但往往两者兼而有之。学习汉字，“穷经皓首”阅读儒家圣贤之书，参加科举步入仕途。这主要是一个被动的过程。一旦通晓汉文之后，用以进行诗文创作、著述文章，记录本民族历史和国家风土人情，则属于积极主动使用汉字的过程。在主动使用汉字进行著述的过程中，有时得用汉字或自造原本在汉字中不存在的类汉字，用以记录本地语言中的人名、地名和物产。正是这种先期创造性地使用汉字和自造文字，导致了方块汉字类型民族文字的形成。在此过程中，也不排除就连汉人在自己的著述中也会临时造出和使用类似的“俗字”。但是，要确实形成本民族的文字系统，本地方块字必须相对丰富，足以用于思考和书写本民族的语言。它必须经过创制，扩大使用范围才可以从最初的萌芽阶段形成各民族用于书写的类汉字文字系统。总体而言，中国苗、壮等民族的方块字，以及越南越、岱、瑶等民族的喃字均经过了类似的萌芽阶段。

如今，越南语言文字研究界常提及的类汉字传统文字书写系统，包括越族（京族）喃字、岱族喃字、瑶族喃字。我们认为，彦族（岱族的一个支系）喃字亦可纳入这种文字系统。在本章中，我们将大致介绍越南瑶族、彦族和岱族的方块文字书写系统。我们还将联系越南国内乃至本地区的诸多方块字文字系统，考究和阐述它们与汉字的联系。

三、瑶族喃字

在段善述（Đoàn Thiện Thuật）与梅玉储（Mai Ngọc Chừ）合著的《瑶语》（1992）[①]中，简要地介绍了瑶族喃字。他们著作中所使用的

① [越]段善述、梅玉储：《瑶语》，河内：社会科学出版社，1992 年。

材料主要是由谅山省黄佑（Hoàng Hựu）先生提供[①]。近期，黄佑先生也向我们提供了类似的材料[②]。在黄佑先生所收集的瑶族喃字文献中，仅有三部作品具备全名。我们暂以汉越音释读如下：

1.《杜娘传》：手写本576句长篇七言叙事诗，收集于北泭省白鹤县，但遭白蚁啃食过。

2.《三哥》：手写本346句七言民歌集，收集于太原省安社，书皮残破。

3.《伯佳古传》：手写硬皮本226句七言长篇叙事诗，收集于安沛省文波县新安乡赵齐先家。

此外，还有四部佚名长篇诗歌作品，均残缺不全，难以释读。

近期，我们得知清化省锦水县锦山社一位名为赵福春的道公，尚保存有一部名为《邓始和盘大会》的瑶族喃字作品。该作品原名为《邓始古传世》。赵福春将该著作用越南语注音并翻译文意。他的女儿赵氏娥在此基础上写成大学学位论文，于2007年6月在河内社会与人文科学大学语言学系通过毕业答辩。

该瑶族喃字作品以七言诗体进行叙事，讲述瑶族人们在越南李朝时期（约12世纪）从中国移居至越南的历程。在此过程中，他们遭遇了饥渴、沉船、被李朝官兵误解，以及邓始和盘大会两位首领被捕等诸多困难。但他们最终得到了朝廷（按：李朝）的理解与帮助，在南国安居乐业。作品中还反映了瑶族自古以来的经济生活、心灵追求与风俗习惯。

---

① 详见《越北各民族历史文化的若干问题》，载《越北博物馆》，1981年。

② 详见[越]黄佑：《瑶族古籍与古文字稽考》，河内：越南语言学会《青年语言学论文集》，2007年，第205—212页。

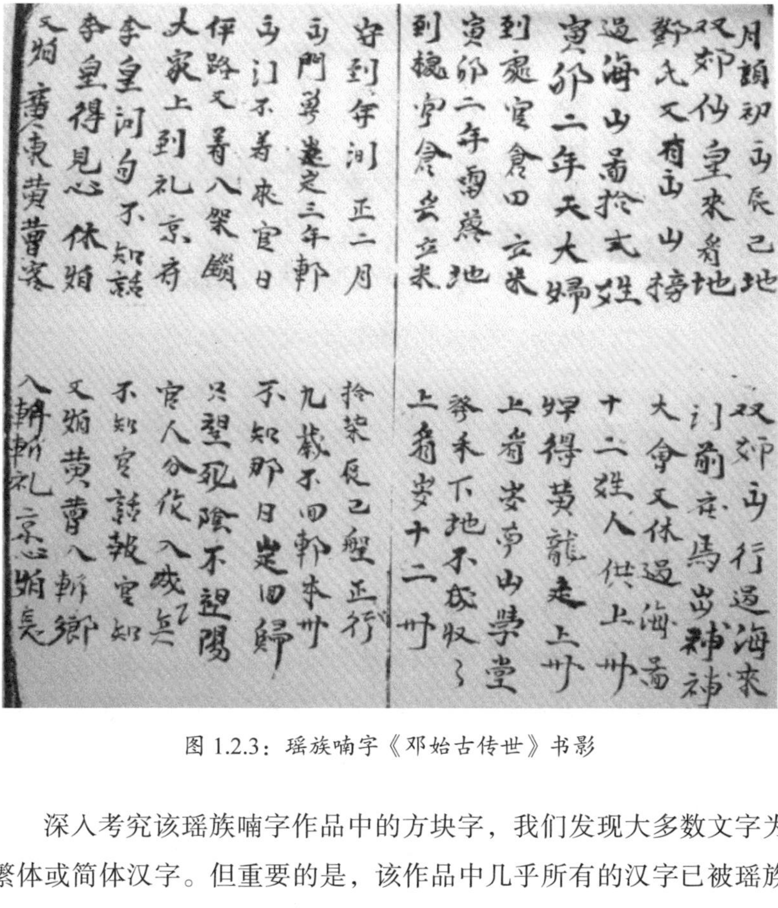

图 1.2.3：瑶族喃字《邓始古传世》书影

深入考究该瑶族喃字作品中的方块字，我们发现大多数文字为繁体或简体汉字。但重要的是，该作品中几乎所有的汉字已被瑶族人按本民族的语言进行释读，其读音既与两广汉语方言不尽相同，又与越南的汉越音颇有差异。其中，有些瑶族喃字完全借用汉字的字义，有的则仅借用汉字对本民族语言进行记音。例如，下表可反映这种情况：

表 1.2.3.a[①]

字	瑶音	两广音	汉越音	义
世	*Sẩy*	[sɐi³]	Thế	世
後	*Hồ*	[hɐu⁶]	Hậu	后
四	*Fẩy*	[si³]	Tứ	四
七	*Chất/xiết*	[tsɐt¹]	Thất	七
田	*Tìn*	[tin⁴]	Điền	田

但也有不少瑶族喃字以汉越音释读。例如："骂"字，瑶音"mạ"，汉越音"mạ"，字义"骂"；"排"字，瑶音"bài"，汉越音"bài"，字义"安排"；"烂"字，瑶音"lạn"，汉越音"lạn"，字义"破烂"；"正"字，瑶音"chính"，汉越音"chính"，字义"正是"；等等。这点证明了瑶族与京族的语言文字之间存在密切的接触与联系。另一方面，也有不少瑶族喃字的读音与中国两广地区的"官话"音很相似，而与越南汉越音差异较大。例如："国"字，瑶音"cúa"，汉越音"quốc"，字义"国"；"没"字，瑶音"màu"，汉越音"một"，字义"尚未、无"；"家"字，瑶音"kja"，汉越音"gia"，字义"家"；"飞"字，瑶音"phây"，汉越音"phi"，字义"飞"；"姐"字，瑶音"chẩy"，汉越音"thư"，字义"姊"；等等。这也反映了瑶族的语言文字还从

① 瑶音用越南国语字进行记音；两广音引用李卓敏 1985 年出版的《李氏中文字典》。

越南北部边界地区中国一侧的华人语言与文字中吸收了不少成分。

在瑶族喃字的文本中，我们也发现了一些用来记录他们民族语言的自造文字。它们既非假借自汉字，也非假借自越族喃字。例如，下表可反映这种情况：

表 1.2.3.b

瑶字	结构	瑶音	义
⿱父上	{父⿱上}	*Diề*	父
⿱父下	{父⿱下}	*Chía*	母
⿸疒庄	{疒⿸庄}	*Doòng*	嫉妒
⿰巾巾	{巾⿰巾}	*Duẩn*	回
躰	{身⿰本}	*Thấy*	身
⿰犭古	{犭⿰古}	*Cấu*	兔
⿰犭羊	{犭⿰羊}	*Dùng*	羊
⿰虫小	{虫⿰小}	*Lhim*	肉蝇

上表所列文字中，仅有“⿱父上”字，瑶音“diề”，字义“父”，“⿱父下”字瑶音“chía”，字义“母”与中国瑶族文字完全相同[①]。而“⿰犭羊”字，瑶音“dùng”，字义“羊”，则与壮族古壮字同源。据黄佑先生统计，此种自造喃字在瑶族古籍中所占比例为 10%—18%。因此也可以认为，瑶族喃字已经迈入了形成系统的初步阶段。但从所有已知的情况看，

① 参见陆锡兴：《汉字传播史》，北京：语文出版社，2002 年，第 212 页。

未足以清晰描绘完整的瑶族喃字系统。越南瑶族喃字的发展长期滞留于上述状态，而且如今似乎已被人们遗忘。以下例子可以很好地证明这点：盘财团（Bàn Tài Đoàn）先生是越南瑶族著名的诗人，他创作时几乎只用汉字记音，当碰到本土言语不便用汉字记音时，他转而用越族国语字母记音。兹摘引盘氏《传世古》（即《古世传》）诗集中若干诗句如下：

汉：世 今 得 好 思 着 旧
瑶：Sấy kiêm tú khố fây chù kiểư
越：Đời nay được nhớ đến ngày xưa

汉：思 到 前 初 旧 世 烟
瑶：fây tháo chìn tso kiểư sấy in
越：Nhớ đến đời xưa khói mịt mờ

汉：不 思 能 成 无 因 事
瑶：Dổm fây náng chàng mầu jiên cháy
越：Không nhớ thành người vô tâm sự

汉：那 时 配 到 睡 无 眠
瑶：Lấy chầy phúi tháo chuổi mầu mìn
越：Gắn với xưa thời ngủ mới ngon.①

① 转引自[越]段善述、梅玉储：《瑶语》，河内：社会科学出版社，1992年，第129—130页。瑶语用国语字母拼写。

即便如此，在民间仍有一些人，尤其是道公仍能释读瑶族喃字文献，他们非常希望能把老祖宗的文字传给后辈年轻人。例如，老街省保胜县春光社的黄士力（Hoàng Sĩ Lực）道公，致力于对地方年轻人传授瑶族喃字。从 2001 年起用了 6 年时间，他先后开班对 100 多人次进行瑶族喃字培训，但到 2007 年仅有 15 名最聪明和勤奋的学生仍坚持学习本民族的传统古文字[①]。

四、彦族喃字

彦人是越南岱-泰族群的支系之一。据 1940 年的行政年鉴统计数据显示，当时高平省的人口为 18.4 万人。其中，讲岱-泰语的人口中，岱族占 46%，侬族占 37%，而彦族仅占 1%[②]。2000 年，彦族人自愿将自己的民族属性归入岱族。民族学家邓严万也将彦人视为岱族的一个地方支系，认为在文化层面上彦人还保留了诸多古岱族的风貌。但越南国家社会科学翰林院语言研究院民族语言所阮文利教授团队的研究成果则表明，在彦人的语言中，96%的基本词汇与热依族（Giáy）语言相似，其中，70%的词汇发音相似；岱语 80%的基本词汇与彦语同源，但仅有 33%的基本词汇发音相似。因此，在进行语言交流时，岱人与彦人基本无法沟通，但彦人与热依人却容易听懂对方的语言。

①《安宁世界》2007 年第 661 期，第 14—15 页。

② 资料来源于当时高平省领导编撰的高平历史资料。

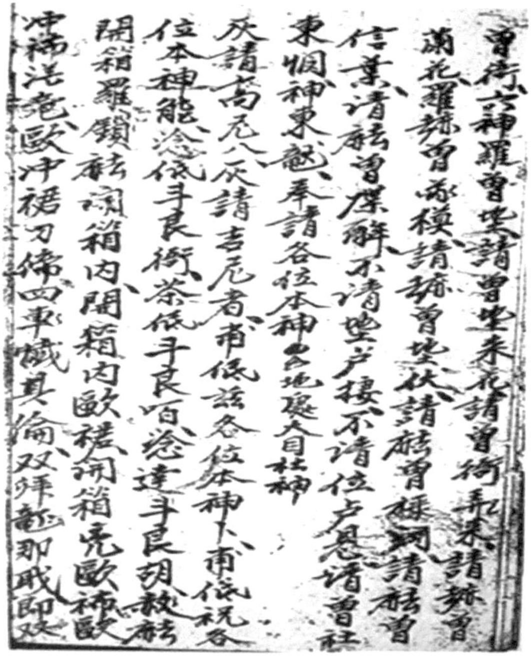

图 1.2.4：《谟坛》书影

正因如此，虽然热依人聚居于老街省，而彦族和岱族主要聚居于高平省，但从语言层面进行考察，则彦人却与热依人关系更密切，甚至可以将彦人视为热依族的一个支系。目前，彦人均自愿把自己的民族属性归入岱族。无论如何，岱、依、彦和热依均属于越南东部操岱-泰语族的民族。

正如岱人与依人一样，彦人曾在自己的文化生活中使用过一种汉字型的方块字。

目前，仍然有不少创作年代不详的汉字型方块字文献流传于世。这些文献几乎都是诸如《谟供台》《谟开酒》《谟花母》《谟度父恩》

《谟许愿》和《谟招魂》等手写本道公巫经。“Mo 谟”可能源于汉字“巫”字。然而，上述巫经不仅是简单的祈祷之文，而且情感浓郁，形象丰富，文韵和谐，听者将其当作民间诗歌言辞进行欣赏。

在上述彦族喃字文献中，夹有不少汉文语句。道公念经时常诵读这些汉文句子，但彦人一般不知其所云。《谟坛》[①]的篇幅 2073 字，其中有 22 句汉文，共计 97 个汉字。如果除去这些汉字，则《谟坛》的篇幅尚有1976字,其中1576个汉字被彦人借用,占整个篇幅的80%。这些汉字大多被借用字形与字义，但有时也仅借用字形而不借用字义来记录彦语。在非借用汉字的自造文字中，有的字形与越族喃字或岱族喃字相同。这些借用的文字有的音义并借，有的仅借字形和读音，有的不一定是相互借用而是字形偶然相同而已。有趣的是，就在《谟坛》这部巫经中，我们发现有些文字暂时未在其他类型喃字中出现过，可以暂且把它们视为由彦人主要依据形声方法自造的“特有”彦族喃字。兹例举和分析若干具有代表性的文字如下：

1. ⿰夜冘 ***Đẳm***，暗，黑。形声字，“夜”表意，“冘”表音。“立⿰夜冘咘帝噂”（*Lắp đẳm bo đài tưởn*），夜晚不要提及这些东西（Ngạn 彦语）。在指“暗、黑”的语境中，岱族喃字另有“黕/⿰黑林”两字表示，两者均读作“*đăm*”。“⿰火用黕黕⿰火用”（Rủng đăm đăm rủng）“亮了黑，黑了亮”。<>“垱⿰黑林归列列”（Tàng đăm quây lít lít）（岱语）。夜路昏暗而遥远。越族喃字和壮族古壮字中未见此字。

① 文本由彦族人韦文谦（Vi Văn Khiêm）提供文本，黄文磨（Hoàng Văn Ma）副教授注音。

2. 砃 ***Đán***，悬崖。形声字，“石”表意，“旦”表音。硸分砃（*Nả pằn đán*）坚如磐石（彦语）。此种语境下，岱人则以“山”字表意，例如：“身叿如北袁𥕄岨”（*Thân vỉ như vắc viền nả đán*），他如高悬在山崖上的花朵般俊秀（岱语）。越族喃字和壮族古壮字中未见此字。

3. 棟 ***Đoỏng***，树林。形声字，“東”表音，“林”表意。通匊放叩棟（*Thùng cúc suông hau đoỏng*）“放虎归山”。在指“棟”的语境中，岱族则借用“凍”来表示，例如：“肯凍蓋為伏”（*Khỉn đoỏng muổng vì vủc*），悠闲地走进芒果园。越族喃字和壮族古壮字中未见此字。

4. 型 ***Li***，（可耕种的）坡地、山地、旱地。形声字，“利”表音，“土”表意。“飦花籵型”（*cửn vả hàu li*），把旱稻当零食吃。越族和岱族喃字未见此字，但古壮族壮字则有该字。

5. 橺 ***Cằng***，枫树。形声字，“木”表意，“剛”表音。“柉楳橺麻祖”（*Phừn mày cằng mả tố*），把枫木柴火拢起来。越族、岱族喃字和壮族古壮字中均未见此字。

6. 礏 ***Kiếc***，木屐。或为会意字，“石”表“耐用”之意，“革”表意。“脱礏叩能街”（*Tót kiếc hau năng kai*），脱掉木屐进去坐在门廊上。越族、岱族喃字和壮族古壮字中均未见此字。

7. 綦 ***Ké***，老人、耆老。此字结构甚为特别，“其”字表音确凿无疑，但“茶”字表意还是表音呢？我们认为，在造此喃字时，彦人借鉴了越族喃字中的“䓣”字或“𦷾”字，而后简略并结合音符“其”而成。违反常理的是，彦人造该字时舍弃了意符“老”。该字似乎体现了京族喃字与彦族喃字音义之间的双关现象，其结果是京族人的语言与文字为该字的创制做出了“贡献”。“道糯乙趌京”（*Tau ké zi pảy Kinh*），老道长刚去京师。岱族和壮族语言中也有“ké”这个词语，但它的写法往往借用汉字重新组合成形声字，例如“䎘”“䅲”和“胿”。

8. 䜣 ***Hừn***，深夜。该字与刚提及的“糯”字相似，彦族人民根据彦族与京族语言文字的密切关系，尤其是受到京族喃字昈/㫗（*khuya* 深夜）字的影响而造出。在该字的构字成分中，我们又发现“斤”作为音符表示彦语中的“*hừn*”这一读音，而“亐”这一字符则对越南语的“*khuya*”进行表音。“江䜣齐咘鲁”（*Chang hừn tẻ bo lo*）夜深人静他也不害怕。越族、岱族喃字和壮族古壮字均未见此字。

由上可见，除了某些字形与越族、岱族喃字和壮族古壮字偶然重合之外，其余由彦人自己创制的喃字可以归入如下几个类型：

（1）“𤴏”“砠”“𪐴”和“糯”这几个字表明，彦族喃字均记录一个与岱语（或许还有壮语）同源的语素，但是彦人创制的喃字往往不同于岱族喃字和壮族古壮字。

（2）“㓝”“𣛧”“䃧”和“䜣”这几个字表明，彦人自造的文字仅用于表示彦语中的语素。

“糯”和“䜣”表明，这两个字的结构颇为特别，它们的创制都受到了越族喃字的影响[①]。

① ［越］阮光红：《彦族喃字概略》，载《汉喃杂志》2007 年第 6 期。

五、岱族喃字

据 1989 年人口统计数据显示，岱（Tày）族人口达 1190.0342 万人，是越南 53 个少数民族中人口最多的民族。岱族主要聚居于越北地区高平省，与中国广西省（广西壮族自治区）世居壮族隔中越边境线相毗邻。正由于他们毗邻而居，且同属于岱-泰族群，因此岱族与壮族在语言与文字方面必然有诸多相似之处。自雄王建国以来，岱族与京族又共同生活在一个国家的大家庭里，因此两个民族的语言与文字相互浸润亦显而易见。不仅岱族的文字如此，就连上述彦族喃字和壮族古壮字也是如此。我们完全赞同岱族学者黄朝恩（Hoàng Triều Ân）先生所提出的观点：岱族喃字首先是岱族（属岱-泰语系）人民自己创制的，后来还受到中国壮族古喃字（俗称“壮族古俗字”）和越族喃字的影响[①]。

不论是岱族的还是京族的岱族文化研究学者，如闭莹（Bế Huỳnh，1920 年）、阮文暄（Nguyễn Văn Huyên，1941 年）、陶维英（1975 年）、吕文庐（Lã Văn Lô，1979 年）、黄佑（Hoàng Hựu，1979 年）、闭曰等（Bế Viết Đẳng，1992 年）、陆文宝（Lục Văn Pảo，1994 年）和黄朝恩（Hoàng Triều Ân，2003 年）等，他们或多或少都关注对岱族喃字文献的收集，以了解岱族喃字的形成历史及其文字结构。

就目前收集到的岱族喃字文献，黄朝恩认为：“我曾与民族研究院的岱族喃字学者陆文宝先生对长 700 余句的岱族喃字叙事诗及诗歌小说进行盘点，其结果显示共有 50 余部作品文献。”兹列作品名录如

① ［越］黄朝恩：《岱族喃字的初步考察》，载黄朝恩、杨日清、黄俊南：《岱族喃字词典》，河内：社会科学出版社，2003 年，第 634—635 页。

下，括号中注明作品文献收集地，其中高平省和安县收集到的作品与文献数量最多。

1.《泊辣》（*Bióoc Lả*），高平省和安县渭川乡屯圩。

2.《招德金女》（*Chiêu Đức Kim Nữ*），高平省保乐县原平镇和安村。

3.《瑶仙》（*Dao Tiên*），河江省北麋县。

4.《定芝》（*Đính Chi*），高平省重庆县和安乡芽圩、屯圩。

5.《定军》（*Đính Quân*），河江省北光芽圩、屯圩和安村。

6.《董永》（*Đổng Vĩnh*），高平省河广县保乐乡原平村。

7.《汉平氏春》（*Hán Bình Thị Xuân*），高平省重庆县和安乡保乐村。

8.《汉春留台》（*Hán Xuân Lưu Đài*），高平省和安县渭川乡屯圩、芽圩。

9.《皇储》（*Hoàng Trừu*），和安县保乐镇。

10.《香糯》（*Hương Nhu*），渭川芽圩。

11.《金桂》（*Kim Quế*），太原省定化县白通镇屯圩、芽圩和安村。

12.《金生》（*Kim Sinh*），芽圩。

13.《鲸粮》（*Kình Lương*），渭川。

14.《龙尊》（*Long Tôn*），高平省和安县原平乡白通村。

15.《论三原》（*Lượn Tam Nguyên*），高平省河广县和安乡。

16.《论四季》（*Lượn Tứ Quý*），高平省复和县广渊乡和安乡重庆屯。

17.《良人》（*Lương Nhân*），白通。

18.《良军玉女》（*Lương Quân Ngọc Nữ*），渭川芽圩。

19.《刘邦》（*Lưu Bang*），芽圩。

20.《刘平杨礼》（*Lưu Bình Dương Lễ*），渭川。

21.《良人昊》（*Lưu Nhân Hiệu*），保乐。

22.《刘珊》（*Lưu San*），保乐芽圩。

23.《刘秀》（*Lưu Tú*），保乐镇平家村。

24.《刘湘》（*Lưu Tương*），定化县屯圩、芽圩。

25.《李兰》（*Lý Lan*），保乐芽圩。

26.《银云》（*Mây Ngần*），和安银山。

27.《娘玉镕》（*Nàng Ngọc Dong*），白通镇原平村和安屯。

28.《娘玉龙》（*Nàng Ngọc Long*），白通镇原平村和安屯。

29.《仁凌氏贞》（*Nhân Lăng Thị Trinh*），和安芽圩。

30.《诺荞》（*Nổc Kéo*），保乐和安。

31.《范载玉花》（*Phạm Tải Ngọc Hoa*），和安县保乐乡白通村屯圩、芽圩。

32.《驸马儒乡》（*Phò mã Nho Hương*），原平县和安镇白通村。

33.《埠粮冠》（*Pú Lương Quán*），石安县石广乡和安村。

34.《光婺》（*Quang Vụ*），白通村芽圩、屯圩。

35.《广新-玉良》（*Quảng Tân Ngọc Lương*），高禄芽圩和安白通。

36.《卷娘陈珠》（*Quyển Nương Trần Chu*），渭川县重庆乡白通村屯圩、芽圩。

37.《三佩英才》（*Sam Péc Eng Tài*），和安县定化乡平家村。

38.《三戊午》（*Tam Mậu Ngọ*），屯圩、芽圩。

39.《藏波》（*Tạng Ba*），芽圩。

40.《石生》（*Thạch Seng*），和安屯圩。

41.《氏丹》（*Thị Đan*），渭川、平家、保乐、和安、银山。

42.《丛林》（*Tòng Lâm*），芽圩。

43.《总歌》（*Tổng Ca*），和安县北光乡芽圩。

44.《总墩》（*Tổng Đôn*），芽圩。

45.《宋兰》（*Tống Lan*），芽圩。

46.《宋珍菊花》（*Tống Trân Cúc Hoa*），芽圩、保乐、和安、河广、白通、屯圩。

47.《仲娘》（*Trọng Nương*），占化、涵安、渭川、保乐、和安。

48.《仲相》（*Trọng Tương*），白通、占化、芽圩。

49.《张英》（*Trương Anh*），芽圩。

50.《张汉》（*Trương Hán*），芽圩、保乐。

51.《四书文瑞》（*Tứ Thư Văn Thụy*），保乐、和安。

52.《随文氏》（*Xôi Văn Thị*），保乐、芽圩。

据陆文宝介绍，上述所有作品文献均用喃字写成，大多创作于明命朝、绍治朝（1820—1847）并一直延续至20世纪60年代①。陆文宝研究员辞世后，他历经数十年搜集的岱族喃字文献被转交由河内汉喃研究院保管。汉喃研究院里还藏编着该院研究人员收集到的其他岱族

① [越]陆文宝：《赞歌》，河内：民族文化出版社，1994年，第13页。

喃字作品文献。其中，可能上述作品文献中有些与京族喃字作品有渊源关系。略读这些文献目录，我们及目所见的是，某些作品与京族的喃字作品同名。例如：《范载玉花》（*Phạm Tải Ngọc Hoa*）、《宋珍菊花》（*Tống Trân Cúc Hoa*）、《皇储》（*Hoàng Trừu*）、《石生》（*Thạch Sanh*）、《刘平杨礼》（*Lưu Bình Dương Lễ*）等。对越南文化学和语文学领域的学者而言，对比研究上述岱族喃字和越族喃字同名作品中的内容，以及字义和诗歌体裁，或许将是有趣的研究题材。可惜的是，直至目前为止似乎尚未有人对此进行有所建树的研究。

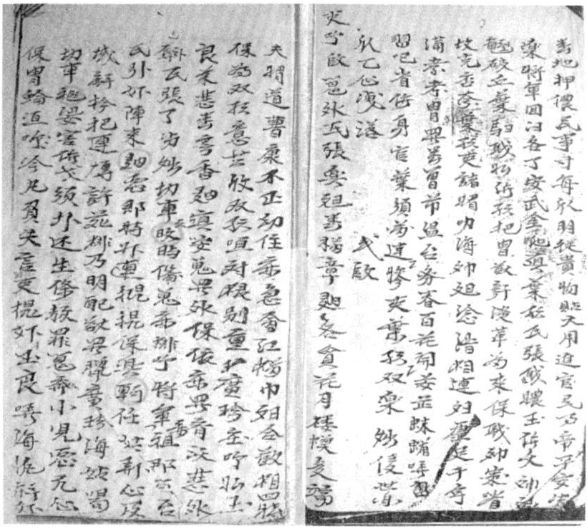

图 1.2.5：岱族喃字诗歌《广新-玉良》书影

几乎现存的岱族喃字作品文献均佚名，即人们无从知道它们的作者。但诸如闭曰等、陆文宝、黄闭（Hoàng Bé）和黄朝恩等岱族学者则一致认为，《论三原》（*Lượn Tam Nguyên*）和《论四季》（*Lượn Tứ Quý*）两部作品乃闭文奉（Bế Văn Phụng）和农琼云（Nông Quỳnh Vân）

撰于 17 世纪的黎-莫时期。陆文宝和黄闭认为："16 世纪末 17 世纪初，当莫敬恭将失势王朝迁播至高平时，播下了岱族喃字的种子。"相传，和安县岱族学者闭文奉和农琼云分别有岱族喃字著作《论三原》和《论四季》流传于世[①]。有鉴于此，两年后陆文宝断定道："毫无疑问的是，岱族喃字出现不晚于（后）黎朝末年，问题是能上溯至哪个世纪则尚需新的证据。"[②]

虽然陆文宝和黄闭在论述岱族喃字时，用了"相传"两个字眼而不足以确信；用岱族喃字"出现不晚于后黎朝"的表述方式，也无法厘清到底是"开始形成"于后黎朝，抑或是在后黎朝时"已经处于完善的程度"，但我们认为他们的论断是有道理的。然而，搁置上述疑问，我们可以赞成黄朝恩先生的如下观点："陆文宝和黄闭这两位岱族学者均认为，岱族喃字早在 17 世纪以前就已形成；历经众人的修改、整理，及至莫朝偏安高平时期，岱族喃字已经发展至完善而稳定的阶段。"[③]

黄朝恩并未止步于此，他在自己的科研工作中，对上述问题进行了进一步的研究。他致力于寻求新的证据，把岱族喃字的形成时间（创制）上限推至公元 2 世纪士燮治理交州时期，或至少为公元 5 世纪隋朝统治交州时期。岱族喃字出现如此之早的这种论断，我们将于第一章第二节对其与越族喃字的创制一并论述。黄朝恩先生之所以认为岱

---

① ［越］黄闭、黄有平、孔演等：《越南岱侬民族》，河内：民族学研究院，1992 年，第 263 页。

② ［越］陆文宝：《赞歌》，河内：民族文化出版社，1994 年，第 13 页。

③ ［越］黄朝恩、杨日清、黄俊南：《岱族喃字词典》，河内：社会科学出版社，2003 年，第 625 页。

族喃字形成于公元 5 世纪，是基于 1920 年高平岱族训道（huấn đạo）闭莹手抄一本名为《高平杂志》的汉文作品做出的论断[①]。该著述中，有一段文字与岱族喃字相关：

> 古时，黎世卿为高平石林州让板总（tổng Nhượng Bản）权贵家之子。……15 岁时，应父母之命前往龙编求学。当时我国内属中国晋朝。世卿连续求学 15—16 年，屡试不举。适逢晋朝衰落，南北朝激烈交锋，他便回乡开场讲学 20 年。他发现文字（即指汉字）与本乡土音多有不符，便设法依照中国六书，随发音增减笔画，造出本乡喃字。他又创作出诸多歌词，每句七字配以本地韵律，把古时传奇故事演音为岱语，写成诸多歌唱乡情、怀春和婚礼问答之类的歌曲流传于世。

据黄朝恩的考究，黎世卿确为历史中的人物：黎氏生于公元 389 年；公元 404 年，赴京师龙编求学；420 年，黎氏 31 岁结束学业。基于上述摘自《高平杂志》中之引文，黄朝恩先生认为，公元 5 世纪之前高平已有喃字。黎世卿的功劳是，按许慎的六书法整理和改进了原已存在的喃字。果真若此，则岱族喃字可能形成于公元 5 世纪（先于越族喃字和广西壮族古壮字？），16—17 世纪《论三原》和《论四季》两部作品的问世表明，岱族喃字已经确实发展至完善而稳定的阶段。关于岱族喃字创制年代及其形成与完善过程的这一论点非常值得关注，但仍然需要继续寻求更有说服力的证据。

在岱族喃字中，有不少字形与越族喃字及壮族方块字相同。其中，

---

①《高平杂志》曾馆藏于汉喃研究院，但目前已遗失。

有些属于偶然性，有些则借用于越族喃字及壮族古壮字。但岱族喃字本身也有些文字在越族喃字和壮族方块字中所无。在对现有资料进行考究的基础上，我们兹将与越族喃字不同，可视为岱族喃字特有之字列表如下①：

表 1.2.5

顺序	岱族喃字	岱音	解义	古壮字
1	亍	*Tềnh*	*Lồng tềnh*（遮于上）	0
2	妛	*Nưa*	*Nưa bần*（天上）	+
3	弄	*Lồng*	*Lồng tếnh*（遮于上）	0
4	硷	*Gòi*	*Nưa gòi*（山上）	0
5	悥	*Khín*	*Bân khín*（飞起）	0
6	汎	*Nài*	*Mươi nài*（霜冻）	0
7	湫	*Mươi*	*Mươi nài*（霜冻）	0
8	𣝁	*Mù*	*Mù mắt*（mù mắt眼瞎）	0
9	砜	*Phả*	*Phả lương*（金色云朵）	0
10	堸	*Mươi*	*Mươi nài*（霜冻）	0
11	湫	*Mươi*	*Mươi nài*（霜冻）	0
12	伯	*Bấu*	*Bấu gần*（无人）	0
13	𠬤	*Soong*	*Soong phẳng*（两岸）	0
14	𠄡	*Hả*	*Síp hả*（十五）	0
15	併	*Rà*	*Rà mừa tàng*（咱们上路）	0

① 其中包括某些与壮族方块字和彦族喃字同源和同形的字。

续表

顺序	傣族喃字	岱音	解义	古壮字
16	帆	*Gần*	人	0
17	𠆶	*Gần*	*Soong gần*（两<u>人</u>）	+
18	倂	*Rà*	咱们、自己	0
19	侵	*Thẩu*	*Mẻ thẩu*（<u>父</u>母）	（+）
20	俺	*Lùng*	叔、伯	0
21	儢	*Hâư*	如何	0
22	𣗳	*Lại*	返回	0
23	棘	*Rải*	缓坡	0
24	𩲡	*Cón*	先	0
25	𦙶	*Âư*	里边	0
26	𨅃	*Oóc*	*Ooc tàng*（<u>上</u>路）	+
27	𠚏	*Pịa*	刀	（+）
28	𠡠	*Rèng*	强健、有力	+
29	𠡣	*Rèng*	*Thuổn rèng*（竭力）	0
30	財	*Dài*	*Nhình dài*（<u>男</u>女）	+
31	抳	*Ni*	躲藏、躲避	0
32	趀	*Ni*	逃避	0
33	𣦬	*Thai*	死	+
34	𢫕	*Pây*	走	0
35	𨑜	*Pây*	走	0
36	𦍛	*Sủ*	贮存、装贮	0
37	𠯽	*Hí*	*Vỏ mẻ hí*（父母<u>担心</u>）	0
38	𠯦	*Tận*	呕吐、恶心	0

续表

顺序	岱族喃字	岱音	解义	古壮字
39	贻	*Gắp*	狭小	（+）
40	啪	*Pỏi*	算命	0
41	嗲	*Sam*	*Mác sổm*（？）（酸果）	（+）
42	哷	*Vọ*	*Vò vọ*（[风声]潇潇）	0
43	啈	*Cảng*	感谢	+
44	啝	*Phuối*	说、说话技巧	0
45	喱	*Gàng*	*Mừ tậu gàng*（手托腮）	0
46	瞞	*Mần*	*Vạ mần*（圆形的苍穹）	0
47	圵	*Sáy*	小、细	0
48	坢	*Si*	比赛	0
49	垕	*Cợ*	大如、可比	0
50	𡋂	*Nẳng*	坐	0
51	堉	*Thua*	*Thua bản*（村头）	+
52	鍱	*Mỏ*	锅	0
53	墥	*Thoóng*	门阶	0
54	㗒	*Hênh*	唱歌声音、说话声音	0
55	夯	*Gừn*	*Gừn vằn*（昼夜）	0
56	夥	*Lai*	多	+
57	𡖈	*Noọc*	外、外边	（+）
58	㐸	*Phạ*	天	（+）
59	𡗶	*Vạ*	天、天下、到处	0
60	𡗶	*Vạ*	天、天下、到处	0
61	𡘺	*Bân*	天空、空中	0

续表

顺序	岱族喃字	岱音	解义	古壮字
62	⿰亩大	*Luông*	巨大、重大	+
63	⿰盍大	*Cải*	*Cải ẻng*（<u>大</u>小）	0
64	⿰夫開	*Khươi*	女婿	0
65	⿰女厶	*Noọng*	小妹	0
66	⿱拟女	*Nhỉnh*	女孩	0
67	⿰女仍	*Nhỉnh*	女孩	0
68	姝	*Mẻ*	母亲	（+）
69	⿰女卢	*Lùa*	儿媳妇	0
70	⿱但女	*Pả*	姑、姨	0
71	⿰女牢	*Sao*	女儿	+
72	⿱奴南	*Nụ/Nồm*	乳房	0
73	⿰子六	*Lục*	女儿、儿子	+
74	狗	*Gầu*	*Mu gầu*（<u>母</u>猪）	0
75	⿰犭蘭	*Lan*	*Lủc lan*（子<u>孙</u>）	+
76	⿰亩寸	*Dửc*	保留	0
77	⿰寻心	*Tắm*	*Cáy tắm*（野梨树）	0
78	⿰内少	*Nọi*	少、鲜有	0
79	⿱的小	*Đếch*	‘trẻ con’，‘niên thiếu’	0
80	⿰英少	*Eng*	小、细	0
81	⿰亩少	*Ỉ*	细、小	+
82	⿰尺寸	*Thuổn*	*Thuổn rèng*（<u>竭</u>力）	0
83	昼	*Rụ*	或是、或	（+）
84	昼	*Rụ*	或是、或	（+）

续表

顺序	岱族喃字	岱音	解义	古壮字
85	崛	*Gốt*	弯弯曲曲	0
86	⿸厂随	*Hang*	尾巴、最后部分	0
87	⿰山旦	*Đán*	高高的悬崖	0
88	⿱山⿰乂鬼	*Ngoảy*	转、扭	0
89	⿰彳市	*Háng*	都会、城市	+
90	⿱白市	*Háng*	都会、城市	0
91	⿰钅悲	*Pi*	年、岁	0
92	⿰悲年	*Pi*	年、岁	0
93	⿰竹庶	*Roòng*	笼子、竹笼、椭圆形竹笼	0
94	归	*Mừa*	*Mừa cung các*（回家）	+
95	⿸广归	*Vửa*	当……时候、时候	+
96	⿱世心	*Thảy*	心脏、心怀	0
97	峝	*Cùng*	相似	0
98	⿰忄间	*Dạn*	*Dạn mủng cương*（羞看镜子）懒	0
99	⿰扌书	*Thư*	带、拎	0
100	⿰扌左	*Tả*	抛弃	（+）
101	⿰扌庄	*Chắng*	拿住、扶着、贴住	0
102	⿰扌看	*Khen*	手	0
103	⿰虘寸	*Khen*	手臂	0
104	⿰扌落	*Lảc*	*Lạc thây*（拉犁）	（+）
105	⿱艹斩	*Nạo*	计量秤、称重	0
106	⿰巾日	*Gừn*	*Gừn vằn*（昼夜）	0
107	⿰夕旦	*Vằn*	*Gừn vằn*（昼夜）	+

续表

顺序	岱族喃字	岱音	解义	古壮字
108	呵	*Gà*	*Tỉ gà*（那边）	0
109	㓛	*Đao*	*Đao đí*（星辰）	+
110	䵅	*Mự*	日、天	0
111	踶	*Dử*	是、正是	0
112	𤥇	*Há*	*Hai há*（嫦娥）	0
113	䏴	*Bươn*	*Sip sông bươn*（十二个月）	+
114	𦚏	*Bươn*	（十二个月）	0
115	栌	*Lừa*	船	0
116	梢	*Thú*	*Lau thú*（削筷子）	0
117	橑	*Gọn*	水车	0
118	𥡗	*Mùa*	（作物）季节	0
119	檆	*Gà*	茅草	0
120	㔁	*Đí*	*Đí nưa bân*（在天上）	0
121	氣	*Moóc*	露珠、雾	0
122	䒊	*Hom*	*Mân hom lộn lạo*（香臭混杂）	0
123	沖	*Chang*	中间	0
124	𣾼	*Lẩu*	酒	0
125	滑	*Đắc*	*Bế đắc*（深海）	0
126	炶	*Khẩu*	干、渴	0
127	焺	*Điểu*	热、烫	0
128	𤇼	*Rủng*	*Rủng roàng*（亮堂堂）	0
129	煐	*Ngỏ*	*Ngỏ ngà*（炒芝麻）	0
130	烶	*Đét*	*Đét lưởn nả*（阳光照入脸庞）	0

续表

顺序	岱族喃字	岱音	解义	古壮字
131	𫝇	*Thiêng*	*Linh thiêng*（灵圣）	0
132	𬊈	*Vầy*	‘lửa’火	+
133	炶	*Tẻm*	*Tẻm tâng*（点灯）	0
134	焿	*Mẩy*	*Phầy mẩy*（火烧）	+
135	腊	*Loảp*	*Phầy khang lồng loảp* （lửa trời táp xuống） 天火倾泻而下	0
136	犊	*Vài*	牛	0
137	狃	*Nu*	老鼠	+
138	猁	*Bẻ*	羊	0
139	猍	*Lình*	猴子	+
140	猢	*Sưa*	老虎	0
141	獀	*Nhúc*	*Ma nhúc*（哈巴狗）	0
142	猿	*Nhang*	*Ma nhang*（棉花狗）	0
143	獁	*Ma*	狗	+
144	獇	*Gảng*	猿	0
145	獮	*Nạn*	麋鹿	0
146	卦	*Vioóc*	*Vỉe vioóc*（生长繁殖）	0
147	蚋	*Vỉe*	（生长繁殖）	0
148	𫝇	*Siêng*	神圣、预测命中	0
149	𬌊	*Vioòng*	*Vỉe vioòng*（生育）	0
150	𠈀	*Báo*	小男孩	0
151	畓	*Nà*	田	+
152	瘷	*Mầu*	*Mầu nòn*（昏昏欲睡）	0

续表

顺序	岱族喃字	岱音	解义	古壮字
153	⿸疒乇	*Cha*	萎绝、瘦瘪	0
154	⿸疒勾	*Âu*	臭、腐臭	0
155	⿸疒安	*En*	*En mảo mẻc*（卷曲）	0
156	⿸疒执	*Chếp*	*Chếp mốc*（肚子疼）	0
157	⿰当白	*Đáng*	杂色	0
158	⿰色或	*Dích*	*Kheo dích*（碧绿）	0
159	⿰目与	*Dử*	探望、照料	0
160	⿱罒化	*Tha*	眼睛	0
161	⿰目欣	*Hăn*	看、看见	0
162	⿱罒四	*Sí*	*Sí tắng*（四周、四面）	0
163	⿺鬼且	*Ngòi*	瞧、看、企望	0
164	砆	*Thin*	*Thin gụng lác*（石也穿了）	+
165	⿰石那	*Na*	坚固	+
166	⿰石巴	*Phia*	*Ư nưa phia*（石山上）	0
167	⿰石盆	*Phon*	*Pải phon*（塗灰）	0
168	⿰石德	*Nắc*	重、沉重	0
169	油	*Rù*	*Lồng rù*（钻洞）	0
170	拉	*Liếp*	挨近、沿	0
171	⿰米口	*Khẩu*	谷、米、饭	+
172	⿰米才	*Chăm*	*Khẩu chăm*（粘米）	0
173	⿰米封	*Chăm*	（粘米）	0
174	⿰米叔	*Nua*	*Chăm nua*（糯米）	+
175	⿰米美	*Mỉ*	*Mỉ mỏ*（锅巴）	0

续表

顺序	岱族喃字	岱音	解义	古壮字
176	纨	*Khoong*	财产、布匹、衣服	0
177	缬	*Dược*	绳、绳索	0
178	鍱	*Mỏ*	锅	0
179	罘	*Tâu*	*Tẩư gò*（脖子下面）	0
180	罡	*Sí*	时间、时代、时世	0
181	羗	*Lông*	失散、失误	0
182	獱	*Iến*	羽毛球	0
183	髭	*Ké*	‘tuổi cao，già’高龄、老	+
184	聓	*Xu*	*Khẩu xu*（顺耳）	0
185	聱	*Xu*	耳朵	0
186	肚	*Sẩy*	肠、心情	0
187	衮	*Nựa*	*Nựa cáy*（鸡肉）	0
188	䏧	*Giỏ*	*Hất giỏ*（舂肉团）	0
189	舭	*Nây*	烤肉	+
190	懛	*Đi*	*Đi pẳn*（lộn túi mật ）吐苦胆水	0
191	脝	*Dẩư*	常常	+
192	瘂	*Thâng*	到、至	0
193	舔	*Lịn*	舌	+
194	卞	*Bioóc*	花	（+）
195	萜	*Hộ*	保佑、让	0
196	茈	*Ngoả*	粗叶榕	0
197	萛	*Riẹm*	蒲草席	0
198	蓑	*Vai*	*Kin nhỏt vai*（吃嫩藤梢）	0

续表

顺序	岱族喃字	岱音	解义	古壮字
299	蕀	*Đuông*	*Đuông hoa*（花朵）	0
200	葭	*Gia*	*Sấy gia*（医师）	0
201	蔿	*ỏ*	芦苇	0
202	蚝	*Tác*	山蚂蝗	+
203	蛝	*Heng*	*Heng hỏi*（萤火虫）	0
204	蛫	*Ngoảng*	蝉	（+）
205	蜍	*Hỏi*	*Heng hỏi*（萤火虫）	0
206	蟡	*Quý*	*Queng quý*（一种鸟名）	0
207	蝋	*Củng*	‘con tôm’虾	0
208	蝤	*Mèng*	*Mèng nhỏi*（蝉）	（+）
209	蟎	*Mọn*	蚕	0
210	衂	*Lưởt*	血	0
211	袍	*Bâư*	*Bâư sửa*（一件衣服）	0
212	褫	*Bông*	棉衣	0
213	襔	*Man*	被子	0
214	覓	*Hăn*	看见	0
215	觩	*Chất*	七	0
216	跒	*Kha*	*Khen kha*（手脚）	0
217	跚	*Gàm*	步、走	（+）
218	踋	*Kháu*	膝盖	0
219	踂	*Nhằm*	踩上	（+）
220	跺	*Rèo*	追逐	0
221	踶	*Cuổn*	乱来	0

续表

顺序	岱族喃字	岱音	解义	古壮字
222	蹎	*Tin*	脚	0
223	躩	*Ngoác*	转过身来	0
224	䟠	*Dắc*	*Dắc mạ*（马蹄）	0
225	辢	*Phết*	*Khôm phết*（苦辣）	0
226	鎘	*Lếch*	*Mạ lếch*（ngựa sắt）马铁掌	+
227	闅	*Bân*	*Nưa bân*（天上）	0
228	霻	*Đăng*	天打雷	0
229	靝	*Khiêu*	*Vạ khiêu*（青天）	0
230	䩞	*Nả*	脸、前面	+
231	瓪	*Pích*	鸟的翅膀	0
232	飛	*Bân*	飞、漂泊	0
233	頭	*Thua*	头、根	0
234	皜	*Khao*	*Khao bang*（嫩白）	0
235	駂	*Mả*	*Phua mả*（丈夫）	（+）
236	髑	*Đúc*	*Thua đúc*（骨节）	0
237	髳	*Phiôm*	*Thua phiôm*（头发）	0
238	鯇	*Nuầy*	鲤鱼	0
239	鴞	*Ho*	鸓鸟	0
240	鵟	*Lằm*	鹞鹰	0
241	鵩	*Nốc*	*Nu nốc*（鸟雀）	+
242	鶔	*Lằm*	鹞鹰	0
243	黕	*Đăm*	黑色、暗	0

1941 年，阮文喧教授在其所撰《谅山与高平岱族婚礼歌曲集》里开篇名为《岱族喃字研究入门》的文章中，列出 110 个“纯岱族喃字”的表格。然而，如仔细考察则发现，其中有 20 字与越族喃字重合。我们所列上述表格中的文字，相较于阮文喧教授所列的文字多了一倍以上。即便如此，也难免挂一漏万。因为在列上述纯岱族喃字表时，我们主要根据 2003 年黄朝恩、杨日青、黄俊南编撰的《岱族喃字词典》，以及我们所接触到的若干岱族喃字作品文献进行收集，资料仍然有限。在与壮族方块字进行对照的表格栏中，我们的资料来源是由苏永勤任组长率领多位中国学者编撰，并于 1989 年出版的《古壮字字典》（*Sawndip Sawdenj*）。其中，“+”号表示该岱族喃字字形、字义与壮族方块字相同；“（+）”表示该岱族喃字偶然与壮族方块字重合，但字义相异；而“0”号则表示壮族方块字没有，或尚未发现有与该岱族喃字相同的字形。

由上表可见，岱人已自创了不少形声字和会意字。岱族喃字在与越族喃字及壮族方块字的密切接触过程中，确实已形成一种完善而独立的文字系统。

除上述提及瑶族喃字、彦族喃字和岱族喃字之外，我们还发现越南北部还有一些少数民族曾接触过汉字、越族喃字和壮族古壮字。例如，最近几百年才迁入越南的热依族、山泽族等所流传下来的作品文献中，他们使用汉字记录本民族的语言，但多数均混杂了些本地人自造的文字。林江（Lâm Giang）在《2003 年汉喃学通讯》发表的文章指出，北江省六岸（Lục Ngạn）的山泽人主要使用汉字记录本民族的民歌[①]。有时他们使用“<nháy”符号提示读音的变化，或自造出一些特殊文字。例如，山泽语“sạy cạy”，意为“筛子”，他们用“䈑机”或“篩䉪”记音。此外，也是最近几百年才迁徙至越南北部的巴殄（Pà Thẻn）人保存了一些用象形表意文字写的古籍。它们看起来与中国西南边远地区纳西族的东巴文相类。至于其他民族，我们尚未发现类似上述提及的文献资料，如有的话，只能有待日后的发现了。

第三节　关于若干概念的讨论

一、“俗字”与“土字”

根据汉字音符、意符和构造成素，创制出方块形新字，用以记录本民族语言，是中国南方和越南北部诸民族经常使用的共同造字方式。它不仅用于记录民族语言，而且也用于记录汉语方言的词语。自古以来，中国古籍中就有多种称谓提及此类造字法。

南北朝时，颜之推所著《颜氏家训》中有载：“张敞者，吴人，不甚稽古，随宜记注，逐乡俗讹谬，造作书字耳。”及至宋朝，尤其是南宋偏安南方，因此当时文墨之中有更多人留意到中国南方少数民族文牒中那些陌生的文字。例如，范成大、周去非分别在《桂海虞衡志》和《岭外代答》中有如下记录。

范成大在其著作中记录了桂林壮族人使用的诸多“土俗字”。例如：“⿱不長”（不⿱長），不長也；“⿱不食”（不⿱食），戒，洁也；“𡘫”

① ［越］林江：《已出版的坚牢陆岸山子民歌集》，载《2003年汉喃学通讯》，河内：越南汉喃研究院，2004年。

（大⿱坐），大坐，亦稳也；“仦”（亻⿰小），小儿也；“奀”（不⿱大），人瘦弱也；“歪”（不⿱生），人亡绝也；“孬”（不⿱行），不能举足也；“奆”（女⿰大），女大及姊也；“砒”（石⿰山），山石之岩窟也；等等[①]。

周去非所著《岭外代答》在“风土门”目下“俗字”中，所列之字除了与范成大上述俗字相同之外，还忝列了几字：“氽”（⿱），言人在水上也；“氼”（⿱），言没人在水下也；等等。

自宋以降，中国历代文墨之士继续记录了此类“俗字”或“土字”。值得注意的是，他们均未对哪些字记录汉语方言，哪些字记录中国境内少数民族语言做出甄别，而笼统地称为“俗字”或“土字”。就连清朝首位涉及贵州苗族方块字的学者——张树，在其所著《续黔书》中也称之为“俗字”。中原汉语汉字与地方汉语汉字交流与接触的过程中，几乎难以界定它们之间的关系；它们与中国国内少数民族，乃至中国周边其他民族语言及方块字之间的关系亦是如此。如今，从清朝《康熙字典》到今日《汉语大字典》，在这些编撰严谨且带有官方性质的辞书中，我们很容易发现它们收录了不少原本属于汉语方言的“俗字”和其他民族语言的“土字”。这点是完全可以理解和接受的。这正如给某种语言编撰词典，编者可以在某种程度上收录某些方言和外来词语，尤其是长久以来与这种语言深度融入且较通用的词语。然而，任何时候谁都无法将这两种词语称为“俗词语”或“土词语”。

① 陆锡兴：《方字论》，载赵丽明、黄国营主编：《汉字的应用与传播》，北京：华语教学出版社，2000 年。

二、“方字”与“非常规汉字”

最近，笔者有幸拜读了几篇收录于《汉字的应用与传播》的外国同行大作，受益匪浅，收获良多。然而，在某些地方，笔者仍稍有疑惑，尤其是对各民族隶属汉字类型文字的称谓。

陆锡兴先生在《方字论》一文中，将各民族隶属汉字类型文字统称为“方字”。他认为：方字是汉字的地方自造字，体现了汉字的适应能力。它是汉字系统内部的局部变异，不仅是通行汉字的补充，也是整个汉字的不可分割的组成部分。方字这个名词无疑是模拟方言而来，但是它仅仅着眼于地方变异这一点，因为文字与语言性质不同，所以这两个相似的名词有很大的差别。首先，方言限于一种语言范围之内，而方字所限的一种文字范围，所涉及的语言不是一种，而是多种，既有本语言中的方言，也有少数民族语言与外国语。可见，方字的范围大，背景也复杂得多。其次，方言作为地方的变体，是总体性的规则变化，既是相同语言个体，也有语音上的差异。方字只是局部的差别，与通用汉字的不同会引起普遍性的变化[①]。

从研究汉语和汉字的角度出发，提出“方字”这一术语，使之与“方言”或“方语”相匹配，想来颇有趣味和值得赞赏。但是为何有意将“方字”这一术语的含义扩大化，使得与之相关的“汉字”这一术语的含义也相应地扩大了。这难道必须让人们认为，中国境内外诸民族基于汉字而自造的所有方块字都属于“汉字”这一“大家庭”吗！

---

① 陆锡兴：《方字论》，载赵丽名、黄国营编：《汉字的应用与传播》，北京：华语出版社，2000 年，第 251 页。

不知这种麻烦而又欠妥的界定对科研有何裨益，但这种定义将在具体研究中作茧自缚是显而易见的。近年来，尽管陆锡兴在其著作《汉字传播史》中运用了颇具价值的材料，并进行了细致而认真的分析，但还是在第一章第四节中再次论述了“方字问题”。

据陆氏在《方字论》中的论点，“拉丁字不仅是字母形式，还指它的拼音制度，汉字当然也不仅仅指方块形式，还包括一套复杂的组成制度”。这点不可置疑，但之后又如何呢？陆氏认为：“无论拉丁字母还是汉字都被多种语言所采用，而一旦被某种语言采用，我们习惯上就称之为某文，如拉丁字中的英文、法文，汉字中的中文、日文。”[①]实际上，陆氏对此有不同寻常的理解和定义方式：尽管英文或法文均基于拉丁字母及其拼音原则，但它们是特有的文字系统，并非拉丁文字用以记录拉丁语的组成“部分”。也因如此，日文的方块字、壮族和越族的方块字等，分别是用以记录日语、壮语和越语的文字系统。只通晓汉语和汉字的人无法释读上述文字，既然如此，怎么能把它们视为汉字的“变异”和汉字本身的“区域变体”呢？窃以为不应用如此“含糊”的称谓，而应回归已有的一般认识和称谓：尽管它们之间在渊源和类型方面具有相互间的联系，但汉字是汉语的书写用文字，而其他民族使用汉字的机制与形态为本民族创制文字系统则是他们自己的事情，是他们的民族语言与文字问题。文字学者可以研究这些类汉字的传统文字，但不应混淆既有的概念和术语。这里我们尚未提及的是，在诸多民族方块字系统中，并非每个字都脱胎于汉字模型，不少情况需要母语人士反复探寻解决之道，使之符合于本民族语言。

中国香港学者陈志诚先生，似乎与《方字论》作者陆锡兴先生拥

① 陆锡兴：《汉字传播史》，北京：语文出版社，2002 年，第 257 页。

有相同的“思维模式”。在《非常规汉字的构造和它的造字依据》一文中，他也提出了“非常规汉字”这一新术语。此种提法易于引发歧义，因此从一开始他便小心谨慎：“所谓‘非常规汉字’，意思并非指那些不符合‘规范’的汉字，这跟是否合乎‘规范’的问题无关，而是指那些在一般情况下，我们都不会应用到的汉字，不但称不上是‘常规’（按通常标准）汉字，而且往往只用于特定的环境、特定的范围，甚至不是标准汉语所用的汉字。”“这些‘非常规汉字’固然不是我们‘规范’的汉字，甚至当中有些根本就不是我国（中国）所用的汉字，不论古今，都不会进入我国文字的范围。但不能否认的，是它们在性质上仍然是汉字，……而不是别的什么字。”①

暂且撇开它与“规范”或“标准”（陈氏的界说并不清晰）是否相关不说，他所指的正是那些依照汉字形态创制出来的古今中外的“陌生”文字。这就是中国历史上文墨前辈所谓的“俗字”和“土字”，也是我们刚讨论到的《方字论》作者陆锡兴所提出的“方字”。《非常规汉字的构造和它的造字依据》一文作者陈氏非常了解日本人根据汉字形态创制出的那些方块字，而日本人自豪地将其称为“国字”或“和字”。就是说，这是他们日本国家和人民的文字。然而，陈氏却解释说，这是“和人创制汉字”与“中国人创制汉字”的区别，但两者均是“汉字”。

显然没有必要，甚至不应该把所有那些让中原感到“陌生”（读起来也“不知其详”）的方块字纳入一个整体，将它们称为汉字的“方字”或“非常规汉字”。在对汉字进行研究时，可以沿用“方字”这一术语，

① 陈诚志：《非常规汉字的构造和它的造字依据》，载赵丽明、黄国营编：《汉字的应用与传播》，北京：华语教学出版社，2000 年，第 276 页。

使之与“方言”或“方语”的术语相对应。至于“非常规汉字”这一术语，即便不说它容易引起消极的理解，也难以看出其作用所在。

如果必须给包括汉字，以及所有基于汉字形态而创制的文字一个共同称谓的话，那么长期以来中国及区域内的文字学研究界早已提出了一个耳熟能详的术语：那就是我们在本章开篇提及的“方块文字”或“汉字型方块文字”。如果不喜欢“方块字”，那么就把“方块”剔除掉也无所谓，事实上已有诸多学者将其称为“汉字型文字”，或是“汉字式文字”。在这种含义相同的术语背景下，文字学家们可以研究此类文字系统之间最显著的共性与特性。如此一来，就凸显了汉字作为东方诸种音意兼表的方块文字系统的源头和初始形态的地位，而这也正是区域内诸民族都承认的汉字文明的价值所在。

周有光教授也曾使用“汉字式文字”和“汉字型文字”术语来指中国国内与国外各民族的文字系统，并将其视为汉字传播的结果。他富有远见地呼吁学界“拓宽视野，超越汉字”，在“广义的汉字学”视域下关注那些民族文字系统。出于善意，我们认为只应将此处的“广义”理解成，对汉字向汉族以外的群裔传播和应用进行研究的工作，而不应将所有“汉字型”的民族文字均视为“广义的汉字”，或是“非汉语的汉字”。

值得庆幸的是，上述几个概念可用来指部分被其他民族借用来记录本民族词语读音的汉字。例如，在越南的喃字文献中，汉字“布”被借用来记“bố”（父亲）的读音，“特”字被借用来记“được”（得）的读音，“朱”字被借用来记录“cho”（给）的读音，等等。由此可见，上述几个概念不能涵盖我们所考察的所有民族的文字系统。周有光教授在其所著《世界文字发展史》的序言中写道：“越南喃字的研究，引起对中国少数民族的汉字类型文字的重视。50年代以来，大规模调查少数民族的历史和语言，发现更多的孳乳仿造的汉字型文字。研究这些非汉语的汉字，扩大了汉字的视野，形成广义汉字学。汉字大家庭是一个汉字系统。”[①]我们毫不怀疑周教授在学术研究中的宽阔视野，以及其对中国与周边接壤国家边境内外兄弟民族语言和文字的包容精神，但他用“广义的汉字”和“非汉语的汉字”这两个概念来指各种汉字型的民族文字系统，是否妥当和切实必要呢？

本书主要是针对越南喃字进行专门研究，在此过程中我们吸收了中国学者的诸多宝贵成果，尤其是汉字研究（狭义汉字学）和汉字传播史（如理解无误，可称为“广义汉字学”）研究方面的成果。假如我们的研究课题在某种程度上，能对汉字传播史研究领域做出些许贡献的话，则深感荣幸，因为这出乎了我们自己的意料之外。喃字是越南民族与汉语和汉字长期接触交融过程中，由越南人创制并使用了多个世纪的越语书写用文字。我们只希望在本书中，对喃字本身的主要现象进行考究和阐述。在此过程中，喃字与汉字及其与同类型相似文字之间的比较研究是必须的。这首先对人们了解哪些东西是属于越南喃字本质有所帮助。

三、何为喃字

在本书中，我们把所有由越南诸民族依照汉字字形创制的系列方块文字统称为“喃字”，并以其所属民族进行限定。例如：越族

① 周有光：《世界文字发展史》，上海：上海教育出版社，2003年，序言和第105页。

喃字、岱族喃字、瑶族喃字和彦族喃字等等。单就越族喃字而言，在语境允许的情况下，我们将遵循传统，一仍其旧以常用的“喃字”二字称之。

在这样的语境下，“喃”的意义及其来历如何呢？诸多学者对此众说纷纭。

不少学者认为，“喃”（nôm）字是“南”（nam）字的越化。汉语的“南”字被越南语吸收后越化变音为“喃字”中的“喃”音和“南风”（gió Nồm）[①]中“喃”音[②]。但缘何有声调之别，从而有“nôm”和“nồm”读音差异呢？关于这一点，阮才谨教授曾分析认为，两者读音的差别乃“南”字在不同历史时期读音不同所致：“喃字”（chữ Nôm）中的“喃”（Nôm）字本源自“南”（nam）字。但“南”字也如所有“次浊声母”字[③]一样，在 9 世纪末至 10 世纪初均读“玄声 huyền”调。之后，“玄声”调才消失。对“nôm/nồm，nan/nàn，nương/nường；ma/mè，mô/mò，môi/mồi”等进行比较发现，我们可把“南风”称为“gió nồm”，但把“喃字”称为“chữ Nôm”而非“chữ Nồm”。这也证明了，就连这一名称也并非出现于唐末，而是唐朝之后一两个世纪——李陈两朝初期的产物[④]。

有些学者在提及上述解释时，仍不忘强调“喃”的“通俗”性，“喃

① 其确切词义为“东南风”。

② 越南将“南方吹来的风”称为“南风”（gió Nồm），而相应地将“北方吹来的风”称为“北风”（gió Bấc）。

③ 指声母为 m、n 和 l 等鼻音、边音的字。

④ [越]阮才谨：《关于喃字的若干问题》，河内：大学和大专出版社，1985 年，第 38 页。

字”是用于记录民间口头语言的文字，与作为“儒字”和“圣贤之字”的汉字相对应。例如，王力教授认为：“依 Chéon 的说法，‘喃’就是‘南’，‘喃字’就是‘安南字’的意思。但是‘nôm’又解作‘民间的’或‘土俗的’，也许‘chữ Nôm’就是‘土字’[①]的意思。”[②]阮克勘（Nguyễn Khắc Kham）教授也持有相似的观点：“喃字是越南人用以命名两种文字（汉字和喃字）系统中的一种，经改造汉字而造出。它被如此命名，以便与汉字及儒字（越南儒士所使用的文字）相对应。在第二个内涵中，它意即越南古时的通俗文字或粗俗文字。”[③]

由此看来，喃字本身完全符合上述两种解释：作为南国越南人创制的文字，与汉字相对应；作为记录民间口头语言的文字，与儒士们所使用的“儒字”（即“汉字”）区别开来。“nôm< ‘nam’（南）”是“喃字”概念形成中的唯一要素，可上述两种说法却与之毫无联系：“南”字源于汉字，而“nôm na”中的“nôm”却为纯越语。最核心的问题是，“chữ Nôm”（喃字）概念中的“nôm”（喃）是源于越南语还是汉语呢？值得注意的是，在汉喃典籍中，几乎未见用“南字”“越字”或“国字”等名词来指称“喃字”的现象，如若以喃字赋诗，则将喃字诗作称为“国音诗”；如若以喃字翻译汉文，则将译文称为“解音”或“演音”。上述情况表明，“音”（等同于声音、言语）比“字”似乎更加重要。在早期的喃字文本中，由越南人创制的文字

---

① 本地通俗文字。

② 王力：《汉越语研究》，载《岭南学报》1948 年第 9 卷第 1 期，第 78 页。

③ Nguyễn Khắc Kham. Chữ Nôm or Former Vietnamese Script and Ist Past contribution to Vietnamese Literature. Area and Culture Studies 24, Tokyo University of Foreign Studies, 1974.

非常少，主要还是以汉字来记录越南语。基于这种认识，我们参引了陈春玉兰（Trần Xuân Ngọc Lan）的如下观点："喃字"概念中的"喃"正是源于孟高棉-马来波利尼西亚语族同源词"đôm"，意为'说'和'土音'。这点可以在孟-高棉、岱-泰、马来-多岛语族中诸多语言的语料里得到证明[①]。据此，越南语"喃哪"（"nôm na"，意为"简单的语言""民间的语言"）中的"喃"（nôm）也出自孟高棉-马来波利尼西亚语族的同源词"đôm"，而与汉语中的"南"字毫无联系。

在深入研究包括越南喃字在内的汉字"衍生"文字系统，以及"汉字型"方块文字系统时，我们必须对不同的方块字进行认真细致的甄别。在对越族喃字进行深入研究的过程中，我们将在后面各章中陆续谈到这一问题。

① [越]陈春玉兰：《关于"喃"的一种词源假说》，载《汉喃杂志》1988年第1期。

第二章　喃字的起源及其形成

古越字、越语、汉越音

越族喃字的起源及其形成

第一节　古越字、越语、汉越音

一、古籍中的越字掠影

在第一章里，我们将简略介绍生活在今日越南国土上各民族的若干传统文字系统。它们大多是曾被使用，或仍然被使用的文字系统，并确实留下了一些由这些文字写就的典籍。但实际上，它不妨碍我们提出如下的问题：在这些被流传至今的文字出现之前，难道古越人也如越南其他兄弟民族一样，尚未有任何其他文字吗？具体而言，在此讨论范围内，我们不妨试问：在接触汉字和后来依照汉字而创制出喃字之前，难道古越人尚未有任何用于记录自己语言的书写文字吗？

这样的疑问并非始出今日我辈，自古以来它一直是少数先知先觉者关注的问题，甚至有人根据黎朝一位皇帝的梦境，提出南国古字假说。这位皇帝便是黎圣宗。黎圣宗，讳思诚（1442—1497）。读《圣宗遗草》，我们发现其中《梦记》一文有如下故事[①]：

① [越]黎圣宗著，许鸣锵校点：《圣宗遗草・梦记》，陈庆浩、王三庆主编：《越南汉文小说丛刊》第 7 册，巴黎：法国远东学院，台湾学生书局发行，1987 年，第 163—165 页。

> 一日，遇大雨，驻跸于竹帛湖上（升龙西湖边）。……至夜深，梦见二女自称前事李高宗，距今已二百余年，戴一封书信伏前奏。书中除汉诗二首外，上前有七十一字，“书体如蚯蚓”，皆不可解。经三岁余，一日午枕，复梦见前所遇西湖之笛仙。圣宗问前次梦中书信中七十一字之名义。笛仙曰：“这字样的是前南粤之旧书体也，今山峒间野蛮辈犹能颂之，陛下招他使读之，即知。”

尽管《圣宗遗草》未必确实是黎圣宗本人所作，但我们关注的是，故事里圣宗皇帝两次睡梦中见到的那些“书体如蚯蚓”的文字。况且，故事中笛仙说“这字样的是前南粤之旧书体也”“今山峒间野蛮辈犹能颂之”，可以视为《梦记》作者关于古代南国古字的一种假设，且顺带告知寻找的方向，证明了它的存在。

20 世纪初，阮朝一位名为王维桢的官员深入清化省山区考察，发现居住在关化州的泰族和芒族同胞还保留了一种古字抄录的文献。王维桢在其成泰十五年（1903）所著的《清化观风》中介绍了这些文献。其中，包括一首用喃字音译和注释的民谣，以及此种“陌生文字”（原文称为“蛮字”）的字母。兹将其截图如下：

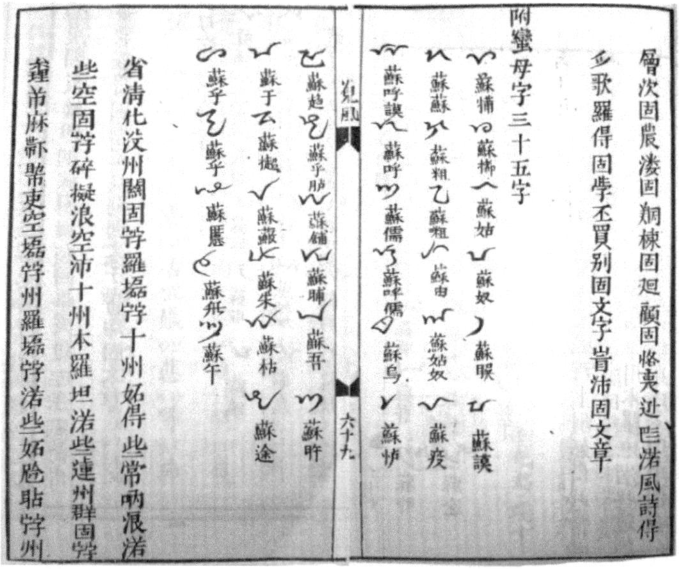

图 2.1.1.a：关化州“陌生文字”字母表

阮董之（Nguyễn Đổng Chi）教授在《越南古文学史》中认为，这些是芒族的古文字[①]。而黎仲庆（Lê Trọng Khánh）先生则认为：“《清化观风》中所提及的文字，基本上与西北地区泰族的文字，以及清化芒族的道符相似。”[②]这是表音文字系统，其中兼有些许“表意”之字。文中所记录的语言为古泰语，其间杂有芒语[③]。可惜的是，黎氏的这些论断无法得到证明。尽管他们认为《清化观风》中民谣的语言是混有

---

① [越]阮董之：《越南古文学史》，西贡：国务卿府出版社，1970 年。

② [越]黎仲庆：《古越字的形成与发展》，河内：文化出版局，1986 年，第 15 页。

③ [越]黎仲庆：《古越字的形成与发展》，河内：文化出版局，1986 年，第 15 页。

芒语的古泰语；尽管众所周知古越语源于夹有岱-泰语的越芒语，我们仍然没有足够的证据证明上述民谣是属于古越语和古越字的文本。

然而，颇具意义的是王维桢对上述这些陌生文字和文本的认知。他认为[1]：

> 省清化沒州關固㝽羅𡨸㝽十州妬。得些常吶浪渃些空固㝽。碎擬浪空沛。十州本羅坦渃些𨖅州群固㝽𨧟巿麻鄙幫吏空。𡨸㝽州羅𡨸㝽渃些妬。朌𣈜㝽州貝㝽暹㝽牢㝽滿共㝽渃浪沙雖浪曰育曰昂固恪樣拱羅沒𡨸㝽鸾凰蝌蚪。𦰟初中國自𣅶李斯𦰟茹秦阻衕𣂏能固得台𢫫夕𡨸恪麻渃些内屬計乇𢧚餘𢆥。自𢃇士王吣𥙩㝽中國麻𡨸㝽渃些補𨁪喝。十州罢由羅尼邊遠朱𨑮𡨸㝽意亥群。

这段话的译文是：清化省一州关有文字，这种文字称为十州字，人言常道我国无文字，我认为非也，十州原为我国属地，连州里都有文字，难道商贾之地反而没有吗？十州文字实为我国文字。今试比较十州字与暹字、牢字（按：老挝文）、满字和浪沙国字，虽然（笔画）横竖相异，然均属鸾凤蝌蚪形文字。昔日中国自秦朝李斯而后，（汉字）字体多有变更。而我国内属（中国）千余年，自士王（士燮）教授中国字，我国文字被遗弃殆尽。因为十州是边远之地，所以依然保留了这种文字。

有趣的是，如果黎圣宗梦中的“仙翁”曾“暗示”在边远地区仍然有人能释读南国古字的话，那么王维桢确实在清化偏远地区发现了记录

① ［越］王维桢：《清化观风》，海洋柳文堂成泰甲辰年（1904）刻本，第69b—70a页。

“十州语”的古字，并且他由此相信，在平原地区“都市语”也必须曾有这样一种“书体如蚯蚓”的文字[①]。它与汉字迥然相异，但由于后来越南被中国纳入郡县进行统治，本土越字被汉字排挤，导致消亡。

黄道成（Hoàng Đạo Thành）在其所著《越史新约全编》也提出相似的观点[②]：

> 南国自古当有文字。不然从前事缘何记忆。士刺史文字之教则至是始学汉文用汉字耳。汉文通行既久，国字遂不复传，无复可考。试观上游山峒之民，各有文字，相为行用。岂应国中而独无乎？

虽然尚未能进一步证明，但以前国际学界有学者提出了类似的观点，即越人在与汉人接触之前，曾有自己的表音文字。例如：

> - 1887 年，特里恩·德·拉·库博（T.D.L. Couperic）在《英国皇家杂志》提出：“士燮强迫越人学习汉字，禁止使用他们自己的象声字。”[③]
>
> - 捷克学者塞斯米尔·鲁克卡（C. Loukotca）在《世界文字历史》（Praha，1946；Moskva，1950）认为：“国华帝国的南部，汉人统治了今日东洋地区公元前 1 世纪就已成立的安南国。

---

① 即源于梵文的表音文字。

② ［越］黄道成：《越史新约全编》，成泰丙午年（1906）刻本。

③ ［越］金定：《越南文化起源》，西贡：光源书店印行，1973 年。

公元前，太守士燮在当地传播中华文字。在此之前，安南人似乎已有自己的表音文字，但这种文字今日已失传。”①

关于这一问题，阮董之教授提出了一个值得注意的意见。1942年，阮董之教授在韩诠（Hàn Thuyên）出版社出版的《越南古文学史》一书中，指出：“可以提出这样一个假设，在远古时代越南人已有自己的文字。这种文字即今日芒人仍然在使用的文字，与占婆文字和高棉文字相比，它更像老挝文字。与艚人（即华人）接触，继而被他们统治之后，由于这种旧文字的诸多缺陷和写法粗陋，我们越人模仿能力发达，以及中国人想同化本地土著，因此这种文字陷入被淘汰的境地，就连渺渺印记也未见流传下来。”②

然而，1955年8月，阮董之教授在《文史地研究》集刊所发表的一篇名为《越南文学史的文字问题》的文章中似乎抛弃了这种假说。在阐述关于“汉字传入越南之前，或喃字出现之前，我们的民族已经有文字了吗？”这个问题时，他认为“文字只有在政权集中，国家机器相对成为系统而严密的时候才会出现。事实上，对于自给自足、鲜有联系的被统治和被剥削的各阶层而言，文字未必是一个必要的需求”。再者，“中国人涌入之前，在今日越南北部和中部北区平原地区的人们生活依然非常简单而分散，私有制初期以及通过铜、铁改善生产工具初期，尚未有文字的需求。商品交换已经出现，但形式简易。游牧性质明显。田地耕作不久便舍弃，另寻他处开荒。诸酋长完全凭借武力割据一方，建

① 转引自阮才谨教授所藏资料。

② ［越］阮董之：《越南古文学史》，西贡：国务卿府出版社，1970年，第49—50页。

立自己的权威”。他接着指出：“铜鼓是我们先辈记录他们当时物质和精神生活的器物，它们上面也没有任何文字”，那拿什么来证明当时的越人确实存在有自己文字呢？他认为，当芒人、泰人基于老挝文字或占婆文字创制他们自己的民族文字时，越人已有现成的、由封建者带来的汉字。伴随汉字而来的，还有他们的风俗、礼教和技术，因此创制其他新的文字以供使用并无必要。阮氏文章肯定地指出：“由此，我们可以下这样的结论：北属时期以前我们尚无文字。”①

由此可见，阮董之（Nguyễn Đổng Chi）教授被上述问题困扰了几十年，并对此得出了前后相反的结论。这足以证明此问题性质之复杂。尽管如此，在尊重“有文字”和“无文字”这两个探索方向的同时，我们将尝试继续探寻与此相关的证据，希望为廓清前辈们提出的疑问做出些许贡献。

暂且转回我们在第一章已经提到的关于岱侬族喃字的一些细节。据高平训道闭莹所撰汉文《高平杂志》一书，则有晋一代，岱侬族青年黎世卿赴龙编（今日河内）求学十五年后，返回高平开场讲学。他发现文字与本乡土音多有不符，便设法依照中国六书，随发音增减笔画或部首，创制出本乡喃字。由此可以推测，在岱侬人创制汉字形态的喃字之前，他们已有自己的文字，而那时他们尚未熟知许慎的六书造字法。如今，那种特有文字已杳无踪迹。

我们都知道，越南岱侬族与中国壮族有密切的血统关系。或许壮族人与岱侬族人一样，在依照汉字形态创制方块壮字之前，他们也早就有了自己的文字。中国学者张公瑾主编的《民族古文献概览》一书，为我

① ［越］阮董之：《越南文学史中的文字问题》，载《文史地研究》集刊 1955 年第 3 期，第 23—26 页。

们解答上述问题提供了有趣的答案。中国考古学界的研究结果指出，从商朝起，广西考古发掘出土的很多石器遗物上还存留了很多被称为“刻画文”的符号，而壮族人视为本民族的“本源书”（现代壮文为“sawgoek”）及至战国时期，这种“本源书”已有 42 个不重复的字符。

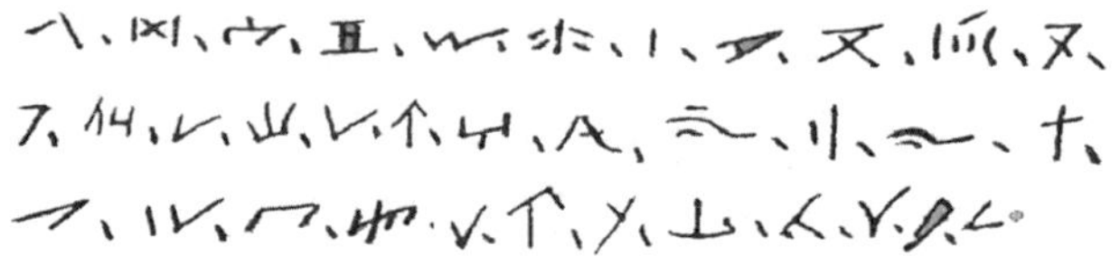

图 2.1.1.b：壮族人刻画文字①

此书作者认为：“刻画文字向象形文字过渡尚未完成，秦统一了岭南后实行书同文，决定了这个文字体系不可能独立发展。在汉字强大的影响下，壮族上层分子中某些掌握了汉字的知识分子，便摸索用汉字来改造刻画文字，使古壮字得以产生。”②

在这种类汉字的壮字（即“方块壮字”“古壮字”）字形中，仍然保留了壮族刻画文字中的若干固有之字。例如：“3̲”音“*nang*^{6}”，指“坐”；“3̄”音“*dɯn*^{1}”，指“站”；“3·”音“*am*^{5}”，指“背”；“·3”音“*ɯ*^{3}”，指“抱”③。从表意层面看，这几个字属象形文字（人形），在其周边添上“·”或“-”构成指事文字。但字的形态却

① 资料来源：张公瑾主编：《民族古文献概览》，北京：民族出版社，1997 年，第 223—224 页。

② 张公瑾主编：《民族古文献概览》，北京：民族出版社，1997 年，第 223—224 页。

③ 张公瑾主编：《民族古文献概览》，北京：民族出版社，1997 年，第 223—224 页。

与泰文系统的表音符号相类似。

由于共同生活在岭南地区，因此在汉族人涌入侵占之前的很长时间里，壮人、岱侬人和越人就具有密切族群的关系。他们共同生活于岭南地区，这种关系可能是血统渊源关系，也可能是互相融合关系。因此，如若壮人在北属之前就有自己的古文字，那么岱侬人、越人为何却没有（那时岱侬人和壮人甚至尚未分化为不同的民族）？难道当时越人的社会发展程度还过于蒙昧，尚未像壮人一样有文字的需求吗？

我们上面阐述的论据，似乎可以为导向如下共识的进一步探讨提供或多或少的“能量”：在秦统一中国实施“车同轨，书同文”之前，包括壮族、岱侬族和越族在内的五岭以南的一些少数民族，曾有过一些非汉字形态的原始文字。后来，由于自秦汉以降历代王朝统治和汉字带来的压力，那些尚未完全成熟的民族文字，尤其是在汉人和汉字深度融入本地居民文化的地方的民族文字，便很容易被遗忘，濒于湮没而失传了。这种情况完全可能发生在古时越南境内土著民族身上。该“文字事件”可能还留存于后世诸辈越南人的潜意识中，尽管实际上他们尚未发现或再也无法找到用这些文字写就的古老文本。

近几十年来，越南考古界已进行了诸多考古发掘，并对上述相关问题进行探讨。我们可以将越南考古学者们的若干考古发掘情况作如下介绍。

二、金石器物上有表音符号吗

20 世纪 70 年代末，瑞典考古学家 O·阳士（O. Janse）在清化省发现了一件青铜工具。该青铜工具现藏编于巴黎吉美（Guimet）博物馆。1981 年和 1982 年，何文晋（Hà Văn Tấn）教授先后在《祖国报》

第 11 期和《考古学》杂志第 1 期上发表考古报告，介绍该青铜工具上几个记号的情况。该器物是一件青铜“蝶形犁头”，是“东山文化”马江流域的典型青铜器物之一，在双边犁面上有两个符号。这两个符号的形状完全相异且不相对称，因此并非花纹或装饰符号，而是为了表现某种意念。“这点完全可以肯定。至于这两个符号是否已经是文字，则尚且未能定论，只可以说它们很有可能是文字。”[①]

其后，何文晋教授还对 1927 年达让斯（D’Argence）捐给远东博古学院（EFEO），现藏编于越南历史博物馆的清化铜戈进行考察。此戈表面除了装饰花纹之外，有五个阴刻符号。经详细考察，何氏断言道：“第一，清化铜戈上的记号是文字。第二，此种文字系统属于一种有别于汉字的文字系统。”[②]此外，何文晋教授还将清化铜戈与中国湖南楚墓出土的三个铜戈比较后发现，上述四个戈上的符号互有关联，认为这都是“东山文化”的印记。有基于此，何氏提出了如下假说：从“秦朝统一中国和汉朝侵略越南之前”，“东山文化”的主人已经创造出一种文字系统。“此种非汉（字）异汉（字）的文字系统”，已经“发展至比刻画文（pictogramme）更加成熟的阶段”，“有可能属于表意文字（idéogramme），按其他分类方法，也可能属于表词文字（logogramme）。当然也不排除表音要素的可能性”，“这种文字

① ［越］何文晋：《金石文字：铭文与历史》，河内：社会科学出版社，2002 年，第 12 页。

② ［越］何文晋：《金石文字：铭文与历史》，河内：社会科学出版社，2002 年，第 16 页。

是雄王时期的文字”[①]。

上面我们简单地介绍了何文晋教授关于雄王时代“东山文化”主人文字问题的研究结果和假说。此外，还有一些学者断言，雄王时代有一种表音文字。1963 年，黎文兰（Lê Văn Lan）和范文敬（Phạm Văn Kính）在他们合著的《越南青铜时代的最初痕迹》中提及北宁省出土的青铜斧钺[②]；1974 年，潘友逸（Phan Hữu Dật）在《考古学》杂志上发表文章，就“陇句（Lũng Cú）”铜鼓上的刻画符号进行研究。1986 年，黎仲庆研究员就根据上述研究成果，大胆为其所谓的“东山文字”拟构了包括十八个辅音符号和九个元音符号的字母表。按黎仲庆先生的阐述，则“东山文字是通过图形记录古越语语音的工具”，“东山文字所记录的语言，基本上与构成古越地名层次的语言相吻合”，并且“古泰文源于东山文字”[③]。然而，黎仲庆先生虽然如此“大胆”地“拟构”字母表、解读符号，以及描绘东山文字系统，但仍缺乏足够的阐述和证明。正因如此，黎氏假说尚缺乏说服力。

近年来，越南考古界和美术界致力于对 20 世纪初已发现的“沙巴滩岩画”进行考据和论说。2006 年 9 月，越南美术院在河内组织了题为“沙巴古石滩及其相关的科学问题”的学术研讨会。然学者们的意见众说纷纭。他们不仅对是否在那里确实有一种“象形文字”（前文

---

① [越]何文晋：《金石文字：铭文与历史》，河内：社会科学出版社，2002 年，第 41 页。

② [越]黎文兰、范文敬：《越南青铜器时代的最初痕迹》，河内：文化出版社，1963 年。

③ [越]黎仲庆：《古越字的形成与发展》，河内：文化出版局，1986 年，第 33 页。

字）或原始表音文字意见相左，而且对“沙巴岩滩画”产生的年代，以及刻画那些图形与符号的真正主人也未能确定。

总而言之，目前所有的研究成果还只是对雄王时代“东山文化”文字系统的假说。“但假说仍是假说，想证明或反驳，均需更多的材料。”[①]通过上述阐述，可以肯定的是，我们没有发现在与汉人接触之前，金石遗物上有与喃字相似的符号的踪影。与壮人方块字有“前文字”踪迹不同的是，我们在现存喃字文献宝藏中，未曾发现任何一种“古越字”的踪迹。换而言之，越族喃字并非源于土著居民的任何一种古老的文字系统；即便有一种古老的文字系统，越族喃字也未曾从它那里继承任何东西。记录越南语的喃字，只能是在越、汉两个民族语言和文字接触过程中被创制出来的产品。

在文字学领域的研究中，“文字”概念可以有广义和狭义两种不同的理解。就如我们在第一章所提，不少学者将所有各种非用于装饰，而旨在传递某种信息或意念的图画、符号都列入“文字”的范畴。总体而言，考古学者和文化学者通常希望以这种广义的视角来理解“文字”。与此相反的是，语文学界（philology）的不少文字学家则认为，只有在所考察的符号确实与某种具体语言系统的读音有对应关系时，它们才被承认是“文字”。窃以为，这一问题与对错无关，不应一味地肯定或否定其中的任何一面。事实上，几乎所有诸如尼罗河流域的古埃及文字、两河流域的苏美尔文字、中美洲的玛雅文字以及黄河流域的古汉字等原始文字，均源于图画和表意符号，而后逐步定形成文字，指代确切音义的词语。但那只是少数原始文字的发展轨迹，世界

① [越]何文晋：《金石文字：铭文与历史》，河内：社会科学出版社，2002年，第16页。

上几乎所有的其他原始文字，不管距离远近，均模仿上述四种原始文字而创制出来。因此，当提及过去某种“象形”和“表意”文字系统时，我们必须也相应地提及这种文字所代表的语言。有鉴于此，当我们探寻某种“狭义”文字的形成和发展过程时，也必须对这种文字及其所反映语言的现状及各历史阶段的演变情况进行对比研究。从语言层面看，在越人祖先有创制喃字记录自己语言的要求之前，他们可能早就已经与汉人、汉字发生接触了。喃字是一种按照汉字形态创制的音意兼表的方块文字，不可能在越人的祖先接触汉字文明之前形成。

三、关于越南语的起源

关于越南语的历史，学界均一致认为，在与越南语有同源关系的语言中，芒语与越南语关系最密切。因此，在某一历史时期里曾存在越-芒族群，其语言则为越-芒共同语。

为了从更宏阔的视野进行探讨，我们将从越-芒共同语形成之前，逆向溯本追源。在对越南语进行谱系分类这个问题上，越南国内外语言学界的学者们众说纷纭，莫衷一是。其中，主要分为两派。每派主要学说的提出者均是法国学者。兹介绍如下：

1. 1912 年，法国人亨利·马伯乐（H. Maspéro）在《法国远东学院学报》上发表《安南音韵史研究·声母篇》认为，越南语可能是属于泰语的一支[①]。

2. 1953 年和 1966 年，安德烈·乔治·欧德里古尔

① [法]亨利·马伯乐：《安南音韵史研究·声母篇》，载《法国远东学院学报》1912 年第 12 卷第 1 期，第 1—124 页。

（A.G.Haudricourt）分别发表《越南语在南亚诸语言中的地位》[①]和《南亚语系东北部的界限与联系》[②]两篇文章，将越南语纳入孟高棉语族。

亨利·马伯乐的论断提出早，影响力大，得到世界诸多学者的认同。欧德里古尔的论断提出较晚。尽管 1852 年詹姆斯·罗根（J. Logan）在提及“孟-安南”诸语言时就已萌生这种想法，但到 20 世纪末，这一论断陆续得到越南国内外诸如谢尔盖·叶·雅洪托夫（S.A. Jakhontov）、迈克尔·费鲁斯（M. Ferlus）、热拉尔·迪夫洛斯（G. Difloth）和阮才谨、何文晋等学者的进一步发展，并在越南语言学界得到更广泛的认同。与此同时，以黄氏珠（Hoàng Thị Châu）[③]和慧天（Huệ Thiên）[④]为代表的越南学者仍然认同亨利·马伯乐的论断。与前些年《语言的音节与类型》（1994/2002/2012）这部论著一样，我们在此也认同欧德里古尔的论断，把越南语归入南亚语系孟高棉语族。与此同时，我们也不忘强调：由于在接触汉语之前，越南语长期与台-卡岱语系接触，以致今日越南语具有台-卡岱语系的浓郁“血统”。基于上述认识，我们将对越南语的演变过程做如下简略的介绍。

距今约 6000 年以前，印度东北部、缅甸、中国南部直至马来-多岛群岛（即“波利尼西亚群岛”）广大地区的居民均共同操南亚语。

---

① [法]安德烈·乔治·欧德里古尔：《越南语在南亚诸语言中的地位》，载《巴黎语言学会集刊》第 1 册，1953 年，第 122—128 页。

② [法]安德烈·乔治·欧德里古尔：《南亚语系东北部的界限与联系》，巴黎：南亚语系比较语言学研究，1966 年，第 44—56 页。

③ [越]黄氏珠：《基于若干民族词语再考越语与泰语支的关系》，载《语言杂志》1998 年第 3 期。

④ [越]慧天：《布鼓“过”雷门》，胡志明市：青年出版社，2004 年，第 41—50 页。

后来，南亚语逐渐分化成诸种较小的语族。印度东北部的蒙达语族和中国华南地区的苗瑶语族首先分化开来。其后，操藏缅语族的族裔不断迁入缅甸，促使其他语族不断分化。至今约4000年，南亚语系又在其地理分布的北部和南部，分别与汉藏语系和大洋洲语系接触，从而分化成三个主要语族：

1. 台-卡岱（*Tai-KaDai*）语族（也称作“侗-泰语族”）。位于南亚语系地理分布的北部，由于与汉-藏-缅语言接触，因此它很早就向单音节化演变，并产生声调。此语族具有代表性的语言有越南的泰语、岱依语，以及中国的壮语、侗语和水语。

2. 孟-高棉（*Mon-Khmer*）语族。分布于东南亚的中部，包括泰国呵叻高原、老挝波罗芬高原和越南长山高原的广大地域。此语族较少与其他类型的语言接触，因此长期保存了古南亚语的特点，带有词缀，多数尚未单音节化，也未出现声调。柬埔寨和越南南部的高棉语是该语族的代表。

3. 马来-波利尼西亚（*Malay-Polynisia*）语族。分布于东南亚的最南端。由于与大洋洲语系诸语言接触，因此词缀系统发达，并初步向多音节化发展。越南南部的占婆语是该语系的代表。

长山山脉两侧操孟-高棉语族的部分居民在今日北部湾地域开创了稻作文明，并在那里与操台-卡岱语族的岱依人、侬人和壮人的祖先融合。在杂居过程中，台-卡岱语族族裔的语言和文化似乎占据上风。正因如此，这一新族裔的语言特征与岱-泰语更加相似。这点使得诸如享利·马伯乐、威廉·施密特（W.Schmidt）和王力等不少学者认为，越南语与泰语同源。在此基础上，形成了“前越-芒语”（也称为“Proto Việt-Mường”或“Proto Việt-Chứt”，其中包括现存的如下语言：越南语、芒语、源[Nguồn]语、哲[Chứt]语、阿连[Arem]语、陆[Rục]语、美[Mày]语、蓬[Pọng]语、阿贺[Ahơ]语、马梁[Mã Liềng]语等等）。越芒语向单音节化发展，词缀逐渐失落，词语的语音结构基本上是“CCVC”和“Cv-CVC”（在这种结构中“C”指辅音，“V”指元音，“v”指中性元音），尾辅音较丰富。不少学者想把这种语言视为雄王建国时期的语言。后来由于某些尾辅音（首先是那些阻碍单音节化的塞辅音）和组合辅音逐渐失落，结果是按音高变化形成“横-玄”“问-跌”和“锐-重”三调系统。1953 年、1954 年和 1974 年，欧德里古尔诸研究成果认为，这种情况大约发生于 11 世纪。这正是越-芒共同语（包括今日依然存在的“源语”）的初始阶段，脱离越-芒语共同语的是“蓬-哲语”（包括如今还存在的美语、陆语、马梁语、阿连语、塔望[Thà Vựng]语等）。由于前越-芒语和岱依-侬-壮语两个语族的“贡献”，在越-芒共同语中，出现诸多不同语言单位但词义却几乎相同的现象。比如，chim（鸟）、ruộng（田地）、lúa（水稻）、xin（请求）、sông（河）等源于越-芒共同语；而 chóc（小鸟）、đồng（田野）、gạo（大米）、xỏ（乞求）、suối（溪）等则源于岱依-侬-壮语。它们分别组合成：chim chóc（鸟雀、小鸟）、ruộng đồng（田野、家乡）、lúa gạo（谷米）、xin xỏ（乞求、求讨）、sông suối（河流、溪流）等词语。

四、越汉接触与汉越音

从公元前 1 世纪，越芒居民就与南下的北方汉人接触。这种情况在春秋战国时期就已见诸文献记载的交趾地区尤为突出。对那时交趾土著而言，他们所接触的汉语是一种陌生的语言。通过口语途径，他们吸纳了汉语的不少语素和汉根词语。时至今日，这些古汉语词汇要素深度融入越南语，以致人们难以辨认其词根来源。语言学家王力先生在其所著《汉越语研究》称之为古汉越语，有的语言学家则称为前汉越语。例如：buồng（房 phòng），buồm（帆 phàm），đũa（箸 trợ），đục（濁 trọc），chia（支 chi），lìa（離 li），chè（茶 trà），xe（車 xa），chúa（主 chủ），mùa（務 vụ），等等。古代汉语的塞辅音原有清浊之别，如*b/*p，*d/*t，*g/*k 等，及至南北朝（公元 6 世纪），则出现清浊融合，只剩清塞音的趋势。或许是受到汉语的影响，越-芒本地语言也出现了这种情况。

汉朝对交趾和九真进行统治之后，教授汉字与汉语口头语言开始得到重视，尤其是在锡光、任延和士燮出任太守时期更是如此。教授迁居汉人和越-芒土著汉字的学校陆续建立。直至 6 世纪，除了诸如毗尼多流支禅师等赴交州传教的印度僧人之外，还有中原大乘教派诸禅师到交州用汉字开坛讲经。他们可能在本地僧侣的积极帮助下，在交州组织译经活动，将梵文经书译为汉文，并刻板印刷多部经书于此。那时交州是印度至中国海路交通的中转站，是这两个国家语言文化交流的枢纽。因此，可想而知的是，越南僧侣不但为印、中两国僧侣提供了翻译服务，而且也为此做出了重要的贡献。或许正是在这种学习和文化交流的背景下，越-芒土著有识之士不仅在口语上吸收了具有浓郁岭南特色的汉语方言，而且还通过文字、典籍，以及交州汉人夫子吸收中原官话。越南语与汉语的这种接触态势一直延续至唐朝，而此时汉语已经完全转变为中古汉语了。

中古汉语是典型的单音节语言（monosyllabism），绝对没有词格的变化，也几乎不“带”词缀，音节结构简单，无辅音丛，音节界线常常固定不变，声调系统包括平、上、去、入四声。到了10世纪的唐末宋初，出现部分上声字转入去声，不少方言出现每个声调分化为阴阳两调的现象。这种语音结构几乎完整地保留在越南的汉越音系统中。这也正好是越-芒居民分化为两个不同族裔的时期。平原地区的多数民众频繁与汉语接触，他们语言明显朝着单音节化发展；少数居住在山区的民众受到汉语的影响较少，因此他们的语言更多地保留了越-芒共同语的要素。这种情况逐步导致越-芒共同语分化为两种方言，最后形成越（京）-芒两个不同的民族和语言。然而，这种分化直到10世纪越南脱离北方人的统治才突显。

为了仿照中国建立独立的封建政权，丁朝（968—980）、前黎朝（980—1009），尤其是李朝特别重视学习汉字和汉文典籍。1070年，李圣宗建立文庙，供奉孔子及先儒圣贤，正式为儒学的发展开辟了道路。1075年，李仁宗首开科举取士。早在此之前，儒学与佛学已大为兴盛，而佛教更被尊为国教。尽管不排除在局部领域出现纷争，但此时越南已开始出现佛教和儒教浑然融合之势。朝廷向不少高僧参问国策。有趣的是，陈仁宗晚年出家为僧，于安子山（Yên Tử）创立竹林禅派。人们通过儒家经典和佛教经书来学习和传播汉字。

这一历史阶段，大越的汉语已与其远方的故乡相隔离。当地越人与交州乃至中原的汉人直接交流时，大体上仍然使用此前的汉语语音与他们进行交谈。通过上述多种方式，大越人逐渐形成了对汉字的汉越音读法。这种读法反映了唐末宋初中原汉语的语音，可能多少还受到当时岭南地区汉语方言的影响，但逐渐按越南语的内在发展规律越化，比如出现了塞辅音重新清浊分化的现象。

近年来，中国语言学界有些学者将汉越音与中国南方方言进行比较研究，发现它们有些地方存在特别的对应关系，并倾向于认为汉越音直接源于两广地区中古时期某种“权威性的汉语方言”。这种观点集中体现于韦树关所著的《汉越语关系词声母系统研究》第六章中。韦氏认为，今广西和广东交界一带，自古是岭南的政治和文化中心。此中心就是广信，一直是交趾刺史部（后改为“交州”）的治所。在今越南境内的交趾、九真和日南三郡，一直在交趾刺史部的管辖之下，广信对此三郡的影响是必然的。因此，当儒学进入越南，越南人读汉字，字音按广信一带汉语方言的读音念，也是十分自然的事。韦树关先生等提出的观点及其所运用的材料，是探寻汉越音形成问题的新方向，非常值得关注。然而，在本研究中，我们不打算深入探讨，而仅略作介绍以兹读者参考。尽管如此，我们也善意地略提如下几点拙见：第一，较之于汉越音与中原音系（广韵）的完整对应关系而言，汉越音与南方汉语方言音系的对应关系似乎并不占优。是否仅是运用材料来解释各种例外的情况而已呢？第二，广信的地位可能很重要，越人可能在汉朝、六朝和隋朝时受到广信较为深刻的影响（比如，士燮原本也是广信人），但到了唐宋时期，即便在中国，广信也未能维持先前的重要地位。想必那时越南的官员和儒士早就直接与中原交流了。那是越南争取建立独立主权，发展文化的时期，学校里的越南夫子和学子确实需要一种完整的语音系统阅读汉文典籍。这种情况与士燮治理交州以及其后的一段时期已大不相同①。

如前所述，在汉越音形成的过程中，并非只原封不动地保留了汉人儒士直接传授汉字读音的原貌，而是越南语的发音方法渐进式的，

---

① 参见韦树关：《汉越语关系词声母系统研究》第 6 章，南宁：广西民族出版社，2004 年。

或多或少在其中起支配作用。从语言接触规律来看，这是不言自明的事情。汉越音系统一旦形成，也会反作用于越南语：它使得大越人非常便利地使用和借用汉语，让越南语词汇逐渐形成和增加了以汉越音释读的词语，语音风格，特别是对越-芒语原本就相对简单的韵母和声调产生了影响，并使得行文结构发生了显著的变化。这正是越南语形成初期有别于芒语的决定性条件。有学者断定，这个时期大约是7至8世纪[①]。我们则认为这个时期略晚，必须是10世纪之后的事情。

五、越南语的历史分期

为了更好进行论述，须简要介绍越南语从越-芒共同语分化出来之后的历史分期。根据汉越音的形成，15世纪明朝时期《安南译语》对当时越南语的记录，以及1651年亚历山大·德·罗德（A.D. Rhode）在罗马出版的《越-葡-拉字典》这三个“主要依据”，法国语言学家亨利·马伯乐将越南语的历史分期划分为如下五个阶段[②]：

1. 前越语：10世纪以前
2. 前古越语：10世纪（形成汉越语）
3. 古越语：15世纪（《安南译语》）
4. 中古越语：17世纪（《越-葡-拉字典》）
5. 现代越语：19世纪

---

① 参见[越]阮文才：《关于判断汉越音形成时间节点的材料补充》，载《民族学杂志》1978年第3期。

② 转引自[越]阮才谨：《语言、文字和文化的若干证迹》，河内：河内国家大学出版社，2001年，第402页。又见[越]范琼：《汉越文字》，载《南风》1926年第107期。

阮才谨教授基于“语言情势”，“即基于各阶段相互接触语言文字之间的相互影响”，提出更加详细的越南语历史分期：

1. 前越语：约 8 至 9 世纪。该时期古汉语（口语）和越语并用，书写文字则为汉字。

2. 前古越语：约 9 至 11 世纪。该时期越语和汉语（文言）并用，书写文字则为汉字。

3. 古越语：约 13 至 16 世纪。该时期也是越语和汉语（文言）并用，书写文字则汉字与喃字并用。

4. 中古越语：约 17 至 19 世纪中前期。该时期也是越语和汉语（文言）并用，但已出现汉字、喃字和国语字三种文字。

5. 近代越语：约 19 世纪末至 1945 年的法属时期。该时期使用越南语、汉语（文言）和法语三种语言，文字则有法文、汉字、喃字和国语字。

6. 现代越语：1945 年至今。只正式使用越南语和国语字①。

上述两种基于语言和文字本身的发展而对越南语做出的历史分期，尤其是阮才谨教授所做的历史分期，非常值得我们参考。我们也可以认为：上述两位学者所谓的“前越语”，实际上未必是纯粹的越南语，而很有可能仍然属于越-芒共同语阶段的末期。此一阶段，越-芒共同语开始分化为两种不同的方言罢了。此外，为了便于阐述和一以贯之，或许该把“前古越语”改称为“原始越语”或“早期越语”；把“古越语”改称为“古代越语”会好些，因为“古越语”这一名称过于宽泛，不应用于“历史分期”。

① [越]阮才谨：《语言、文字和文化的若干证迹》，河内：河内国家大学出版社，2001 年，第 403 页。

第二节　越族喃字的渊源及其形成

甲、关于喃字的渊源

一、用方块汉字记录越语的需要

可以说，从汉人与越人相互接触之时起，如果他们的交流不仅限于口语，而且还包括文书往来的话，那么用汉字记录越语中的某些词语是理所当然的事情。但是，如今我们有何根据可以断定古时人们在哪些场合会用汉字来记录土著的词语呢？在此，暂且不提及史料的依据，仅从语文研究方法论去寻求启示。我们认为，可以从下面所述找到些踪迹，以便认识人们如何使用汉字记录本土语言。

（1）当同一确定事物的名称每每被用同音或近音，但字形字义各异的汉字记录时，那么那些汉字很可能是用于记录这种事物名称的读音。

比如，从《辞海》可知，中国人对梵文佛经中的“Buddha”一词就分别记音为“佛陀”“佛图”“浮图”“浮屠”“浮陀”和“勃陀”等。在汉朝中原诸如《史记》《汉书》和《后汉书》等史籍中，我们常见百越族群中的“骆越”的族名。此族名中，“骆”字常写作“骆”，但在后世诸如《水经注》等典籍中，则“雒”“洛”二字并用。至于“越”字，即便在《汉书》中也是“粤”“越”二字并用。这告诉我们，那几个汉字并不一定体现它们在汉语中的固有含义。实际上，它们仅用以记录“骆越”在本地语言中的读音罢了。考据词源的学者可以从侗-泰语或越-芒语诸语言中深入研究其具体音义。比如，阮金坦（Nguyễn Kim Thản）和王禄（Vương Lộc）认为，“骆”字读音源于芒语的“rạc/đạc”演变为越语的“nác/nước”[①]。“交趾”这个地名中，“趾”和“址”并用（“址”即“地方”；“趾”即“脚趾”），导致人们对此称谓的语义理解各异。“交趾”这个词组或许也仅用以记录本地语言中某种事物名称的读音罢了。

（2）当诸多事物名称的首字为通用汉字，而该字在很多情况下可以用其他同音异义的汉字替代时，那么它很可能是用来记录本地词语的某个前缀或前音节。

比如，中国典籍中出现很多岭南地名，那些地名冠首字读音大致相似：句町（Câu Đinh）、苟漏（Cẩu Lậu）、姑幕（Cô Mộ）和姑复（Cô Phục）等等[②]。这种现象普遍发生在台-卡岱和越-芒族群生活的两广和越南地区的古地名中。例如，中国香港民族学者徐松石对以“古”或“果”“歌”“九”冠首字的地名进行研究并认为，“这‘古’字不能做‘古时’解”，“其实它是对本地语言某个词的音译”。徐氏还认为：“安南一地，古时所立‘古’字冠首的地名更众。”[③]陶维英教授亦赞同徐松石的观点，并列出了越南诸多类似地名做例证。其中，汉字“古”被认为是用以记录喃音“*kẻ*”。要探寻“古”字的意义，我们可以将“古罗”（Cổ Loa）这一地名与“古贲（Cổ Bôn）”和“古定（Cổ Định）”两个地名相比较。“古贲（Cổ Bôn）”是清化省绍化

① [越]阮金坦：《语言学选集》，河内：社会科学出版社，2003 年，第 59 页。

② 宋永培、端木黎明编著：《中国文化语言学辞典》，成都：四川人民出版社，1993 年，第 195 页。

③ 徐松石：《粤江流域人民史》，载《徐松石民族学研究著作五种（上）》，广州：广东人民出版社，1993 年，第 195 页。

县的一个村庄，口语俗名“仉贲（Kẻ Bôn）”，但以汉字命名则写作“古贲（Cổ Bôn）”；“古定（Cổ Định）”是清化省农贡县的一个村庄，原本口语俗名“仉茹”（Kẻ Nưa，今该村尚有“茹山”），但命名文字时则写作“古宁（Cổ Ninh）”，后改成“古定（Cổ Định）”。由此看来，“古螺”或许是由民间“仉螺（Kẻ Loa）”的音译，意即村里有“螺城”之人[①]。陶维英教授如此释义“kẻ（仉）”的语意完全与亚历山大·德·罗德所撰《越-葡-拉字典》中“kẻ”字义项与“山”无关相吻合。近年来，安之（An Chi）先生对“kẻ”语意的释义有所不同。他认为，在上述地名中，“kẻ”从汉字“界”越化而成，意为“地域”。虽然不是很有说服力，但多少也有些道理，兹表于此以广开思路[②]。

（3）当两个汉字记录某一名称，但我们从其原意无法理解该名称的全部时，那么这些汉字实际上可能只是用以记录该名称在本地语言的读音而已。

比如，我们可以罗列越南古时“九真”“嬴陵”“麊泠”和“朱鸢”等地名。这些地名的单个汉字本身均有意义，但组合成地名后却让人难以确定其真正的意义。中越两国古籍中，“九真（Cửu Chân）”郡的写法都很一致，分别有“九”和“真”组成，但这两个语素组成“九真”这个地名时，不可做“此处有九个真实”（？）解。“朱鸢”等地名也可做类似的分析。至于“麊泠（Mê Linh）”和“嬴陵（Luy

① [越]陶维英：《越南历代疆域》，顺化：顺化出版社，1994 年，第 31—32 页。

② [越]安之：《东传西记》，胡志明市：青年人出版社，2006 年，第 2 册，第 373 条；第 4 册，第 695 条。

Lâu）”因用字不定，所以既可列入上述第一种类别，也可以列入第三种类别。2005 年，阮惟馨（Nguyễn Duy Hinh）先生在论及上述几个地名时认为，它们原本是“谐声会意”喃字，用以“证明这些地名可能是由两个汉字合体组成一个喃字，而中国古籍却把它们分成两个汉字，因而难晓其意”[①]。我们仅赞同阮惟馨先生关于那些用汉字记录却难以解释其真实含义的地名，是古时越人对这些地名越语称谓的表音记录。至于他认为那些地名均为“谐声会意”喃字，后来被中国人拆分为两个汉字，则是纯属没有任何根据的臆断。

我们还可以在此多举几个用汉字记录越南语事物名称，但却又无法按照逐个汉字进行释义，反而可以基于这些汉字来确定本地语言音义的例子。比如，出现在越南史籍中的“布盖大王（Bố Cái Đại Vương）”是最显而易见的例子。“大王”二字自不待言，但“布盖”是何意呢？如果仅按“布”“盖”逐个汉字去讨论它们的字义，那么跟“冯兴（Phùng Hưng）”又有何关？然而几乎人尽皆知的是，此处“布盖（Bố Cái）”指“父母”，即古时越南语中“父母”读音为“布盖（Bố Cái）”。《大越史记全书》卷四也记载了另一有趣的情况。一个叫武带（Vũ Đái）的人被他人以喃字谐音骂作“武带（Vũ Đái）-武吉（Vũ Cứt）”。此故事发生于黎英宗庚午年（1150），近臣杜英武与黎太后私通，杨嗣明、武带、阮杨密谋收捕杜英武治罪。然武带因贪黎太后厚赠金子，而阻止阮杨诛杀英武。阮杨怒骂道：“殿前武吉非是带耶。”在这句骂人的话中，喃音和喃字之意一目了然，因为史书作者在阮杨骂语后

---

① [越]阮惟馨：《大越文明》，河内：文化通讯出版社，2005 年，第 94—95 页。

注曰："吉带方言，屎尿也。"[①]

（4）当记录事物名称的汉字组合中，每个汉字均有明确字义，但这种汉字组合的语法结构与汉语语法结构相反时，那些汉字很有可能是用以记录本地语言对该事物名称的读音（或许还有含义）。

很多学者注意到中原典籍中关于神农、女娲、帝尧、帝舜等神话人物名字的写法，并认为那些名字不符合汉语的语法规则，因为依汉语的语法规则，应该"倒"过来写作农神、娲女、尧帝和舜帝等等。与此同时，上述"定语后置"的语法规则却与南方诸语言，尤其是侗台语族和越芒语族的语法规则相符（然而，也不能绝对化这种语法规则，因为作为汉语远亲关系的藏语，乃至古代汉语也有这种"定语后置"的情况）。至于越语，在越南国史《大越史记全书·外纪》卷五中也可以找到这样一个例子：863 年，出现将"罗成的东门"称为"东罗门"的情况："荆南虞候、元惟德等……遂还向城入东罗门"（原文注曰："安南罗城东门也"）。实际上，按汉文语法应该是"罗东门"才对。越南早期用汉字写叙事散文的作品中，用汉字记录越语某些词语读音的情况并不罕见。比如在《岭南摭怪》诸篇中，"树榔"读作"cây cau"，"中国"读作"trong nước"，等等[②]。

在上述所举例子中，有些出自越人所写，有的则出自汉人所写，但也有若干情况难以确定到底是中国人还是越人所写。但不论是何人所写，所有这些都是仅散见于汉文典籍中，因此非但不足以说明这是

① [越]越南社会科学通讯院译：《大越史记全书·本纪》卷四（黎朝正和版，1697），河内：社会科学出版社，1992 年，第 291 页。

② [越]阮氏莺：《〈岭南摭怪〉文本研究》，河内：汉喃专业博士研究生学位论文，2005 年，第 140—143 页。

越族喃字形成初期的踪迹，而且更不能像很多人那样将其误视为特殊的喃字。在无意为被记录的语言创制新文字的情况下，根据现成文字的能力和表达需求，使用一种语言的书写用文字去记录另一种语言中某些词语的读音是司空见惯之事。这点与葡萄牙和法国传教士的做法相似，当他们接触越南语时，就用拉丁字母对越语中的某些词语进行记音。比如，1621 年，克里斯托佛洛·波里（C. Borri）神父就用拉丁字母拼写如下越南词语：Cacciam-Kẻ Chăm（占人），Nuoecman/Nuocmon/Nuocman-Nước Mặn（咸水），onsai/onsaij-ông sãi（翁仕主，即阮主阮福源；此外，也指师公或和尚），omgne-ông nghè（参加科考中进士者，私塾先生），Chiuua-Chúa（主，主公），maqui-ma quỷ（魔鬼），scin mo caij-xin một cái（劳驾，请给我一个），等等[①]。这些绝对不是或者说还不算是越南语的国语字。这种记音方式，并非任何时候都会发展到为其所记录的语言创制文字的阶段。

甚至这种记音不仅限于若干词语，而是一整册词汇集。如明朝时期用汉字记录越南语词汇的《安南译语》，或可以书写成一句完整的话语[②]。如 1621 年，克里斯托佛洛·波里神父用拉丁字母记录这样一句越南语："Con gno muon bau tlom laom Hoa Laom chiam(Con nhỏ muốn vào trong lòng Hoà Lan chăng）"，意即"小孩要躲到禾兰（Hoà Lan）怀里吗？"我们也不可急于认为它们是咱们越语书写用文字——喃字和国语字的"前奏曲"。外文典籍零星记录越南语的这种情况，并不能确保会导致本地文字系统的形成。在习惯使用汉

① 详见[越]杜光政《1620—1659 之间的国语字历史》(西贡：远航丛刊，1972 年）和[越]黄春越《国语字历史探究》（河内：文化—通讯出版社，2007 年）。

② 详见[越]王禄介绍与注释：《安南译语》，岘港：岘港出版社，1995 年。

字和汉文的背景下，喃字只能在越南文化发展到一定程度，导致越南人群体不再只满足于口头交流，而是需要适合的文字系统记录他们的交流时才会产生。

喃字的渊源，以及越族喃字的“胚胎”可能曾隐藏于越人的汉文典籍里。其中，用以记录越南语的汉字，不仅如上所述“布盖”“东罗门”那样简单地借用现成的汉字，而且还出现了一些自己创制的方块文字。这种文字首先是“会音”字，而后是“形声字”和“会意字”。这种情况可能早在南国取得独立和汉字的汉越读音形成之前就已出现。但是关于喃字萌芽的那些最早的踪迹，如今几乎已荡然无存。然而，李陈时期的碑刻铭文可能还保留了它们的踪迹（详见本章第二节第三点）。

二、关于《越人歌》与《六度集经》的问题

在自己关于越南佛教史与文学的诸多研究成果中，作为学者兼禅师的黎孟挞（Lê Mạnh Thát）提出了若干值得关注的假说。这种假说有必要从语文科学的视角进行考察。

研究界诸多专家一直认为，《六度集经》是 2 世纪越南僧人康僧会（康僧会其先康居，世居天竺）从梵文译成汉文。但黎孟挞 1972 年论及此经时却认为，康僧会翻译的“底本”是越语经文。他在《越南佛教史》中写道：“康僧会将《六度集经》译成汉文时，用的是越语底本，而非梵文本。因此，当诵经时，我们听起来更像一部原创的佛经，而非从梵文版本或印度的任何方言译出。如果仔细阅读，我们会发现一件极其怪异的，对越南佛教史和越南历史、文化、语言均具

非常重要意义的事情。”[①]黎氏写道：“此即，在《六度集经》的一些句子中，康僧会并非按中国（汉语）语法，而是依照越南（越语）语法（译者按：翻译）。”根据黎氏的考察，在《六度集经》的十一个本生故事中，有十五种情况。比如，本应写作“心中”的却有十一次写作“中心”；在汉文中本应写作“宫中”“庭中”的，却如越语语法规则写作“中宫”“中庭”。又如，不按汉语语法写作“野外”“升天陛”，却如越语语法规则写作“外野”“陛升天”[②]。

我们出于善意地认为，如果事情仅限于此，那么它未必如黎孟挞先生所断定的那么怪异和重要。如果我们从古汉语进行考察，那么上述偏正结构诸词组中，中心词语和限定词语并非一成不变。在古代汉文典籍中，我们仍可以发现将“谷中”写作“定语后置”的“中谷”。例如：《诗经·周南·葛覃》有曰：“葛之覃兮，施于中谷”，《毛传》注曰：“中谷，谷中也”；《诗经·王风·黍离》有曰：“行迈靡靡，中心摇摇”；等等[③]。在汉语的亲属语言古藏语中，偏正结构的“定语后置”更是司空见惯[④]。另一方面，值得一提的是，在双语或多语活动中，人们易将母语的某些要素“移植”到他们当时使用的外语。我们难以确保康僧会在用汉文翻译（不管是从梵文或越语译出）或撰述佛经的时候不出现这种情况。由此可见，

---

① [越]黎孟挞：《越南佛教史》第 1 册，顺化：顺化出版社，1999 年，第 47—48 页。

② [越]黎孟挞：《越南佛教史》第 1 册，顺化：顺化出版社，1999 年，第 47—48 页。

③ 详见郑兴凤、张奇：《古代汉语的定语后置问题》，载《鸡西大学学报》2005 年第 5 卷第 6 期，第 84 页。

④ 详见马学良主编：《汉藏语概论》，北京：民族出版社，2003 年。

如果仅仅基于上述几个“怪异”的情况，便推断《六度集经》的原本是“越语版本的经书”是否有些牵强呢？不管如何，康僧会撰写或翻译的佛典，仍然是一部用汉字写成的汉文作品，而未见与用越族喃字写成的越文作品有任何联系。

黎孟挞先生提及的另一部年代很早的汉文作品是《越人歌》（也称作《越歌》）。《越人歌》最早收录于西汉刘向（约公元前 77 年—公元前 6 年）的《说苑》卷十一《善说》。刘向借用楚国大夫庄辛之言，描述了江中舟游的豪华壮丽场景，而后写道[①]：

会钟鼓之音毕，榜枻越人拥楫而歌，歌辞曰：

滥兮抃草滥予

昌枑泽予

昌州州䭡

州焉乎秦胥胥

缦予乎昭澶秦踰渗

惿随河湖

鄂君子晳曰：“吾不知越歌，子试为我楚说之”。于是乃召越译，乃楚说之：

今夕何夕兮?搴州中流。

今日何日兮?得与王子同舟。

蒙羞被好兮不訾诟耻。

心几顽而不绝兮得知王子。

---

① 欧阳若修、周作秋、黄绍清等编著：《壮族文学史》第 1 册，南宁：广西人民出版社，1986 年，第 94—95 页。

山有木兮木有枝。

心悦君兮君不知。

在全面介绍《越人歌》并将其翻译为越语之后（黎氏的断句以及对一些句子的排列异于我们），黎孟挞推断道，这首“越字歌谣”可能是刘向直接收集于民间，并将其收录于《说苑》中，但“也可能是由越南人抄录，并将越语版本作为贡品进献于中国。《说苑》并非一部普通的作品，而是进献给帝王的作品”。黎氏还认为，“在古代，这可以说是首次也是唯一一次，外国语言抄录并被译为汉文的作品出现于中国古代典籍中”[①]。

确实，刘向作品中的《越人歌》向来被研究中国和东南亚百越诸民族文化的学者们所周知。歌谣内容的原有汉译，为人们理解它提供了不少帮助，但仍难以确定这首歌谣属于哪个民族的语言。因为据刘向的记录，唯有一“越”字能让我们推论。在刘向的作品中，尚有一“楚”字，想必是春秋战国时代与越国并驾齐驱的楚国吧。因此，中国诸如郭沫若、袁家骅等著名学者均认为，这是一首上古时期被记录原语并翻译成楚语的“越”歌。尽管也有人认为，这只是上古汉语的一首歌谣，被用某地方的语言记录下来罢了[②]。然而此处的“越”也有可能指当时的百越族群，其中包括西瓯和骆越这两支亲近的部族。雄王建国时期越南人的祖先有可能是骆越部族（与孟高棉种族融合之后）

① [越]黎孟挞：《越南佛教史》第 1 册，顺化：顺化出版社，1999 年，第 44—45 页。

② 详见陈抡：《历史比较法与古籍校释》，长沙：湖南教育出版社，1987 年，第 68 页。

的后裔，他们原与西瓯部族及其今日后裔壮人（包括岱侬人）关系非常密切。然而，不管把《越人歌》归入百越族群中的哪种语言都是异常困难之事。何文晋教授认为："我认为，总体而言中国南部越人的语言并不相同。仅就刘向《说苑》中的《越人歌》，泉井久之助（Izui Hisanosuke）（1953）认为它与占语关系密切，而韦庆稳（1982）则认为其与壮语相似！"[①]如今，黎孟挞又认为，这首歌谣一定是我们越南人的越语歌谣！我们尚无条件了解日本学者泉井久之助所提出的假说，但对中国壮族学者韦庆稳的研究成果了然于胸。韦氏按历史语言学方法进行了非常细致的考究。他通过对诸多语言和文化材料进行对照比较研究，按壮人的祖先，即古西瓯-骆越居民的古壮语系统拟构了上述歌谣的语音[②]。平心而论，韦庆稳的论据及其阐述问题的方法，比黎孟挞的论述更具说服力。2001 年，在《今日见识》第 391 期和第 393 期中，安之（慧天）先生就黎孟挞先生关于《越人歌》中带有"浪漫"风格的"那些武断推论"，及其立论"雄浑"却完全缺乏"必要而可信史料"的假说进行了透彻的分析[③]。不论如何，显而易见的是，上述歌谣是用汉字写的（借用汉字记录某个民族语言的语音）。黎孟挞先生充满"热情"和"感性"地推断它是用"越字"抄录越南语的一首歌谣，后被收录于中国古籍宝库中。那是子虚乌有之事。我们将于下文转入论述在越南境内发现遗物上刻有喃字萌芽的证迹。

① ［越］何文晋：《古文化追溯》，河内：社会科学出版社，1997 年，第 757 页。

② 韦庆稳：《〈越人歌〉与壮语的关系试探》，载民族语文编辑组：《民族语文论集》，北京：中国社会科学出版社，1981 年。

③ ［越］安之：《东传西记》第 4 册，胡志明市：青年人出版社，2006 年。

三、李朝碑铭上的喃字

1975 年，陶维英教授在其所著《喃字的渊源、结构与演变》中，提及李朝时期的两份铭文，作为最早喃字存留证迹。第一份是 1956 年在涂山打捞到的铜钟，上面有汉字铭文，其中有按越语语法对人进行称谓的“翁何”两字，而非按汉语称为“何翁”。铭文中的落款时间模糊不清，但陶维英教授断定此钟铸于 11 世纪，也有人认为时间晚于 11 世纪。除铭文上有“翁何”的上述铜钟之外，陶维英教授提及的另一份铭文是永安省安朗县白佇总塔庙寺的《报恩禅寺碑记》（下文简称“塔庙寺碑”）。

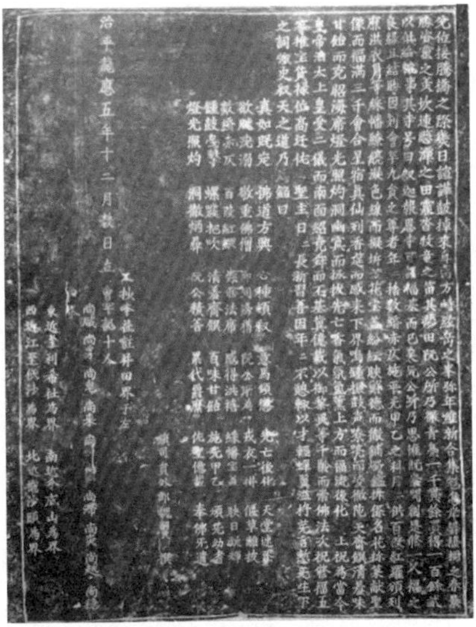

图 2.2.3.a：塔庙寺碑背面[①]

① ［越］潘文阁、［法］克劳丁・萨蒙主编：《越南汉喃铭文》第 1 集《从郡县时期到李朝》，河内：越南汉喃研究院，巴黎：法国远东学院，1998 年。

此碑立于李高宗时期的1210年，“是喃字较多的最早证迹”。1945年拓印时，该碑仍立于寺庙右边。碑铭拓片现藏编于汉喃研究院，编号“4102—4103”。碑铭全文1276字，碑的背面有喃字。据陶维英教授考究，该汉字碑铭中，包括记录越南人名越语读音的汉字（比如：咸 Hàm、造 Tạo、來 Lai、炎 Viêm、越 Việt、稳 Ổn。因为这些字位于“尚”字之后，故为人名“尚”喃音读曰“thằng”，指人。）在内共“有二十余不同的喃字”。此外，还有些汉字被借用来记录那些真正的越南词语。例如：

-同（Đồng）：同翕（Đồng Hấp）、同㙈（Đồng Nhe）、同紂（Đồng Chài）。

-尚（Thằng）：尚咸（Thằng Hàm）、尚豸（Thằng Chạy）、尚造（Thằng Tạo）等等。

-酒（Tửu，读“dậu”）：酒㵟（Dậu Bơi）。

-豸（Trãi，读“chạy”）：尚豸（Thằng Chạy）。

值得注意的是，在该碑铭中还有若干按形声法创制的真正的方块喃字：

-㵟，读“Bơi”，水+悲：㵟田（Bơi điền）。

-紂，读“Chài”，纟+才：同紂（Đồng Chài）。

-㙈，读“Nhe”，土+而：同㙈（Đồng Nhe）。

-椀，读“Oản”，米+宛：椀。

有鉴于此，陶维英教授认为，“可以说到了李高宗时期，喃字的结构规则已经臻于完善，历经其后的几个世纪，这种规则保持不变。”[①]情况或许正如陶氏所说，尽管我们发现该碑文的喃字多为借用汉字，还有若干按形声法自造的喃字。我们可以认为，在此碑之前，应曾有汉字、喃字混杂的其他铭文。

事实确实如此，在汉喃研究院藏编的石碑、铜钟、石柱和木牌拓片中，尚有若干比上述塔庙碑铭年代更早的李朝铭文。1998 年，汉喃研究院与法国远东学院联合出版的《越南汉喃铭文》第 1 集《从郡县时期到李朝》，就收录了该时期存留下来的 27 份铭文。在这些铭文中，除了上述提及的塔庙寺碑外[②]，尚有五块上面有喃字的，比塔庙寺碑年代更早的碑铭：

（1）古越村延福寺碑铭（以下简称“延福寺碑”）。作者是公艳，刊刻于大庆四年（1113），汉喃研究院藏编拓片编号：30279—30281。1987 年，此碑被发现于兴安省美文县越新社景林村延福寺。碑铭全文 2090 字，其中有“洞”（Đồng）和“个”（Cá）两个用以指越语地名读音的汉字。

（2）大越国李家第四帝崇善延灵塔碑（以下简称“龙盌碑”）。碑文作者是阮公弼，刊刻于天符睿武二年（1121）。汉喃研究院藏编拓片编号：32724—32725。此碑现仍立于河南省维仙县盌山村龙盌山龙盌寺中。碑铭全文 4200 字，其中有“河泸”（Sông Lô）两个汉字，

① ［越］陶维英：《喃字的起源、结构与演变》，河内：社会科学出版社，1975 年，第 18 页。

② 经确认，此碑作者为魏嗣贤，铭文刊刻于治平龙应五年十二月，即 1210 年。该碑铭拓片在汉喃研究院馆藏编号：4102—4103。

按越语的语法顺序记录越语河流名称的读音。

（3）乾尼山香严寺碑铭（以下简称“香严寺碑”）。此碑立于天符睿武五年（1125），但碑铭作者佚名。后黎朝保泰七年（1726）重刻碑文。汉喃研究院藏编拓片编号：20957。1942 年，此碑仍立存于清化省寿春府雷杨县延豪总延豪村香严寺（今属清化省绍化县绍中社）。碑铭全文 1233 字，其中“随上到阿雷潭”一句里，“阿雷”两个汉字用以记录越语双音节（结构为“CvCV”）地名“阿雷潭”的越语读音“đầm A-Lôi”。

（4）钜越国太尉李公石碑并序（以下简称“李公太尉碑”）。1159 年，太尉李公杜英武（1114—1159）逝世之后即立此碑，1943 年，此碑仍立于兴安省东安（今美文）县安乐村。如今，石碑及其拓片均已不存。我们如今研究所用的是黄春瀚教授的手抄版[①]。碑铭 1488 字，其中用“尚衰”两字记录越人名字的越语读音。（“尚衰”，汉越音为“thượng Suy”，越语读音则为“thằng Suy”，指算命先生绅利[Ông Thân Lợi]，1139 年他举兵起义，1141 年兵败。）

（5）奉圣夫人黎氏墓志（以下简称“黎氏墓志铭”）。此碑不具作者信息及立碑日期，但碑铭内容显示，此碑立碑时间稍晚于政隆宝应十一年（1174）。

① 详见[越]陶方平、范秀珠、阮慧芝：《李陈诗文》第 1 集，河内：社会科学出版社，1977 年。

图 2.2.3.b：黎氏墓志铭[①]

此碑可能被后人重刻。目前，此碑铭文拓片藏编于汉喃研究院，编号：10755—10761。1977 年，此碑仍立于延灵福圣寺，即今福寿省三清县香嫩社。碑铭 703 字，其中除了有三处用汉字记录越语地名之外，还有几个自造喃字：第一，頭停（Đầu đình）：“壹坐落池頭停處”；第二，𨷯午（Cửa ngõ）：“壹田坐落𨷯午處”；第三，𣷭滝（Bến sông）：“壹田坐落𣷭滝處”。

此外，李朝还存留了另一年代稍晚于“塔庙寺碑”几年的碑文。为了使论据更充分，兹简要介绍如下：

（6）祝圣报恩寺碑（以下简称“福圣寺碑”）。1980 年，此碑被发现于兴安省美文县义侠社青舍村杜世延教堂的院落中。此碑由杜

① [越]潘文阁、[法]克劳丁·萨蒙主编：《越南汉喃铭文》第 1 集《从郡县时期到李朝》，河内：越南汉喃研究院，巴黎：法国远东学院，1998 年。

世延立于李惠宗甲戌年（1214）。今汉喃研究院藏编此碑拓片编号：30285—30286—30287。碑铭全文 175 字，其中有三个汉字用以记录越语地名和人名的读音："举廚"（Cửa Chùa），意为"寺门"："本寺奉事香火一所举廚"；"婆杜乙娘"（Bà Đỗ Út Nương）：婆杜乙娘[田一所]。

如上所见，最值得注意的是 1174 年的"黎氏墓志铭"，其中既有借用汉字的喃字，又有自造喃字。此外，我们在 1125 年的"香严寺碑"铭文中，发现有用两个汉字记录一个越语地名词语"阿雷"（A Lôi > Lôi/Trôi）的情况。这是"会音"喃字造字法的前身，是越族喃字早期造字普遍存在的现象。

上面我们简略介绍了存留至今、年代最早且确凿可考的铭文证迹。在这些汉字铭文中，出现了人们直接使用汉字或自造新字来记录某些越语词语读音的情况，并要求这些熟知的词语必须准确地体现在越南人的汉字铭文中。这种情况可能起源于更早的时间（但其证迹没有存留下来），并在后世一直延续，直至喃字作为越南民族的文字系统确实发挥它的作用。在尚未发现更早的证迹之前，上述证迹表明，至迟 12 世纪初，越语的书写用喃字的若干文字已确实出现于越人的汉字作品中了。

乙、关于越族喃字的形成

四、越族喃字形成的条件

为了进一步阐述，我们有必要将越族喃字与出现年代更为久远的，情况相似的壮族方块字进行比较。唐朝永淳年（682）初，澄州壮族大首领韦敬辩（或韦敬辨）特刻《六合坚固大宅颂》摩崖石刻，庆祝自己在争取澄州刺史权利时获得胜利。十五年之后，即武后通天二年（697），韦氏又在无虞县刻制《智诚碑》摩崖石刻，颂扬其兄长的文治武功。此两碑铭文 1484 字，其中有很多异体、简体汉字和壮族方块字。比如会意字“䊍”，上下结构，其上双“米”字，其下“田”字，至今民间仍然使用，但多转写为形声“畓”字，意为“田地”[①]。诸如宋朝周去非和范成大等中国后世学者，在他们的著述中也记录了这种类似的方块壮字。中国文字研究界一般认为，那是标志方块壮字形成的证迹。

方块壮字的上述情况，李乐毅教授关于越族喃字与壮族方块字的关系有如下观点值得关注：“李芳桂曾假说：‘僮（壮）语造的字也许有受越南喃字影响的地方。’笔者分析了所能见到的方块壮字和喃字，没找到能够证明这种假说的有力证据。也就是说，无法证明是在一方的某些字的影响下产生了另一方的某些字，或者说是一方模仿或袭用了另一方的某些字。”[②]这是非常慎重和恰当的判断，我们赞同李乐毅教的这一观点。但是李氏的观点并不仅限于此，他还认为：“上面举出的字形完全相同的字毕竟只是极少数，而且只是一种偶合。但是，如果说一方从‘精神上’或‘总的方法上’受到了另一方的影响，倒是可能的（虽然证据也不足），不过从这两种文字产生的年代先后而言，却更有可能

① 详见张公瑾主编：《民族古文献概览》，北京：民族出版社，1997 年，第 224 页；广西壮族自治区少数民族古籍整理出版规划领导小组主编：《古壮字字典》之张声振《序》，南宁：广西民族出版社，1989 年，第 5 页。

② 李乐毅：《方块壮字与喃字的比较研究》，载《民族语文》1987 年第 4 期。

是喃字受到了方块壮字的影响或启发，而不是相反。”[①]关于李乐毅教授的这一观点，我们认为有必要提出如下商榷：

其一，据笔者的研究，越族喃字和方块壮字之间字形重合的现象为数不少[②]。暂且不提由于直接借用汉字而产生的重合现象，仅就越人和壮人自造的文字，重合者就数以百计。如果仔细分析，我们发现重合字的情况各有不同，但绝非偶然重合现象。其中，有约二十个越族自造喃字被方块壮字借用。这些字几乎都是越人自造的“形声”喃字。与此同时，在方块壮字中，那些字无法“承受”形声造字分析法，而纯粹是一种借用的方块字，并以越语相似的读音识读罢了。比如：越人造出的“𠀧”字，“巴”表音，“三”表意；壮人将此字读为“[ba^6]”，意为“鱼”，与“三”无任何联系！又如：越族喃字“𦓅”字（già），“老”表意，“茶”（trà）表音；壮人对此字的读音近似为[ja^2]，但字义完全变为“遮掩、挡着”，与“老”无任何联系等等！越族喃字是否也有借用壮族方块字的相似情况呢？可惜的是，我们浩经穷首也未能在越族喃字典籍中发现壮族人自造的方块壮字的踪影。由此看来，壮族人借用了越人的若干喃字，而相反的情况并未发现。

其二，如果说可能双方在“精神”或“方法”上有相互影响或启示的话，那么首先和直接发挥影响作用的正是汉字，因为自公元初越人和壮人接触汉人与汉字的历史背景并无二致。因此，当双方（壮族

① 李乐毅：《方块壮字与喃字的比较研究》，载《民族语文》1987 年第 4 期。

② [越]阮光红：《越南喃字和壮族方块字之间的同形现象》，载《汉喃杂志》1997 年第 2 期。另见[越]阮光红：《壮族方块字中的越南喃字印记》，载《汉喃杂志》1999 年第 1 期。

和越族）从一开始就已经有与他们语言较为适合的汉字字形时，他们没有必要为此“相互学习”。至于如上所举例证，经过语言、文字接触而相互借用的情况，那是后面的事情，不属于文字创制初期的诱因。

其三，李乐毅教授基于范成大 1175 年所著《桂海虞衡志》和周去非 1178 年所著《岭南代达》两书中关于与今壮族方块字大体相同的“俗字”，断定壮族方块字的创制不晚于 7 世纪。李氏又基于陈朝（1225—1400）韩诠作《祭鳄鱼文》，以及安朗县碑铭（1210）上的二十二个喃字，断定至迟 13 世纪越族喃字形成。因此，按两种文字出现年代的先后，李乐毅教授认为，喃字受到壮族方块字影响或启示的可能性会更大些，而非反之。事实上，确定壮字（古壮字）和喃字形成的年代均颇为复杂，它并不如李乐毅教授所说的那么简单。关于这一点，我们后文将会论及。即便能真正确定哪种文字出现得更早，也不足以保证先形成的文字必然会对后形成的文字产生影响和启示。因为越族和壮族原本一直熟知汉字，且两个民族文字的本身并不比汉字更具特色和优越，足以启示后来者去克服汉字形态的障碍（如果有）。或许壮族方块字已经获得了某种值得重视的特点，但实际上我们未曾在越族喃字中找到其踪迹。

我们再转回来谈谈关于越族喃字和壮族方块字现存最早的证迹。暂且不提上述几块碑文的内容及其对壮族人的历史意义，仅就文字层面而言，我们认为这两块壮族碑文的重要性与越人的“黎氏墓志铭”（1174）和“塔庙寺碑”（1210）并无二致。当然，我们并不认为这是壮族方块字或越族喃字形成的标志。所有这些碑铭只是存留下来的最早证迹，可能反映了壮族方块字和越族喃字形成过程中的“胚胎”，以及我们正在考察的本地方块字在汉文作品中杂糅使用的情况。说不准还有一些年代更早的相似碑文、铜钟，只是不幸未能存留在越人和壮人生活的地域里罢了。因此，这并非是越族喃字和壮族方块字诞生的铁证。促使一种民族文字系统形成的前提确实不是如此临时而零星的需求，而是由于诸多原因造成的，但最重要的是，本地人用母语的书写用文字去体现自己民族文化的需要。就越族而言，诸多重要历史事件的发生，为越南民族拉开了新历史时期的序幕。得益于此，喃字形成的过程较为迅猛。

从 10 世纪起，越南进入了独立自主的封建时期。吴、丁、前黎朝完全摆脱了中国的封建统治。但 10 世纪至 11 世纪初，越南封建政权草创，朝代更迭，贵族集团、割据使君之间纷争此起彼伏，以及抵抗宋朝侵略的战争。当时国家政权机构尚未统领全国。因此，那个时期还不是建设和开拓民族文化的合适时期，也还不会想到必须用一种自己的文字记录本民族的语言。关于这一点，阮才谨教授认为："在这个时期里，越南社会似乎尚未确实形成一种用越南语来记录和书写的习惯。就连以惯用的汉语和汉字来记录、书写和文学创作也尚未形成传统，存留下来的汉字典籍尚且不值一提，更遑论用喃字创作和用喃字进行记录了。"①

自 11 世纪以降，大越国李朝成立，迁都升龙，建立了强大的封建集权国家，战胜外侵之贼，巩固了政权，增强了民族自豪感，自主建设国家。自李朝至陈朝，佛教盛行，上自皇帝百官，下至平民百姓一律尊崇。为了给国家培养人才，儒学也受到重视。这些精神要素形成了强大的动力，导致越人不仅通过汉越读音吸收汉文养分，而且还要

① ［越］阮才谨：《关于喃字的若干问题》，河内：大学和大专出版社，1985 年，第 35 页。

通过汉文以及本民族的语言和文字展现自己的文化生活。到了这一历史阶段，原本已长期萌芽的喃字已具备了充足的社会文化条件，通过进一步补充和改进，被更加广泛地使用，迅速成为真正的文字。接下来，必须考虑越南汉字汉越音系统与越人创制喃字所依据的语音之间的关系。假使当时的越人只想模仿汉字象形、会意或指事造字法来创制喃字，那么没有必要考察语言依据问题。但即便是汉字，象形造字法也只是上古时期之事。自汉以降，形声成为创制汉字的主要方法。因此，如果喃字接受汉字的造字法则，那么基本上也是依照中古以后的造字法则。当越人着手为自己的语言造字和使用喃字时，形声造字法和假借用字法必然会占绝对的优势。阮才谨教授经深入研究后指出，尽管某些喃字的读音仍然保留了汉越音形成之前的汉字读音，但大体上喃字的读音仍然是紧紧围绕其所借用汉字的汉越音和喃字中表音要素进行识读。“因此，越南保留了唐末汉语的读音。这种读音不但与越语关系密切，而且还与越语一起变化，并保留至今。”如此一来，那时被借用的词语，不仅融入了唐末越人的言语，而且还以语言单位的资格融入了越南人的语言。也正因如此，反而观之，这个时期创造性地用汉字记音纯越语的过程，也有可能被保留至今，因为从 905 年以后，汉根音和越音向来同向发展，不像此前各阶段那样支离破碎[①]。此处，阮才谨教授想提及的是越南汉字开始脱离其中国本土读音的最早时间节点。我们却认为，汉越音系统不会在那时就立刻形成，而必须是当李朝（11 世纪以降）重视汉语和儒学，汉字在越南独立初期被零星保留其读音的基础上，识读方法逐渐完善成为系统，进而被广泛

① ［越］阮才谨：《关于喃字的若干问题》，河内：大学和大专出版社，1985 年，第 34—35 页。

传授的时候才形成的。这正是喃字形成的语言基础条件。这也是我们再次断定，作为一种文字系统，喃字形成的时期不可能早于 11 世纪的原因。

为了让喃字从汉文典籍中的“萌芽”和“胚胎”发展成为真正的文字系统，越语母语人士必须不断地创造和完善各种造字规则。这种规则不是从理论上，而是在实际中使用那些自造方块字来通过母语表达自己的思考和想要传达的信息。用母语来表达并非仅如罗列村社壮丁名册和礼物赠送列表等，把若干零散词语排列成花名册那么简单，而必须是一个文本，即便这个文本简短，也要在最小程度上反映母语的语音和语法要素。我们认为，能证明在实际使用当中存在喃字系统的文本，必须满足如下几个要求：第一，文本不短于一个发言（句子），至少反映母语的一个语法要素（如词序、虚词）；第二，文本中不仅有借汉喃字，而且还须有自造喃字。这是有效使用喃字，标志喃字系统形成的最低条件。

五、关于喃字出现的各种假说

在越南历史文化中，越族喃字出现时期的断定问题引起了诸多学者的关注。在此，我们按出现时间的先后，将诸种观点归纳成三种假说简略介绍如下：雄王时期说、北属时期说、独立自主时期说。我们仅对以上几种假说进行简短的述评，因为上文的阐述，在某种程度上已经是对持上述假说观点诸学者的反驳或认同了。

第一，喃字雄王时期出现说。范辉琥（Phạm Huy Hổ）是持此说的唯一代表。1919 年，范辉琥在《南风》杂志上撰文说：“窃以为，自鸿庞氏建国初，我们（译者按：越人）便使用汉字……比如国号、十八世帝王称号、十五部的名称，以及雄王时期百官官职均分明以汉字冠名……今见雄王时期诸臣中，多有汉、喃参半的谥号，有的过于通俗，比如翁槓（Ông Cổng）、翁蛀（Ông Chấu）、払奇（Chàng Cả）和払台（Chàng Hai）等等。如用汉字表述上述喃音名字并无难处，但后人所封谥号，以及历朝的敕封均一仍其旧。我们的习俗很尊奉神灵，不敢有任何改动。由此可知，我们的喃字也是在那时（雄王时期）出现的。”①现存最早的敕封文书是黎初（15 世纪至 16 世纪）存留下来的。如果其中确有以汉字记录诸如翁槓、翁蛀、払奇和払台等越人名字的话，那只不过是黎朝人用汉字和喃字来记录雄王时期越人的名字罢了。

第二，喃字北属时期出现说。虽然具体见解有所差异，但很多学者均持此说。《指南玉音解义》是现存最早的汉喃字典，虽然原书出现的年代未有定论，但最早提及了喃字出现的问题。景兴二十二年（1761）刊刻板本的序文有曰：“至于士王之时，移车就国四十余年，大行教化，解义南俗，以通章句，集成国语诗歌以识号名，韵作《指南品汇》上下二卷。”②

嗣德三十三年（1880），在《大南国语》这部汉喃字典中，撰者文多居士阮文珊在《义例》中提出如下设想：“列国言语不同，一国有一国语。我国自士王译以北音，其间百物犹未详识。如雎鸠不知何鸟，杨桃不知何木，此类甚多。此书注以国音，庶得备考。或有易知

① ［越］范辉琥：《我们越南何时知晓汉字》，载《南风》1919 年第 29 期，第 416 页。

② ［越］佚名：《指南玉音解义》，越南汉喃研究院藏辛巳年刻本，编号：AB.372。

者亦不必注。”[①]

1932年，楚狂（Sở Cuồng，即黎屿 Lê Dư）在《南风》杂志上刊文认为，自士王时期越南就已经学习汉字。既习汉字，则不但须用越语进行解释方可通晓，而且还须“有一种文字做符号，辅以记忆，因此士王才选用那些读音与我们语言相近的汉字作为记录越语的符号……但因为用汉字也无法完全记录我们语言的音节和表达我们的思想，因此才拆解汉字部件另行组合成文字，或用音、或用义、或用会意来做符号，翻译我们的语言；这是喃字出现的最初缘由。”[②]楚狂还认为，士燮乃广信之人，今属广西，此地壮族人自古就有与喃字相似的文字。因此，“如文多居士所言，士王来交趾任太守才考虑按照广西俗字，创制出我们的喃字。”[③]必须承认的是，楚狂关于在学习汉字时必须使用一种简易的符号来记录我们的语言，以便于记忆，这是合理的。但是，仅有这种需求，未必足以促使喃字发展成一种特有的文字。至于他所解释的喃字造字法，似乎与假借、形声和会意有关，但这是基于后世实际喃字所做出的推论而已，没有任何资料能证明它们是士王时期的造字法。正如第一章所述，壮人的方块字也只是在唐朝之后才零星地出现在汉字碑铭中。既然如此，士燮何以能“考虑按照那种字”来“造出我们的喃字”呢？

① [越]阮文珊：《大南国语》，越南汉喃研究院藏文山堂成泰己亥年（1899）刻本，编号 AB.106。

② [越]楚狂（黎屿）：《喃字与国语字》，载《南风》1932年第172期，第495页。

③ [越]楚狂（黎屿）：《喃字与国语字》，载《南风》1932年第172期，第496页。译者注：原文为“刺史”，译文根据历史事实改为“太守”。

即便如此，喃字出现于士王时代说对后世诸如阮董之[①]、陈文玾（Trần Văn Giáp）[②]和黄仲绵（Hoàng Trọng Miên）[③]等若干著名学者多少产生了影响。之所以如此，是因为这种假说把喃字的出现与士王首开汉学领域的教育需求结合起来。此外，他们之中有些学者认为，传授汉字和施行教化并不重要，而是强调在行政管理中使用喃字的重要性。比如：

严儹（Nghiêm Toản）在《越南文学史摘要》一书中写道："北属时期，艚人……教我们几个汉字用于牒诉券约和公文契约……但在使用汉字的时候，那些在文书中必须提及的诸如 cu Mít（阿欓那小子）、chị Kếu（俏姐）、làng Rươi（蛛村）、làng Viềng（望村）、cái gàu（戽斗）、cái gáo（瓢）等本地人名、地名和物产名称该如何处理呢？迫不得已须得大致按艚字造字。"[④]这只是一种合理的推论，而未有任何证据能证明北属时期确实有这种喃字，即便有也只能是汉字文书中零星出现的几个字罢了。

近年来，阮惟馨在其《大越文明》一书中指出："喃字不是因为汉字的传授，而是因为汉人官吏统治我国出于户籍和土地管理以及征丁课税的需要才产生的。这是喃字产生的原因，主要用于记录地名和

---

① [越]阮董之：《越南古文学史》，西贡：国务卿府出版社，1970 年，第 91—92 页。

② [越]陈文玾：《喃字起源考略》，载《历史研究》集刊 1969 年第 127 期，第 7—25 页。

③ [越]黄仲绵：《从越南民族起源到喃字历史》，载《灵火》集刊 1975 年第 2 期，第 119—132 页。

④ [越]严儹：《越南文学史摘要》，西贡：永保书社，1949 年，第 63 页。

人名。”[①]据此，他提出如下假设：“如果接受公元2世纪约有五千个村寨（kẻ），那么就会有五千个喃字地名。按现存村社的传统喃字地名，每个地名一个字，则约有五千个喃字。虽只是合理的假设，但应可以接受吧！”[②]平心而论，我们难以接受他的这种假设。首先必须明确“làng（村）”和“kẻ（村）”的区别始于何时和由谁定夺。我们难以确定那时我们南国的村社系统已有这种完整通俗的地名，而后汉人才如惟馨先生所想象那样给每个村寨记以一个喃字，而不是正好与之相反。再次，假使确实如此，那么那时的喃字必然与后世的喃字截然不同，因为那时前越芒语并非单音节语言，难以随便用一个字去记录一个村的地名。那些散见于汉文典籍中的喃字，尚且无法被视为真正的越语文本，那么我们如何能将上述这种情况视为越族喃字出现的证据呢?

我们于此也顺带介绍阮文素（Nguyễn Văn Tố）[③]、杨广涵[④]两位学者的观点。他们基于“冯兴”被尊奉“布盖大王”，认为自8世纪唐朝时已经出现“布”指“父亲”和“盖”指“母亲”的喃字。如上所述，这仅仅是在汉文典籍中临时借用汉字来记录喃音人名罢了。况且，这两个记录喃音的字也仅见于后世的史书中，而并非冯兴时期存留下来的。

第三，喃字在越南脱离北属，开创独立时期之后形成说。20世纪

---

① [越]阮惟馨：《大越文明》，河内：文化通讯出版社，2005年，第81页。

② [越]阮惟馨：《大越文明》，河内：文化通讯出版社，2005年，第99页。

③ [越]阮文素：《安南的语言和文学》，载《法国远东学院学报》1930年第30集第1—2期，第144—145页。

④ [越]杨广涵：《越南文学史要》，河内：国家教育部，1951年，第100—101页。

下半叶至今，诸多学者倾向于认为，喃字不可能在越南封建独立之前产生。但他们持论依据各异，且对喃字产生的具体时间节点的论断多少也有差异。

阮才谨教授是首位从语音寻求依据，确定喃字形成时期的学者。1971年、1972年和1975年，他分别发表三篇系列文章，研究喃字出现的时期[①]。喃字作为一种以汉字为造字“材料”的文字系统，它的创制要求建立在越人识读汉字的完整音韵系统基础之上。这种完整的音韵系统就是汉越音系统。经过对比研究今汉越音系统与唐朝时期的汉语音韵系统，阮才谨教授认为：“我们今日汉越音读法一定源于并且受到越南最后一次大规模和系统地教授汉语读音的影响：教授这种读法的时间大致是北属制度的末期，即大约在唐朝末期。”[②]他更具体地指出：“据我们所知，这种汉越音的起源不可能晚于10世纪。”[③]法国学者亨利·马伯乐也认为：“汉越音的产生源于9至10世纪的汉语。”[④]中国王力教授在其《汉越语研究》中也认为：“唐代在安南设学校，强迫学习汉字，于是整套汉字都必须学会了。……汉越语就是那个时候产生的。”[⑤]需

---

① 详见[越]阮才谨：《关于喃字的若干问题》，河内：大学和大专出版社，1985年。

② [越]阮才谨：《关于喃字的若干问题》，河内：大学和大专出版社，1985年，第20页。

③ 详见[越]阮才谨：《关于喃字的若干问题》，河内：大学和大专出版社，1985年，第109页。

④ [法]亨利·马伯乐：《安南音韵史研究·声母篇》，《法国远东学院学报》1912年第12卷第1期，第14页。

⑤ 王力：《汉语史论文集》，北京：科学出版社，1958年，第299页；又见王力：《汉越语研究》，载《岭南学报》1948年第9卷第1期，第8页。

要强调的是，阮才谨教授在通过对越语、汉语，以及相关语言的诸多历时和共时语料进行研究的基础上，考察和拟构了汉越读音的形成过程。在此基础上谈及喃字问题时，阮才谨教授认为：“在越南有何种因素促使喃字的出现呢？那些因素又出现于何时呢？对于这些问题，我们期待其他学科能够解答。但仅就语言领域而言，以现有的历时语音材料证据，我们所能做的判断是：喃字的形成不可能早于 7 至 8 世纪。”[①]阮才谨教授还非常谨慎地指出，不能以汉越音“10 世纪之前”尚未形成为依据，来断定喃字出现的时间上限。“因为或许有两种可能：一则，喃字与汉越音同时形成；二则，很有可能先形成汉越音，其后我们的祖先基于汉字的汉越读音来创制喃字。”[②]

阮才谨教授之后，汉越音形成的时期被诸多学者视为喃字产生的最早标志。比如，黎文贯（Lê Văn Quán）先生基于阮才谨教授的立论认为：“喃字只有在越南汉越音形成的时候才会出现。那个阶段大致为 8 至 9 世纪，正好是越南迈向封建独立自主的时期。”[③]按照我们前文所述对喃字的界说，则黎文贯先生提出的关于喃字形成的时代是否太早了呢？

陶维英教授在其所著《喃字的起源、结构与演变》一书中认为：“喃字在汉字的基础上创制，即以汉越音识读汉字。唐朝时汉字读音尚处于生语（口语）时期，其汉越音可能尚未稳定。……从曲氏至吴、

① ［越］阮才谨：《关于喃字的若干问题》，河内：大学和大专出版社，1985 年，第 109 页。

② ［越］阮才谨：《关于喃字的若干问题》，河内：大学和大专出版社，1985 年，第 110 页。

③ ［越］黎文贯：《喃字研究》，河内：社会科学出版社，1982 年，第 69 页。

丁、黎等自主阶段初期，甚至到了李朝，汉越音才相对稳定。”①由此可见，汉越音经过较长的时期才形成，而并非一朝一夕之事。陶维英教授还认为：“我们可以合理推论，由于解放后，尤其是在丁、黎和李朝初期社会的新需求下，喃字才会出现。当然，当喃字刚出现时，还不会像后世的喃字那样形成完整的系统。经几百年逐步发展与完善，到李高宗时期，我们看到了完整的喃字系统。”②在他看来，13 世纪初“塔庙寺碑铭”（1210）上的喃字就是喃字出现的证迹。

陈荆和先生在《喃字之形态与产生之年代》一文中将汉越音（sino-annamite）称为汉字“越读”，并认为其形成于李朝，喃字最早也产生于李朝。他认为：“文物制度的整顿，文化运动的出现和科举制度的确立均始于李朝（1010—1225）……因此，我们认为汉字‘越读’大概也形成于李朝……喃字创制的时期相对较晚，意即汉字‘越读’形成后才会出现喃字。正因如此，我们断定喃字的上限年代始于李朝。”③

20 世纪初，里欧培·卡迪尔（L. Cadière）和保罗·伯希和（P. Pelliot）根据越南正史《大越史记全书》记载韩诠做国音诗赋一事断定：“由此可见，13 世纪末至 14 世纪初，喃字文学已有所发展。很可能那时的人们在汉字的基础上，创制被称为喃字的表音文字用于文

① [越]陶维英：《喃字的起源、结构与演变》，河内：社会科学出版社，1975 年，第 51—52 页。

② [越]陶维英：《喃字的起源、结构与演变》，河内：社会科学出版社，1975 年，第 53—54 页。

③ 陈荆和著，[越]段扩译：《喃字之形态与产生之年代》，载《顺化大学杂志》1963 年第 35—36 期，第 766—767 页。

学创作。”[①]亨利·马伯乐在上述提及的关于越南语历史语音问题专论中赞成这种假说，并以宁平省护城山一块刻于1343年的石碑铭文作为喃字最早出现的证迹。关于这一观点，阮奎（Nguyễn Khuê）、黎阮留（Lê Nguyễn Lưu）先后中肯地述评道："很显然，卡迪尔和伯希和的假说是错误的。因为阮诠是首位创作喃字诗赋的人，而并非首位创制出喃字的人。”[②]"……史书只提及朱安、阮诠和胡季犛……作国音诗赋，而并未谈到他们创制喃字。喃字必须发展到一定程度之后，才可能用于诗文创作。”[③]

1960年和1975年，宝琴（Bửu Cầm）教授分别在《喃字起源》[④]与《喃字入门》（胡志明市综合大学教材）中，将喃字形成的过程做如下简略的概括："喃字可能萌芽于8至10世纪，即原始越语发展为古越语的交接时期，而后形成于李朝，盛行于陈朝。”值得注意的是，宝琴有意将喃字的形成过程分为三个历史阶段：8至10世纪的"萌芽”阶段，李朝的"形成”阶段，陈朝的"盛行”阶段。

在《喃字的若干基本问题》这一教材中，阮奎基于汉越音开始形成于10世纪和阮诠作国音诗赋事件发生于13世纪这两个时间节点，将喃字的形成分为三个阶段：（一）北属时期的萌芽阶段。此一阶段

① [法]里欧培·卡迪尔、保罗·伯希和：《初探安南历史上的"安南缘起”》，载《法国远东学院学报》第4集1904年第3期，第106页。

② [越]阮奎：《喃字的若干基本问题》（教材），胡志明市：胡志明市综合大学，1987年，第17页。

③ [越]黎阮留：《从汉字到喃字》，顺化：顺化出版社，2002年，第241页。

④ [越]宝琴：《喃字起源》，载《文化月刊》1960年第50期，第354—355页。

"喃字仅零星而非系统地出现，且尚未通用"[①]。（二）10 世纪至 13 世纪的确立阶段。"……喃字不可能在李朝汉越音稳定之前形成。虽然喃字有可能在 10 世纪与汉越音同时形成，而并非等到汉越音稳定之后人们才创制出喃字。"[②]（三）13 世纪陈朝的发展时期。"及至 13 世纪，喃字已发展和完善，足以满足人们用民族语言进行文学创作。在阮诠倡导的以国音创作诗赋的潮流中，喃字逐渐盛行起来。"[③]

上述简略介绍的诸假说，与我们在第二章第一节与第四节所论述的内容相比，显然"喃字雄王时期出现说"和"喃字北属时期出现说"诸假说没有确凿有力的根据。其余属于"喃字在越南脱离北属，开创独立时期之后形成说"的观点，多少均有合理的依据与见解，而且诸家一致认为，汉越音系统（释读喃字的语音依据）的形成是喃字形成的时间上限。但至于是 9 世纪还是 10 世纪则尚有分歧。谨慎起见，有些学者以《大越史记全书》所载韩诠作喃诗事件（13 世纪至 14 世纪）作为喃字出现的时间下限。

据上述第二章第二节第一点与第四点的阐述，以及从第二章第二节第五点中吸收前贤学者若干合理假说的基础上，我们谨简略地概括喃字作为越语书写用文字系统的渊源及其形成如下：

第一，始于北属时期，确切地说是从士王时期至李朝时期的萌芽

① [越]阮奎：《喃字的若干基本问题》（教材），胡志明市：胡志明市综合大学，1987 年，第 21—23 页。

② [越]阮奎：《喃字的若干基本问题》（教材），胡志明市：胡志明市综合大学，1987 年，第 23 页。

③ [越]阮奎：《喃字的若干基本问题》（教材），胡志明市：胡志明市综合大学，1987 年，第 27 页。

阶段。出于用汉语记录越语人名、地名和物名的需要，导致自造某些喃字杂糅于汉文典籍中。能反映这个阶段的现存证迹是，1125 年“香严寺碑铭”和 1174 年“黎氏墓志铭”中散见的自造喃字。

第二，始于李朝的成形阶段。10 世纪国家独立之后，建立自主国家和发展民族文化的需求，促使识读汉字的汉越音系统的形成（不早于 10 世纪）。在此基础上，可能创制了一些喃字首先用于民间记录，以及传授佛教经典。《佛说大报父母恩重经》解音版[①]可能是存留至今的最早证迹。

第三，始于陈朝的完善阶段。越南正史《大越史记全书·本纪》卷五对阮诠、阮士固用喃字创作诗文的记录，是喃字完善的证据。尤其是现存陈仁宗（陈昑，1258—1308）《居尘乐道赋》《得趣林泉成道歌》，以及玄光法师（李道载，1254—1334）《咏花烟寺赋》的喃字诗文作品更是喃字完善的标志。

“萌芽阶段”尚不属于喃字历史的正式阶段。从李朝直至陈、胡末年，越族喃字形成和初步完善之时，才被认作是越南语的书写用文字系统。此一阶段可以视为越族喃字历史进程中的“初始时期”。关于这第一点我们将在第五章第三节第二点论及。

关于喃字萌芽阶段的证迹，我们已在上文阐述过。而喃字完善阶段的证迹，我们将于下文诸章节中进行考察。读者诸贤也可以参考黄春瀚教授《陈黎时期的喃文和喃字》一文[②]。本章下一节中，作为喃字成形阶段的证迹，我们将就专门介绍《佛说大报父母恩重经》这一佛典。

---

① 我们认为，此经书原版的年代可能不晚于 12 世纪。

② 详见[越]黄春瀚：《陈黎时期的喃文和喃字》，载《巴黎社会科学》集刊 1978 第 5 辑、1979 年第 6 辑。

六、喃字形成的证迹

我们认为，喃字形成的证迹就是《佛说大报父母恩重经》中用于越语“解音”的喃字文本。此经本是流行于中国及周边国家佛教界的汉文佛经。“佛说”是佛教术语，指佛祖口述说法，由其弟子整理而成经典。但我们查阅丁福保先生所撰《佛学大辞典》，完全没有发现哪部带有“佛说”二字的佛经是《佛说大报父母恩重经》。查诸“父母恩重经”栏中，则注曰：“此经世有同名三本，文各不同。皆伪经也”，即此经由后世人所伪撰，并非真经。在其后的“父母恩难报经”栏中，则有注曰：“一卷，后汉安世高译，与孝子经大同小异。”[①]而在“孝子经”栏中，则注曰：“一卷。失译。明供养父母不若劝父母为善去恶之旨。”[②]又考诸陈士强所撰《佛典精解》可知，唐朝开元十八年（730）智升所撰《开元释教录》中提及《父母恩重经》书名。智升认为，“《父母恩重经》引丁兰、董黯、郭巨等，故知人造”[③]。通过上述信息，我们可以断定：《佛说大报父母恩重经》亦如冠名相类的其他“佛经”均为中国僧侣著述。它们的问世不晚于后汉，且很有可能在唐宋之前流传至越南和中国周边其他国家。

1994 年，清水政明（Shimizu Masaaki）将流传于日本的《佛说大报父母恩重经》的汉文版本与带有喃字译文的越南汉文版本《佛说大报父母恩重经》进行比较研究。笔者也在南京买到一本名为《佛说父

① 丁福保：《佛学大辞典》，上海：上海书店，1995 年，第 774 页。

② 丁福保：《佛学大辞典》，上海：上海书店，1995 年，第 1415 页。

③ 陈士强：《佛典精解》，上海：上海古籍出版社，1993 年，第 81 页。

母恩重难报经》的佛经[1]。汉喃研究院也藏编有汉文版《大报父母恩重经》，此版本刊刻于绍治七年（1847），文中未附喃字解音。所有上述汉文版本多少均有迥异之处，尤其是带有喃字解音的汉文版本与其他汉文版本之间的迥异更为明显。这证明了我们所关注的被喃字解音的汉文版本出现很早，未经后世多次润正。

现存附有越语解音的《佛说大报父母恩重经》，是 17 世纪末 18 世纪初由郡公郑槓组织刊刻的唯一刻本。此版本现藏编于法国巴黎亚洲协会图书馆，其抄印本藏编于越南汉喃研究院。在《佛说大报父母恩重经》越语解音文本中，除了古时原版保留下来的内容之外，后世必有修改和变化之处。这确实是从汉文译为喃文的佛经，译文非常明确地反映了古时越语的语法，以及某些自造喃字。我们之所以将《佛说大报父母恩重经》解音版视为喃字形成年代证迹的文本，是因为如下几个理由：

首先，佛教早在公元初几十年就传入越南，于越南国家独立后丁、黎、李、诸朝尤为鼎盛。当时禅师们颇受帝王倚重，常被诏入宫中参问国事。如匡越禅师之于丁朝皇帝与黎大行皇帝，法顺禅师之于黎大行皇帝，以及万行禅师之于李太祖皇帝等等。及至陈朝，陈仁宗乃竹林禅派开宗祖师。这种情况使佛经在出家僧侣和信众中的传播起到强大的推动作用。为了在传播佛经中取得良好的效果，在讲授和誊抄经书中必然会通过汉越音利用汉字记音和自造新字。阮才谨教授认为："佛教的膨胀以及我们所考察的历史上佛寺，对包括语言文字在内的社会文化发展所起到的推动作用"是包括中国、日本和朝鲜在内的整个东亚区域的共性，也可以得出这样的认识："我们认为，越南想必

① 此经由上海佛学书局出版，但未具印行年份。

也是如此。起初喃字必然是‘集体’的产物。其中，寺庙做出的贡献颇多。因为在我们所考察的历史时期里，正是越南佛教鼎盛，并在国家政权和全社会中极具影响力的历史时期。”[①]1942 年，连江（Liên Giang）先生在《知新》杂志上的文章也认为，起初僧侣创制了喃字。但他将喃字出现的年代往前推得很早，即“五代和唐初佛教传入越南之后”，喃字就出现了[②]。

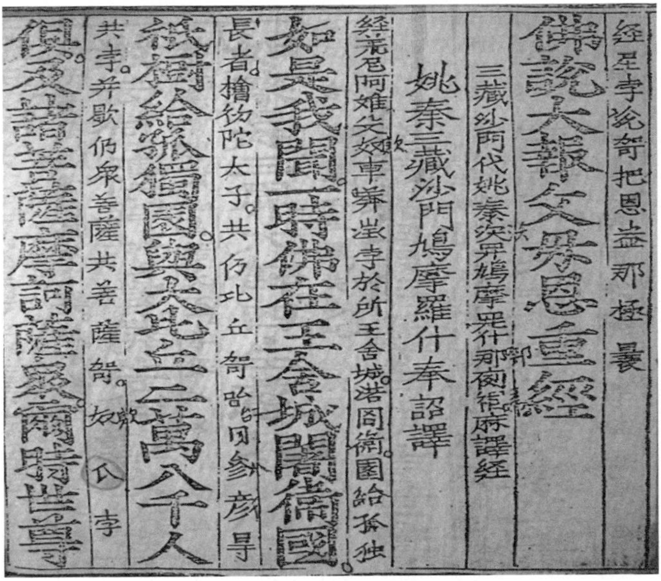
佛說大報父母恩重經
姚秦三藏沙門鳩摩羅什奉詔譯
如是我聞一時佛在王舍城闍衛國
祇樹給孤獨園與大比丘二萬八千人
俱及諸菩薩摩訶薩眾爾時世尊

图 2.2.6：《佛说大报父母恩重经》书影

① [越]阮才谨：《关于喃字的若干问题》，河内：大学和大专出版社，1985 年，第 41—42 页。

② [越]连江：《何时何人创制了喃字》，载《知新》1942 年第 40 期，第 20 页。

在此大背景中，最早的喃字典籍必然译自汉文，《佛说大报父母恩重经》的喃字解音版，完全可以在当时大越僧侣界翻译的喃文佛典中占有一席之地。

其次，在第二章第二节第四点中，我们谈及“语言基础条件”是喃字形成的条件之一。直至目前为止，几乎所有的学者在谈及喃字出现年代时，如果注意到该问题，则主要认为汉越音系统的形成是喃字形成的语音基础。这确实是一个重要的基础，但我们认为还须考虑到语音的另一种情况。此即当喃字刚开始形成时，越语词语语音结构与汉字的汉越读音如何相兼容的问题。众所周知，在越南用汉越音讲授的中古汉语是典型的单音节语言。换而言之，这是一种全面单音节机制（monosyllabism）的语言。那时汉语几乎不再有 Cv-CVC 结构的双音节词语，或以 CCVC 结构的前缀辅音组合单音节词语的痕迹[①]，且每个汉字所记录的词语几乎都是完整音、形、义的结合体。揆诸越南语历史研究成果，尤其是我们于上文第二章第一节第二点所提及亨利·马伯乐和阮才谨的研究成果表明，6 至 7 世纪是越南语的原始时期，它刚从越芒共同语脱离成为独立的语言不久。虽然在汉语炽烈的影响下逐渐变成如后世那样带有彻底单音节机制的越语，但原始时期，越语的六个声调尚未齐全，也尚未完全失去按 Cv-CVC 和 CCVC 这两种结构组成的词语语音模式。有趣的是，正是据《佛说大报父母恩重经》经书中解音部分所保留下来的内容，我们发现译者较忠实地反映了当时越语双音节结构和单音节结构的读法。

为了证实上述观点，我们将从《佛说大报父母恩重经》经书中的解音部分援引一些相关证据进行论证。需要指出的是，这些证据由我

① C 指辅音，V̇ 指元音，v 指中性元音，后面的辅音 C 可有可无。

们对文本亲自进行考查、摘录和分析，或许与黄氏午（Hoàng Thị Ngọ）在 1999 年发表名为《论喃字与越语——以〈佛说大报父母恩重经〉解音部分为中心》所论述的内容不尽相同。

（1）两个汉字分开记录 Cv-CVC 模式的语音结构。用两个汉字分开记录越语一个双音节 Cv-CVC 语音结构的词（语素）。如果喃字文本中出现以两个独立汉字记录现代越语某个单音节词（或语素）的现象，且每个汉字均不直接表示该单音节词的词义，那么按照双音节 Cv-CVC 结构模式，可将这两个汉字视为该越南语单音节词的古代读音。

在《佛说大报父母恩重经》佛经中的喃字解音部分，就使用了“阿[a]、巴[ba]、波[ba]、婆[bà]、坡[pha]、破[phá]、个[cá]、車[cư]、可[khả]、多[đa]、罗/𦬑[la]、麻[ma]、舍[xá]”等汉字来记录词语的 Cv-部分（一般称为“前缀”，读轻音）的读音。

（1.1）在 Cv-CVC 结构模式中，我们发现 24 对带“阿[a]”的汉字表示前缀 cv 的读音：

{阿　貶}[a-biếm] >*Băm* 剁碎[31b]

{阿　与} [a-dữ] >*Dư*（như）与（如）[24a，24b，25a，25b，26a，26b，27a，27b]

{阿　多} [a-đa] >*Đơ* 发僵、发直[8a]

{阿　計} [a-kế] >*Gầy* 瘦[19b]

{阿　枯} [a-khô] >*Gõ* 敲[27a]

{阿　質} {阿至} [a-chất] [a-chí] >*Giặt gịa* 洗涤[43b]

{阿　喝} [a-hát] >*Hét* 吆喝、呼喊[22b]

{阿　路}[a-lộ] >*Lò* 炉灶[29a]

{阿　論}[a-luận] >*Lụn* 终尽、了结[20a]

{阿　吕} [a-lã] >*Lửa* 火[29a]

{阿　尼} [a-ni] >*Này* 这、本、此[22a]

{阿　吟} [a-ngâm] >*Ngậm* 含、紧咬[42a]

{阿　乳} [a-nhũ] >*Nhỏ*（*giọt*）细小[29a，29b]

{阿　餒} [a-nỗi] >*Nối* 链接、继承[43a]

{阿　芮} [a-nỗi] >*Nuôi* 养[14b]

{阿　罗} [a-la] >*Ra* 出[13a]

{阿　浪} [a-lãng] >*Rạng* 天明、明亮、光彩[29a]

{阿　竜} [a-long] >*Rông* 涨潮、流动不定[29a]

{阿　並} [a-tịnh] >*Sánh* 比较[14b]

{阿　賴} [a-lại] >*Trải* 经过[13a]

{阿　律} [a-luật] >*Trút* 倒、注[29a]

{阿　盃} [a-bôi] >*Vội* 冲忙[38a]

{阿　傅} [a-phó] >*Vỡ* 破碎[43a]

（1.2）在 Cv-CVC 结构模式中，我们发现 11 对带“巴[ba]、波[ba]和婆[bà]”的汉字表示前缀 Cv-的读音：

{巴　沓} [ba-đạp] >*Đắp* 盖、敷[20a]

{巴　低} [ba-đê] >*Để* 放置[44b，44b]

{巴　乃} [ba-nãi] >*Nái*（gả）嫁[21b]

{巴　罢} [ba-la] >*Trả* 交还、还报[8b]

{巴　拭}[ba-thức] >*Xức* 敷、搽拭[8a]

{波 來} [ba-lai] >*Bới* 扒开、兜翻、装盛[11a]

{波 欲} [ba-dục] >*Dượt* 操练、追逐[tập theo] [18a，19a]

{波 沓} [ba-đáp] >*Đắp* 盖、[20a]

{波 涅} [ba-niết] >*Nát* 稀烂、破碎、残败[24b]

{波 散} [ba-tan] >*Ran* 响彻、遍[29a]

{婆 論} [bà-luận] >*Trọn* 极尽、全部、完整[10b]

（1.3）在 Cv-CVC 结构模式中，我们发现 5 对带“坡[pha]、破[phá]”的汉字表示前缀 Cv-的读音：

{坡 栗} [pha-lật] >*Trật* 错误、歪、滑脱[13b]

{破 散} [phá-tán] >*Rắn* 蛇[29a]

{破 了} [phá-liễu] >*Sáu* 六[40b]

{破 律} [phá-luật] [29a]/{坡律} [pha-luật] [29a] >*Sốt* 发烧、焦急

（1.4）在 Cv-CVC 结构模式中，我们发现 5 对带“个[cá]、車[cư]”的汉字表示前缀 Cv-的读音：

{个 奴} [cá-nô] >*No*（khi）饱[13b，17a，27a，29b]

{个 篭} [cá-lung] >*Trông* 看、看守、指望[3a]

{个 些} [cá-tá] >*Ra* 出[31a]

{車 篭} [cư-lung] >*Lòng* 心、心怀、中心、五脏六腑的总称[17a]

{車 莾}[cư-mãng] >*Mắng*（nghe）骂（听）[5b，6b，8b，28a，30b]

（1.5）在 Cv-CVC 结构模式中，我们发现 5 对带“可[khả]”的汉字表示前缀 Cv-的读音：

{可 汝} [khả-nhữ] >Nhớ 想、想念[12a] [15b]
{可 列} [khả-liệt] > *Sắt*[29a，31a]
{可 耶} [khả-da] >*Xa* 远[12a，15b，19b，22a，22a]
{可 賒} [khả-xa] >*Xa* 远[36b]
{可 車} [khả-xa] >*Xa* 远[43a]

（1.6）在 Cv-CVC 结构模式中，我们发现 17 对带“多[đa]”的汉字表示前缀 Cv-的读音：

{多 本} [đa- bản] >*Bản* 本[44b]
{多 朋} [đa-bằng] >*Bằng* 朋、凭[12a，15a]
{多 边} [đa-biên] >*Biên* 边[44b]
{多 丐} [đa cái] >*Cưới* 嫁娶[42a]
{多 几} [đa-kỷ] >*Ghê* 发怵、可怕、非常[34b]
{多 命} [đa-mệnh] >*Mình* 自己[25b]
{多 夌} [đa-lăng] >*Lưng* 背、背脊[24b]
{多 默} [đa-mặc] {多甫} [đa-phủ] >*Mắc mớ* 缠绕、羁绊、不顺[19b]

{多 蔑} [đa-miệt] >*Miệt* 蔑视[41b]

{多 宜} [đa-nghi] >*Nghe* 听[23a]

{多 抣} [đa-nghĩ] >*Nghỉ*（tự）休息、自身[14a，14b，22a，22b，22b]

{多 涓} [đa-quyên] >*Quên* 忘记[14a，44b]

{多 绢} [đa-quyến] >*Quyến* 眷、引诱[36b]

{多 埋} [đa-mai] >*Vai* 肩膀、辈、角色、地位[24a]

{多 迷} [đa-mê] >*Về* 回[5b]

{多 芃} [đa-bông] >*Vọng* 望、妄[3a]

（1.7）在 Cv-CVC 结构模式中，我们发现 3 对带“罖/㔸[la]”的汉字表示前缀 Cv-的读音：

{㔸 打} [la-đả] >*Đá* 石头[41b].

{罖 彦} [3a] /{㔸彦}[11a，30a] [la-ngạn] >*Ngàn* 千

（1.8）在 Cv-CVC 结构模式中，我们发现 5 对带“麻[ma]”的汉字表示前缀 Cv 的读音：

{麻 吝} [ma-lận] >*Giận* 忿怒[36a，36a]

{麻 粼} [ma-lân] {麻 碌} [ma-lục]>*Lăn lóc* 旋转、横七竖八[19b]

{麻 例} [ma-lệ] >*Lời* 话语[31a]

{麻 吝} [ma-lận] >*Lớn* 大、长大[23a]

（1.9）在 Cv-CVC 结构模式中，我们发现 1 对带“舍[xá]”的汉字表示前缀 Cv-的读音：

{舍賴}[xá-lại] >*Thầy* 夫子、父亲、主人、官爷、修行者[7a，18b]

（2）两个汉字合并记录 CCVC 模式的语音结构。两个汉字合并用以记录越语一个词（语素），反映 CCVC 模式的单音节语音结构。如果喃字文本中出现两个汉字被合并写成一个方块字用以记录现代越语某个单音节词（或语素）的现象，且每个汉字几乎都不直接表示该单音节词的词义，那么按照单音节 CCVC 结构模式，这两个汉字合体写成的方块字可能反映了该越南语单音节词的古代读音。意即该音节是以辅音组合或复辅音（C_1C_2）开头的。

在《佛说大报父母恩重经》佛经中的（译者按：喃字）解音部分，就使用了“阿[a]、巴[ba]、个[cá]、古[cổ]、車[cư]、巨[cự]、可[khả]、多[đa]、麻[ma]、司[tư]”等汉字，反映音节开头的 C_1 部分。

（2.1）在 CCVC 结构模式中，我们发现 8 个带“阿[a]”的合体汉字表示复辅音 C_1 的读音：

𬙞{阿⿱來} [a+lai] >*Rai* [bọc]（？）口袋、包裹（？ ）[29a]

𬙞{阿⿱路} [a+lộ] >*Lò* 炉[29a]

𬙞{阿⿱洪} [a+hồng] >*Ngọng* 口齿不清、哑巴[46a]

𬙞{阿⿱邏} [a+la] >*Ra* 出[38b]

𬙞{阿⿱賴} [a+lại] >*Rời* 离开、松散[13b，38b]

𬂴{阿⿱磊} [a+lỗi] >*Trỗi* 崛起[22b]

𬂵{阿⿱普} [a-phổ] 𬂶{阿⿱批} [a-phê] >*Vỗ về* 抚慰、怀柔[14a]

（2.2）在 CCVC 结构模式中，我们发现 7 个带有“巴[ba]”的合体汉字（记录 9 个单音节词）表示复辅音 C_1 的读音：

𬂷{巴⿱欲} [ba+dục] >*Dượt* [tập] 操练、追逐、练习[18a]

𬂸{來⿰巴} [lai+ba] >*Vai* 肩膀、辈、角色、地位[5a]；

>*Trai* 男子、壮丁、蚌[7b，7b，7b，8a，8b，11a，30a，38a，42a，42a]

𬂹{巴⿱蓝} [ba+lam] >*Tràn* 溢出、筛箩[12b]

𬂺{巴⿱辣} [ba+lạt] >*Trát* 涂抹、公牍[15a]

𬂻{巴⿱低} [ba+đê] >*Để* 放置[3a，41a，44b] [45a，45a，45a，45b，45b，46a]

𬂼{呂⿰巴} [lữ+ba] >*Sữa* 奶、乳[18a]；>*Trở* [42a]

𬂽{巴⿰例} [ba+lệ] >*Trời* 天[16b，20a，34a，34b，43b]

（2.3）我们还发现 34 个分别带有“个[cá]、古[cổ]、車[cư]、巨[cự]”的合体汉字。其中，20 个可能用以记录 CCVC 模式的语音结构。其他被我们标注“*”的起辅助作用的汉字，其作用或许仅提示对主音汉字的识读需要“调整读音”，不代表复辅音中的 C_1 部分。因此，我们暂不把它们计入 CCVC 模式的复辅音语音结构。

⿰盎个{盎⿰个} [áng+cá] >*Ắng*（lặng）张口结舌、静默[21a]（*）

⿰朱个{朱⿰个} [chu+cá] >*Châu*（quanh）周围[20a]（*）

⿰專个{專⿰个} [chuyên+cá] >*Chôn* 埋葬[20a]（*）

⿰举个{举⿰个} [cử+cá] >*Cứa* 切割、敲竹杠[11a]（*）

⿰代个{代⿰个} [đại+cá] >*Dạy* 教[42b]（*）

⿰怛个{怛⿰个} [đát+cá] >*Dắt* 带领、引导、拉拽[42b]（*）

⿰对个{对⿰个} [đối+cá] >*Dối* 虚假、欺骗[41a]（*）

⿰高个{高⿰个} [cao+cá] >*Gào* 吼、呼号[39b]（*）

⿱个井{个⿱井} [cá+tĩnh] >*Giếng* 井[35a]

⿰台个{台⿰个} [hai+cá] >*Hai* 二[10b]（*）

⿱个恒{个⿱恒} [cá+hằng] >*Hằng* 恒 [16a，46a，46a]

⿰吕个{吕⿰个}[lã+cá] >*Lở* 倒塌、疮瘍 [10b]；>*Rửa* 洗[15a]

⿰木个{木⿰个} [mộc+cá] >*Móc* 钩子、钩、露水[41b]（*）

⿱个怛{个⿱怛} [cá+đát] >*Nát* 稀烂、破碎、残败[43a]

⿰良个{良⿰个} [nương 娘>良 vt+c] >（nể）*Nang* 留面子、迁就[42b]（*）

⿱个奴{个⿱奴} [cá+nô] >*No* 饱[16a]

⿺光个{光⿺个} [quang+cá] >*Quanh* 环绕、围绕[29a]（*）

⿰捐个{捐⿰个} [quyên+cá] >*Quen*‘熟悉’[17a]（*）

⿰塞个{塞⿰个} [tái+cá] >（rửa）*Ráy* 洗涤[11b，15a，15a]

⿰耒个{耒⿰个} [lỗi+cá] >*Ròi* 蛆[9a]

⿰个弄{个⿰弄} [cá+lộng] >*Rông* 涨潮、流动不定[36a]

⿰賴个{賴⿰个} [lại+cá] > *Trái*（quả）果实[10b]

⿰林个{林⿰个} [lâm+cá] >*Trăm* 百[3a]

𥘶{礼⿺个} [lễ+cá] >*Trẻ* 年青的、小孩子[10b，14a]

𢀧{弄⿰个} [lộng+cá] >*Tróng* 孩車[3b，34a，35b]

𠧒{卢⿰个} [lư+cá] >*Trưa* 晌午、迟、晚（21a）

𡲈{尾⿺个} [vĩ+cá] >*Vày*（？）嬉戏[11a]（*）

籴{米⿰个}[mê+cá] >*Về* 回[7a]

𢀭{弄⿰古}[30a]/𠸍{古+弄} [44a] >*Sống* 生、活

𩈘{竜⿺車} [long+cư] >*Trông* 看、看守、望[43b]

𪰛{禀⿰巨} [bẩm+cự] >*Bẵm*　凶煞貌[17b，33b]

𠹾{吕⿰巨} [lữ+cự] >*Sữa* 奶、乳[34a，35a]

𪏽{麦⿰巨} [lăng+cự] >*Sưng* 肿大、发炎[38a]

（2.4）在 CCVC 结构模式中，我们发现 1 个带“可[khả]”的合体汉字表示复辅音 C_1 的读音：

𨤔{可⿱重} [khả+trùng] >*chồng* 丈夫、叠、垒[22a]

（2.5）在 CCVC 结构模式中，我们发现 3 个带“多[đa]”的合体汉字表示复辅音 C_1 的读音：

𨗿{闷⿰多} [muộn+đa] >B*uồn* 闷[13a]

𧡊{覔⿰多} [*mịch*+đa] >*Bực* 恼怒、闹性子[13a]

𨖲{多⿱迷} [đa-mê] >*Về* 回[41a，45a，46a]

（2.6）在 CCVC 结构模式中，我们发现 1 个带“麻（缩写为‘亠’）

[ma]”合体汉字表示复辅音 C_1 的读音：

⿱麻例{麻⿱例} [ma+lệ] >*Lời*‘话语、利益’[19a，31a，31a，31b，31b，37b]

（2.7）在 CCVC 结构模式中，我们发现 4 个带“司[tư]”的合体汉字表示复辅音 C_1 的读音：

⿰布司{布⿰司} [bố+tư] >*Vua* 帝王、皇帝[5a]
⿰盃司{盃⿰司} [bôi+tư] [20a] /⿰司盃{司+盃}[46a] >*Vui* 高兴、开心
⿰姜司{姜⿰司}[khương+tư] >*Gương* 镜子[12a]

有些情况可能未必确实反映 CCVC 模式的语音结构，必须再进行深入的分析，尤其是后面带有“个”的合体字，很可能是后世刊刻者所增添，主要作用是提示要“偏读”该合体字的汉字读音而已。可以确定的是，用两个“单独”汉字记录，反映 Cv-CVC 模式的古词语语音结构的词，确实是存留下来的原版喃字文本的真迹，而不可能是后世刊刻者随意“刻画”的。在《指南玉音解义》和阮廌的《国音诗集》中，仅有诸如“罗彦（*la ngàn* 千）、罗打（*la đá* 石）、婆馭（*bà ngựa* 马）、蒲谷（*bồ cóc* 蟾）”等少数词语用“单独”的两个汉字记音。上述所列举的证据与材料，完全可以证明，在我们所考察的《佛说大报父母恩重经》喃字解音文本中，频繁出现了具有 Cv-CVC 和 CCVC 模式语音结构的越语词语。这种情况与陈朝以后存留下来的典籍大相

径庭[1]。这或许是喃字典籍初期的情况，因此《指南玉音解义》[2]的作者认为："本初𠂉喃車宁甲 。导少學坤别坤祐 。拜除喃曳宁单 。朱导買學㧒祐㧒潤 。"[3]"車宁甲"（Xa chữ kép）指什么呢？"車"（xa）是"多"，"甲"（kép）是"拼合起来"。或许此处并非完全指"很多笔画繁杂的繁体字"，更准确的是指"很多具有 Cv-CVC 和 CCVC 模式语音结构的字"。对后世少学之人而言，这些"不简单"字是难以释读的。

在上文进行论述时，我们按 Cv-CVC 和 CCVC 两种模式语音结构，将初期喃字分为（1）和（2）两种类型。照此分类，以两个汉字分记 Cv-CVC 模式语音结构的有 71 处，共出现 108 次；而以两个汉字合记 Cv-CVC 模式语音结构的则有 48 处，共出现 82 次。由此可见，以两个汉字记录 Cv-CVC 模式语音结构的数量比以两个汉字记录 CCVC 模式语音结构的数量稍多。然而，尤其需要留意的是，在我们所考察的《佛说大报父母恩重经》喃字解音文本中，虽然两个汉字表示 Cv-CVC 模式语音结构和两个字表示 CCVC 模式语音结构之间的区别大体一目了然，但这种界限并非何时都泾渭分明。还有一点需要注意的是，我们甚至发现在不同的文句中，作者选用两个或同或异的汉字记录同一词语的读音；两个字记录同一词语读音的情况亦是如此。此外，有些

① 例如陈仁宗和玄光禅师的作品。

②《指南玉音解义》初次刊刻可能不晚于 15 世纪。

③《指南玉音解义·序》，第 1b 页。作者对该喃文语句的国语字音译："Vốn xưa làm Nôm xa chữ kép. Người thiểu học khôn biết khôn xem. Bây giờ Nôm dạy chữ đơn. cho người mới học nghỉ nhuần。"译者汉译："古时造喃字多合体字，少学之人难知难读。如今以单体字教授喃字，使初学者易于识读。"

场合甚至仅用一个汉字记录词语的读音而已。为了更好说明这种情况，兹摘引如下例子：

• ***Dượt***（照……做/操练）：{波欲} [19a]/㗒{巴⌸欲}[18a]/欲（20b）比如：

- 濫伴几与{波欲}侘年性。Làm bạn kẻ dữ, dượt đà nên tính[19a].

- 丐㗂㗒鶴奴劍双曰。Cưới gả dượt học, no kiếm song viết[18a].

- 麻於欲皮庄益。Mà ưa dượt bề chẳng ích [20b, d.5].

• ***Lời***（话）：{麻例} [19a, 31a, 37b] / 𠅜{麻⌸例}[6b, 8b, 19a, 31b, 31a, 31a] [31b, 31b] / {列} [19a, 19a] 比如：

- 願庄債{麻例}經字。Nguyện chẳng trái lời kinh bụt [31a].

- 邦𠅜祖麻譯經。Vâng lời Tổ mà dịch kinh [6b].

- 庄和庄曳列涅虐与。Chẳng hoà chẳng dái, lời nết ngược dữ [19a].

• **Vai**（肩）：{多埋} [24a] /𫁡{來+巴} [5a] /埋[24a, 38b]。比如：

故㝵{多埋}招梗吒埋宂梗媄。Có người vai chiêu gánh cha, vai đăm gánh mẹ [24a].

割𫁡𢬣麻助𢀨吒。Cắt vai tay mà trợ vua cha [5a].

• ***Về***（回）：{多迷} [5b, 41a, 44b] /{上多下迷} [44b, 45a, 45b, 46a]/{米+个}[7a]/衛[19b, 20b, 35a, 35a, 36a, 36a]/米（37b）。比如：

- {多迷}命礼孛工邁方。Về mệnh lễ bụt trong mười phương [5b].

- 㐌㞾弄𧗱命礼三宝。Đã để lòng về mệnh lễ Tam bảo [45a].

- 㝵所𥹰弄敬羕帀时谢礼昌枯丕。Người thửa về lòng kính dường nào thời tạ lạy xương khô ấy vậy [7a].

- 因丕某杜於娄庄衛茹。Nhân vậy mới đỗ ở lâu，chẳng về nhà [19b].

• ***Trông***（望）：{个篭} [3a] /𨋤{竜+車} [43b]/篭[33a]。比如：

- {多芃}{个篭}教實麻說。Vọng trông giáo thực mà thốt [3a].

- 𨋤工𡗶敬工怛。Trông trong trời，kính trong đất [43b].

- 敬篭末孛昆末庄丿曾催。Kính trông mặt bụt，con mắt chẳng phút từng thôi [33a，d.9].

• ***Xa***（远）：{可耶} [12a，15b，19b，22a，22a] / {可賒} [36b] / {可車} [43a]/車[16b，42a]/耶[36b]。比如：

- 或多[𨅮]重工渃{可耶}圭恪。Hoặc đi theo chồng trong nước xa quê khác [22a].

- 昆麻多每婚特昆妸茹㝵盎那強{可賒}。Con mà đi hỏi vợ，được con gái nhà người，áng nạ càng xa[36b].

- 召報工巴唐苦當召庄{可車}。Chịu báo trong ba đường khổ，đương chịu chẳng xa（43a）.

- 多杜弄恒隊車斤弄共立。Đi đỗ lòng hằng đòi，xa gần lòng cùng rập [16b].

- 所昆宜耶体媄來。Thửa con nghe xa thấy mẹ lại [36b].

我们认为，当时越语仍存在 Cv-CVC 模式语音结构，但不少词已开始出现既可按 Cv-CVC 模式语音结构识读，又可按 CCVC 模式语音结构识读的现象。这种词的读法不稳定，后来就逐步转向单音节模式。上述提及以两个汉字记录越语读音的情况，可能不是任何时候都按 Cv-CVC 模式语音结构识读，有时很可能也按所体现的 CCVC 模式语音结构识读；反之亦然。这是一种由“近似单音节”孤立语迅猛转向“单音节”孤立语所具有的典型现象。我们曾在《音节与语言类型》[①]中就此问题进行阐述过。这是原始越语的情况，在受到汉字的强烈影响之后，就开始转向单音节机制，但也尚未像几个世纪之后的越语那样发展成为真正的单音节孤立语言。时至今日，这种情况仍在越南某些民族语言中继续上演。比如蓬语（tiếng Poọng）、布瓢语（tiếng Pu-péo）和占语（tiếng Chăm）等在与越语密切接触后，逐步向单音节孤立语言发展。有趣的是，尽管受到汉语和汉字单音节机制的深刻影响，但当时越南人往往也在本土语言中以 Cv-CVC 或 CCVC 模式语音结构，将某些汉语单音节词越化。例如：{阿並}[a-tịnh]>比较、{多本}[đa-bản]>本（44b）、{多边}[đa-biên]>边、{多命}[đa-mệnh]>自己、𥘀{个+恒}[cá+hằng]>Hằng 恒等等。

语言学家迈克尔·费鲁斯（M. Ferlus）已经构拟了前越-哲语（Tiền Việt Chứt）的前缀 Cv-和复辅音 CC 组合[②]。其中，迈克尔·费鲁斯构拟的前越芒时期的前缀组合 Cv-和复辅音组合 CC 分别有：*[pə]、*[bə]、*[tə]、*[cə]、*[kə]、*[sə]、*[ah]……或*[pl]、*[pk]、*[ps]、*[bl]、*[ml]、

① [越]阮光红：《音节与语言类型》，河内：社会科学出版社，2002 年。

② [越]阮才谨：《越南语语音历史教程》，河内：教育出版社，1995 年，第 121 页。

[sl]、[km]等等。这都可以从我们在《佛说大报父母恩重经》经书解音文本中所例举的上述（1）类和（2）类记录越语词语的喃字中得到反映。

再者，我们认为有一个与汉越音本身相关的问题也需要考虑。在《佛说大报父母恩重经》解音部分中，我们发现有些越南语词语虽用汉字记音，但不能以今日我们所熟悉的汉越音去识读那些汉字。关于这种情况，我们可用今日声母为[t-]或[s-]的汉越词记录声母为[s-]或[t-]的越语词做例子，反之亦然。兹举例如下：

- 在《佛说大报父母恩重经》9a、43b 和 43b 页中，以“**san**（珊）”记录“**tan**”的读音。例如：

- 歛遙買合女㫾㐌珊。Sớm dao mới họp，nửa ngày đã tan[9a].

- 歇罪五逆朱朋这珊。巴唐乙朋这珊。Hết tội ngũ nghịch cho bằng giá tan. ba đường ắt bằng giá tan[43b].

- 在《佛说大报父母恩重经》20a 页、29b 页和 31b 页中，以“**san sách**（珊索）”记录“**tan tác**”的读音。例如：

- 昌泊珊索工圭渃㝵。Xương bạc tan tác trong quê nước người[20a].

- 舌多昌筋調珊索。Thịt da xương gân đều tan tác[31b]

- 在《佛说大报父母恩重经》9b 页中，以“**sách**（索）”记录“**tách**”的读音。例如：

- 頭隊盤焐車列分索肆㐌。Đầu đội mâm lửa，xe sắt phân tách ruột dạ[29b].

• 在《佛说大报父母恩重经》30b 页和 14b 页中，以“**tịnh**(并)”和“**a-tịnh**{阿並}”记录“**sánh**”的读音。例如：

奴𠊛阿難并仍大眾天竜鬼神。No [thuở] ấy a Nan sánh những đại chúng thiên long quỷ thần [30b].

吒嚴{阿並}徵婆。Cha nghiêm sánh chưng trời [14b，d.1].

• 在《佛说大报父母恩重经》3a 页、3b 页、4b 页、31b 页、40b 页和 22b 页中，以“**táp**（匝）”和“**tát**（薩）”记录“**sáp**（khắp）”的读音。例如：

匝請歇大眾。Sáp thỉnh hết đại chúng[3a].

匝典一切眾生。Sáp đến nhất thiết（tất cả）chúng sinh [40b].

薩{多㧗}隣工怛。Sáp nghỉ（khắp mình)lăn trong đất [22b].

• 在越芒共同语中，“**rắn**”的读音或为“**pơ-sanh* [pəsăɲ]”。这种 CvC-模式语音结构在现代塞语(tiếng Sách)、陆语(tiếng Rục)中分别是[pəs-]和[kas-][①]。《佛说大报父母恩重经》经书第 29a 页中以“{破散}[phá-tán]”对该词进行记音。显而易见的是，在[pəs-]或[kas-]的语音结构里，[t-]与[s-]是相互对应的。例如：狌同{破散}{可列}波鬼{阿呂}。Chó đồng rắn sắt phả khói lửa（29a）.

此外，中古汉语“明”母*[m-]/*[mj-]在汉越语中分别朝以下两个方向分化：第一种是，声母依然保持双唇音[m-]，如“明”和“闽”分别读作“minh”和“mân”。另一种是由[mj-]先演变成*[j-]进而再变成[z-]，用以记录今日[z-]声母的越语词语。例如，“名”和“民”

① ［越］阮才谨：《越南语语音历史教程》，河内：教育出版社，1995 年，第 121、128 页。

分别读作“danh”和“dân”，但在古代[z-]可能读作*[mj-]和*[j-]。《佛说大报父母恩重经》经书中用“閩閩（mân mân）”两个汉字记录越语“*dần dần*”读音就属于这种情况。例如：

个哿支戶閩閩年哿。Kẻ cả che hộ，dần dần nên cả [19a].

由此可见，解音《佛说大报父母恩重经》的时代，越南语几乎完整地保留了唐宋时期汉语“心”母*[s-]和“并”母*[bj-]、“明”母*[mj-]的读音，之后才确实转变成今日的汉越读音。阮才谨教授则认为，汉越音[s-]、[bj-]演变为[t-]最迟在越南陈朝已经出现，而且不能相互转换。他认为：“越南的历史文献中有一个有趣的现象关乎此问题。众所周知，越南李朝和中国宋朝均对侬智高采取过军事措施。据《宋史》记载，侬氏曾领有（广源州）频洞（Động Tần），但后世越南史书却以‘平洞’（Động Bình）指代该地名。我们可以确信的是，起初越南史书也用该字，因为越南和中国历史文献中记录常见人名和地名的方法是统一的。尤其在侬智高起义事件上，越南李朝与中国宋朝曾有商议文书往来，并均对侬智高采取了军事行动。然而，撰于陈朝末年的《越史略》，把‘频’改成了‘平’。想必，那时《越史略》的作者发现，‘频’字在越南语中不再读唇音，因此才做如此改动。”①

虽然时至今日也未能确定《佛说大报父母恩重经》喃字解音部分出现的准确年代，但基于以上阐述，我们认为汉文《佛说大报父母恩

① [越]阮才谨：《汉越语读音的起源及其形成过程》，河内：河内国家大学出版社，2000 年，第 189 页。

重经》中的喃字解音部分完成的时间不晚于李朝。其时间大致为 12 世纪初，甚至可能更早。那时越南佛教鼎盛，不仅朝廷推崇，而且民众亦虔诚信奉；越语已受到汉语的影响，但尚未完成彻底向单音节孤立语转变的过程；汉越音系统也处于刚形成的初期阶段。正是在此历史阶段中，喃字开始成为当时越语的书写文字系统，并在《佛说大报父母恩重经》的解音部分中得以体现。

第三章　汉字与喃字概览

汉字的范式

喃字与其他类汉字式文字

喃文本中的汉字与喃字

第一节　汉字的范式

一、方块字－音节－语素

如第二章所述，越南喃字约于12世纪在汉字的结构原理上形成。彼时，汉语已经是一种完备的单音节孤立语，一个音节单位与一个有语素意义的最小的语言单位之间，有着十分紧凑的对应关系。这种关系可以在一个方块字的书写中清晰地体现。并且，这种关联性基本上延续至今。因此，研究者们通常将汉字视为一种记录语素–音节的文字类型。值得注意的是，"语素"这一术语最初被中国学者用来翻译欧洲语言学中的"morphème"一词。然而，随着时间的推移，其含义日益丰富出区别于"morphème"的内容（在越南，"morphème"通常译为"形位"——一个相当接近原词的术语翻译，但应用于汉语和越南语却不太恰当。因为在这两种语言中，这种单位的"形态性"并不如其他语言那样明确）。具体来说，无论能否独立成词，即自身是单音节词还是多音节词中的一部分，语素都是最小的有意义的语言单位，它是构成词语的先决单位，反之则不然。几乎所有“语素”都首先是单音节词，且大部分音节都有意义或能在特定语境中被赋予临时意义。这一特征也与中国和越南语文学传统所称之“字”（如“三字经”的“字”）或“音”（如“五言诗”的“言”）相对应，而只有这些非术语化的通俗叫法容易造成混淆。我们认为，基于上述理解，“语素”这一术语不仅适用于汉语，也同样适用于越南语，至少从中世纪以来一直如此[①]。

汉语的每个基本单音节语言单位反映到文字中，每个方块汉字都是一个单位，一个文字的基本符号，在每行字中，它们以停顿空格区分。这让我们联想到欧洲语言中，每个单词也是通过停顿空格而与相邻的词区分。基于这样的联系，许多人倾向于将汉字看作“记录词汇-音节的文字”，这种说法是可以接受的，但仅限于上述这种文字关系。另一方面，在中国有“文言”和“白话”之分。文言是一种继承了许多中古以前书籍中汉语成分的书面语言，其词汇大部分都是单音节。而白话是近现代时期的文化语言，更接近于口语，其词汇大部分是双音节（由两个语素构成）。因此，从词的角度来看，文言的语言是一种单音节词的语言，而白话的语言是双音节词的语言。然而，如果从语素的角度分析，以语素为基本单位，那么文言与白话便都是单音节语言。因此，作为一种记录“语素-音节”

① 详见赵元任：《汉语词的概念及其结构和节奏》，载赵元任著，吴宗济、赵新那编：《赵元任语言学论文集》，北京：商务印书馆，2002 年；吕叔湘：《语文常谈》，北京：三联书店有限公司，1982 年；[越]阮才谨：《越南语语法：音节、词组、短语》，河内：大学和大专出版社，1975 年；[越]阮光红：《音节与语言类型》，河内：社会科学出版社，1994 年。

型文字，汉字完全适应了汉语几千年的发展历史。关于这方面，可以进一步参考中国语言学家们的观点。比如：学者胡双宝在其撰写的《汉字与汉语相适应》一文中，曾强调并同意语言学家张志公教授的看法：（1）“汉字是音节文字而不是音素文字，与汉语的非形态性相适应。”（2）一个音节，写成一个汉字，表示一个语素，“正由此可看出，汉字和汉语是一个和谐的统一体”。（3）“汉字具备全面而有效区别同音语素的能力”，这一特性清晰地表明，汉字完全适应了汉语原有许多同音语素的这一特点[①]。在语言和文字中，说汉语和读汉字文本的人都很难清楚地分辨，哪些是多音节词（常是双音节），哪些是词组。也许正因如此，在中国自己的语文传统中，学者们通常编纂各类“字书”。到了清代，随着康熙字典（1716）的出现而称为“字典”。这些“字书”或“字典”的解释对象主要是汉字，包括汉字的字形、字音和字义。同时，它们也会解释一些双音节和多音节的“方块字–语素”组合。进入近现代时期，除了编纂“字典”，学者们还编纂“词典”，如词源（1915）、辞海（1936），这些词典注重解释多音节词，尤其是双音节词，例如词语、成语、惯用语等等。然而，在这些词典中，用于索引的首字仍然是单个方块汉字，因为每个这样的汉字通常是一个单音节词。这种情况也基本反映于近年来几乎同时出版的两部国家新编“字典”和“词典”：《汉语大字典》（1990）和《汉语大词典》（1986）中。因此，将“音节–语素–方块字”实体作为基本单位，是避免在确定一个大于音节的词汇单位时出现混乱的恰当选择。众所周知，对于越南语和喃字，我们

① 胡双宝：《汉字与汉语相适应》，载胡双宝：《汉字汉语汉文化》，北京：北京大学出版社，1998年，第21页。

的祖先也完全接受了这种“音节-语素-方块字”机制。甚至在形成国语字——一种基于拉丁字母 ABC 的拼音文字后，面对西方书写中忽略音节而用“字母拼词”的挑战，我们依然有技巧地保留了这种“一体三位”的机制[①]。在第六章谈到越南语中喃字和国语字的关系时，将继续探讨这一问题。

二、汉字：“表意-表音”文字

众所周知，汉字形成于中原地区，其初始形象是一些可以通过观察画中对象来传达信息的图画。自此创造出刻写在龟甲和兽骨上的文字，考古学家和文字学家们称之为甲骨文。从公元前 14 世纪到公元前 11 世纪，即从盘庚迁殷到纣王的 253 年里，商朝晚期出现了甲骨文。在超过 4 万片被发现的刻有文字的龟甲和兽骨中，研究专家们统计出超过 4600 个文字。这些文字目前能破译出的有 1006 个。根据破译结果，学者们认识到汉字的造字方法和主要用字在甲骨文字中已有所体现。首先最容易辨认的是一些描摹客观事物的形状，使人一看就能把字形与具体事物联系起来，知道它所代表的事物，这便是“象形”文字。然而，不是任何事物都容易描画，人们便暂用一个已有的象形字来记录一个与之同音的词。因此就连现存最早的龟甲和兽骨上也已经出现了一些这样的借用字，日渐固定为“假借”字。自此汉字从“象形表意”文字发展出“假借表音”文字。在象形表意文字的基础上，人们通过在现有文字中添加辅助符号或者与其他词相结合造出新字：

① ［越］阮光红：《越南语类型特点关系中拉丁越南文字的特点》，载《语言杂志》1992 年第 2 期。

这便是“指事”“会意”与“形声”。甲骨文自商朝已基本上全部具备“表意”（包括象形、指事和会意）、“表音”（包括假借）和“音义兼表”（形声）的文字类型，其中占数量最大的是“象形”，其次是“形声”“会意”和“假借”，还有为数不多的是“指事”和“转注”。这完全迥异于后世的汉字。比如，根据中国文字学家刘又辛教授的研究，只需对照继商朝而立的周朝，从西周（公元前11世纪）到战国末期（公元前221年）共800多年的甲骨文和金文中的汉字，就能看到变化最明显的是形声字的增多，假借字的逐渐减少，“表形”和“表意”（象形+指事+会意）的数量也减少。根据“表形”法造字的方式已近乎没落。商朝时期的形声字只约占26%，到周朝时期已增至 50%上下，与此同时造字方法也日益完善[①]。刘又辛教授据此情况提出了一个重要的看法：这是一次方向性的转变，可以看到汉字系统逐渐转向以形成词为主的阶段，自此形成了一条不同于表音文字的文字发展之路。以假借字作比较：从商朝时期的70%减少到周朝时期的50%，其中仅在战国时期就只剩下 30%的假借字（不知这一比例是否根据文本中此类文字出现的频率进行统计？）。这个情形说明汉字在表音文字创造之路上停止了发展，表音文字只走了个开头，便转向了音意兼表的形声文字的发展方向。这是一条完全区别于世界上其他大部分拼音文字的发展道路[②]。

对比中国的甲骨文字、古埃及文字和古苏美尔文字，便可以发现

---

① 详见刘又辛、方有国：《汉字发展史纲要》，北京：中国大百科全书出版社，2000年，第207页。

② 详见刘又辛、方有国：《汉字发展史纲要》，北京：中国大百科全书出版社，2000年，第207页。

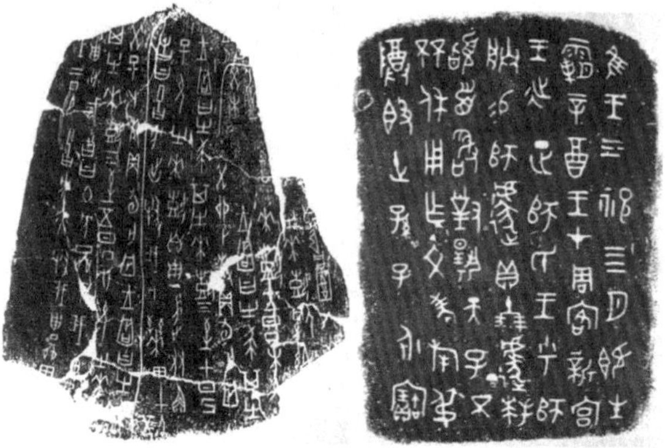

（a）　　　　　　　　（b）

图 3.1.2.a：商朝甲骨文（a）、西周金文（b）[①]

这些古文字文明发展趋势之间的不同。商朝时期的甲骨文、古埃及文字和古苏美尔文字都包含了相当多的纯表意“象形”文字，以及不少的纯表音“假借”文字。这三种文字都处于各自文明发展的初始阶段。此后，大约在公元前 2500 年，古埃及文字演变成僧侣（hieratikos 僧侣体-圣书体）界的“神灵”文字，大约于公元前 7—8 世纪，又演化出“人民”字（demotikos-“俗体字”）。经过 2000 多年的演变，古埃及文字表意符号（象形）的作用逐渐降低，进而演化成记录音节的表音文字。关于此种情况，我们已于第一章有所讨论，故此不再赘述。

两河流域的苏美尔人约在公元前 4 世纪就创造出自己的“象形”表意文字。随后古苏美尔文字经历了演变，至公元前 3 世纪，其以图形方式记字的形式逐渐消失，最终演化成“楔形”文字（或者称之为

① 张桂光：《汉字学简论》，广州：广东高等教育出版社，2004 年，第 134、144 页。

"丁头"字），纯表音而不再表意[1]。

从初始的表意文字演变成后来表音文字的过程大体如下：首先，减少表音假借字，用一个符号记录一个音节。其次，简化已有的表音符号，使得仅需几百个记音符号即可记录不同词的音节。随着这种变化，表意类文字逐渐转变成真正的表音文字。最后，将音节拆分成单位更小的辅音和元音，并用几十个字母予以记录，从而形成用字母（音素）表音的文字体系。这正是大多数古代原始文字演变为后来拼音字母文字体系的发展道路。

但是，正如我们所知，在中国使用了上千年的汉字走的是一条完全不同的发展道路。甲骨文中的"假借"字，并未向逐渐减少，简化成记音符号的方向演变，反而大部分与表意符号结合，成为音意兼表的"形声"字。到了秦汉时期，大约公元前几世纪，"形声"字已经成为汉字的主体。东汉许慎编纂的首部汉字字典——《说文解字》中，收录并解释了 9353 个汉字，其中"形声"字占到 81%。时至今日，形声字的比例依然没有改变。1989 年《现代汉语通用字表》收录的 7705 个汉字中，形声字也占到 81%[2]。这表明，使汉字成为表音文字的时机早已过去，且自公元初以来，汉字实际上已经是一种在汉语中记录音节-语素、完整且稳定的表音-表意文字系统。正是汉字这种"表意-表音"机制，直接影响了越南古代喃字的形成和发展。在鼎盛时期（阮朝），由越人自创的喃字大部分都是"形声"字，还有少量的"会意"字。

① 详见第一章。

② 龚嘉镇：《汉字汉语汉文化论集》，成都：巴蜀书社，2002 年，第 113 页。

表 3.1.2：苏美尔文字：从象形到表音

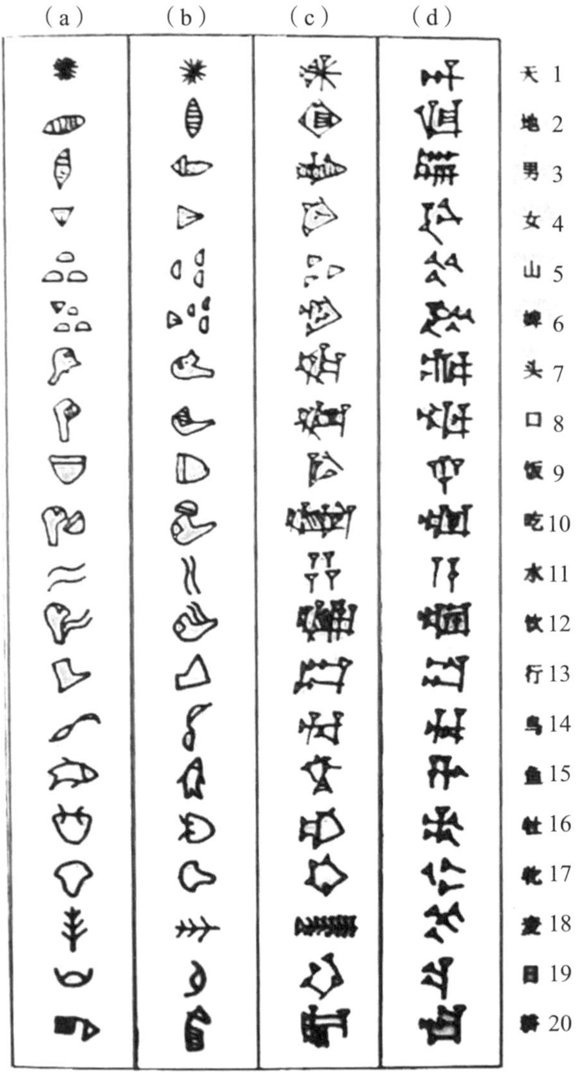

注释：表 3.1.2 展示了苏美尔象形文字的演化过程：骨（a）和（b）上的象形文字，然后渐到骨（c）上的楔形表音文字，最终皆转化成骨（d）的记音楔形文字。表中的文字自上而下依次意思是：1.“天”；2.“地”；3.“男”；4.“女”；5.“山”；6.“婢”7.“头”；8.“口”；9.“饭”；10.“吃”；等等。由苏美尔人创造的楔形文字，后传播成为两河流域其他一些民族的文字，大约于公元前 1 世纪消亡①。

作为“表意-表音”文字体系，汉字及基于汉字范式创造的类汉字，与通过字音（用语音“能指”）和字形（用文字“能指”）认知字义（称为“所指”）的表音文字机制存在显著差异。在表音文字系统中，通过字形（由字母组合成构成的符号）人们能够识别出字音，即词（一个音素-音位组合）的读音，而从字的读音又可以推断字义，即词义。因此，从文字的“能指”到语音的“能指”，再到语义的“所指”，形成了一条清晰的直线。与此不同，汉字的认知机制则表现为一种三角结构：字形的“所指”既可以直接指向字音的“能指”，又能直接指向字（语素）义的“所指”。可以通过简图 3.1.2 来加以阐明：

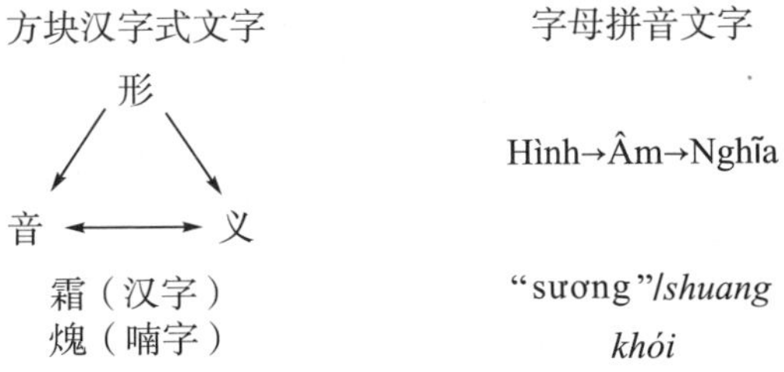

图 3.1.2.b

① 详见周有光：《世界文字发展史》，上海：上海教育出版社，2003 年，第 75 页。

三、笔画、方块、竖行

以上是汉字在体现汉语语言单位（语素及其语音、语义）功能及相关性演变过程中的要点概括。接下来，需观察汉字表现形式的转变趋势。首先，观其书写规则，经过多个阶段，汉字的形体发生了变化，每个阶段形成一个不同的字体，大致可以归为 4（或 5）种主要类别：篆、隶、楷、行（草书，也属于行书的一种，但写法潦草）。

图 3.1.3：汉字字体：篆-隶-草-行-楷（“鱼”字）[①]

中国古代的汉字，从商朝时期的甲骨文到战国时期的竹简文，总体来看都属于古汉字形体：通过在硬物上刻写或画描婉转曲折的线条，创造出大小不均的字形，这便是大篆。秦朝统一文字，创制出小篆字体。虽然小篆的笔画和字形仍然属于篆体，但经过调整和简化，变得更加有序、简洁和规整。自此，汉字开始得到国家意识层面的标准化。

在创制小篆的同时，秦朝还借鉴了“平民字”（即俗体字）的写法，创造出比篆体更加简单、规整，且易于书写的隶书。由于比篆体更便于使用，隶书迅速普及，并成为正式字体。到了汉朝，宫廷和官场广泛使用隶书，为了更加端正和美观，隶书逐渐演变成更为繁冗的汉隶。值得注意的是，从篆体到隶书，汉字的形体发生了根本性的变

① ［日］笹原宏之：《日本的汉字》，东京：岩波书店，2006 年。

化：从圆润不匀称、笔画屈曲无定，转变为轮廓方扁工整，笔画稳定（点、撇、横、竖、弯、提、钩）。这标志着汉字形体构造的重要转变。此时，所谓的“象形”字已不再与它们所代表的事物相似，象形程度逐渐降低。通过多少改变笔画（而非线条）从而将每个汉字纳入“方块”结构的形体演变也自此开始。

汉朝时期发明了纸和毛笔，这些工具对书写方式的演变发挥了重要作用。从能够用毛笔在纸上书写的汉隶字法开始，楷书这种更加便捷流畅的写法便逐渐形成。经过魏晋南北朝 300 多年的发展，楷书的使用日益广泛。到唐朝时期，楷书已经达到成熟，并广泛流行。从后汉至今的 1800 余年里，楷书始终占据着正式书体的地位。楷书之所以能盛行久远而不衰，主要有以下几个原因：一是从实用性来看，楷书相比其他书体，书写简便、易读，且较少出错；二是从艺术性来看，楷书运笔时既具有连续性，又充满变化；三是从权威性来看，从唐朝到清朝的每次科举考试，除诗文外，都将正楷的工拙列为重要的取才标准，这对士子而言实为一大挑战[①]。

与楷书并行的还有行书和草书。行、草两种书体实际是楷书的速写形式。两相比较，行书笔法流畅适中，易于阅读。而草书笔法十分迅速，难以阅读。行书和草书的形成，源于纸和毛笔的发明，与过去用刀逐字刻写于甲骨、兽骨或石、铜、铁、竹、木等硬物上相比，在纸上书写更加便捷流畅。人们可以通过快速运笔，挥就一幅“龙飞凤舞”的“书画”，此即书法家通过狂草书体创作的艺术作品。当然，无论是篆书、隶书、楷书还是行书，书法家们都能够通过它们展现自己独特的艺术风格。这不仅是汉字的特点，也是其他民族类汉字的独到之处。

① 符显仁：《中国文字面面观》，台北：庄严出版社，1980 年，第 31 页。

汉字，无论采用哪种字体书写（或刻画），原则上既可横向书写，也可竖向书写。这与欧洲语言中的拼音字母文字不同，因为在欧洲，文字通常需要横向书写（从左向右或从右向左，但通常是从左向右）。在传统的汉字古文本中，书写通常是自上而下，并依次自右向左竖排行文。横写或竖写的选择，可能更多取决于个人习惯，难以确切解释其原因。但自上而下的书写顺序并非完全偶然。在现存的甲骨文或金文中，文字的刻写顺序并不固定，有时为由外向内的圆圈式刻写，有时为自内向外的发散式刻写，许多时候也是自上而下的竖式刻写……自春秋战国时期起，人们开始削竹制成竹简，并用毛笔书写。竹简窄而长，最便捷的写法自然便是自上而下。毛笔竖写也比横写更为顺手，自此形成熟悉的惯例，并一直延用至今。直到 1909 年，中国才出现了第一本横排印刷的书籍——《音韵记号》，这是一本由刘世恩编写的讲解汉字拼音方案的书籍。

四、汉字的构字法与分类

说到这个问题，首先要提到的便是汉代许慎（约公元 57—147）的“六书”说。“六书”造字法虽早已存在，但只有到许慎的《说文解字》（公元初 100 年）才被用以解释汉字的构字法和分类。在这部著名字典的序言中，许慎定义了“六书”，并以例入喻逐类作解。后世学者们延续许慎对汉字分类的命名方式，但依据东汉班固在《后汉书》（《艺文志》）中的排序更改了次序。据此：“六书”包括以下六类：（1）象形，（2）指事，（3）会意，（4）形声，（5）转注，（6）假借。兹逐类略述如下：

（1）象形。许慎书曰：“象形者，画成其物，随体诘诎，日月是也。”（按“诘诎”为“曲折、弯曲”之义）说的是：象形即用文字的线条或笔画，把要表达物体的外形特征，具体地勾画出来，如“日”字、“月”字便是如此。象形字最初的形态便出现在甲骨文中，并基本得以保留于篆体字中。但当隶书、楷书等书写方式出现后，象形文字已几乎不再像之前那样明显。越南的喃字创造于楷书盛行之后，因此，已不再从“象形”文字开始创造。

（2）指事。许慎书曰：“指事者，视而可识，察而见意，上下是也。”意为：“指事即观则识其形，辨则知其义”，如“上”“下”二字便是如此。最初这两个字的形态只是一横，上边添上稍短的一点或一画即是“上”，添在下边则为“下”。后来为了避免与“二”字（也是“指事”字）重复，又在此基础上于中间添了一竖笔，即成现今我们所见之字。在自造的喃字中，“指事”字所见无几，而“女”（đĩ）字是一个例外，经常被研究者们提及：“女”字（女孩、妇女）中间加一点以指娼妓所行之事。

（3）会意。许慎书曰：“会意者，比类合谊，以见指㧑，武信是也。”（按：“谊”同“义”，“指㧑”同“指挥”，为指向、意向之义）意指把意义可以相互配合的两个或两个以上的独体象形字或指事字结合起来，表示一个新的意义，武、信就是这样的字。在这里，“武”字由“戈”字（一种兵器）与“止”字相结合以体现出合成义“扛起武器而去”“使用武器”之新义。“信”字原义为“真实的话语”，由两个“人”字与“言”字结合而成。古语有言“信言不美，美言不信”。“信”字在金文中，其本义由“人”字和“口”字组合而成，到小篆时以“言”代之“口”字。在越南人自己创造的喃字中，有许多“会意”字。如“人”字与“上”字结合成“仝”（trùm）字，意指“人上人、头目、魁首”，“天”字与“上”字结合而成“𡗶”（trời）字，意指“天”。

（4）形声。许慎书曰：“形声者，以事为名，取譬相成，江河是也。”所谓：形声即用一个字作形旁，作表意符号，用另一个读音相似的字作声旁，表示读音。两者结合成为一个形声字，如“江”“河”即是如此。在两个例字中，左边部分用篆体原义写以“水”字来表其义（“水”），“江”字右半部分为“工”字，“河”字其右边为“可”字，都用于表音。后来“水”字在字中表意时都简写为“氵”以表部首“水”（水字旁）。越南人用形声造字法造出了数量最多的喃字以记录越南语。如喃字“𡥵”（con）是由“子”字（表意）和“昆”字（表音）相结合而成；“㘨”（núi）字是由“山”字（表意）和“内”字（表音）结合而成；等等。

（5）转注。许慎书曰：“转注者，建类一首，同意相受，考老是也。”转注指归于同一部类、意义上相同或相近的字互引解释（互训）。先取一字，然后根据相同的意思转变字形，生成一个意思相同或相近的新字。如“老”和“考”二字就是如此。这两个字的音和义都很接近，可能来源于同一个词根。这种现象或许与词源学中的“词族”现象有关。为了记录这样的同根词，人们使用“转注”方法，只需对原字的字形进行一些改动或增加一些笔画即可。此处，基于“老”字，人们用这种方法造出了与之音、形、意相近的“考”字。这是一种在汉字中很少使用的造字方式，但在学术界引发了许多争论。在喃字中并未发现通过“转注”法创造新字的情况。

（6）假借。许慎书曰：“假借者，本无其字，依声托事，令长是也。”假借表示某些词原先并没有为它专门造字，人们就从现有的文字中选取某些同音字借其形、转其义来记录它。如“令”字和“长”字。如此将会出现同形、同音或音似而义不同的现象。“长”字原义是“长的”，又被借去表示“长”（上级、上面）之义；“令”字本义为“下命令”，被借去表示“县令”（管理县衙之人）之“令”。这些例子也许都不是很典型，因为这里并非完全通过“借字”来记录同音词，而是这些字的意义本身也有相关性。更容易理解的例子是“而”字。“而”作为虚词，表转折义，无法通过绘形来表意，因此需借本是象形字，本义为“颔须”的同音字“而”来表意。后来这个字被专门用于表转折。如上文所述，假借字在甲骨文和金文中占有相当大的比例，后来许多字转为按形声法构造。在喃字文本中，除了借用汉字来记录越南语的情况外，还有一些喃字也被借用来记录不同意义但同音的越语词。例如，熄火（tắt lửa）中的“熄”（tắt）字，有时被借用来表示 đi tắt（走捷径）、ngõ tắt（捷径、小路）中的“捷”“短”（详见第四章第四节第一点）。

毫无疑问，不是先有“六书”然后才造汉字，而是先有汉字然后归纳成“六书”。据周有光教授所言，虽然其他的古典文字（埃及、苏美尔）中并未提及“六书”，而实际上它们的文字都可以用“六书”的原理来分析：两河流域的楔形字、埃及的圣书字和中国的汉字，代表着人类早期的三种伟大文化，被称为“三大古典文字”。这三种文字，外表形体迥然不同，而内在结构如出一辙。它们都属于表意兼表音的“意音文字”类型，因此它们的造字和用字原理都可以用中国传统的“六书”来说明[1]。周有光教授用“六书”六大类将古汉字（甲骨

① 周有光：《世界文字发展史》，上海：上海教育出版社，2003 年，第 156 页。

文、金文、大篆、小篆）与圣书字（古埃及）和楔形文字（两河流域）分别进行了比对，十分有力地证明了这一说法[①]。

许慎的“六书”实际上是从同时期的两个不同角度观察汉字：第一个是从字源的角度，即从哪里入手，用什么方式造出不同的汉字；第二个是从字类的角度，是指以什么标志将汉字划分为六类。依照第一个角度，可以明显地认识到并非“六书”中所有的“方法”都有造字的作用。关于这个问题，清朝学者戴震（1723—1777）第一个提出了看法，他认为：“指事、象形、形声、会意四者，字之体也，而转注、假借二者，字之用也。”[②]从分类角度，完全可以看出“转注”和“假借”确实不同于其他四类。然而，在实际对汉字进行具体分类时，并非任何时候都能找到各类之间的明确界限，许慎在《说文解字》中也遇到过这样的困扰。周有光教授写道：“‘六书’并不能解释全部汉字。《说文解字》中间不少解释是错误的。例如，‘哭’和‘笑’这两个字的来源，古人就弄不清楚了，真是‘哭笑不得’！”[③]

因此，后世许多学者希望根据这一方向或其他方向将“六书”简化成“三书”。1935 年，唐兰教授提出了一种仅基于汉字构字法及其表形、表意、表音功能的分类体系，将“六书”简化为象形、象意、形声三类[④]。在这一体系中，许慎的“指事”和“会意”两类被基本归

① 周有光：《世界文字发展史》，上海：上海教育出版社，2003 年，第 157—166 页。

② 转引自张桂光：《汉字学简论》，广州：广东高等教育出版社，2004 年，第 71 页。

③ 周有光：《世界文字发展史》，上海：上海教育出版社，2003 年，第 17 页。

④ 唐兰：《中国文字学》，上海：上海古籍出版社，1979 年，第 75—78 页。

为“象意”一类。1957 年，刘又辛教授将许慎的“象形”“指事”“会意”三类合并为一类，称之为“表形”，用以指代那些不具有表音功能，只表意的字。与此同时，“假借”（表音）和“形声”（表意兼表音）两类则保持原有分类不变，形成了新的“三书”体系。按照作者的观点，这三个分类分别对应了汉字发展的三个阶段：从“表形”到“假借”，再到“形声”[①]。

许慎在“六书”中所确立以及后世学者们对“三书”的阐释和补充研究，对探索汉字形成和发展之路，观察汉字的造字、用字，包括词源和词类方面都有裨益。即使这样，对照越南语中喃字的形成、发展、造字及用字，并不是每个现象都能用上面提及的“六书”或“三书”的框架合理阐释。关于这一问题我们会在后面第四章和第五章“喃字的构造与演变”中详细探讨。

五、汉字的结构和造字成素

从字的结构来看，汉字可以分为两大类：一种是传统汉语古文字学称为“文”的“单体字”；另一种是传统称为“字”的“合体字”。大体上，“象形”“指事”和“转注”类汉字都属于单体字。“会意”和“形声”类明显属于合体字。“假借”是借字表音，因此分析其字形结构需与初始音和义的本字归于一类。

汉字结构中最小的造字成素是笔画。原则上，单体字由笔画直接构成（或者反而言之：每个单体字都能被直接拆分成笔画）汉字中结

① 刘又辛、方有国：《汉字发展史纲要》，北京：中国大百科全书出版社，2000 年，第 74—94 页。

构最简单的单体字只有一个笔画，如“一”字。

一个单体字或者一个单体字的一部分，可以作为一个构成合体字的直接成素。如两个单体字“日”和“月”可以根据“会意”法构造出“明”字。在方块字中，构字成素可以是一个完整的单体字，但许多时候可以只是由原有的单体字变形或简化成的一部分或一个成素。如成素“火”在“秋”字和“然”字中有着不同的形体。在构字成素是一个单体字或非单体字的情况下，我们称其为构成合体字的笔画（相当于术语“字符”）或“部件”。一个合体字又可作为构成一个新合体字的部件。如上面提到的合体字“明”字，也可以依据“形声”法，作为部件与“艹”部组成“萌”字。

从功能来看，合体字的构字成素可以是表意成素，也可以是表音成素。相当于传统汉语文字学中，常称为“意符”（或为“义符”）和“声符”（或为“音符”）的术语。在各类合体字中，成素的分布位置十分多样，在书写中需要遵循一定的笔顺，调整一些成素的笔画大小和笔形以使写出的方块字匀称、和谐。不管是表音成素还是表意成素都要遵循这样的书写规则。单从“形声”合体字来看，表意成素和表音成素的顺序可以归成以下十个主要组合方式：

1. 形左声右。如：“江”“说”等。
2. 形右声左。如：“頭”（繁体字的“头”）、“部”等。
3. 形上声下。如：“竿”“露”等。
4. 形下声上。如：“警”“�”等。
5. 内形外声。如：“闻”“风”等。
6. 内声外形。如：“固”“阔”等。

7. 部分形。如：“修”“匙”等。

8. 部分声。如：“旗”“爬”等。

9. 声嵌于形内（穿插）。如：“裏”“術”（“里”“术”的繁体字）等。

10. 形嵌于声内。如：“辩”“哀”等。

说到表意成素，我们不得不提到汉字的部首。这完全符合许慎在《说文解字》中建立的540个部首体系。但后世学者在编撰字典时已不完全按照许慎的部首体系。这一情形不仅体现出部首数量的简化，还说明了许多时候已不再严格按照字义来归类文字的部首。王力教授曾认为：“有两种不同性质的部首，一种是文字学原则的部首，另一种是检字法原则的部首。前者严格依照六书的体系（只有同一意符的字可以隶属于同一部首），如《说文解字》；后者在一定程度上破坏了六书的体系，如清代的《康熙字典》。”[①]例如“甥”“舅”二字，《说文解字》都归男部，是依“意符”归部；《康熙字典》以“甥”入生部，“舅”入臼部，是依“音符”归部，主要是便于查找。

根据论述，上文第一节第一点至第五点，皆旨在清晰地展现汉字的基本特征，以此形成对汉字这一独特文字体系的总体认知。这正是我们想称之为汉字范式的核心内容。对汉字范式的整体理解，既是分析和研究其他受汉字影响的派生文字体系的基础，也是比较和考察包括喃字在内的，与汉字同类型或异类型的文字体系的依据。

最近，中国学者赵丽明在分析汉字的结构特点、组织方式，并结合其符号属性的基础上提出了“汉字体制”的概念。根据赵丽明的分

---

① 王力：《中国语言学史》，太原：山西人民出版社，1981年，第34页。

析，以下几个方面是汉字的特征，也是“汉字体制”的基本内容[①]：

（a）字符的语素（词）表意制

（b）字符的音节标音制

（c）字符的笔画式方块制

（d）字符的部件拼型制

（e）字符的结构意音制

（f）书写款式版本

凭借汉字的这个“体制”，赵丽明初步对比了“汉字文化圈”中的不同文字体系（如：“苗字、日本假名字母、朝鲜的谚文字母、西夏字、水文字、女真字、蒙古的八思巴文……”），以观察汉字与这些文字体系的远近亲疏。赵丽明建立的汉字体制基本上符合我们对准汉字式文字的印象，非常值得相关研究工作借鉴。

第二节　喃字与其他民族的类汉字

一、“汉字文化圈”与“汉字共同体”

在文化接触研究领域中有“区域文化”这一概念，指的是在某一地理区域中的国家、民族之间具有某种相同的文化特征，这一文化特征使他们连接成既定的文化共同体。研究汉字从中原地区向邻近周边民族传播的学者们也据此提出了“汉字文化圈”的概念。比如，中国前辈学者、文字学家周有光教授在其文章中就曾写道：“文化像水一

① 详见赵丽明：《试论汉字体制》，载赵丽明、黄国营编：《汉字的应用与传播》，北京：华语教学出版社，2000 年，第 286—295 页。

样不断从高处流向低处。文字是文化传播的主要承载体。两千年来，汉字文化流布四方，在东亚形成一个广大的汉字文化圈。汉字的传播路线有三条。一条向南和西南，传播到广西壮族和越南族，较晚又传播到四川、贵州、云南、湖南等省的少数民族（苗、瑶、布依、侗、白、哈尼、水、傈僳）。一条向东，传播到朝鲜和日本。一条向北和西北，传播到宋代的契丹、女真和西夏。”[①]在其之后的一篇文章中，周有光教授再次提到文化传播路线这一问题，并把文化传播的第一条路线分成了两条：一是向南传播，二是向西南传播[②]。

与此同时，对于“汉字文化圈”这一概念也有不同的看法。最具代表性的是中国著名社会语言学家陈原教授的观点，他在 1990 年的书中提道：“我不认为‘汉字文化圈’这样的语词是精确的科学术语——使用汉字的不只是汉民族，汉民族所形成的文化，是同汉民族社会发展的过程息息相关的；而使用汉字或借用汉字某些要素来表达其思维的各个民族（汉民族以外的各民族）拥有自己的文化，这种文化的形成是同他们的社会发展过程不可分的，我们不能得出结论说：凡使用汉字的民族以及由这民族构成的社会，都拥有共同的统一的文化，这不符合历史主义，也不符合唯物主义；在不同的民族文化中，完全可能存在某些相同的或相类似的因素，这是可以理解的，但这不能认为形成了一个‘汉字文化圈’。”[③]

其实，把文化的传播形容为“水从高处向低处流”似乎并不十分恰

---

① 周有光：《世界文字发展史》，上海：上海教育出版社（再版），2003 年，第 103—104 页。

② 周有光：《汉字型文字的综合观察》，载《中国社会科学》1998 年第 2 期。

③ 陈原：《语言和人》，北京：商务印书馆，2003 年，第 88 页。

当。文化在各民族之间接触和传播的过程，无论如何也不会像流水那样简单和自然。正所谓，每个民族虽处在不同的发展阶段，但都有属于本民族自身的文化，只是从其他民族，首先是邻近民族那里主动吸收或多少改变一些自身的文化价值。然而，当说到“汉字文化圈”时，也许我们不应想及一种由汉字文明带来的众多民族的统一文化，而需强调的只不过是在一个地理区域中的民族都曾使用或借用过汉字用于书写，并以此发现了他们文字的相同点，也可能包括文字文化（在造字和用字方面）的相似特征。根据这个含义，想来也可以用“汉字文化圈”这个名词短语，或者为避免混淆，也可称其为“汉字共同体”。关于“文字共同体”这个概念，我们已在第一章第一节中简略阐述过。由于汉字和喃字，越南的京族人、岱侬族人、瑶族人曾是“方块汉字共同体”中的一员，而自从根据拉丁字母文字（国语字）创制拼音文字体系开始，越南语又加入了“拉丁字母文字共同体”。这些文字共同体最初都只存在于世界某一区域，如中欧和西欧的“拉丁文字共同体”、东欧的“斯拉夫文字共同体”、印度和南亚的“梵语文字共同体”等等。而由于其中也有一些文字体系传播能力强大，渐渐扩散到各个大洲，如拉丁字母文字体系便是如此。在这个时候，地理区域相近因素已不具有最初时期的价值。

回过头来看汉字对汉语方言地区、中国少数民族以及周边邻国文字体系的影响，我们必须承认周有光教授所提到的一个事实，即汉字通过特定的传播路径，在传播和发展的过程中，深刻地影响了它接触到的每个民族，并在这些民族中留下了自己的印记。尽管这些民族同样受到汉字的影响，或同属中原汉字衍生体系，但它们的文字并非任何时候都完全遵循汉字范式。因此，每个民族的文字体系往往展现出独特的类型特征。

根据周有光教授在上述《汉字型文字的综合观察》一文中的阐释，当前学界已知的“汉字型文字”包括19种语言的30种文字[①]。这一数字显然并未包括我们在第一章中简要介绍过的越南岱族喃字、苗族喃字和彦族喃字。周教授提出的“汉字型文字”概念，似乎不只涵盖了“汉语汉字型文字”（如古壮字、越南喃字），还包括一些“非汉语的汉字型文字”（如朝鲜的谚文、日本的假名），只要这些文字“受到过汉字的影响”或者“不属于汉字的派生体系，但以汉字样式为准”（如中国西南的老彝文、纳西文字），便都可纳入其中。尽管如此，周教授的这些总体分析和评价，对于研究与汉字相关的文字体系来说十分有裨益。首先，非常值得关注的是，周教授在上述两部作品中对汉字与其他民族接触（与变异）阶段的总体看法，大致如下：

1. 学习阶段。学习阶段有的开始于秦汉时代，有的开始于三国、两晋或更晚。在这一阶段，最初，汉语方言地区、中国的少数民族、四周邻国，大家都同样学习“汉字文言”。《三字经》《千字文》、四书、五经等儒家作品是东亚共同的教科书。这是东亚的“同文时代”。在这一阶段，人们使用到的直接是“汉语汉字”。

2. 借用阶段。熟悉汉字文言以后，各方言区、各民族乃至邻国，在民间开始借用汉字书写自己的口语，并逐渐创造本民族的文字（成为各种汉语的方言文字和各种非汉语的汉字型文字）。这是“归化”汉字于他们民族文化生活的时期，多数地方的借用阶段开始于晋朝或唐朝。借用的方法有三种：（a）兼借音意的“借词”；（b）借用字音、改变字意的“音读”；（c）借用字意、改变字音的“训读”。（b）和（c）这两种情况中，被借用的汉字已不再是书写汉语的汉字，而是

① 周有光：《汉字型文字的综合观察》，载《中国社会科学》1998年第2期。

书写非汉语的汉字。

3．仿造阶段。借用汉字书写自己的语言，必然会感觉到不方便和不合用，于是进一步仿照汉字创造自己的“新汉字”。仿造有两种：（a）一种是“孳乳”仿造（利用原有汉字及其偏旁作为材料，构成新汉字），如喃字、壮字等。（b）另一种是“变异”仿造（不用现成的汉字和偏旁，全部新造，但是造字的原理和方法跟汉字一样），如女真字、契丹大字。这种造字法可称为“汉字型词符文字”，多数地方的仿造阶段开始于唐宋时期。

4．创造阶段。受印度文字和其他表音文字的影响，有些民族和邻国，利用简化的汉字或者汉字的笔画，创造汉字型字母符号。有的是音节字母，有的是音素字母；有的把字母叠成方块，有的跟汉字混合使用，有的能完全脱离表音-表意方块汉字的束缚而全用字母，如日本的假名字母、契丹的小字。这可以称之为“汉字型字母文字”。

虽然汉字被吸收、融入到每个民族语言文字活动中的形式被划分成逐个阶段，但这并不意味着前一阶段结束后下一阶段才开始。联系汉字和越南喃字的情况，我们可以很清楚地看到：学习汉字阶段早在秦汉已经开始，最晚至公元初士燮时期，越南人已开始学习并使用汉字作简单记录。但直到唐宋以后，越南独立，越南人才开始大量使用汉文。李朝时期，儒家汉学才开始盛行。后来，越南文人开始使用汉字进行创作，当他们遇到需要用母语越南语来表达的情况时，也会使用上面提到的几种方法借用汉字记录越南语句子，并掺插到汉文中。比如《岭南摭怪》[①]中用汉字写成的若干语句：“托胎生暂为公主”（Thác thai sinh tạm vi công chủ> *Thác sinh tạm làm ông chủ*）和“外洞用台面

① ［越］佚名：《岭南摭怪》，越南汉喃研究院藏本，编号：A.2914。

半为三宝”（Ngoại động dụng thai diện bán vi Tam bảo>*Ngoài đồng dùng hai mặt nửa [rưỡi ?] làm Tam bảo*）。在这两句中，上面提到的三种借用汉字的方法都有用到：兼借音意，如托（thác）、生（sinh）、暂（tạm）、主（chủ）、外（ngoại > ngoài）、用（dụng > dùng）、三（tam）、宝（bảo）；借音改义（音读），如 động（洞）>đồng（土地，田地）、thai（胎）> hai（二）；借意改音（训读），如为（vi：làm）、公（công：ông）、面（diện：mặt）、半（bán：nửa）。汉字在这几句中被越南语借用，并可以用越南语读出。又如，在第二章已经研究过的《佛说大报父母恩重经》解音本中，我们可以看到，借用汉字的各种方法在第二（借用汉字）和第三（仿造汉字）这两个阶段皆有出现，其中，在第三阶段，喃字采用了“孳乳仿造”的方式，严格遵循汉字的字形和体制，而没有转向“变异仿造”。试读《佛说大报父母恩重经》解音中的一句话即可分明：“南无割臂救父王”（Nam vô cát tý cứu phụ vương）译作喃字为：“敬礼菩薩割𦠘𢬣麻助𤤰吒”（Kính lạy bồ tát cắt vai tay mà trợ vua cha）。在所译喃字中，有以下几种借用汉字的情况：一是兼借音意，如敬 kính、礼 lạy、菩薩（萨）bồ tát、割 cắt、助 trợ；二是借用字音、改变字意，如麻 mà（而）、吒 cha（父亲）。此外，还有“孳乳仿造”的自造喃字，如𢬣 tay（手）。唯独𦠘vai（臂）和𤤰vua（王）这两个字有所不同。𦠘字由“来”字和“巴”字结合而成，体现了古越语中带有声母[bl-]的词的 CCVC 结构；而𤤰字原是借“布”字来表音，但又添加了“司”字这个表音成素。值得注意的是，𤤰的正确读音不是“布”（bố）而是“王”（vua）①。对于这两个字的造

① 在原文中，“司”字被简写：去掉了里面的“一”和“口”，只留外面的横折钩。

字方式，虽然它们并未摆脱汉字的框架（组合汉字的已有成素），但是在汉字造字法中还未曾出现过：两个成素皆为“表音”，而不是“形声”或“会意”。在喃字造字法中，我们将这种造字形式称为“会音”。“会音”方法形式多样，如第二章（第二节第六点）提到的解音文本《佛说大报父母恩重经》中引用的例子，接下来第四章（第二节第二点）也会继续分析。

虽然，喃字没有像日本的假名和朝鲜的谚文等文字那样，最后发展到纯表音文字的阶段，但这完全不意味着喃字没有体现出创造性。因此，如果按照周有光教授的观点，只有发展到“音节-语素文字”阶段，才能称为“文字创造阶段”，才能是从汉字到周边民族文字这一发展过程的最终阶段，而但凡没有发展到表音文字阶段就代表没有达到文字创造的高峰，这种说法是否恰当？设想一下，如果把这一发展过程当作一个“阶段”，那么也许应称之为“另造阶段”更为合适，因为这时周边民族创造出的文字已和汉字有很大区别。实际上，越南喃字“停止”在“表音-表意”记录“音节-语素”的汉字型方块文字阶段，是保证文字类型特征和语言类型特征（孤立语-音节性）之间适应性的必然选择，同时也保持了中国文献与该区域原就曾经历过汉字“同文”时期各民族文献之间的已有联系。

若说到以汉字笔画为材料创造表音文字这种现象，越南人也曾用此方法创造过一种文字，称为“国音新字”[①]。这是由一位南定省的阮姓居士在19世纪中叶创立的越南文字方案。该方案的作者只用了四个基本笔画：“横”“竖”“点”和“撇”（包括向右和向左两个变体），

① 按：古代越南人将喃字称为“国音”字，此处“国音新字”的叫法正是为了与喃字相区分。

创造出记录声母的22“杆字”和记录“韵母”的110“枝字”。每个符号包含不多不少3个笔画。通过“合书”（合写）和“参书”（叠合）的方式组合这些符号，形成记录音节的方块字。然而，这个文字方案只是基于《易经》原理的智慧成果，未曾得到普及，更未在实际中应用[①]。

二、喃字及其他类汉字的类型特征

基于前文所述的“汉字范式”和“汉字体制”，我们将对喃字及一系列衍生自汉字或受汉字形制影响的其他文字体系进行比较研究。关于这些文字体系的许多资料和信息都来自周有光、张公瑾、陆锡兴等中国学者的著作。

（a）喃字是一种笔画方块型文字。这一特点符合几乎所有的汉字衍生文字：越南的岱族喃字、瑶族喃字、彦族喃字（参考第一章第二节）；中国南方和西南地区的古壮字、苗文、瑶文、白文、哈尼字、布依字、侗字、仡佬字、阿细字等“仿造”汉字型文字。

“变异仿造”方块型文字有：契丹大字（辽国，使用时间921—1191年）、女真字（金国，12世纪）、西夏字（大夏国，11—14世纪）、水文。记录音节或半音节的方块字有：日本的假名字、朝鲜（包括韩国）的谚文、契丹小字、中国傈僳字。根据把字书写成方块的标志，还包括几种中国少数民族的一些不完全从汉字演变出来的文字，如老彝文、纳西文（纳西有三种文字：东巴文、哥巴文和玛丽玛萨文）、八思巴文（蒙古八思巴文，元朝，12—14世纪）。

① 参考本书附录。

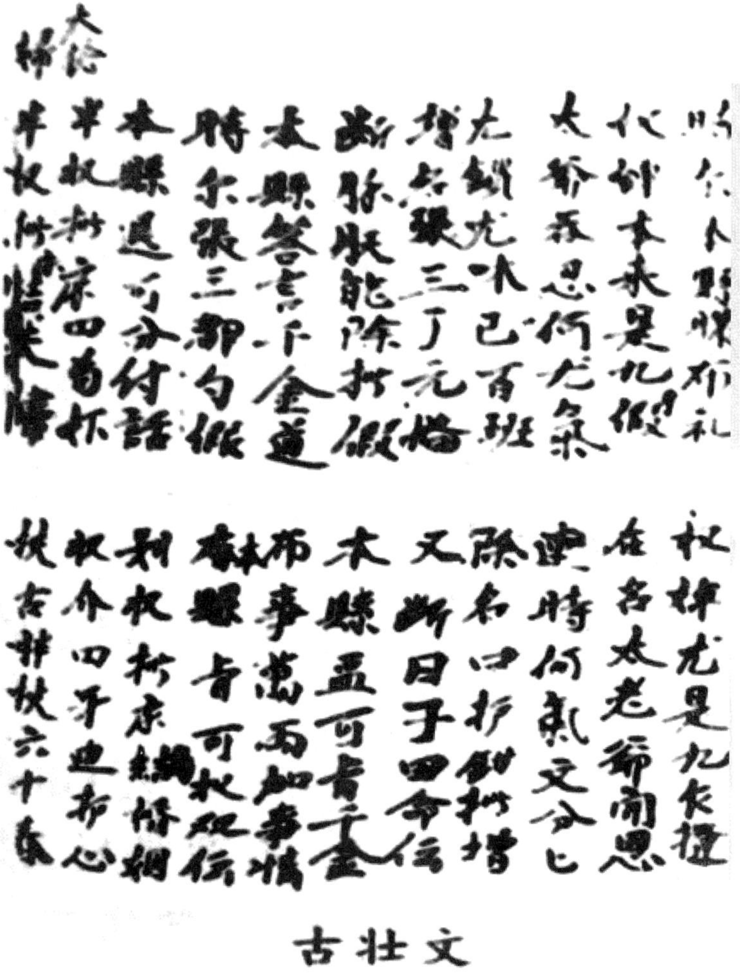

图 3.2.2.a：古壮字文本[①]

① 张公瑾主编：《民族古文献概览》，北京：民族出版社，1997 年，第 225 页。

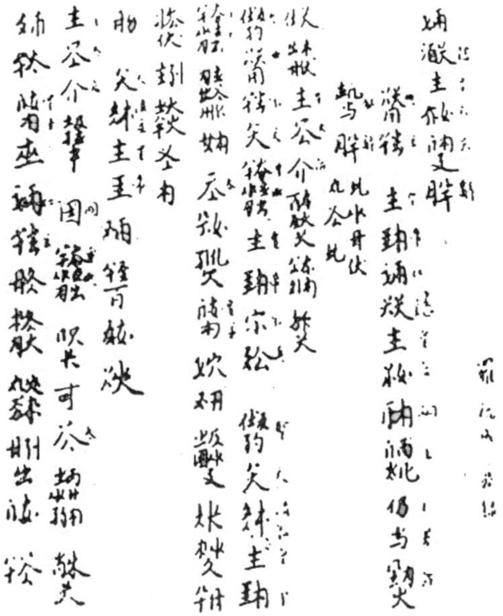

图 3.2.2.b：契丹大字文本①

• 公元 907 年，契丹族建立辽国。契丹语属于阿尔泰（Altai）语系，是一种黏着语。921 年辽太祖授意创制“契丹大字”，并下诏颁行。契丹大字是表意文字，采用隶书-楷书整体笔画或者截取一半创制出表意-表音文字，几乎都是单体字，很少有合体的形声字或会意字。据统计，契丹大字大约有 3000 余字。

“契丹小字”制字年代更晚，由辽太祖的弟弟所创。小字为拼音文字，“字母”取自汉字单体字或者截取合体字的一部分，字母记录音节，也记录语素。契丹小字和汉字一样采用方形字体。

① ［德］约翰内斯·冯·弗雷德里希著，［越］范文快译：《文字历史》，河内：河内国家大学下属人文与社会科学大学，2005 年。

辽国人认为小字“数少而该贯”，与大字相比更易普及。契丹大字和契丹小字都和汉字一样自上而下竖写，自右而左换行。

• 金国的“女真大字”和“女真小字”同样是相似的双文制度。东北女真族首领破辽国，建立大金（1114—1234）。女真人先前一直使用汉字和契丹文，如今为了确立民族文化意识和自强的精神（“我们的子民自小熟习汉人风俗，不知女真人自己淳厚民风，如此失国之根也”——出自大金世宗皇帝与皇子、皇后之言），即令创制女真大字（1119）和小字（1138）。和契丹大字一样，女真语也属于阿尔泰语系，也是黏着语。女真大字包括两种单体字符号：一种用于表意，表示整个词（即“完全意字”）。如果是多音节词则一个方块表意字可以读多种音节。另一种用于表音，每个表音符号方块字只读一个音节。其中，单体表音字占绝大多数，超过 70%。女真小字的形制和契丹小字十分相似，但性质完全不同：女真小字仍是表意-表音文字（和女真大字相同），而不是只表音，只是明显减少符号数量（与“大字”相比）而已。

涉及字的方块型，周有光教授认为：“所谓‘方块字’，不仅包括方形的印刷楷体，也包括可以写进方格子里的笔画圆化的篆体。‘一串豆芽菜不像文字’，这是方块潜意识的自然流露。汉字在不知不觉中培养了这个根深蒂固的方块潜意识。因此，音素化的谚文字母也要叠合成为方块，使简易变成繁复。契丹小字也是无形中受了这个潜意识的束缚。纳西文字原来不受方框框的限制，发展到音节化之后，也都变成可以纳入方框框的符号了。”[①]由此可见，方块文字不仅包括表

① 周有光：《汉字和文化问题》，沈阳：辽宁人民出版社，2001 年，第 112 页。

意-表音文字，还包含纯表音（记录音节-音素）文字。

（b）喃字是一种音节方块文字。和汉字一样，喃字（包括京族喃字、岱族喃字、瑶族喃字和艾族喃字）是一种音节方块文字。几乎中国南部的所有文字都有这一相同特征。与此同时，中国北部和东部也有不少方块型文字不属于此类型，如八思巴文（蒙古）、谚文（朝鲜）、契丹小字（纯表音音节文字）和一部分女真大字（为多音节词表音的单体字）等等。

- 位于中国西南的彝族（一部分在越南，称为倮倮族）有两种方块文字：仡佬字是一种传统的汉字型方块字，许多为形声字和会意字，记录语素-音节（既表音又表意）。20 世纪初年，基督教会为阿细地区的彝族人设计了另一种方块型文字——阿细字。基本上一个“字”代表一个“词”，可以读一到三个音节（所以，这是一种不记录逐个音节的方块字），主要是会意字，很少形声字。
- 八思巴字，由一位原籍西藏的元朝国师，奉忽必烈之命创制而成，并于 1269 年颁行。八思巴文字之名由此而来。开始只有 41 个字母（主要借用藏字），后来逐渐增加至 57 个。表示元音和辅音。字母书写时叠合成方块，一字一音，自上而下竖写（与汉字相同，与藏文的横向书写相异），自左而右换行（与藏文相同，与汉字的自右向左相异）。
- 朝鲜文（谚文），在朝鲜李世宗主持下，由郑麟趾等人创制于 1444 年。最初有 28 个字母（17 个辅音字母，11 个元音字母）。1527 年，崔世珍减少了一个辅音字母，并重新排列了字母顺序，规定了字母名称。现行朝鲜文有 40 个字母（19 个辅音，

21 个元音）。朝鲜文可以像汉字一样用毛笔书写，但并非完全模仿汉字笔画（可能从大篆字体而来），其中某些部分可能由母语者自造。拼写时以音节为单位，把一个音节的几个字母叠成一个“音节方块”，读成一个音节。书写可以是竖排（传统）或横排。高丽人（朝鲜/韩国）在公元前就已知晓汉字，公元后，他们的汉文本中出现了一些由自己创造的记录民族词语的文字。值得注意的是，称为“吏读”的造字法，出现在公元 5 世纪，其中有些字是通过拼合汉字而成，如{氵□伐，读为“per”，意为“滩涂”}、{为 ha□了-n，读为“han”，表示“完成体”}。这些字看起来与汉字或喃字十分相似。然而，他们很快便抛弃了这种文字，创造了我们所知的朝鲜拼音文字。

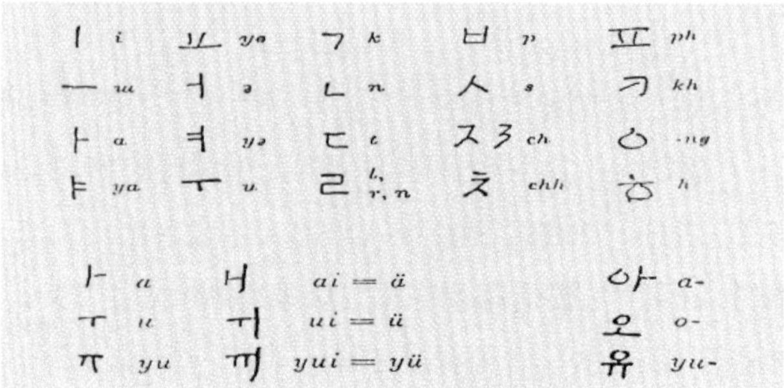

图 3.2.2.c：朝鲜文字符号[①]

（c）喃字是语素方块文字。符合此类特征的，除了越南的喃字，还有中国南方的许多文字。仿造汉字型文字（“孳乳仿造”和“变异

① [德]约翰内斯·冯·弗雷德里希著，[越]范文快译：《文字历史》，河内：河内国家大学下属人文与社会科学大学，2005 年。

仿造”）都是语素文字：单音节孤立语，如壮字、苗字、瑶字、侗字、布依字、仡佬字和阿细字（彝族）。黏着语（阿尔泰语系）有契丹大字、女真字。变异仿造汉字的表音文字体系，如假名（日本）、谚文（朝鲜）、契丹小字……方块字单位都不与语素相对应。

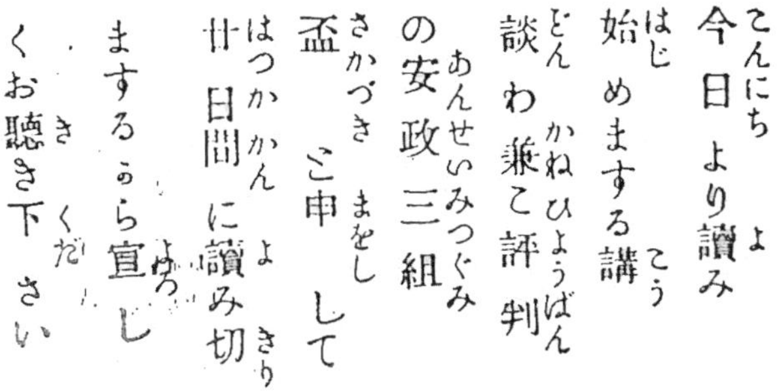

图 3.2.2.d：日本文字[①]

• 日本人也曾仿造汉字形制创造出一些记录本民族语言的方块字，称为“国字”（或“和字”“倭字”）。由飞田良文和营原义三编撰的《国字字典》收录了 1553 个字，而目前常用的大约只有 120 个。大部分和字是按照会意法构造的合体字，少部分是形声字。如：鳕{魚⿰雪}、鮖{魚⿰石}。这些字看起来与喃字十分相似，但每个字通常读两到三个音节，对应日语中的一个词。日语是一种黏着语，包含许多表现语法意义的词缀，而记录这些词缀的需求促使了表音符号的产生，以此形成“假名”文字系统，（“假名”，用来区别于汉字的“真名”），包括 48 个记音符号。

① [德]约翰内斯·冯·弗雷德里希著，[越]范文快译：《文字历史》，河内：河内国家大学下属人文与社会科学大学，2005 年。

（d）喃字是一种拼合成素的方块文字。越南喃字，与上面所述的符合（a）、（b）、（c）三种特征的文字体系一样，都是用拼合成素的方式造出方块字。虽然谚文不符合特征（c），但其字母是在方块框架中记录音节的成素，因此也可以视为符合（d）特征。契丹文字（包括大字和小字）多是单体字，所以基本上不具备（d）特征。日本的假名，每个文字单位代表一个记录音节的单体符号，故而不属于通过拼合成素形成的方块文字。水书（由表形表意的单体字组成）、傈僳字（由表音单体字组成）、云南古彝字（由表音或表意的单体字组成）、东巴文（由表形表意的单体字组成）和纳西族人的玛丽玛萨字（由 105 个符号组成的音节文字）等，都不是拼合符号的文字体系。

在成素拼合的方式中，汉字和许多其他文字体系可以将两个成素结合起来共同表意（“会意”字）或一个表意一个表音（“形声”字），而在喃字（以及部分的壮字、岱族字）中，还可以把两个成素结合起来共同表音（“会音”字），如前文所述。

（e）喃字是表音-表意方块文字。虽然一直强调汉字和喃字属于“象形”（hieroglyphic script）或者纯“表意”（ideography）文字的观点并不成熟，但不能因此就将它们归到“表音文字”一类。虽然在喃字文本中，借用汉字记录的越南语语素占有较大比重，但这并不足以证明喃字与汉字属于完全不同的文字类型。最近，有越南学者竭力证明越南喃字是一种“表音文字”：“纵观喃字发展的全过程，我们看到无论何时它都努力真实地在创作时记录越南语音节，从这个方面来看，则喃字是记音文字，当然它有自己独特的记录方式，然而，其形体属于表意块状文字，这是想学习和研究喃字的人需要特别留意的地方。”[①]但是，也可以注意到一个相反的现象，那就是如果纵观喃字发展的全过程，我们会发现借用汉字记录越源词的“假借”字日益形声化，意即从那些纯粹表音的词，变成增加了体现意义部分的“音+意”结合词。当然，就语言-文字信号中音义的联想关系而言，方块字的“表音”“表意”两个要素都能相互“辅助”，从而分辨被记录语素的正确音义。此处音和义的两“面”犹如“一张纸的两面”，不能只承认其中一面而否认另一面。此外，有一个文字学的基本常识，即不能说到“一种记音文字”，而在那种文字中却没有专门用于记音的单位，即使不一定是一套完整的记录音节（如假名字）或记录语素（如谚文字）的字母，也可以只是一些数量不多的记录音节的符号（如契丹小字）。正是由于“表音-表意”机制，汉字和喃字才不需要确立一套十分精确的记音符号，也不需要用到一套清晰的表义符号，而字的音和义仍然能够轻易分辨。不可能存在一种确切的表音文字，而其中既有表意字（如“会意”喃字），又有“音意兼表”字（如形声“喃字”），尽管努力称它有“独特的记音方式”。可以承认的是，汉文中汉字的表意比喃文中喃字的表意有着更为突出的作用；反之，喃文中喃字的表音比汉文中汉字的表音作用更突出，这主要是由于喃字借用了许多汉字来记录越南语语素的读音，而在汉文中的假借字只是汉字内部之间的借用，并且数量又颇少。因此，从文本中汉字记录喃字音节颇高的频率来看，我们可以说喃字文本倾向于表音层面，但这不能否认喃字是一种十分典型的“表音-表意”文字系统。而喃字拥有和汉字一样的方块形体，只是文字形体和书写方式层面的一个标志，

---

① ［越］阮玉珊：《喃文喃字理论》，河内：师范大学出版社，2003 年，第 27 页。

而非造成“表意”印象的缘由，比如不会有人将朝鲜文字（谚文）误作表意文字，即使这个纯表音文字的书写方式也是把每个音节挤进一个方框中，而不是线性排列。

在一个方块对应一个音节和一个语素（单词）的框架下，与汉字和喃字具有相同“表音-表意”机制的，还有壮族人的古文字，苗族、瑶族、侗族、布依族、哈尼族、白族等中国民族以及岱依族、瑶族、艾族等越南民族的方块字。这些都是借用汉字的原型仿造新字，而无需“越过”汉字变异仿造这一“阶段”的文字。

- 在“表音-表意”方块文字中，有一种十分特别的文字，那就是西夏文，西夏文是“变异仿造”的汉字型文字。党项羌族拓跋氏，唐朝赐姓李。首领李元昊于 1038 年建立大夏国。宋朝称大夏为“西夏”（藩国），此名也成为汉文中惯用的称法。西夏语属于汉藏语系、藏缅语族。西夏原来没有文字。建国之前，元昊依汉字笔画自制藩书，命人演绎之；修整形制，于 1036 年颁行 。1227 年，西夏被蒙古灭国，但西夏文仍得以延续使用，直到 1502 年才停止。现今西夏的语言和文字都已不复存在。而字书《蕃汉合时掌中珠》（1190）作为一本夏-汉双语词汇，成为后世学者解读的钥匙。西夏方块字大约有 6000 多个。最明显的特征是在这几千个字中没有一个字是直接借用汉字的，所有皆是从头新造，就连字的成素也是如此。这与汉字及喃字、古壮字、契丹文字、女真字等其他类汉字完全不同。因为在那些文字中，无论怎样都能找到一些借用汉字的单体字或造字成素。藩国人直接使用汉字的笔画来造字或者字的表音表意成素。藩书几乎只有“会意”

和“形声”两种。因此字的拼合成素机制和表音表意功能体现得十分清楚。总体来看，笔画颇重复、冗余，尽管最多不超过 20 画，最少只有 4 画。

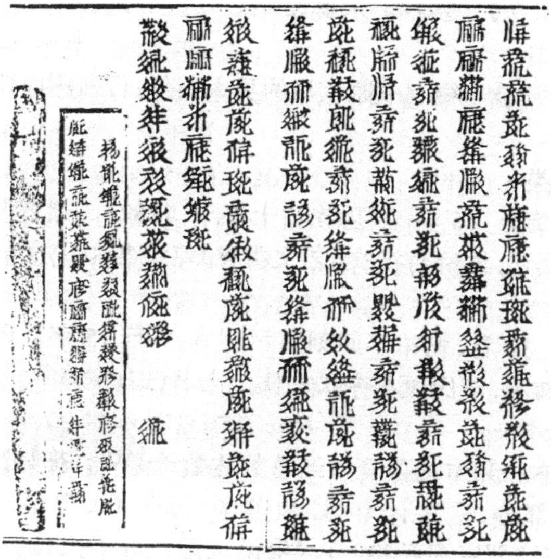

图 3.2.2.e：西夏文本（活字版《华严经》）①

（f）在文本中，喃字采用竖排书写。竖排书写是汉字悠久的传统，尤其是隶书、楷书字体盛行以后得以稳定。这也是其他受汉字影响民族文字体系的传统书写方式。正如上面提到的蒙古八思巴文字，虽然是一种模仿西藏文的表音文字体系，但当书写时，由于受汉字书写方式的影响，人们同样是竖排书写，只不过是从左向右换行（如藏文）

① 张公瑾主编：《民族古文献概览》，北京：民族出版社，1997 年，第 588 页。

而非从右向左（如汉字）。如今，由于受西方拼音文字文本的影响，当书写传统方块文字时，人们也倾向于采用从左向右的横排书写方式。

在第二节第二点的基础上，根据上文分析的六个标志，我们为几乎所有类汉字方块文字建立了对照表。在表中列出的 20 类文字中，前 12 类完全符合这六个标志，包括越南的喃字体系，尽管每种文字都有其独特之处；其余 8 类则皆是记录音节或语素的方块字。一开始便未直接受到汉字影响的“自创”方块字，暂不列入统计范围（参见表 3.2.2）。

表 3.2.2

序号	文字	（a）	（b）	（c）	（d）	（e）	（f）	备注
1	越族喃字	✓	✓	✓	✓	✓	✓	
2	岱族喃字	✓	✓	✓	✓	✓	✓	
3	彦族喃字	✓	✓	✓	✓	✓	✓	
4	壮字	✓	✓	✓	✓	✓	✓	
5	侗字	✓	✓	✓	✓	✓	✓	
6	瑶字	✓	✓	✓	✓	✓	✓	（1）
7	苗字	✓	✓	✓	✓	✓	✓	
8	白字	✓	✓	✓	✓	✓	✓	
9	布依字	✓	✓	✓	✓	✓	✓	
10	哈尼字	✓	✓	✓	✓	✓	✓	
11	仡佬字	✓	✓	✓	✓	✓	✓	

续表

序号	文字	(a)	(b)	(c)	(d)	(e)	(f)	备注
12	西夏字	✓	✓	✓	✓	✓	✓	(2)
13	阿细字	✓	0	0	✓	✓	✓	
14	女真大字	✓	0	0	✓	✓	✓	
15	女真小字	✓	0	0	✓	✓	✓	
16	契丹大字	✓	0	0	0	✓	✓	
17	契丹小字	✓	(✓)	0	0	0	✓	(3)
18	傈僳字	✓	✓	0	0	0	✓	
19	假名	✓	✓	0	0	0	✓	
20	谚文	✓	(0)	0	✓	0	✓	(4)

注释：（1）表格中暂时未区分越南瑶族喃字以及中国瑶族方块字。（2）西夏文并未借用汉字中现成的符号来做表音和表意成素，而是取汉字的笔画自造新字。因此，在西夏文中，没有哪个字和汉字重复。（3）契丹小字是表音文字，但其中既有记录音节的方块符号，又有不记录音节的方块符号。（4）谚文有一套记录音素的字母体系，但把一个音节的几个字母叠成音节方块，以适应汉字的方块格式。

从上述分析可知，和越南的喃字一样，对于大多数属于孤立语-音节性语言类型（汉藏和南亚语言）的民族来说，与汉字接触的过程使他们创造出近乎满足所有“汉字机制”特征的方块文字，即实现“汉字范式”下民族文字的创造。而对于那些属于黏着语类型的民族（即阿尔泰语系或者类似语系的民族，如中古时期辽国、金国，以及东边的日本、朝鲜等民族），他们则迅速地废弃“汉字范式”，转而采用记音文字类型。周有光教授曾认识到：“辽金夏三种语言，彼此大相径庭，但是不约而同，采用了汉字形制。这说明一个民族采用什么样的文字形制，决定于文化的影响，不决定于语言的特点。”[①]当然，中古时期的民族依据哪种模式创造文字的先决条件是由文化接触关系（其中包括语言和文字的接触）决定的。如果在中古时期，越南人比之中华文化，更直接深入的接触到印度文化，那么将不会出现喃字，而是会产生一种类似于泰文的文字。然而，一旦这些民族共同接触到中华文化，便不可避免地都受到汉字的影响。尽管如此，在创造本民族的文字时，他们仍然会采取一些特定的选择和处理方式，以更符合本民族语言的特点。即便是周有光教授提到的辽、金、夏三种语言，虽然他们都是在汉字的影响下创造出了契丹字（大字和小字）、女真字（大字和小字）和西夏字（藩书），但西夏字（汉藏语系，孤立型语言）的机制与另外两个民族的文字（阿尔泰语系，黏着语）完全不同。如此，难道不是语言文字类型机制切实引导他们创制出本民族独有的文字吗？

第三节　喃文作品中的汉字和喃字

一、假借汉字和自造喃字

首先，“喃文作品”“喃字作品”“喃作品”三个同义词使用十分广泛，而其默认内涵有以下两个区别：

第一，这些名词用来指代一些用传统表音–表意方块字创作的越

① 周有光：《汉字型文字的综合观察》，载《中国社会科学》1998 年第 2 期，第 11 页。

南语文学作品。首先区别于越南人用汉文书写的、常是汉语文言文的其他语文作品。喃文和汉文这两种作品是越南书面文化遗产–汉喃语文遗产宝库中重要的一部分。当一部汉文作品被翻译成喃字时，根据传统的叫法，称之为汉文作品“解音”版或“演音”版，比如 15 世纪阮屿著名汉文作品《传奇漫录》的喃字解音版，此版相传由阮氏仪完成于 16 世纪。

第二，这些词语可用于区分用国语字创作的越南语作品，越南拉丁国语字母拼音文字出现更晚，但从 17 世纪到 20 世纪与喃字并行使用。当一部喃字作品被拼音化成国语字时，这部作品就同时有“喃字文本”和“国语字文本”，比如阮攸（1765—1820）著名的喃文诗传——《金云翘传》就有喃字和国语字两种版本。

一旦我们把表音–表意方块字写成的越南语作品称为“喃字作品”，我们就会默认作品中的方块字全部都是越南人的传统文字——“喃字”，区别于汉字（汉语）和国语字（越南语）。然而与国语字文本不同的是，国语字未曾借用汉字，但在喃字文本中有相当大的一部分直接借用自汉字。由此，需要切实仔细观察和分辨一部喃字作品中各层级方块字之间的差异。

一些能熟练掌握汉语和汉字，但不懂越语，也不会喃字的人（比如他是一位中国、日本、韩国的学者，也可能是西方的学者）在阅读一部喃字作品的时候，完全可以认出哪些字是他们熟悉的汉字，而哪个字很“陌生”，他们未曾见过。在这样的情况下，人们可以把这些“陌生”的，不会读的字暂时理解成越南人的“自造喃字”，区别于喃字作品文本中其他的“借汉喃字”。比如，《金云翘传》柳文堂（1871）刻本的开篇两句：

𤾓𢆥𥪞𡎝𠊛些，𡨸才𡨸命窖罗恄饒

从中可以立即看出“些”“才”“命”“窖”“恄”“饒（饶）”这些字在汉语字典中原本就存在(如《康熙字典》或者《汉语大字典》)，越南人用汉越音读为“ta”“tài”“mệnh”“kiếu/khiếu”“hát”“nhiêu”。“罗”字原是“羅”字的简写版，可以计入也可不计。剩余的字对于只懂汉语不懂喃字的人来说确实陌生，因为在所有的汉文作品和字典中都未曾出现过。

然而，纯粹从文字“外形”来看，对于在喃字作品文本中的方块字，只能保证可以分辨出哪些是和汉字重形的方块字，而哪些是只出现在喃字文本作品中的“特有”字。如果从越南语和汉语的关系来观察这些字，则会看到更复杂的情形。因为，一个汉字有时只被用于记录汉语语素，但许多时候还被借用于记录越南语语素。此处所引《金云翘传》的两句中，只有“才”字和“命”字是被借用于越南语中切实记录汉语语素，但仍保留了原来的字形、字义和字音（用汉越音来读）。其余的汉字，古人采用了不同的借用方式：“些”字依照汉越音读为“ta”，去其义而记录越南语语素 ta；窖、恄、饒这三个字不用汉越音来读，偏读以记录与汉语语素无关的纯越语语素（只有“恄”字可以视为自造形声喃字，偶与汉字字形重合）；而“𡨸”字是结合两个汉字单体字“宁（trữ）”和“字（tự）”组成的一个形声字，读作“chữ”（“chữ”这个语素可能是从汉语语素“字[tự]”变音而成）。

又比如汉字“末”，汉越音读为“mạt”，意思是“树梢”>“终点，最后”，被用在越南喃字文本中，不仅记录汉语语素（比如：“課意皮末务冬”[①]Thuở ấy vừa mạt mùa đông），许多时候还记录越南语语素（以相似的读音）mắt、mặt、mất（比如“吒拯固昆於署末麻尋庄体。吶庫共昆麻庄別末昆碎。悲除哭為末昆”[②]Cha chẳng có con ở trước mắt mà tìm chăng thấy. Nói khó cùng con mà chăng biết mặt con tôi. bây chừ khóc vì mất con...）。

在喃字作品中，还存在这样的现象：一些本已有对应汉字的汉语语素在喃字中被重新构造。例如，汉字“禀”对应的汉越音是“bẩm”，在喃字中常常被“喃化”，通过添加“口”部首而变为喃字“啚”，但仍然表示该汉语语素。同样，在汉文中的“老丈”，在喃文中，有时写作“老仗”，其中“丈”字被添加了部首“亻”[③]。在这些情况下，汉字被喃化的过程可能是为了更强调汉字的原有字形未能清晰体现的字义。这也证明了喃字并不仅仅是单纯的表音文字。

在“假借汉字”和“自造喃字”的区别中，还有一个微妙的“领域”。“𡗶”（天）字，任何人都能看出它是一个自造喃字（会意法{天⿱上}），对于喃字“坦”（đất 土地），则很容易想到它是借用了汉字“坦”来记录纯越语语素。而“坦”字的音和义（《康熙字典》注义：坦，宽也，平也）看起来与越语语素“đất（土地）”不甚相近。实际上，在一些年代相对早的喃字文本中，我们会碰到用汉字“怛”đát（借音）记录

① [越]佚名：《古珠佛本行》，景兴十三年（1752）延应寺（即桑寺）刻本，第9a页。

② [意]支由尼模·梅乌移歌：《婆圣夭铺鲁槎那童贞传》，载支由尼模·梅乌移歌：《各圣传》，巴黎越侨学者赠与越南汉喃研究院的胶卷印制本，第62—63行。译者按：因该书未标页码，故作者引用时以行序标注，下文同。

③ [越]阮才谨：《语言、文字和文化的若干证迹》，河内：河内国家大学出版社，2001年，第206页。

的喃字“đất”。比如，在《佛说大报父母恩重经》一书中有：“媄慈似朋怛”（意为：母亲慈如大地）[①]；或“拮命招工怛”[②]。这样，“坦”很有可能是一个形声自造喃字，表音部分继承了“怛”đát 字，表意部分为新增的部首“土”，然后为了简化字体，略去了“怛”字的竖心旁“忄”而构成了自造喃字“坦（đất）”。

喃字之所以偶尔出现与汉字形体重合的现象，很可能是因为越南人在书写喃字时，仅使用了一些熟悉的汉字作为“材料”，而不必考虑所有汉字,也不需要知道自己所造的喃字是否与某个汉字形体重合。而在书写喃字时，他们可能不认识或记不起某些汉字。比如以下这些字：喃字“唭”{“口”部+“其”字，表笑之义}与汉字“唭”（去吏切，“去”+“吏”）字重合，表有声无辞之义。“扣”字{“扌”部+“日”字，表捡、拾之义}和“扫”字{“扌”部+“曰”，表发掘、搅乱之义}是一些形声自造喃字，偶然与汉字“扣”和“扫”二字形体重合，二字混用表“穿过”或者“牵物动转”之义。自造喃字“迻”字{“辶”部+“多”字，表推动，送行之义}与汉字“迻”（弋支切，“弋”+“支”，表移之义《康熙字典》）形体重合。自 1933 年，中国闻宥教授在《论字喃之组织及其与汉字之关涉》[③]一文中也注意到一系列喃字，如：𦬼 bông，𧋆vọm，吒mép（嘴角），旺uống（饮），

① [越]佚名：《佛说大报父母恩重经》，越南汉喃研究院馆藏本，编号：VHc.125，第 14b 页。

② [越]佚名：《佛说大报父母恩重经》，越南汉喃研究院馆藏本，编号：VHc.125，第 22 页。

③ 闻宥：《论字喃之组织及其与汉字之关涉》，载《燕京学报》1933 年第 14 期，第 201—242 页。

晦hỏi（问），箕trúm（笼），𠃅nào（哪），蛁 chấu，犹chuột（鼠），趿 vấp（磕），疧ghẻ（疥疮），叱rỉ（呓），鐄 vàng（金），𠰘miệng（口），栫nen（楔），还xuống（下），等等，这些字在中国古书《说文解字》《玉篇》《五音海篇》《广韵》《集韵》中皆能找到与之形体重合的汉字，但实际上它们之间并无关联。事实上，一些这样的喃字常频繁在喃文中出现，而与之相对应的形体重合的汉字在汉文中却非常少见。

基于以上所述，我们可以将喃字文本中的方块字分成两部分："借汉喃字"（或"假借汉字"）和"自造喃字"。这是从造字和用字的深层次做出的划分，而非简单流于字体表面，尽管大部分真正的自造喃字和借汉喃字的形体之间并不重合。每一部分还可以继续根据不同标准进行更细致的层次划分，具体的划分程度取决于分类的需求。可能，划分"借汉喃字"层次的基本标准是"借用方式"（即从汉字"假借"），而划分"自造喃字"层次的基本标准则是"造字方式"这一核心要素。

当然，在某种情况下，"借用"和"自造"的界限也并不十分明确，需要讨论，有时也要接受既定的处理方式。根据两种借用方式的区别，我们暂且称其为"原样借用"和"变异借用"。几乎所有被借用记录越语的汉字都保持了原来的字形（或繁体，或简体，间或用越南人的方式简化）。比如上文所引《翘传》两句诗中的几个字：才、命、些、窖、饒就属于"原样借用"汉字。还有一些其他的情况，虽然很少见，但实质是借用汉字来记录越南语语素。最初保留原样，但后来逐渐或多或少改变字形，以将其喃化。这包括一些增添笔画"〤"，添加或减少笔画（或成素）的喃字，例如"没"một >"𠬠"một（意为：一），“濫”lạm（或“為”vi）>“夕”làm（意为：为、做），“其其”kỳ kỳ >“丼丼”khề khà（意为：醉咧咧）……从另一个层面来说，这些改变汉字字形来进行喃化的文字，也是从汉字中“再造”出来，用以在喃文中记录越南语（几乎不用于汉文作品）的新方块字，因此也有理由将其视为自造喃字。如果我们倾向于把它们看作“变异借用”文字，也要做出分辨，虽是“借用”，其中也有创造的成分，并非任何时候都将汉字“原样照搬”到喃字文本中。如果将其视为“自造”文字，也要承认它们原来都是一些“假借”汉字，通过越南人的再造之手，而成为名副其实的喃字。不管怎样，所有的这些情况都属于单体字的类型[①]。

笔画“ㄑ”实质上是添加到被借用的汉字形体中的一个附加符号，有“调整”读音、字义等效果（比之假借汉字）。观之符号的“调整”作用，符号“个（鱼）”（常出现在早期文本中）也是如此，比如“𠄩茹意亇氣象習俗体哿拯同 Hai nhà ấy khí tượng tập tục thảy cả chẳng đồng”[②]一句中的“意亇”字，此处“意亇”字的读音和解释不再依照汉越语素“意”。就连“口”部有时也只有“纠音（调整读音）”的作用，而并不完全表示与“嘴、口”相关的意义。

如上文所述，尽管对于将那些为数不多的，以“变异”形式借用的汉字归入“借汉喃字”还是“自造喃字”尚存疑虑，但我们暂定将其列入“自造喃字”一类。

---

① 参照第五章。

② ［越］阮屿：《新编传奇漫录增补解音集注》卷一，越南文学院图书馆藏阮廷遴景兴三十五年（1774）家刻本，编号：HN.257，第 15b 页。

二、借汉喃字之分类

在本节中我们将论述孳乳型借汉喃字。根据借用方式，并依据字形及其音义关系在进入喃字文本时被保留、改变还是剔除，我们将其分为如下几类：

A.借字、借音、兼借汉字字义。这是一种不仅借用汉字字形，而且同时把整个汉语语素借用到越南语喃字文本中的情况。在日语中也有这样的情形，尽管母语人士以汉语语素为基础创造出一些汉日词（包括越南的汉越词），但他们并不确定这些词是否原本在汉语中就已存在。在国语字中，所有的汉语语素和越语语素都转写成了拼音字母，这导致我们无法从文字形式上予以辨认。但可以从以下两个层面分辨借汉喃字：

（1）保留汉字之义，读汉越之音。这就是以汉越音的形式把汉语语素借用到越南语中。比如《翘传》开篇两句中的“才”“命”二字便属于此类。在喃文作品里，这样类型的文字占有相当大的比重。

（2）保留汉字之义，偏读汉越音。如果仔细观察不同时期借用到越南语中的汉源语素的语音转变，除了已成体系的汉越音之外，还有不少语素的读音与汉越音略有不同。这些语素在越南语中可以称为“汉源喃语”。确定哪个是纯越语语素而哪个又属于“汉源喃语”并不总是那么容易，通常情况下需要非常精细的词源学考究。如果根据黎玉柱（Lê Ngọc Trụ）教授在《越语正写》[①]一书中的分析，像这样的“汉源喃语”字有 700 多个（可能在一些具体的情况下不是十分准确）。那些与汉越音“偏离”的读音，有时是在汉越音形成之前就保留下来

① 参见[越]黎玉柱：《越语正写》，西贡：长诗书局印行，1960 年。

的，有时是在汉越音出现之后又被再一次越化。据此分析，有以下两种偏读汉越音的喃字读音：

（a）“前汉越”读音。也称为“古汉越”音（王力教授称之为“古汉越语”）比如“务”字的汉越音是“vụ”，但读喃文时，有时要将这个字读成“mùa”才适合（如“𢆥意皮末务冬”[①]Năm ấy vừa mạt mùa đông）。这是因为在古汉语中（在形成汉越音之前）没有“轻唇”音（唇–齿）[v-]，而只有与之相应的“重唇”音（两唇）[m-]。同样如此，“池”字的汉越音是“trì”，有时读喃音为“đìa”（如诗句“池𦹵特勾吟䬐。軒梅拎𠸍晦𦛌”[②] Đìa cỏ được câu ngâm gió. Hiên mai cầm chén hỏi trăng），因为古代汉语只有有声塞音[d-]（*đ-*），后至中古时期才转变成无声擦音[ʈ-]（tr-）。

（b）“后汉越”读音。也称为“汉越越化”音（王力教授称之为“汉语越化音”）。这些最初的“汉越”读音，后来又受到越南语语音演变的影响，故而得此名称。而与中古时期相比，汉越音本身已有所越化。比如“肝”字汉越音是“can”，有时在喃文中要读“gan”（如诗句“㤨肝涅玉料花”[③]Sợ gan nát ngọc liều hoa），这是因为在越南语中曾发生过由中古时期无声塞音[k-]（c-）到近代时期有声擦音[ɣ]（g-）的转变。“代”字的汉越音是“đại”，许多时候要读作喃

---

① [越]佚名：《古珠佛本行》，景兴十三年（1752）延应寺（即桑寺）刻本，第9a页。

② [越]阮鷹：《国音诗集》，载《抑斋遗集》卷七，越南汉喃研究院藏嗣德二十一年（1868）福熙堂刻本，编号：Nv.5，第11a页。

③ [越]阮攸：《金云翘新传》，嗣德二十四年（1871）柳文堂刻本，第22a页。

音“đời”（如“代太平歌曲太平”[①]Đời thái bình ca khúc thái bình），而这又是因为在越南语中有许多语素由韵[-ai]（-ai）转变成了后来的韵[-ɤi]（-ơi）。有以下几点需要注意：

第一，“古汉越音”和“汉语越化音”的说法读来未必合理[②]。“古汉越音”这个名词容易造成误解，即汉越音是由这些“古音”体系直接演变而成。但实际上，一些零文散字在汉越音形成之前就已被深入吸收进越语中，只是其读法仍保留些许汉语古音，而在越南，汉越读法的形成并不完全继承于这些“古”法读音。汉越音是唐末宋初时，越南人基于读汉字之需，从汉语文言读法中形成的一种语音系统（不像前汉越音那样，通过古代口语的零星接触而形成）。“汉越越化音”（或“汉语越化”音）这一名词短语也不稳定，因为汉越音本身在它完全脱离中国的读音方法时，已多少被越化了。再者，后来汉越音的形成也并非完全从汉越音出发，也可能直接从“古汉越”音或其他源头演变而成。

第二，“前汉越”和“后汉越”之分仅是谙熟汉语历史和越南语历史的研究学者们所关心的。而对于平常只读写喃字的人来说，并不知（也无需知道）其中的区别，甚至他们还认为所有的这些语素（词）都属于越南语，都是“纯越”词。由此这些借汉字后来通过结合添加

① [越]阮廌：《国音诗集》，载《抑斋遗集》卷七，越南汉喃研究院藏嗣德二十一年（1868）福熙堂刻本，编号：Nv.5，第 24a 页。

② 1964 年，笔者曾在北京大学和王力教授、袁嘉华教授谈及这一疑虑，他们也都认为有一定道理。1965 年，笔者在北京大学的毕业论文《越南语中汉语借字的声调》中，已提议应以“前汉越音”代替“古汉越音”，而“汉语越化音”也可改称之为“后汉越音”。

表意成素的方式被喃化，变成名副其实的自造喃字。如“đời”字，黎朝时常写作“代”（đại），但到阮朝时期就习惯写为“𠁀”{“thế”世⿱代“đại”}；“xưa”（古）字最开始写作“初”（sơ），后来转变成合体字“𠸗”{“sơ”初+古“cổ”}。

第三，当我们谈及汉越音“误读”或“偏读”时，我们是站在现代人的立场之上。如今有不少的情况需要“偏读”以期更自然、更接近于现代语言，而实际上在古代，不确定是否要这样偏读，尤其是“后汉越”音。有时就连现在，比如“时”字的两种读法：“thì”（准汉越音）和“thời”（本为越化音，但可能从嗣德时期，为避阮朝皇帝福时之名讳，又将其看作汉越音），用哪种方法来读，也不是任何时候都能明确的。

第四，有时一个字的读音与其音节的成素（声母、韵母、声调）不属于同一类型。比如“画”字的汉越音是“hoạ”，非汉越越化音是“vẽ”，其中根据王力教授的分析，声母“v-”是由汉越声母“b-”越化而成，而韵母“-e”又是在汉越音出现之前保留的古汉语韵母[①]。像这样的文字有很多。因此，如果我们要创建一个完全区别于“后汉越”读音的“前汉越”读音文字表，非常之难，反之亦然。

B. 借汉字之义，不借字音。这是一种假借汉字字义的喃字类型，即用汉字来记录一个与汉语语素意义相同，而采用完全不同的越语读音的（读音完全不同的）越南语语素。阮长祚（Nguyễn Trường Tộ）在《济急八条》（Tế cấp bát điều）中曾提议，大胆使用这种形式的越南文字，如“食饭”（thực phạn）直读其义是“吃饭”（ăn cơm）。这也是日本

① 王力：《汉越语研究》，载王力：《汉语史论文集》，北京：科学出版社，1958年，第365、374页。

人借用汉字的常见方法。在喃字作品中，此种类型的借汉喃字颇为少见。可以暂时引“凹、凸”（lõm、lồi）二字作喻，在《花笺传》[①]中有一诗句：箕兜淩堺凹凸 Kìa đâu bến bãi lõm lồi，此句中“lõm”表汉字“凹”（ao）的字义，“lồi”即汉字“凸”（đột）之义。

C. 借汉字之音，不借字义。这种借用汉字方式可以称为汉字字音假借。我们借用汉字的形体来记录与汉字的汉越音相同或相近，而意义不同的越语语素。由此，可以作以下两种分辨：

（1）去汉字字义，准读汉越音。指一些借汉喃字，其字音为汉越音，而字义则是与此汉越音读音相同的越语语素的含义。《翘传》开篇首句“𠎣𢆥𨉟堘𠊛些”中的“些”ta 字就是一个这样的字：汉字“些”的字义是“少、不多”，而喃字中的字义是“第一人称”。《翘传》“𢖵戈沒局滄桑 Trải qua một cuộc bể dâu”一句中的“戈”qua 字、“沒”một 字也是同样类型的字：“沒”字字义是“消失、无影无踪”，而喃字中它的意思是“第一个数字单位”；“戈”字的本义是“一种古代的兵器”，此处喃字的字义是“从这个地方转移到其他地方”。实际上，“qua”这个语素在越南语中是汉语“过”quá 字的变音，但越南人把它当作了纯越语，因此略掉了“过”quá 字而写为字音更相近的“戈”qua 字。

（2）去汉字字义，偏读汉越音。指一些借汉喃字，其借用汉字来记录与之含义不同，而读音近似汉越音（在汉越音的基础上偏读出喃音）的越语语素。比如《翘传》第二句诗（𡨸才𡨸命窖罗恄饒 Chữ Tài chữ Mệnh khéo là ghét nhau）中的“窖”“饒”就是一些这种类型的借汉喃字。在喃字文本中，这种假借汉字方式占比颇重。下表 3.3.2 是喃

① [越]阮光红：《喃字字典》，河内：教育出版社，2006 年，第 617、622 页。

文作品中借汉喃字的分类概览：

表 3.3.2

类型		音			义		例
		汉		越	汉	越	
		准汉越	歪汉越				
A	（1）	✓	0	0	✓	✓	才 tài, 命 mệnh
	（2）	0	✓	0	✓	✓	务 *mùa*, 代 *đời*
B	-	0	0	✓	✓	✓	能 *hay*, 凸 *lỗi*
C	（1）	✓	0	0	0	✓	沒 một, 些 ta
	（2）	0	✓	0	0	✓	窖 *khéo*, 饒 *nhau*

三、自造喃字之分类

大部分喃字是越南人通过结合表音成素和表意成素的方法自造而成。由此，我们先来分析合体喃字。表音成素（符号）和表意成素的结合原则上最多能有三种形式：

- 表音符号与表音符号相结合；
- 表意符号与表意符号相结合；
- 表音符号与表意符号相结合。

在喃字中，以上三种情况都曾在越南人的造字实践中出现过，这一情况我们会在后面的章节里，在大量喃字论据的基础上进行具体的分析，而在此仅略作概说。

D．会音喃字：两个表音符号相结合。这种造方块字的方法在汉字中几乎没有出现过。如果具体来看，我们可以把“会音”字分为以下两小类：

（1）并列会音字：这是一种十分特别且罕见的造字法。在这些喃字中，两个造字成素有相同的表音作用，比如：

- ⿰吝寅{吝⿰寅}[lận+dần] >lần（次）：𠄩⿰吝寅粸 Hai lần cày（两次耕地）[①]。这里的“吝”和“寅”两个汉字的字义和 lần（次）在喃字中的字义均无相似之处。造字之人似乎是想用这两个读音相近的字互相辅助，从而使读者能用“lần”拼读出这个喃字。
- ⿺之二{之⿰二}[chi+nhị] >**gì**（什么）：𠄩⿰身人⿰匠工妬户⿰名各纙⿺之二 Hai người thợ đó họ tên là gì[②]。这两个作为造字成素的汉字与越语语素 gì 之间均无相关的含义，它们只是互相辅助以帮助读者在必要时推断出字的读音而已。

然而，也需要注意的是，在这种情况下，似乎两个造字符号中的一个符号，自是可以根据记录的越南语语素的发音来读（“吝”lận> lần；“之”chi> gì）。同时，通过与语义之间的联系，这些原本只表音的成素可互相作用以规定自造喃字的必要读音。这种类型的喃字颇为罕见，目前几乎没有学者关注到。因此，这可能是该类文字首次被关注并分类。

（2）正副会音字：这种喃字造字法是由汉语中两个现有的汉字（可以缩减汉字笔画）共同组成喃字，且这两个汉字符号分别体现着所组

① [越]嗣德皇帝（阮福时）：《嗣德圣制字学解义歌》，越南汉喃研究院藏成泰十年（1898）刻本，编号：AB.5/1-2，第 21a。

② [越]张明记：《富贫传演歌》，私人藏乙酉年（1885）刻本，第 1b 页。

成喃字的一部分读音：两个符号中的其中一个只用于体现辅音声母（复辅音中的第一个音节），另一个符号既体现声母，又体现韵母。这种造字现象早在喃字形成初期就已存在，那时的越南语词还认同一系列音节前面部分的双辅音语音形式，即“双辅音”声母（如：ks-、kl-、pl-、ml、bl-、tl-等）。此类会音字在汉字中几乎未有先例。关于这种文字类型，在第二章（第二节第六点）中已列举出曾在《佛说大报父母恩重经》解音文本中出现的典型例证，比如以下几字：

- 𢁑{巴⿱例}[ba+lệ]> trời（天）：高審呇朋𢁑共怛 Cao thẳm ví bằng trời cùng đất（高深比作天和地）[①]。彼时语素“trời”可以在音节开头发双辅音*[bl-]（比如亚历山大·德·罗德：blời）：这种将“巴 ba”和“例 lệ”的两个声母“b”和“l”拼合成[bl-]的方式，让我们知道了这种双辅音的读法。
- 𦓡{弄⿰古}[lộng+cổ]>sống（活的）：彦番𦓡閍番折 Ngàn phen sống，muôn phen chết（千番活，万般死）[②]。彼时语素“sống（活）”完全是用开头音节双辅音*[kl-]来发音。这个双辅音主要由古“cổ”[ko³]和弄“lộng”的两个声母拼合而成。

会音型自造喃字这一在汉字中从未出现过的文字类型在喃字中的出现，展现了越南先辈们在使用汉字创造喃字过程中鲜明的创造性。值得注意的是，最初正副会音喃字中各个成素的表音功能十分明显，

---

① ［越］佚名：《佛说大报父母恩重经》，越南汉喃研究院藏本，编号：VHc.125，第16b页。

② ［越］佚名：《佛说大报父母恩重经》，越南汉喃研究院藏本，编号：VHc.125，第30a。

它们竭力反映了在喃字形成时期越语语素的准确读音。而后来，由于越南语中双辅音现象的逐渐消失，会音字中的辅助成素也渐渐失去了切实的表音功能，进而变成了文字主要成素的一个“纠音”符号。这个问题我们将会在第四章中继续探讨。

E. 会意喃字：两个表意符号相结合。这种文字类型在汉字中出现颇早，在喃字中会意字的数量虽然不多，但也常在不同时期的许多喃字文本中出现。根据表意符号都是实在的单体字或部分“部首”这一特性，我们可以把会意字分为以下两小类：

（1）并列会意字：表意符号都是独立的单体字，并且都具有同等的表意功能。比如：

- 𡗶{天⿱上} [thiên+thượng] > trời：𨕭𡗶𨑜坦𫡘和人間 Trên trời dưới đất giữa hoà nhân gian[①]。Thiên 意为“天”trời，但此时只是“天”字而未成喃字，需要和“上”thượng 字结合，以喃化字形，更加明确字义。

- 𠅍{亡⿰失} [vong+thất] >mất：沾𠅍騰沾務𠅍務 Chiêm mất đằng chiêm，mùa mất mùa[②]。“亡”vong 和“失”thất 这两个汉字都有“消失、不见”的意思，结合起来仍为此意，但字形是自造，且直接读作 mất（失）。

---

① ［越］佚名：《天南语录外纪》，越南汉喃研究院藏本，编号：AB.478 / 1–2，第 1a 页。

② ［越］陈济昌：《渭城佳句摺编》，越南汉喃研究院藏本，编号：AB.194，第 4b 页。

（2）正副会意字：有一个表意符号是以部首为成素在表意功能上辅助其他成素。比如：

• 炋｛火⿰灰｝[bộ hoả+hôi] >tro：抰清㴩㴩炋殘 Quét thanh bụi bụi tro tàn[①]。汉字“灰”hôi 已有“灰”tro 之义，添加意思相关的部首“火”hoả（火）以创造出记录越语语素 tro 的喃字炋。

• 腪｛肉⿰乳｝[bộ “nhục”+nhũ] >vú：媙啉嚟於腪 Vợ lăm le ở vú[②]。汉字“乳”nhũ 原义为“奶”“乳”，加上意义相关的部首“肉”nhục 以组成喃字腪vú。

F. 形声喃字：表音符号和表意符号相结合。如上所述，这是一种自秦汉以来在汉字中占比最大的文字类型。同时在喃字中，形声字也日益增多，并在阮朝时期十分兴盛。和会意字一样，我们也将形声字分为两小类：

（1）并列形声字：两个符号（一个表音，一个表意）都是独立的单体字。上文所引《翘传》开篇之句（𤾓𢆥𥪝𡎝𠊛些 Trăm năm trong cõi người ta）中有 4 个字是并列形声字：

• 𤾓｛百⿱林｝[bách+lâm] >trăm：其中“百”bách 即 trăm 字表意，“林”lâm 字表音。

① ［越］佚名：《天南语录外纪》，越南汉喃研究院藏本，编号：AB.478 / 1–2，第 29a 页。

② ［越］陈济昌：《渭城佳句摺编》，越南汉喃研究院藏本，编号：AB.194，第 6a 页。

• 𢆥{南⿰年} [nam+niên] >năm：其中“南”nam 字表音，“年”niên 即 năm 字表意。

• 𥪝{竜⿰中} [long+trung] >trong：其中“竜”long 字表音，“中”trung 即 bên trong 表意。

• 𠊛{㝵⿰人} [ngại+nhân] > người：其中“㝵”ngại 字表音，“人”nhân 字即 người 表意。

（2）正副形声字：有一个符号是“部首”且常是表意成素，另一个符号是表音成素，在所构喃字中发挥主要作用。

• 恄{忄⿰吉}[bộ tâm + cát] >Ghét。这个字包括部首“心”，原义为“心灵”>“心怀”“情感”，为辅助成素，表意；而“吉”字是主成要素，表音。

• 𣷷{氵⿰彼}[bộ thủy + bỉ] >Bể。这个字包括部首“水”thuỷ即水 nước 表意（辅助成素），而“彼”bỉ 字表音（主要成素）。

在形声字的造字过程中，表音符号和表意符号有时被简化，以构造出字形外部结构，从而使字形内部结构的表音和表意成素不易立刻辨认。比如：喃字迈（十）最初可能是借用汉字“迈”（邁）的字音来记录，后来添加表意成素“十”（什）字，构成并列形声喃字迈（B2 型借汉喃字）。后则为了简便，迈字有时也简写成过或辻，其中“辶”只是一个“假部首”，把它留下以代表“迈”字作表音成素。这种情况在喃字中十分普遍。已有学者将这种类型的文字单独列为一小类，并视其为“以汉字一部分（或一半）作表音成素”的形声类文字[①]。然而，如果只依外部字形而不探寻文字的内部结构，则难以确定哪个成素是“汉字一部分（或一半）”。而一旦发现了文字的内部结构，就很容易将它们归入“并列形声”（F1）和“正副形声”（F2）两小类。

还有一种现象，最初借用汉字时“兼借音义”（A 类），或者只“借音不借义”（B 类），后来为了喃化字形，人们在原有字的基础上再添加一个意思相似或读音相近的汉字，以构成合体字。至于把这些合体喃字归入哪一类，是一个需要具体考量的问题。

比如：“代”đại 字与“皮”bì 字原来被借入喃字中读作 đời 与 vừa（如在句子“皮代漢希灵帝蘚軁”[②]Vừa đời Hán vua Linh Đế năm sau），后来到阮朝时期几乎都转变成茷{世+代}đời 与旇{方+皮}vừa 的写法。对于舫（或旇）vừa 一字，毫无疑问应将其划分到（并列）形声喃字这一类，但是对于茷（或𠁀）đời 字的分类则更加复杂：“茷”（或𠁀）字的两个构字成素都表意，据此应归到（并列）会意字一类，但“代”đại 这个成素又是“兼表音意”，因此也可将其归到（并列）形声一类。当然这是一种十分合理的“两者皆可”的情况。如果我们称其为“会意兼形声”类喃字也是顺理成章。然而，考虑到分类体系的连贯和紧密性，我们可以从分类体系中找到一个依据来解决这个问题：在分类体系中，喃字“代”đại>đời 与“皮”bì>vừa 被划分到完全不同的两组：A 类“代”đại>đời（是表意功能的一类），B 类皮 bì> vừa

① [越]阮奎：《喃字的若干基本问题》（教材），胡志明市：胡志明市综合大学，1987 年，第 70 页。

② [越]圆态：《古珠法云佛本行语录》，越南汉喃研究院藏本，编号：A.184，第 1b 页。

（是只具有表音功能的一类）。因此，此处对于茋（或垈）đời（E 类–会意字）和舫（或旇）vừa（F 类–形声字）的两种不同划分是完全合理的，保证了分类表的统一性和系统性。

G. 喃字是自造单体字。在上面第三章（第三节第一点）篇末，我们已初步说明了需要判断借汉喃字还是自造喃字的一些情况，最后我们暂时把它们归类为从借汉喃字中再造单体字的自造喃字。如果认同这种划分方式，在大体上，我们可以依据表音和表意的功能将其分成两类：

（1）自造表音单体喃字：比如，从汉字中借用“没”来表示越语语素 một，通过缩减笔画变成一个新字：殳（或文）。相似构造的字有巿nào（<閙 náo）字，伩（<衣 y）字等。一些临时带“く”符号的喃字，我们可以不将它们看作是自造字而只是借汉喃字；但如果承认是自造字，则也应将其归入此类，因为“く”符号只是添加到已有的字形中用以“调整”字音和字义的若干笔画而已。实际上能谈到的用以表音的自造单体喃字，则见于通过缩减两个“其”字字脚笔画方式，创造出的两个表音喃字，即词“亓亓”khề khà（醉腔醉调，慢条斯理的说话声）；同样的构造还有用两个“共”字来记录“卄卄”khệnh khạng（迟缓的，从容不迫的，大模大样的）。

（2）自造表意单体喃字：这种类型颇为罕见，常被提及的只有一个用“指事”造字法从汉字“女”nữ 创造出来的喃字“女”đĩ（娼妓）。如果认为夕（或𠂊）làm 字是汉字“爲”的缩写，那么它也可以列入此类。但也有来自《佛说大报父母恩重经》一书的证据说明，这个字一开始是缩写自汉字濫（夕<汐<濫）lạm，借其音以记 làm（做）。

根据上面的分析，我们可以建立一个概括各类自造喃字的表格：

表 3.3.3

字类		音		义		例
		并列	正副	并列	正副	
D	（1）	✓	0	0	0	𩈘 *lần*，之 *gì*
	（2）	0	✓	0	0	𠛊 *trời*，𫇿 *sống*
E	（1）	0	0	✓	0	𡗶*trời*，佚*mất*
	（2）	0	0	0	✓	炼 *tro*，𦟐*vú*
F	（1）	✓	0	✓	0	𤾓*trăm*，𢆥*năm*
	（2）	0	✓	0	✓	恄 *ghét*，𣷷*bể*
G	（1）	✓		0		𠬠*một*，𧘇*ấy*
	（2）	0		✓		女*đi*，夕 *làm*

四、越南喃字概括分类表

至此，我们已经有两个小的喃字分类体系，分别体现在两个表格中：分类“借汉喃字”的表 3.3.2 和分类“自造喃字”的表 3.3.3。综合这两个表格，我们有 7 种不同的喃字类型（A）（B）（C）（D）（E）（F）（G），可细分为 13 小类。无论如何，这仅是大体上的分析和归类。如我们所见，这个分类体系满足了以下几种要求：

第一，尽量涵盖“从汉字到喃字”演变道路上的所有现象。这反映了过去世代越南人借用现有汉字，以及创造新字来记录越南语的所有现象。

第二，尽量反映出主要依据结构性和功能性的标志（“借用和自造”、“表音”和“表意”、“单体”和“合体”、“并列”和“正副”……），在借用汉字和自造喃字过程中的不同实质。据此，每种类型皆不拘泥于文字数量的多少，而重要的是现象性质的区别。

第三，尽可能保证分类的统一性。遇到两种都符合的情况，如果要划分到这一类而不是另一类，则需要考虑到体系的统一性，同时在一定程度上一定要认同约定性。

如果彻底使用两分法，则上述分类体系可以用树状简图(图 3.3.4)予以总括。在这个图表中，“非汉越音”的叫法不仅包括偏读汉越音的方法（如“饒”nhiêu[饶]的喃字读音为 nhau，“前汉越”音如“务”vụ[季]读为 mùa，“后汉越”音如“肝”can[肝]读作 gan），而且涵盖了依照汉字之义的“纯喃音”读法（如“凸”đột 喃读为 lồi 等）。依据这些分类术语和标志的约定，我们建立了越南喃字综合分类表(见下图 3.3.4)

可以看到我们的喃字分类基本上依照阮才谨教授和斯坦科维奇（Xtankêvich N.V.）教授提出的方向[①]，但是更加细化：阮才谨教授的分类表包括 10 类，而在我们的表中是 13 类，两表中有 9 类完全重合（虽然命名有些许区别）。自造喃字类 D1（如𩕅、𨑗），E2（如炼、𦝄），G1（如𢼂、𠆳）和 G2（如女 、夕），在我们的分类表中被单独归类，而在阮才谨教授的分类中没有或者还未能有所体现。相反的是，在阮才谨教授的分类表中，D 类的一些包含“く”符（或“个”符）的喃字，我们不将其单列出来，而是归到 G 类（自造单体字）。把 E 类分成两小类是依据其功能：G1“取音”和 G2“取义”。然而，如果以字形的改变程度为依据，那么我们可以称 G1 为“减笔”单体字，G2 为“增笔”单体字。在第四章和第五章中，我们将具体探讨喃字的分类问题。

① [越]阮才谨：《关于喃字的若干问题》，河内：大学和大专出版社，1985 年，第 48—53 页。

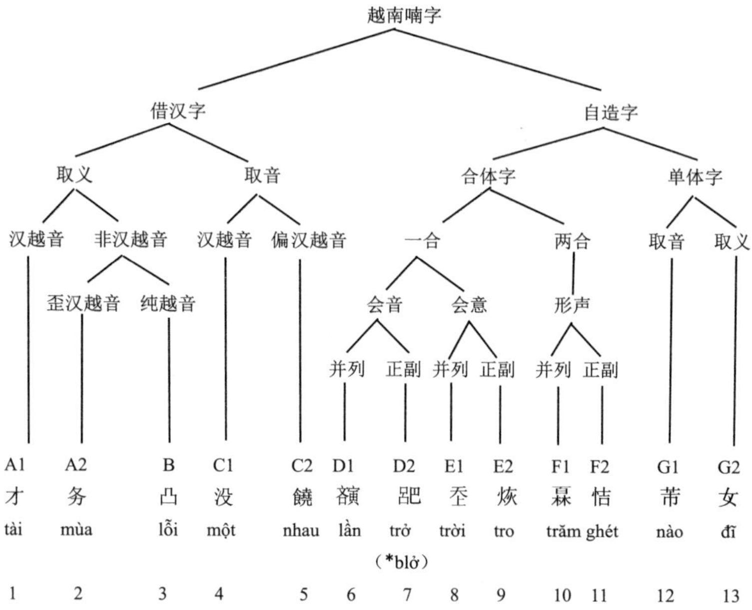

简图 3.3.4

此外，还有许多其他划分喃字构字类型的方法，如陈春玉兰、黎文贯、阮玉珊（Nguyễn Ngọc San）、阮奎等人的分类。其中，值得关注的是阮玉珊教授的分类表，他依据“基于字音”或“不基于字音”的标准对喃字进行区分[①]。在他提出的 14 个类别中，只有两类属于“不基于字音型喃字”：“单成素”类（会意字，如“𡗶”）和“双成素”类（如“𡗶”）。这两类“不基于字音型”喃字的具体名称和例子明显存在不合理、不明确的问题。也许正因如此，最近有人提出对这一分类进行调整：提议将其称为“合义”类（如“𡗶”）和“取义”类

① ［越］阮玉珊：《喃文喃字理论》，河内：师范大学出版社，2003 年，第 100—123 页。

（如“爪”）[1]。阮玉珊的分类方法尽可能地反映了“喃字是一种表音文字”的观点，这与我们第二节第二点所述一致。然而，在其分类表中确实存在一部分喃字不依托于读音来造字，这足以证明喃字并非真正的表音文字。此外，当时在对“音+义”复合字进行详细分类时（纳入到“基于音”而“不基于义”的文字类型），作者也不可避免地援用一种带有明显“语义”性的表达方式，如“根据字义联想”（例如：“𨇜”Giầy，意为：足、履）和“根据语义联想”（例如：“蚾”Vờ，意为：蜉蝣）。形声类喃字（“音+意”）在喃字文本中的比例逐渐增加，这一事实不可否认。因此，尽管喃字在表音功能上承担了较重的任务，它仍然是一种“表音－表意文字”，类似于壮字、岱字、瑶字等汉字型文字系统中的文字。

在此并未全面、细致地讨论喃字的所有现象，希望在接下来的章节中，能够基于不同演变时期丰富的文献资料及实际观察到的证据，对喃字的表音、表意功能及其形体结构进行更详细的研究。

---

① 参见[越]陈仲阳：《〈课虚录〉喃字与越南语各译本研究》，河内：汉喃专业硕士学位论文，2005 年，第 34 页。

第四章　喃字的结构与功能

对象及方法之界说
构字方式及成素
部首的功能
喃字之转用
喃字形体的特点

第一节　对象及方法之界说

一、喃字的功能结构及形体结构

“结构（structure）”这一术语常用于语言学和其他学科的研究之中。在本研究中，它具有两个层面的含义：其一，它指出了构成整体的各个部件之间的关系；其二，它指出了由各成素按照一定的关系构成的整体本身。在第二个含义中，我们则可用“机构”这个术语来替换“结构”。而“构造”则是连接各“部件”（即各“成素”）的活动。然而，很多情况下，如果不产生歧义，上述的几个术语人们往往会混用。具有结构性的整体由于一两个因素的缘故将同另一个结构整体产生区别：一是构成其整体的成素不尽相同，二是各成素间（尽管相同）关系并不相同。

在喃字研究的现有成果中，提及喃字结构（构造），似乎对喃字的“功能结构”和“形体结构”未做太大区分。例如，在 Nôm Na Hanokey

输入法字库中，Trước 字有七种不同写法：畧、略、𨋣、𪠞、𨍦、𠓀、𨎟、𣌾。人们通常认为这是一个字的七种异体写法。正是如此，七个字的结构略有差异。从字的功能结构上看，可将其分为如下四组：（a）畧/略；（b）𨋣/𨍦；（c）𪠞/𨎟；（d）𠓀/𣌾。以上各字都有表音符号“畧 lược”，同时各字之间也有不同之处：如（a）组中的字没有添加额外的表意表音符号，只有一个表音的单体字“畧”“略”；或添加一个表音符号“車 cư”，如（b）组中的两个“声符+声符”合成字；再者添加意符“前”如（c）组或“先”如（d）组字，这是“音符+意符”相结合的两组字。因此，八个字中按此四类则有四种不同的“功能结构”：同组之字在表音–表意的功能结构上完全一致。然各组内部之字在形体结构上又不尽相同：尽管有相同的组字部分，但其位置的不同（指前后位置）则使构成喃字的形体也不相同。必要时我们将同一语素下具有不同功能结构的字称之为语素的文字异体，而同一语素下具有不同形体结构的组字则称之为该语素的文字变体。

有时同一语素下的文字异体可以帮助我们发现在语义层面各异体间的细微差别。例如，叨、忉、疠，这三个喃字表示单音节 Đau。显而易见，这三字皆有共同的表音符号“刀 đao”，但又取有不同的“部首”。第一个字添“口”部，意在只“调整”该字的读音及字意，不再等同汉越语素中的“刀 đao”。第二个字中，“忉”添加了“忄”部，意指“心头之痛”，而第三字“疠”则添加有“疒”部，表示身体上的“痛疾”。

对于仅由单个符号构成的单体字，在上述两个层面中，往往也会存在些许异同。比如越南语“một”，至少存在三个不同的喃字，具体可分为两组：（a）殳、没；（b）蔑。从形体结构上看，这三字完全不同。但从功能结构上分析，首先可以将“một 蔑（miệt）”与（a）组中的两个字区分开来。原因在于，虽然它们都是表音单体字，但它们依据的成素已然不同。对于（a）组中的两字，它们在共时层面上也是不同的两个表音成素。究其来源，爻một 是沒 một 的简化字（或称略体字），这是分析中的细微之处。原则上，当一个字是另一个字的变体时，尽管字形不同，其功能上往往没有太大区别。然而，当两个字在表音或表意上是完全不同的两个单体字时，它们在功能层面则存在一定差异。对于从已有字简化或略写而来的字，它们的使用较为普遍，并且使用者通常不会考虑其来源。这些字可被视为喃字系统在某一历史时期的独立字。之于已有之字，它们在表音或表意功能上已相对独立。这正是我们接下来要讨论到的帀Nào、夕Làm、𠂶Ấy、爻Một等字时会遇到的情况。

对喃字形体结构和功能结构的研究是喃字文字学及同类型表音-表意文字系统研究中的重要内容。与单纯记音的文字系统，如横向书写的国语字（chữ Quôc ngữ）相比，喃字在这方面的问题需要更多的关注和研究。

二、考究对象界说

在第三章，我们已经勾画出了汉喃文本中可能遇见的各种方块字的层次概况。由此得到一个喃字总体分类系统，这一系统可以用“借汉喃字表”（表 3.3.2）及“自创喃字表”（表 3.3.3）两个表格予以体现。综合二表，我们得到（A）（B）（C）（D）（E）（F）（G）七类不同的喃字类型，前三类属“借汉喃字”，后四类为“自创喃字”。细分则有十三小类。

原则上汉喃文本中出现的所有方块字都可称之为喃字，如同国语字文本中记录每一音节的字都可称之为国语字。然而事实上，用字母 ABC 书写的国语字文章中所有的汉源词已经不再维持汉字原样，而汉喃文章里，除去一部分已经喃字化的字外，大部分汉源词，尤其是汉越词依旧遵其汉字原形书写。这一类为 A 类字，如：tài 才，mệnh 命，dân 民，tâm 心（A1 小类），或 mùa 務，gan 肝，dao 刀，cùng 共（A2 小类）。这类是连同文字（汉字）及语义（汉语语素）一起从中国借来的文字单位，而在此的先决因素是语义。因此这一层次是语言学中较为有趣的一类研究对象：研究越语中的汉源词及其来源，以及相互间的读音语义差别。而文字学方面，它们不是太值得关心的对象。但当某一时期内这样的汉源语素，汉源字在书写层面上发生了越化时，即从它们产生了自创的各类喃字（如代“đại”>𠁀đời，心“tâm”>䏾tim，命“mệnh”>𨉟mình 等），则在功能结构（表音，表意）与形体结构方面，这类字又成了汉喃文字学领域中值得关心的对象。

单就喃字中的“偏读”（đọc chệch）这个问题来说，还需要界定得更明确一点。读汉越音还是汉越音偏读当然不会触及到借汉喃字（包括 A 类和 C 类）本身，而仅仅是在某一时代内，怎样读才能使之同人们所阅读的文本语素的语音形式相符合。而文本的撰写者和阅读者可能相隔几个世纪，有些字放在今天需要“偏读”，而对于之前的撰写者而言它们却需要读汉越音（彼时“儒字”读音）。如亚历山大·德·罗德用国语字出版的《圣讲八日》（Phép giảng tám ngày）（1651 年于罗马出版），他用“Ngày thứ <u>nhít</u>”而非我们现今常用的“Ngày thứ <u>nhất</u>”来指称“第一天”。这一点说明在 17 世纪传教士梅乌移歌（Geronimo Maiorica）用喃字写成的《各圣传》（Các Thánh truyện）（成书于 1646

年）中，用字“乙 ất”来记越语中的“ít”音，如“實如㝵罢𡗶麻𡬈庄夭制惡乙調能愿約幻鄧命朱方主𡗶Thực như người bởi trời mà xuống, chẳng yêu chơi ác，ít điều，hay nguyện ước ao dâng mình cho đức Chúa Trời”[①]，说明作者是用彼时“乙 ất”字的发音注对了音的，而绝非“偏读”的情况。因此，研究喃字不能抛弃历时维度而执着于“偏读”，亦不能将现今人们的读法放在古人身上，或是颠倒过来。

这样说不等于“偏读”不会发生在前人身上。有两种可能可以肯定：第一，并非所有的纯越字都可以找到一个恰好与之同音的汉字，因此作者用喃字行文时需借一个汉越音与之相近的汉字。第二，执笔书写喃字时，书写者常用前世流传下来的惯用喃字，一些喃字本不需要“偏读”，但是到了书写者的年代则只能通过“偏读”才能理解。因此读写喃字文本时，汉字的偏读对于汉越音而言，是一种惯用操作；这也是像喃字这样不用字母拼读的表音文字机制的基本特性。问题在于研究者需要有历时的视角，以及在喃字使用和创造的历史中能够分别层次年代的归属。正是从汉喃文章学里汉语借字的喃音（偏读）同汉越音间的关系中，让历史语言学家受到启发得出了越南语历史音变过程中的一些对应规律。同时不能忘记其中有不同时代喃字造字者及用字者对某些喃字读音所产生的影响。如果偏读是基于语音转变规律之上（如 A2 组中各字由变音转变成读音的现象：借汉是字形字义兼收，按照前汉越音读或是后汉越音读），则从汉越音读法及喃字音读法的对应关系中可以帮助我们了解不同时期越南语语音演变中有价值的事实。这完全是属于历史语言学研究的范畴，而喃字可以说是这项

① ［意］支由尼模·梅乌移歌：《婆圣夭铺鲁槎那童贞传》，载支由尼模·梅乌移歌：《各圣传》，巴黎越侨学者赠与越南汉喃研究院的胶卷印制本，第 11 行。

研究工程中极其珍贵的一手原材料。

通过上述所言，表音表意文字系统下喃字研究的真正对象首先是其功能结构（表音与表意），及越南人据此创造的代代相承演变的喃字体系。与表音表意功能结构同步的还有喃字形体结构的创立及其在一定趋势下的演变。

三、喃字释读界说

作为研究客体的喃字需要进行适当的释读，这是得到喃字研究学界普遍关心的一个问题。黄春瀚（Hoàng Xuân Hãn）教授[①]、阮才谨教授不止一次提到这个问题[②]。阮玉璧（Nguyễn Ngọc Bích）教授也谈及“喃字读法逻辑”[③]。我们自身也曾参加相关的讨论[④]。在此问题中，我们认为以下角度需要极为注意：

（a）首先，需要妥善处理好喃字的释读是否能够反映其代表的古音读法。在这里要对文字的古音重拟与将其翻注成现代读者熟悉的读音样式之间进行原则上的区别。按照重拟原则，《佛说大报父母恩重

① ［越］黄春瀚：《陈黎时期的喃文和喃字》，载《巴黎社会科学》集刊 1978 第 5 辑、1979 年第 6 辑 。

② ［越］阮才谨：《关于喃字的若干问题》，河内：大学和大专出版社，1985 年；［越］阮才谨：《翘传资料：从惟明氏版到乔莹懋版》，河内：文学出版社，2004 年。

③ ［越］阮玉璧：《喃字释读方法的逻辑》，载《生活节奏杂志》2007 年第 12 期。

④ ［越］阮光红：《淹裣和凛申》，载《汉喃杂志》1988 年第 1 期。［越］阮光红：《古文献翻译注解问题》，载《语言学和译述问题》，河内：越南语言学会和河内外语师范大学，1993 年。

经》解音经中的"䃺䃺"等字，可大致拟为**mlăn mloc* 或**ma-lăn ma-loc*，用以反映几世纪之前的读音。而按照将古本翻注成现代语言文字样式原则的话，则这几个字只需要简单地注音为 *lăn lóc* 就行了。为了对文本及历史中的越语本身进行科学认识，按照当时读音而进行古音重拟，对研究者而言也是可能会涉及的。这是一份专业性甚高的工作，但其结果只具有相对性，很难说相对当时的语音情况做到绝对的准确。研究者们也注意到了这一点，因此始终在重拟形式前加上一个星号（*）。为了向现代人普及古文而进行的释读工作，原则上讲，只是将一个文字系统（喃字）转向另一个文字系统（国语 ABC 字）的文字转码工作。因此，需要照顾到词语当前的标准语音形式，不应该将现代国语字的读者引到越语历史语音的僻路幽径之中去。如此做完全没有必要，反倒是阻碍了他们对文本的认识。

（b）虽如此，某种具体情况下，偶尔仍需要忠实喃字原文的记音方式。例如，《传奇漫录》中的"解音"部分里，我们发现叠音词都用完全相同的两个字重复表示（如：弄弄 *lộng lộng*），但同时又有用不同的两字进行注音的情况（如：欣漢 *hơn hớn*）。*Hơn hớn* 不说，但 *lồng lộng* 或是 *lộng lộng* 也许就需要我们斟酌了。如今常把两字"异读"为 *lồng lộng*，但同其原本形式 *lộng lộng* 亦相去不远。虽听上去并没有很不顺耳，但仍应该保持其书面形式所反映的旧发音。相似地，喃字"𬙞"现今可以读为 *ngắn* 或 *vắn*，但该字中有表音符号"半 bán"，因此该字读 *vắn* 其实更为妥当些（[b>v]）。很多时候，按照字的古音还是今音形式进行释读仍需要根据其字在文本中的功能以及现时的语音系统而定。从柳文堂 1871 年版《翘传》中举几个例子：第 470 句中的"申"有人按其意注音为 *thay*（夕之朱䃺悉尼凛申。*Làm chi cho nặng lòng này lắm thay*），但如此一来，则和下一句不相押韵（搊寅練武練文 *So dần dây vũ dây văn*）。实际上，*thay* 的古音为 *thăn*（在乂静方言中，仍有地方读 *cày* 为 *cản*），因此在这里可以像陶维英所说那样保留该古音。而 *êm đềm*（淹稔帳擒幔雯*Êm đềm trướng rủ màn che*）则不需要按照《翘传》中所书写的那样恢复其古音为 *êm nềm* 淹稔，因为现今已经没有人像那样读了，而且在功能层面也没有必要。

（c）同上述（a）和（b）相关，需要处理好在现今全民的越语中没有相对应形式的一些古音和方言。在这之中，方言语料和几个世纪前的国语字材料将帮助我们解决诸多喃字注音问题。例如正在读一个喃字文本时，我们遇到一个由“大 đại”字和“乃 nãi”字组合而成的字，且语境显示其语义为“大”，根据乂静方言，我们可以分析出其语音为 *nậy*。亦或是喃字句“麻准地獄祂抧符靗嘤隊排”（*Mà chốn địa ngục lấy thước bùa thiêng mắn đòi vời*）中[①]，如果我们不参照亚历山大・德・罗德的《越-葡-拉字典》（1651），则“嘤”字将很难理解或者是读得正确。“嘤”（*Mắn*）指的是用以治疗伤口的符咒；*Thầy mắn* 则指的是用符咒医治伤口的术士。这种就是在现今全民族的越语中找不到对应情况的例子。也有一些极少用或不独立使用的对应例子（如：㐌trữa/giữa、拥 duồng/ruồng、象 tượng/tuồng 等等），除为了反映地方特色或是追求作品的古韵之外，总的来说没有必要太追求古音和方音读法。

（d）实际情况中常见的是，在喃字文本中，一些借入的汉字常常存有两种读音方法：或是读汉越音，或是读非汉越音（即出现汉越音之前或之后的越化音）。在这种两读情况中（无论哪种读法意义都不

① [越]阮光红拼音与注解：《传奇漫录解音》，河内：社会科学出版社，2001年，第 10b 页。

改变），更为妥当的方法是优先保留非汉越音。然而，还有许多时候读法不同意思也就不同，这时便需要慎重，掂量比较以进行选择。例如，*biên*（汉越音）和 *bên*（非汉越音）是“边（邊）”字的两种读法，但是“边㕵西”中则需要读成 *bên mái Tây*，而“舿淛边𡗶”中则读 *góc bể biên trời* 更为合适些（因为 góc 同 biên 相对）。又如“初”字意为“起始”时应读为 *sơ*，但表示“前代”的时候就应该读为 *xưa*。这不是字的功能问题，而实际上是字的语义问题。

（e）喃字普遍的形式是一字多音，且意思不尽相同；反之，一个确定了读音和意义的音节（词）可以写成不同的喃字形式。在喃字注音中，我们常常会处在这种多选一的情况之中。通常我们所积累的喃字知识加之语境可以帮助我们较快地找出需要的答案。然而不少时候喃字注音的工作者们所积累的字库以及语境并不能帮上什么忙，甚至成为干扰工作的“绊脚石”。围绕阮廌《国音诗集》及一些文人的作品中“双曰”（*song viết*、*rông vát*、*giong vát* 还是 *song nhật*、*suông nhạt*、*sinh hoạt* 等）二字的注音释义展开的工作，便是一个典型的例子。像这种情况，未得出定论之前，如果其为借汉字且可以识别出，则最好的方法是先用汉越音注音，而且似乎所有难以解决的情况都为借汉喃字。

而“双曰 song viết”二字极为复杂，字音和字义都比较难弄明白，就连字形也不是十分清楚，因此也就没有一个统一的读法。此二字，读汉越音为“双曰 song viết”，而有人却认为第二个字是“日”（nhật）字，因此其读音应为“双日 song nhật”。这两个字出现较早，在《佛说大报父母恩重经》解音书中就用它们注解汉文句子中的“資業”：“乃至盛年訓教禮義婚嫁習學備求資業”（Nãi chí thịnh niên，huấn giáo lễ nghĩa，hôn giá tập học，bị cầu tư nghiệp），译为喃字：“典歳㐌𢀭代杜礼義姜丐㖢{巴欲}鶴奴劎双曰[?]”(Đến tuổi đã cả, dạy dỗ lễ nghĩa, cưới gả dượt học，no kiếm song viết)[①]。在此语境中，根据汉字原文我们可以推断两字的意义（意为“家财，产业，财富”）。尽管如此，我们也只能搞清楚“双 song”字的读音，而后一个字由于后代文字的传写，也不清楚究竟为“曰 viết”字、“日 nhật”字还是什么字了。

四、喃字材料处理方法

很显然，喃字文本同我们所在的年代相去越远，则愈加难以断定其年代。喃字文本几乎都为后世所重新抄写或是刻印，而就算是重抄或刻印的版本也不是都注明了年代时间。当然在这些重抄或是翻印的版本上多少也就有了后人增删修改的痕迹。因此，处理留下来的喃字材料之时，我们不能够略过对我们依据材料真实性的鉴定，不仅仅是年代，还包括文字的变动，以及待考文本中喃字的形态。在此情况下，尽管花了功夫对使用文本进行鉴定，但是也很难保证材料的绝对准确性。然而文本及处理方法的不同，则材料得以保证的可信度也就随之不同了。根据笔者的经验，寻找喃字材料研究喃字就像是在做文字学研究，我们可以通过几种标志从大量材料中选取文本，具体有如下几种优先处理方法：

（a）优先选取刻印材料，而不是抄写材料。总体来看，尤其是刻在石类、铜类、木类（木刻）以及印刻在木板上的喃字材料，由于制作更费功夫，因此其错误相对手写版本也较少。

① ［越］佚名：《佛说大报父母恩重经》，越南汉喃研究院藏本，编号：VHc.125，第 18a 页。

（b）优先选取具有明确及可信年代的文本，而不是没有注明或年代注明错误的文本。

（c）优先选取从汉字而来的喃字注音版本，尤其是古本。对于解读喃字所记载的古代词语，汉字将会提供很大的帮助。

（d）优先选取在喃字历史发展中具有里程碑意义的代表作家或作品的文本。

（e）在研究喃字的演变进程时，优先对照比较同一作品不同时期的刻印版本。

此外，当然我们不会放弃任何一种文献，只要它们能够为我们提供某种特定的喃字类型。有时正是依靠这些流传广泛的文本材料，我们才得以发现一些罕见的喃字，为现有的理论框架填补空白。由此，本文中所考察和涉及的喃字作品数量至少将达到 90 份[①]。除一些有单独说明的情况外，所有的引例尽量依据原文。

在主要引用到的材料中，有时其材料恰恰为孤本或者是极为罕见的，而没有其他的选择。例如，我们在第二章第四节中详尽分析的《佛说大报父母恩重经》正是这样的情况。由于其现存的本子只留在巴黎，我们没有条件直接观察，因此文中使用的文本是一位越侨送给汉喃研究院的影印本。观察该文本，可以发现：

o 汉字本原著中的汉字用繁体楷书刻印，工整，字号较大而清楚。与之成对比的是喃字部分，刻印潦草，偶尔甚至连字形也

① 译者按：由于本章引例汉喃资料频繁，且多重复，为便于行文和阅读，我们使用文本名称加页码的注释方式，同名书籍添加关键词以区分版本，详细版本信息请参见书末的汉喃资料目录。

难以辨别。在此情况下，原著中的汉字对我们辨认和解读喃字起到了非常大的作用。如果不是这样，很多情况下学者们只能是“束手无策”。

○ 时常一个字同几个字或是某字的几种字形相对应。其中不排除一些形声字或略写字（最常见的是夕Làm，𠂎Ấy，以及文Một），也许是后来的刊刻者故意“补充”或“加工”使其更易读（合体字），也或是为了便于刊刻（略写字）。因此，当谈及作品的初成年代时，对文字的准确性需要极其慎重。

○ 在文本之上，还会发现后世的读者在解读时留下的笔记，也让一些字更添加了一些合成的字形。有时后世读者的“博学”之处并不正确合理。所以，无论是后世读者对文本的增删改写正确与否，都会对原版喃字文本字形的辨识造成一定的混乱。这种情况就要求学者要在原有文本的待考察对象之中将其排除出去。

○ 我们考察研究的《佛说大报父母恩重经》解音一书是 18 世纪郑樌重刻的，其在书末的四行汉字中有说明。然而，最后一页的汉字字形和刊刻样式同《佛说大报父母恩重经》一书中的全部 46 页（印成 46 页 a 与 46 页 b）有着明显的区别，使我们认为最后一页才真正是由郑樌指导下添加刻印的，而《佛说大报父母恩重经》文本本身是早已存有的刻板翻印（年代不明，但一些略写字已经相当普遍），郑樌只是依照原版重印了而已。

以上这些只是我们在研究具体文本中越语喃字的结构、功能及演变时一些研究方法的概括。当然不同文本有不同的问题，要求我们不仅仅是要考察文本自身，而且还需要对比同一部作品的不同版本，亦或是不同的作品但却存在某一层面的对应。

第二节 喃字造字的方式及成素

谈到一个“结构”（structure），即是谈及在实体中具有一定关系的各成素按照某种方式而构成的实体。喃字是表音表意文字，每一个字都是通过挑选表音或表意的成素（字符）并使用适当的造字方式构成的。

造字方式包括表音方式和表意方式，以及表音+表意的形式。表音+表意的方式形成的总是合成字（合体——包括两个成素：一个表音，一个表意）。而纯表音或纯表意的方式则可以形成单字（单体——只包括一个成素：或者表音，或者表意），也可以形成合成字（多为结合两个成素：两个成素皆表音或皆表意）。

合成字中的各成素，可以分为主要成素和次要成素。两个成素也可以都是主要的（并列结构），或假使其中一个成素为主要的，另一个为次要的（偏正结构）。喃字结构中的主要成素没有一个固定的目录，而各次要成素由于常重复使用可以集成一个范围一定的目录。下面将逐个分析喃字功能结构中的各类构字成素及构字方式。

A. 纯表音喃字

一、表音单体字

表音单体字是通过一个单一表音字符来体现语言单位读音的造字方式。以下是一些具体的喃字例子：

（1）借汉表音单体字。属 C 类（包括 C1 和 C2 两个小类）：

C1 类借汉喃字，按照汉越音读，不借汉字字义，而按照越语字义理解。例如下列句子中的埃 ai，些 ta，戈 qua，沒 một：

- 茹兀平些埃几為。Nhà ngặt bằng ta ai kẻ vì.①
- 𫡠戈沒局𣷭槐。Trải qua một cuộc bể dâu.②

C2 类借汉喃字，汉越音偏读，不借汉字字义，而按照越语字义理解。例如上述句子中的：兀“ngột”读 ngặt，几“kỷ”读 kẻ；以及下列句子中的：蒙“mông”读 mong，涓“quyên”读 quen，貝“bối”读 với：

- 願蒙親近明師。Nguyện mong thân cận minh sư.③
- 𡗶撑涓貝䏧紅打慳。Trời xanh quen với má hồng đánh ghen.④

完全可以这样认为，原则上，写喃字时所借用的读汉越音还是读汉越音的偏读的汉字必须是对于大多数人来说都很熟悉的字。例如按照阮佐倪（Nguyễn Tá Nhí）的统计：《三千字解音》（汉喃研究院藏编：VHv.1259）一书中，用到了 1151 个借入汉字⑤。但较为奇怪的是，

①《国音诗集》，第 21b 页。

②《金云翘新传》，柳文堂嗣德二十四年（1871）刻本，第 2a 页。

③《居尘乐道赋》，景兴六年（1745）莲花寺刻本，第 23b 页。

④《金云翘新传》，柳文堂嗣德二十四年（1871）刻本，第 2a 页。

⑤［越］阮佐倪：《越南喃字结构中的表音方式》，河内：社会科学出版社，1997 年，第 175—201 页。

根据我们的资料其范围内的一些字并没有得到较频繁的使用，如：貝“bối”、立“lập”、弄“lộng”等等。在《喃字字典》[①]中，我们找出了 205 个具有不少于 5 个不同读音（包括汉越音和汉越音的偏读）的借入汉字。下面将列举出 18 个具有 10 个以上读音且越语语素不同的汉字（括号中的数字为读音数量）：

1.貝“Bối”（13）> bấy，bỏi，bói，bổi，bối，bùi，buổi，mới，muối，vôi，vơi，vời，với.

2.執“Chấp”（12）> chắp，chặp，chấp，chập，chíp，chớp，chụp，dấp，giúp，nhắp，xấp，xúp.

3.招“Chiêu”（10）> chao，cheo，gieo，chiêu，chiu，chịu，trao，treo，trêu，xao.

4.渚“Chử”（13）> chã，chờ，chở，chớ，chừ，chứ，chưa，chửa，chữa，chứa，giữ，nhớ，rửa.

5.朗“Lãng”（12）> lãng，láng，lảng，lẵng，lắng，lặng，lửng，rạng，sang，sáng，trắng.

6.拉“Lạp”（12）> dập，đắp，lắp，lấp，lớp，lợp，ráp，rắp，rập，sắp，sụp.

7.林“Lâm”（12）> lăm，lâm，lầm，lần，lim，lom，lùm，rằm，rầm，rậm，trăm，trắm.

8.立“Lập”（13）> lắp，lập，lớp，lợp，lụp，ráp，rắp，rấp，rập，rợp，sắp，sấp，xạp.

9.禮>礼“Lễ”（13）> dễ，lẫy，lấy，lẻ，lẽ，lễ，lệ，lưỡi，rẻ，rẽ，rễ，trẻ，trễ.

① [越]阮光红主编：《喃字字典》，河内：教育出版社，2006 年。

10.連“Liên”（10）> lèn，lên，liên，liền，lờn，lươn，lườn，rèn，trên，trơn.

11.了“Liễu”（10）> lẻo，lẽo，léo，lẹo，lểu，lếu，liễu，liu，líu，néo.

12.耒“Lỗi”（19）> chòi，chồi，chuỗi，doi，duối，giòi，giồi，lòi，lõi，lồi，lội，nhồi，ròi，rồi，rỗi，rời，ruồi，sói，trói.

13.弄“Lộng”（11）> lòng，lỏng，lóng，lộng，luồng，rỗng，rộng，rụng，sống，tróng，trống.

14.論“Luận”（11）> chọn，lọn，lộn，luân，luận，lụn，luồn，soạn，tròn，trọn，trộn.

15.律“Luật”（15）> lót，lọt，lốt，luật，lướt，rót，rọt，rớt，ruột，rút，sốt，suốt，sụt，trót，trút.

16.卒“Tốt”（12）> chuốc，chút，chụt，dút，nhót，rốt，suốt，thoắt，tót，tốt，trót.

17.秩“Trật”（10）> chặt，chật，chợt，dứt，giặt，giật，mất，rất，rốt，trật.

18.為“Vi”（12）> và，vay，vây，ve，veo，vê，vi，vì，vơ，vờ，vơi，vời.

有趣的是这 18 个表音功能“活跃”的汉字有 11 个其声母为 L[l-]。

为了方便记忆，我们用“埃”AI 字和“朱”CHO 字作为“借汉表音单体喃字”的代表。

埃 朱

（2）自创表音单体喃字（属 G1 类）：对借汉的 C1 或 C2 类汉字进行字形的省略或重组。例如：𧘇 *ấy*（<衣“y”），芇 *nào*（<閙“náo”），⿱艹丂 *là*（<𦓡<羅“la”），𫜵 *làm*（<汐<濫“lạm”/<爲“vi”），𠬠 *một*（<沒“một”），等等。

之所以这些字被视作造字结构的一类，而不仅仅是对原字的简写，有两个理由：第一，喃字的阅读者可以辨认其字而不通过与其原字产生联系。第二，这些字的来源并不是所有的都明确，偶尔还存在一些争议（我们将在第五章详细讨论）。这里给出一些上述喃字的例句：

- 㝵民累柴𧘇如蔑捻坦於摡署悶𫜵形芇时𫜵形𧘇。Người dân luỵ thầy ấy như một nắm đất ở tay thợ，muốn làm hình nào thời làm hình ấy .①

- 官行譴⿱艹丂鄭佐思。Quan hành khiển là Trịnh Tả Tư.②

- 𠬠核樛木𠬠璘桂槐。Một cây cù mộc，một sân quế hoè.③

如上所述，G 类字之中如不按照“取音”和“取意”标志进行两分，而采取“减笔”还是“增笔”来改造字形的方式进行两分的话，则 G1 小类（减笔）把𫜵Làm 字（取意）也包含其中了，而 G2 小类（增笔）则还可以包含带有“楔字符”或“加点”的字了。属于 G2 小类的这些字如意“ý”>歆*ấy*、乃“nãi”>乃*nói* 等等，亦可以视为表音单体字。

①《婆圣天铺鲁槎那童贞传》，第 25 行。

②《古珠法云佛本行语录》，第 16b 页。

③《金云翘新传》，惟明氏重刊本，第 82b 页。

汉字中，表音单体汉字正是“假借”字，是汉字内部系统的假借。喃字方面，也有喃字系统内部的“假借”，我们称之为“喃字的转用”。这一现象同样有趣，我们将在其他章节单独讨论（参见下文 4.4.）。而壮族的方块字，除了汉字之外，其也借用了一些越南喃字为其语汇的表音，主要是一些地方上的壮字[①]。

我们用帇NÀO 字和乃NỚI 字作为自创单体表音喃字这一类的代表。

帇　乃

二、表音合体字（会音字）

合体表音是将两个表音成素结合在一起来体现单体字读音的方式。这是喃字自创的一种方式，结合两个表音单位，归属于 D 类（包括 D1 和 D2 两小类）。可以称之为喃字构造中的“合音”（会音）方式。深入研究各合音喃字，我们会遇到比已知情况更为多样且复杂的材料。大体上我们可以将合音的喃字分为两类：并列合音喃字和正副合音喃字。

（1）并列合音字（属于 D1 小类）。在并列合音方式之中，两个表音成素都在表音功能上扮演同等角色，且其“相辅相成”，共同体现越语语素的音读。

（1.1）这类结构中的喃字数量相对于形声字或会意字来说不多，但其在陈朝时期的作品很早便已出现，零星出现直到阮朝末期。

① ［越］阮光红：《壮族方块字中的越南喃字印记》，载《汉喃杂志》1999 年第 1 期。

❖ 首先，在陈仁宗的《居尘乐道赋》及其他喃字古文献中还留存有一些这样的字：

o 羚{另“lánh”+令“lệnh”}>***Lánh /Tránh***（躲）：

- 晦法真空兮之羚碍聲執色。Hỏi phép chân không, hề chi lánh ngại thanh chấp sắc.[①]

o 𠄧{老“lão”+了“liễu”}>***Lảu/Làu***（熟）：

- 停歇貪嗔買𠄧悉牟圓覺。Dừng hết tham sân，mới lảu lòng mầu viên giác.[②]

o 馼 {mã 馬+美 mỹ}>***Mở***（开）例如：

- 参意𡗶𩈘馼窖。Chỉn ấy trời thiêng mở khéo.[③]

- 曾饒畨荆棘馼芒。Từng nhiều phen kinh cức mở mang.[④]

❖ 在黎圣宗的《洪德国音诗集》中也发现了一个并列合音字：

o 㤼{矣“hĩ”+亥“hợi”} >***Hỡi***（呼叹词）：

- 燶奶夕之閉㤼夏。Nóng nảy làm chi bấy hỡi hè.[⑤]

❖ 阮朝时期，并列合音字并不像黎朝时期那样罕见，而尤其多见于中部和南部等地的文人作品之中：

❖ 在汉越字典《嗣德圣制字学解义歌》中有：

o 𠫾{吝“lận”+寅“dần”}>***Lần***（次）。例如：

---

①《居尘乐道赋》，莲花寺刻本，第 24a 页。

②《居尘乐道赋》，永严寺刻本，第 21b 页。

③《咏花烟寺赋》，莲花寺刻本，第 31b 页。

④《天南明鉴》，第 10b 页。

⑤《洪德国音诗集》，第 10a 页。

- 𠄩𠞺耕 Hai lần cày.[①]

❖ 在阮廷炤的《蓼云仙传》（惟明氏，1874）中有两个字：

○ 閉彼 {閉“bế”+彼“bỉ”}> ***Bấy / Mấy***（几），该字出现了两次：

- 胡陽𥹰閉彼茷𫯳。Hồ Dương xưa mấy đời chồng.[②]

- 烏戈賊意閉彼数拱為。Ô Qua giặc ấy bấy lâu cũng vì.[③]

○ 末莫 {末“mạt”+莫“mạc”}>***Mắc***（被），该字多次出现：

- 吙欺末莫党奸凶。E khi mắc đảng gian hung.[④]

- 𪽳信𧗱末莫為𥄭𧗱𪵯。Bởi tin nên mắc，vì ngay nên lầm.[⑤]

❖ 在张明记的《富贫传演歌》（1884年于嘉定刊刻）中有三字，其中“之二”字多次使用（该字同样使用在《二度梅演歌》中，50a页，55b页）：

○ 之二 {之“chi”+二“nhị”}>***Gì***（什么）。例如：

- 𠄩𠊛𠎦妬户𠸛羅之二。 Hai người thợ đó họ tên là gì.[⑥]

- 𡢻之二併𠰉恩支𢥈坦。 Nợ gì tính trả，ơn chi lo đền.[⑦]

○ 巴為 {巴“ba”+為“vi”}>***Vừa***（且）：

- 巴為𠫾巴為吟回数。Vừa đi vừa ngẫm hồi lâu.[⑧]

---

①《嗣德圣制字学解义歌》卷四，第21a。

②《蓼云仙传》，编号：Vv.304，第40b页。

③《蓼云仙传》，编号：Vv.304，第48b页。

④《蓼云仙传》，编号：Vv.304，第3b页。

⑤《蓼云仙传》，编号：Vv.304，第23a页。

⑥《二度梅演歌》，第1b页。

⑦《二度梅演歌》，第11b页。

⑧《二度梅演歌》，第12b页。

○ 𨤔{重“trọng”+用“dụng”}>***Giống***（似）：

- 笼棱如鑿景厨𨤔印。Đám rừng như tạc，cảnh chùa giống in.[①]

❖ 在《里巷歌谣》中也有一个并列合音字：

○ 𫗠{布“bố”+甫“phủ”}>***Bố***（父）：

- 姆衛㗖𫗠茄圭。Vú về thăm bố nhà quê.[②]

❖ 在一些喃字作品中，还发现其他的并列合音字，如：

○ 𠶋{“nhi”而+之“chi”}>***Gì***（什么）：

- 拯咍昆造撩昐故𠶋。Chẳng hay con tạo trêu ngươi có gì .[③]

○ 𦤾{“di”夷+之“chi”}>***Gì***（什么）：

- 罪市獄意拯寃枉𦤾。Tội nào ngục ấy chẳng oan uổng gì .[④]

我们还发现在一些并列合音字中，其中一个成素已经是喃字，如黎朝阮有整《祭姊文》（*Văn tế chị*）中的“𠳒 Rày”{𠳒lời+例“lệ”}字和《伐郑檄》（*Hịch đánh Trịnh*）中的“䝷 Mấy”字。

○ 䝷{買“mãi”+尒mấy}>***Mấy***（几）：

- 北䝷城潭雁㐌淹。悉拯救𩯀安鞍便。Bắc mấy thành đầm nhạn đã êm. Lòng chẳng cứu ngồi yên sao tiện.[⑤]

---

①《二度梅演歌》，第 1b 页。

②《里巷歌谣》，第 48b 页。

③《梳镜新妆》，第 21b 页。

④“玉历”，第 8 页。译者按：原文未具书名。

⑤《伐郑檄》，第 112a 页。

○ 𠼲{咥lời+例“lệ”}>***Rày***（今）：

- 跙<u>𣈜</u>𠼲麻特富貴。Đến ngày <u>rày</u> mà được phú quý.①

同时还有其他一些学者如陶维英②和阮佐倪③也分析论述了部分“合音”字，如：𡨹Giữ（守）、𩈘Mặt（面）、𧏵Rồng（龙）、𤿤Và（且）等等。但其中只有“𩈘 mặt”字才是真正的并列合音字，而其他字恐怕不是，因为在其结构中已经有一个成素为表意成素了：宁（<貯 trữ）为“储存”，竜（<龍）long 为“龙”，番 phiên 为“次数”，因此应该将其视为形声喃字。

（1.2）以上所引各字之中，每个字都含有近似同音的两个成素。我们可以称之为“标准”并列合音。此外倘若在一些字中，两个表音成素读音完全不同，因此喃字的读音产生了“两可”的情况（或依照此成素读音，或依照彼成素读音）。如果区别开来，其字可能是从汉字中直接借来表示越语语素的，只不过意思相近而已。这些字暂且都视为并列合音字，但不是“标准”的形式，因为在这些字中都有语义联想的成分。从另一个角度，也可以视其为并列形声喃字。被称之为“非标准”的并列合音喃字不多，只零散出现在以下情况之中：

---

①《祭姊文》，第 22a 页。

②［越］陶维英：《喃字的起源、结构与演变》，河内：社会科学出版社，1975 年，第 81 页。

③［越］阮佐倪：《越南喃字结构中的表音方式》，河内：社会科学出版社，1997 年，第 144—148 页。

○ 𫇰{列"liệt"+吝"lận"}>***Lần/Lượt***（列，次），在下述《传奇漫录》注音版中（1774年刻本）读为*Lần*。

- 撅坦炪香讀經楞嚴𢬣𫇰。Quét đất đốt hương, đọc kinh Lăng Nghiêm vài lần.①

○ 㙀{予（<預）"dự"+其"kỳ"}> ***Dựa/Kề***（依，靠），下述《蓼云仙传》各句中应读为*Kề*：

- 女冘𠊛玉預㙀匹夫。Nỡ đem người ngọc dựa kề thất phu.②

○ 𡲈{尾"vĩ"+吕"lã"} Vỡ / Lỡ（破），下述同样是《蓼云仙传》（惟明氏，1874）中的句子，但应读为Vỡ：

娄罗𦊚𡐙𡲈喪。Lâu la bốn phía vỡ tan.③

○ 𡨸/䘏{巽"tốn"+卒"tốt"}>***Trót / Trọn***（全），该字出现在《里巷歌谣》中，由于引句不同，所以两种不同的读法都接受（使其同越语语素语义相近）：

- 𠫾修辰𠫾修朱𡨸。Đi tu thì đi tu cho trót. ④

- 修朱𡨸刧倍紅。Tu cho trọn / trót kiếp bụi hồng.⑤

- 埃喂𠊚倍哄饒㤿𨉟朱㤿𨉟朱𡨸最𡢐係哄。Ai ơi chớ vội cười nhau. Ngẫm mình cho trọn / trót tối sau hãy cười.⑥

①《新编传奇漫录增补解音集注》卷二，第36a页。

②《蓼云仙传》惟明氏，第27a页。

③《蓼云仙传》惟明氏，第4a页。

④《里巷歌谣》，第13a页。

⑤《里巷歌谣》，第13b页。

⑥《里巷歌谣》，第27a页。

在“并列合音”喃字中，我们用“LÁNH/TRÁNH”和“DỰA/KỀ”作为该类代表字。

殄　掑

（2）正副合音字（属 D2 类）。在正副（偏正）合音方式中，一表音成素只具有辅助体现中古时代越语双辅音中的前一音节的作用，如：𢁋{巴“ba”+陵“lăng”}*blăng>trăng/giăng（月），𪔠{古“cổ”+弄“lộng”}*klong>trống 等（鼓），𠆳{个“cá”+奴“no”}（饱），或假以调整其字原有的读音，如：𢂜{布“bố”+司“tư”} *bua > vua（帝），𥋴{見“kiến”+个“cá”}kén，等等。因此，按照次要成素是“表音”作用还是“调音”作用，便得出了两小类正副合音字。

（2.1）具有“表音”功能的副成素。该类合音字在喃字形成之初便已经出现了，如《佛说大报父母恩重经》的解音版本中所示，用以表示早期越语单音节词中 $C_1C_2VC_3$ 的语音结构，其后一直留存到中古时代的文本作品之中。下面将引中古时期三部作品中属于此小类的正副合音喃字为例，其中的次要成素的确用以表示复辅音音节中的前音节。

❖　首先是《佛说大报父母恩重经》解音版本。根据我们的研究，该文本中合音喃字较多，其中最少有 9 个字在合音喃字中用以承担表现辅音组合 C_1C_2-中的 C_1 辅音。下面将列举部分例子（由于引用例子均出于《佛说大报父母恩重经》解音版，为叙述方便，不一一作脚注，仅在例子或句尾标明所处页码）：

（a）阿“a”用以表示*[ʔŋ-]、*[ʔl-]、*[ʔ r-]、*[ʔph]中的喉塞音*[ʔ-]（或喉擦音[h-]）。例如：

○ 𩂟 {阿“a”+賴“lại”}*[ʔrai]>***Rời***（离）[13b，38b]。例如：

- 弄酉曩参坤𩂟。Lòng dấu [yêu] nặng，chỉn khôn rời[13b].

○ 𩄲{阿“a”+磊“lỗi”} *[ʔloi]>***Trỗi***（起）。例如：

- 时謁買買𩄲。Thời ngái [lâu，xa] mãi mới trỗi [dậy][22b].

○ 𩂽{阿“a”+普“phổ”} *[ʔpho] {阿“a”+批“phê”} *[ʔphe]>***Vỗ về***（安慰）。例如：

- 𩂽𩅀没羕咍盃。Vỗ về một dường hay [biết] vui [14a].

（b）巴“ba”用以表示*[bl-]、*[bj] và、*[bd-]中的*[b-]。如下列各字：

○ 𠛤 {巴“ba”+例“lệ”} *[blei] ***Trời***（***Giời***）（天）[16b，20a，34a，34b，43b]。例如：

- 高審𡮍朋𠛤共怛。Cao thẳm ví bằng trời cùng đất [16b].

○ 𤵏{來“lai”+巴“ba”} *[blai] >***Trai***（男）[7b，7b，7b，8a，8b，11a，30a，38a，42a，42a]。例如：

- 昆𤵏於工世間。Con trai ở trong thế gian [7b].

○ 𨀐{呂“lã”+巴“ba”} *[bla] *Trở*（*Giở*）（变）。例如：

- 𨀐年㝵庄討。Trở nên người chẳng thảo [42a].

○ 𢿮 {巴“ba”+欲“dục”] *[bjuk] >***Dượt***（习）。例如：

- 丐㛪𢿮鹤奴劍双曰。Cưới gả dượt học，no kiếm song viết [của cải] [18a].

○ 𢀨 {巴“ba” +低“đê”} *[bde] *Để*（置）[3a，41a，44b，45a，45a，45a，45b，46a]。例如：

- 𢀨弄懺悔。Để lòng sám hối [41a].

（c）个“cá”、古“cổ”、車“cư”/“xa”、巨“cự”用以表示*[kj]、*[kl]（或者是*[ks-]、*[sl-]、*[kb]）中的*[k-]。例如：

○ 𠆸 {个“cá” +愈“dũ”} *[kjo] >***Gió***（风）[12a，20a]。例如：

- 𠆸𠺙末𡗶𤇮。Gió thổi mặt trời đốt [20a].

○ 𢷀 {弄“lộng” +个“cá”} *[kloŋ] >*Tróng*（櫃）[33b，34a，35b]。例如：

- 南於工𢷀 。Nằm ở trong tróng （cũi xe）[33b].

○ 𢀲 {弄“lộng” +古“cổ”} [30b]/𢀲{古“cổ” +弄“lộng”}（生）[44a] *[kloŋ]/*[ksoŋ]>***Sống***（活）。例如：

- 𦉱彦番𢀲門番折。La-ngàn phen sống , muôn phen chết [30a].

○ 𨋤 {竜“long” +車“cư”} *[kloŋ] >***Trông***（望）：

- 𨋤工𡗶敬工𡐙。 Trông trong trời，kính trong đất [43b].

○ 𢷀 {稟“bẩm” +巨“cự”} *[kbam]> ***bẵm***（抱）[17b，33b]。例如：

- 𢷀挹餒囊。Bẵm ấp nuôi nấng [17b].

○ 𧻭 {夌“lăng” +巨“cự”} *[ks∝ŋ] *Sưng*（瘦）：

- 泚渃[末]弄弄叫哭末𧻭 。Chảy nước mắt ròng ròng，kêu khóc mắt sưng [38a].

（d）多“đa”用以表示*[dm-]/*[db-]（?）中的*[d-]。例如：

❖ 𠻯{闷“muộn”+多“đa”}𩮢{覓“mịch”+多“đa”}*[dmun]*[dmic]（?）*buồn bực*（愁闷）：

- 身弄調𠻯𩮢。Thân lòng đều buồn bực [13a].

○ 𨖅{多 đa+迷 mê } *[dme]> ***Về***（归）[41a，45a，46a]。例如：

- 𨖅命礼麻懺悔。Về mệnh lạy mà sám hối [41a].

（e）麻（麻>亠）“ma”用以表示*[ml-]中的*[m-]。例如：

○ 㖡{麻“ma”+例“lệ”} *[mlei] >***Lời***（话）[19a，31a，31a，31b，31b，37b]。例如：

- 賴㖡盎那。Trái lời áng nạ [19a].

❖ 在陈仁宗的《居尘乐道赋》（莲花寺刻本，1745）中，我们发现了6个正副合音字，其中有4个次要成素字，如下所示（由于引用例子均出于《居尘乐道赋》，为叙述方便，不一一作脚注，仅在例子或句尾标明所处页码）：

（a）巴“ba”用以表示*[bl-]中的*[b-]：

○ 𩵜 {巴“ba”+賴“lại”}*[blai]>***Trái***（果）：

- 咹蒌咹𩵜。Ăn rau ăn trái [23a].

（b）麻（>亠）“ma”用以表示*[ml-]中的*[m-]：

○ 㖩{麻“ma”>亠+例“lệ”} *[mlei]>*Lời*（话）：

- 㖩字說易朱体鬬。Lời bụt thốt dễ cho thấy dấu [26b].

（c）車“cư”和巨“cự”用以表示*[kl]（或*[sl-]?）中的*[k-]：

○ 𨎟{畧“lược”+車“cư”} [26b, 27b, 28a, 28b]*[klak] >*Trước*（前）：

- 烒壞祂棱邪㫻𨎟。Đốt hoại thảy rừng tà ngày trước [26b].

○ 䡶{娄“lâu”+車“cư”} [27b，28b] *[klau] >*Sau*（后）：

- 参舍吶自䡶馬祖乙㐌涓課𨎟蕭皇。Chỉn xá nói từ sau Mã Tổ. Ắt đã quên thuở trước Tiêu Hoàng [27b].

○ 䣢 {巨“cự”+郎“lang”} [28b] *[klaŋ]>*Sang*（崇）：

- 默髟麻䣢。Mặc vẻ mà sang [28b].

❖ 阮廌的《国音诗集》（1868年刻本）中，我们发现了不少上面已经提到的同次要成素字所组成的喃字，但要真正地拥有次要成素的表音功能，只能是如下的一些情况（由于引用例子均出于《国音诗集》，为叙述方便，不一一作脚注，仅在例子或句尾标明所处页码）：

（a）阿“a”用以表示*[ʔj-]/*[hj]中的喉塞音*[ʔ-]或喉擦音*[h-]：

○ 䢸{阿“a”+耶“da”} *[ʔja] >*Giơ*（举）：

- 䢸揌襖旦叢林。Giơ tay áo đến tùng lâm [5a].

（b）巴“ba”用以表示*[bl-]和*[bd-]中的*[b-]，如：

○ 𡗶 {巴“ba”+賴“lại”} *[blai]>***Trái***（果）：

- 曲考濫之𡗶槐。Khúc khuỷu làm chi trái hoè [17b].

○ 𡗶 {巴“ba”+夌“lăng”} * [blaŋ]>***Trăng***（***Giăng***）（月）：

- 𡗶拱𨷯矯畑扸。Trăng kề cửa kẻo đèn khêu [24b].

（c）麻（>亠）“ma”用以表示*[ml-]中的*[m-]：

○ 㖡 {麻>亠“ma”+例“lệ”} *[mlei] >***Lời***（***Nhời***）（话）[17b，33b，44a]：

- 㖡庄沛愠坤聦。Lời chẳng phải vẫn khôn nghe [17b].

学者保罗·施耐德（P.Schneider）曾误认为《国音诗集》第 96 页上的㖡blời 是具有语音语义两个完整成素的字：“语义成素‘亠’于其上，语音成素‘例’位于下”①。实际上，“亠 thượng”不是“上方”的意思（古体写法），而是上面在《佛说大报父母恩重经》中已经提到的情况，在简写成“亠”之前，“麻 ma”字已经被用作 CvCVC 结构中的一个表音成素了。

（d）車“cư/xa”、巨“cự”、古“cổ”用以表示*[kl-]（也可以是*[kr]、*[ks]、*[sl-]、*[kj]?）中的*[k-]，如：

① [法]保罗·施耐德：《〈传奇漫录〉喃译本考究》，载《汉喃杂志》1995 年第 1 期。

○ 𨋤 {雷 "lôi" +車 "cư" } [15b，23b，68a] / 轠{車 "cư" +雷 "lôi" } [55b] *[klui] >***Lui***（退）。例如：

- 𨋤船朗蕩於𨕭洞。Lui thuyền lãng đãng ở trên dòng [68a].

- 武子轠雖召曳。Vũ Tử lui tuy chịu dại [55b].

○ 𨊛{卢 "lô" +車 "cư" } *[klo]/*[kso]>***So***（比）：

- 岸怒𨊛沔采石。Ngạn nọ so miền Thái Thạch [17a].

○ 𨍦{畧 "lược" +車 "cư" } [24b]/{車 "cư" +畧 "lược" } *[klak] ***Trước***（前）：

- 渚唭賢𨍦浪曳。Chớ cười hèn trước rằng dại [66b].

○ 𨏣 {籠>篭 "lung" +車 "cư" } *[kluŋ] >***Trông***（望）：

- 積饒𡥵招怒𨏣。Tích [tích góp] nhiều con cháu nó trông [44b].

○ 𪱚 {稟 "lẫm" +巨 "cự" } *[klam] > ***Lượm***（拾）：

- 𪱚花殘𥚄玉用。Lượm hoa tàn xem ngọc rụng [36b].

○ 𡘯 { 巨 "cự" +懶 "lãn" }*[klan]>***Lớn***（大）：

- 拯馭𠃣謳𫥨𡘯。Chẳng ngừa nhỏ âu nên lớn [46b].

○ 𪳧 {巨 "cự" +林 "lâm" } * [klam] >***Lầm***（***Nhầm***）（错）：

- 𥚄乙𪳧蔑式共。Xem ắt lầm một thức cùng [68a].

○ 𢹿 {僚 "liêu" +巨 "cự" } *[kleu] >***Treo***（挂）：

- 富貴𢹿霜蔬𦹵。Phú quý treo sương ngọn cỏ [2b].

○ 𪱐{栗 "lật" +巨 "cự" } *[klat] >***Rốt***（***Rất***）（末）：

- 𪱐人生𠤩糝𨒒 。Rốt nhân sinh bảy tám mươi [47a].

○ 𪳨 {巨 "cự" +郎 "lang" } *[klaŋ] >***Sang***（崇）：

- 渚忌𢹿麻押泥 。Chớ cậy sang mà ép nài [6b，7a，17b，76b].

○ 𠛤 {巨 "cự" +列 liệt" } *[klit] >***Sít***（紧）：

- 𨷯蔑羕拱𠶏杆。Cửa một dường cài sít（khít）then [42b].

○ 𣡚{巨“cự”+賴“lại”} *[klai] >***Trái***（果）：

- 悶咹𣡚養𨉓核。Muốn ăn trái，dưỡng nên cây [46b].

○ 𫰅{美“mỹ” +巨“cự”} * [kme] >***Mỉa***（如）：

- 廊箕𫰅景瀟湘。Làng kia mỉa cảnh Tiêu Tương [17a].

○ 𦬑{夢“mộng”+巨“cự”} *[kmuŋ] >***Muống***（空菜）：

- 泑官且改𠄩筏𦬑。Ao quan thả gửi hai bè muống [25a].

○ 𢨝{弄“lộng”+古“cổ”} *[kloŋ] >***Trống***（鼓）：

- 事業盆店𢨝巴。Sự nghiệp buồn đêm trống ba [33a].

○ 𢀭{巨“cự”+朝“triều”} *[kjau] >*Giàu*（富）[21a，27b，31b，36b，47a，50a，57a]。例如：

- 民𢀭堵泣隊方。Dân giàu đủ khắp đòi phương [57a].

列举上述各字时，试着“重拟”（假定）其所代表的音读和语义，我们所做的和其他学者截然不同（如：黄氏午、清水政明），采用了多种不同的研究方法和标音方式。因为我们研究的合音喃字语音反映给我们的像是极其复杂的画卷，分属不同时期，而在书写时亦受到不同因素的支配。仅在一个文本之中，不说后世之人抄写重刻时的增减修改，就算是本来的一个字或一个越语语素也使用多种不同的方法书写。需特别注意的是这些喃字在记音时所存在的“双式”或“三式”的形式。这种情况在《佛说大报父母恩重经》之中较为普遍。下面给出一些例子：

○ ***Để***：㡳 {巴+低} [3a，41a，44b，45a，45a，45a，45b，45b，46a]/底[20a，22a]/以及{巴低}（置）[44b，44b]

○ ***Hằng***：恒[2b，2b，16a，16a，30b，46a，46a]/𠫾{个+恒}[16a] / 𣷭{波+恒}（常）[20a]

○ ***Về***：粭{米+个} [7a]/米[37b]/𨖲{多+迷}（归）[44b，45a，45b，46a]

像这样的情况，我们可以假设如下：用两个字来表示一个字的方法（如：{巴低}> Để、{多迷} Về 等等）反映了 Cv-CVC 这样的双音节读音；而用两个字合并成一个合体喃字的方式(如：㞢{巴+低} > Để、粭{米+个} và 𨖲{多+迷} > Về 等等）则反映了带复辅音的单音节：CCVC，这也可能是正副合音喃字。此外还有假借一个汉字并用其来表示大概读音的情况。而给这些假借来的单体字添加一个附加成素，使其形成正副合音字，则常出现“两可”的情况。例如：

○ ***Hằng***：𠫾 {个“cá”+恒“hằng”} [16a] / 𣷭{波“ba”+恒“hằng”}（常）①

○ ***Trái***：𩈘{巴“ba”+賴“lại”} *[blai] [17b]/𧍉{巨“cự”+賴“lại”}*[klai]>***Trái***（果）悶咹<u>𧍉</u>養𦁛核。Muốn ăn <u>trái</u>，dưỡng nên cây.②

就 Hằng 而言，其为一汉越语素，如若古人便是这样读，那为何又需多添加一个汉字作为附加成素，如不是为了表示读音稍有差异，便会显得多此一举。但在这里添加的附加成素也不是唯一的，时而用“个 cá”（表示以*[k-]发音），时而用字“波 ba”（表示用*[b-]发音）。

---

①《佛说大报父母恩重经》，第 20a 页。

②《国音诗集》，第 46b 页。

纯越语语素 Trái 同样如此：有时用“巴 ba”作为附加成素（以*[b-]为音首），有时用“巨 cự”作附加成素（以*[k-]为音首）。

通过上述例字的“不统一”现象，是否可以让我们了解彼时一些字词的实际发音尚未趋于稳定，而在 Cv-CVC 双音节形式与 CCVC、CVC 等单音节形式中摇摆不定？同时，复辅音 C_1C_2 的发音方式也还没有得到固定，尤其是 C_1 为*[b-]或*[k-]的时候。

（2.2）然而，也不能想当然地认为喃字中所有的附加成素字都具有实际上的表音功能。

首先，我们看看下列自创喃字中“司 tư”字的作用。

○ 𠰳 {盃“bôi”+司“tư”} / 𦋦 {司“tư”+盃“bôi”}>***Vui***（喜）：

- 某共戶行弄𠰳酉。Mới cùng họ hàng lòng vui dấu.[①]

- 歇时包礼𡎝涅槃恒𦋦。Hết thời vào lạy cõi Nát bàn hằng vui.[②]

- 㐱𠰳皮道德。Chỉn vui bề đạo đức.[③]

- 些褭於兜𠰳趣蒂。Ta nẻo ở đâu vui thú đấy.[④]

该字有时亦读为 ***bui***（惟）。如：

①《佛说大报父母恩重经》，第 20a 页。

②《佛说大报父母恩重经》，第 46a 页。

③《居尘乐道赋》，莲花寺刻本，第 23a 页。

④《国音诗集》，第 36a 页。

- 𥗍拯㐌道濫泠。Bui chẳng đã đạo làm lành.[①]

o 𢁨{布“bố”+司“tư”}>**Vua**（王）：

- 割粑𢬣麻助𢁨吒。Cắt vai tay mà giúp vua cha.[②]

- 閑之𢁨孛修行。Hèn chi vua bụt tu hành.[③]

- 𢁨堯舜民堯舜羕意些它丕所願。Vua Nghiêu Thuấn，dân Nghiêu Thuấn. Dường ấy ta đà phỉ thửa nguyền.[④]

o 𨩍{姜“khương”+司“tư”}>**gương**（鏡）：

- 𨩍朗補工架。Gương sáng bỏ trong giá.[⑤]

- 㨢朱域域性𨩍。Giồi cho vặc vặc tính gương.[⑥]

- 悉些拯羅𨩍。Lòng ta chẳng là gương.[⑦]

陶维英教授似乎在这个“司 tư”字面前显得手足无措。他写道：“我们发现了𨩍（gương）和𥗍（vui）两个字，写了‘羌（khương）’和‘盃（bôi）’后添加一点或一撇折就可以了，真不明白这里加个‘司’字是出于何目的。我们猜测‘司’字是由于‘个 cá’字写颠倒所致，之后，人们便将错就错直至今日。”[⑧]实际上，“个”字也并没有什么

①《国音诗集》，第35a页。

②《佛说大报父母恩重经》，第5a页。

③《咏花烟寺赋》，第32a页。

④《国音诗集》，第27a页。

⑤《佛说大报父母恩重经》，第12a页。

⑥《居尘乐道赋》，莲花寺刻本，第26a页。

⑦《诗经解音》卷二，第2a页。译者按：原文未具版本信息。

⑧［越］陶维英：《喃字的起源、结构与演变》，河内：社会科学出版社，1975年，第82页。

优势，与其相当的“司 tư”字、“巨 cự”字并不表示语义，且还不表音，但都在喃字诞生初期便有出现。例如：

○ 𦵛 {専“truân”+个“cá”} [20a）>***Chôn***（埋）①

○ 䝼{見“kiến”+个“cá”} [27a] >***Kén***（选）②

○ 𫢩 {巨“cự”+代“đại”} >***Đời***（代）③

○ 䨹 {亭“đình”+巨“cự”} [70b] > ***Dành***（留）④

各附加字，尤其是“个”字，在后代的文本之中仍在继续使用。其“调音”“整形”（以及“换义”）作用最为典型的两个例子是“Ấy”和“Cược”，出现在《传奇漫录》解音之中：

○ 𢊗 {意“ý”+个“cá”} >***Ấy***（彼）：

- 埃可皮意𢊗付默𩙌春撴䎡。Ai khả vừa ý ấy ，phó mặc gió xuân đun đẩy.⑤

- 旼潘㐌衛典茹旼張呐意𢊗。Ngươi Phan đã về, đến nhà ngươi Trương，nói ý ấy .⑥

○ 𡳶 {局“cục”+个“cá”} >***Cược***（賭）：

- 特輸𡳶姅局江山。Được thua cược nửa cục（cuộc）giang sơn.⑦

---

①《佛说大报父母恩重经》，第 20a 页。

②《居尘乐道赋》，莲花寺刻本，第 27a 页。

③《指南玉音解义》序，第 1a 页。

④《国音诗集》，第 70b 页。

⑤《新编传奇漫录增补解音集注》卷三，第 44b 页。

⑥《新编传奇漫录增补解音集注》卷四，第 12a 页。

⑦《新编传奇漫录增补解音集注》卷三，第 22b 页。

前代的作品之中具有复辅音 C_1C_2-的合音喃字，在后代的作品中仍得以继承保留下来（如黎朝与阮朝），尽管到了后代，在越语中 C_1C_2-这样的复合始音几乎已不复存在了。因此，不能一见到后世作品中仍有如巴“ba”、車“xa”/“cư”、古“cổ”、巨“cự”、麻“ma”、司“tư”等古时的表音字就说在这一时间内仍保留有相应的 C_1C_2-似的古音。亚历山大·德·罗德的《越-葡-拉字典》（1651）只记录了三组复辅音 *bl-*、*ml-*（*mnh-*）、*tl-*，可见最迟在 17 世纪中叶的时候，越语中 *pl-*、*ks-*、*kn-*、*kl-*、*sl-*等 C_1C_2-复辅音已经不存在了。这些音可以在前代的喃字作品中有所记载，也可以通过亲属民族的语言材料进行证明。唯有 *bl-*、*ml-*、*tl-*等辅音在 17 世纪时仍然保留，但最迟在 18 世纪末，它们也消失殆尽了。在一些 18 世纪初期越南前人的手写文本中还可以看到一些词语的声母用 *bl-*（如 *blở* = trở）、*ml-*（như：*mlời* = lời/nhời）表示，但其似乎在百多禄（Pierre Pigneaux de Béhaine）的《越-拉字典》（Dictionarium Anamittico Latinum，1722）中没有留下什么痕迹。

因此，评价合音喃字中附加成素的表音作用价值需要分辨两个功能：第一，大部分附加成素是可以反映 17 世纪末以前越南语中较为丰富的辅音丛 C_1C_2 里 C_1 的发音的。第二，从 18 世纪初起，合音喃字中的附加成素似乎再无体现实际音读的价值了，纯粹地成为一形式符号，仅仅用以“调整”主要成素的音形义而已。后一种情况，我们认为其为“非标准”的合音喃字。

像这样并没有实际代表部分读音的附加成素仍被保留到了后世，用以构造新的喃字。越往后，其“调整”音形义的作用便逐渐汇合到了最容易写的“个”字身上。最后，用了一个不是字的符号“く”来代替了“个”字（主要在阮朝时期的手写本之中）。这两个字都被称为“附加符”。关于这些符号，黄春瀚教授写道：“有时候，似乎写的人担心读的人混淆汉喃字与真正的汉字，便给一个汉喃字加上一个‘个’字，让其知道为喃字。其添加的部分被称为附加符号，这便是‘个’字符，后来的人又有将其改成ㄑ。”[①]这些带有“个”字和“ㄑ”的喃字是否应该归为 D2 类合音喃字（非标准正副合音喃字），还是应将其转到 G2 类形体改变字，仍是一个需要继续研究的问题。

为了方便记忆，我们用属于“正副合音”类的几个喃字作为该类字的代表。它们是“𤯩SỐNG / TRỐNG”字与“𡽫VUI”字。

𤯩　𡽫

谈到越语喃字中的表音字符，在文字学说方面有一点值得注意，在喃字以及如汉字在内的同类型方块字中，所有的表音字符都没有简化、归纳及改变形体以形成一个专门的数量一定的表音系统（如日本人所使用的假名）。只有当表音字符的创建越来越专门化之后，形成一个数量一定的“表音字符”系统或者是字母表，或者是书写时按照语音逐个书写排列，而不关乎语义（只需要将各表音字符相互组合），则此时可以说已经形成了一个真正的表音（记音）文字系统。我们所知道的喃字尽管具有一些鲜明的表音功能，但始终仍然是“表音-表意”文字系统。在这里显然应该区别“表音-表意”文字中的“表音记音”文字以及“拼写记音”文字中的纯粹单体字或字母（如高丽的谚文或我们现在使用的国语字）。

① 详见[越]黄春瀚：《陈黎时期的喃文和喃字》，载《巴黎社会科学》集刊 1978 年第 5 辑，第 13 页。

下面我们再谈一谈同越语喃字文本中“表音字符”的表音功能相关的一些问题：

首先，谈到用两个“独立”的汉字来表示一个早期越语中具有Cv-CVC语音结构的越语字现象，我们可以在《佛说大报父母恩重经》解音文本中遇到很多这样的情况。对于喃字而言，这是用汉字来表示古越语字词的开端。然而，当喃字系统已经成为一个稳定的系统之后，相应地越语也已经成为一门独立的音节性语言，而书写上还没有被严格地限制在方块格子之中，亦流传不久，可以视该现象为初期现象，还未成为一个系统，即未“入流”。我们在谈及喃字形成历史进程中的初始阶段时，该现象应该单独考察。有一些像这样用两个汉字来记录的越语词在后世的喃字文本中仍有出现，在于很多时候首音节 Cv-已经被“认为”是一个独立的音节了。例如在阮廌的《国音诗集》中，除了像硶Đá、肝Ngàn 这样的形声字，偶尔我们还会遇到像羅硶la-đá、羅肝la-ngàn 这样的双音节字（如：鬪㝵趍羅硶痌Dấu người đi la-đá mòn[10a]，羅肝嫩渃蔑尚奚 La-ngàn non nước một thằng hề [38a]）。在这里，“羅 la”字占了六言或七言诗体中的一个音节，而“硶đá”字和“肝ngàn”字不仅仅是表音单体字，而且跟随表意成素“石”或“千”已经“意化”成形声字。因此应该把“羅 la”作为一个单独的喃字，尽管该字的意义仍没有被单独区别出来。

接下来，可以发现：合音喃字结构中（并列或者正副），至少得有一个成素其本身是可以用来记录该越语语素的（按照表音单体的方式）。因此，合音造字的目的是什么呢？有人认为这样做“在读法上毫无帮助，反而还有害处”[①]。对于上面已经列举的一些并列合音字，尤其是非标准形式的那一类，仅仅从字面上看，完全会给我们两种需要抉择的读法。这种“二读”的情况可以通过其出现的语境来加以解决。然而，我们也不能否认并列合音造字方法中的一些积极层面：第一，通过这种方法，在字形层面实现了喃化，减少了汉字直接借入用以记录越语语音。第二，打消了读汉越音的可能，并减少了使用借入单体汉字的语义联想方式，完全地按照“喃音喃义”进行。而正副合音字中附加字符在 C_1C_2 复辅音中所承担表示 C_1 的作用十分明显，尤其是相对于当前实际越语读音的古语音而言。同黎末阮初之后的越语实际语音相比来看，字中的各附加字符仍得以继承了下来，但似乎只是用来表示需要调整喃字中主字的读音罢了，使其符合实际读音。

同时，我们要联系到汉字，需要考察在汉字中是否也有产生上述同喃字中“表音合体”结构相似的演变方式。在汉字研究界，尚未有任何学者提及喃字中的“表音合体”（并列合音或正副合音）现象。实际上，在我们知道的成千上万的汉字中，似乎没有任何一个纯粹表音的汉字是可以分成两个不同的表音部件的。当然，有一些汉字具有同样的表音符号却形成了不同的古音，一些学者便在此基础上假设上古汉语语音中存在“复辅音”，如：*[kl-]、*[ml-]、*[pl-] 以及*[kt-]、*[kp-]、*[mp-]、*[nt-]、*[xm-]等等。例如：“各”字作为“格”“阁”的声符，但同时又作为“路”和“洛”的声符等等。如此一来，“各”字很有可能原有一个 C_1C_2 式复辅音声母*[kl-]，但是“格”和“阁”字只保留了 C_1 部分*[k-]；而“路”和“洛”字保留了 C_2 部分*[l-]。

① [越]陶维英：《喃字的起源、结构与演变》，河内：社会科学出版社，1975年，第 81 页。

当然也有可能所有的字在一开始都以 C_1C_2 双辅音*[kl-]为音节头。该假说一开始由英国人艾约瑟（Edkins）提出，其后瑞典人高本汉（B. Karlgren）在其关于汉语语音同汉日语音的著作中进行了详尽的阐述，于 1940 年公布于世。苏联学者雅洪托夫（S.E. Yakhontov）和加拿大学者蒲立本（E.G. Pulleyblank）两位汉学家也认为上古汉语语音存在复辅音，但其都于唐之前消失殆尽[①]。在中国的语言文字学界，有人基本赞成该观点[②]，亦有人激烈反对[③]。直到今天，上古汉语中是否真正存在复辅音仍然是一个争论激烈的话题。然而，不论该问题未来朝着那个方向发展，有一个不争的事实是，当遵循“合体表音”方式来进行喃字创造时，越人的先祖并没有从汉字的构造方式中学到什么，并没有反映出许慎所言的“六书”。这确实是我们祖先在语言文字领域的一个重要创举，使得喃字可以适合彼时的越语语音需要。

将两个表音成素放进一个方块字从而产生“表音合体”字（即“合音”字）的模式是一个突出的创举，但这是否仅仅是越语喃字中的成果呢？与喃字同类的方块字中，我们还没有发现哪一类“正副合音”字能够像越语喃字那样反映 CC-复辅音音节头（用“个”字或“く”来调整字音的情况也有存在），而该类情况中越语喃字的所占位置便显得十分清楚了，尤其是在其诞生和发展之初时。而对于“并列合音”字，偶尔也能在中国的壮字（“古壮字”）或瑶字中发现二三。例如

---

① ［加］蒲立本著，潘悟云译：《上古汉语的辅音系统》，北京：中华书局，1999 年。

② 董同龢：《汉语音韵学》，台北：文史哲出版社，1997 年。

③ 唐兰：《中国文字学》，上海：上海古籍出版社，1979 年。

《古壮字字典》[①]中的下列各字：

- 𭃄{房+方}>*fangz* [fa：ŋ²]：鬼，神
- 三山{三+山}>*sanq* [θa：n³]：散开
- 𭃅{巷+蘭}>*ranz* [γa：n²]：房屋

最后，还需要注意在研究具体喃字的表音功能时，我们将遇到表音成素同地方方言间的关系问题。实际上，大部分喃字并不是按照方言形成的，尤其在手工刻板印刷技术出现之后，其在相当大的程度上依靠全民范围内的经典文本，继承和保留了传统，保证了统一性。然而，一定情况下地方方言偶尔也会影响到具体词语的书写。在深入研究中部和南部的喃字文本之后，我们发现了诸多这样的情况。通过喃字对方音进行初步的研究在阮氏林（Nguyễn Thị Lâm）[②]的一些研究论著中有所涉及。

B. 纯表意喃字

三、表意单体字

单体表意是直接借汉字为喃字的两种方法之一：一是“以音读借

① 广西壮族自治区少数民族古籍整理出版规划领导小组主编：《古壮字字典》，南宁：广西民族出版社，1989 年，第 154、448、415 页。

② ［越］阮氏林：《喃字中表音现象的地方性》，载《汉喃杂志》1985 年第 1 期；［越］阮氏林：《喃字与南部方言语音》，载《汉喃杂志》1993 年第 2 期；［越］阮氏林：《从阮公著的国音诗看地方喃字》，载《2003 年汉喃学通讯》，河内：越南汉喃研究院，2004 年。

汉字”，包括上面已经谈到的“表音单体字”（属 C1 和 C2 小类）；二是“以语义借汉字”，脱离汉越音，读喃音，称之为“表音单体”喃字，在我们的分类表中属于 B 类。

可以这样说，在萌生借用汉字来记录自身言语的想法之初，我们都面临着两种可以直接借入汉字的方法：“借音”还是“借意”。按照日本文字学家的术语，“借音”叫做“音读”，“借意”称为“训读”。直接以“音读”方式借入汉字会怎样，我们已经在上述部分中谈论过了。从相对较早的喃字文本中考察喃字发现，直接“借意”借入喃字虽不及“借音”的方式使用得频繁明显，但也并不是一开始就没有被采用。下面列举一些早期文本中的单体表意字：

❖ 《佛说大报父母恩重经》解音：

○ 丁“đinh”读 ***đứa***：

- 丁昆夕他庄討。Đứa con làm thơ chẳng thảo [36a].

○ 𫧇 [能“năng”>𫧇]读 ***hay***：

- 或來莽昆庄𫧇李芸。Hoặc lại mắng [‘nghe’] con chẳng hay học nghề [20b].

❖ 在陈仁宗的《居尘乐道赋》（莲花寺刻本，1745）中：

○ 遍“biến”đọc ***bận / lần***；國“quốc”读 ***nước***：

- 經祐巴遍牸宜買國新羅。Kinh xem ba bận，ngồi ngơi mé nước Tân La [25a].

○ 粥“chúc”读 ***cháo***，内“nội”读 ***trong***：

- 免特蔑时斋蔑时粥。滙戒悉槌戒相。内外年菩薩莊嚴。Miễn được một thời chay một thời cháo. Sạch giới lòng，giồi giới tướng，trong ngoài nên bồ tát trang nghiêm[26a].

❖ 《指南玉音解义》（AB.372）：

○ 直 “trực”读 ***ngay***：

- 直榻𢁋𡑝底直。“Trực tháp：giường hẹp để ngay [38a].

○ 卵“noãn”读 ***trứng***：

- 雅塤形似卵猧。“Nhã viên”：hình tựa trứng gà[46b].

❖ 《洪德国音诗集》（AB.292）：

○ 劲“kinh”读 ***cứng***：

- 節勁丈夫松意伴。Tiết cứng trượng phu tùng ấy bạn[44a].

○ 少“thiểu”读 ***ít***：

- 世間少几別味咳。Thế gian ít kẻ biết mùi cay [9b].

○ 幸“hạnh”读 ***may***：

- 梅驛幸信儂急䘊。Mai dịch may tin nào kíp ruổi [57b].

以上为李陈初期至黎朝期间喃字作品中的一些直接读喃音的汉字，其贯穿了喃字的出现到兴盛。往后，像这样的向汉字“借意”的喃字逐渐减少，但也不是完全消失。它们仍可以在黎郑时期，乃至阮朝时期的文本中看到。例如：

❖ 《天南语录外纪》（AB.478）：

○ 蝶“điệp”读 ***bướm***，蜂“phong”读 ***ong***：

- 蝶蜂渚敢斯花。Bướm ong chửa dám gần hoa [24a].

- 蝶拯兑䙕蜂庄貪清。Bướm chẳng đoái nhìn, ong chẳng tham thanh [63b].

o 槊“sáo”读 ***giáo***:

- 皇后扲槊刬硻。Hoàng hậu cầm giáo đâm mài [105b].

o 釣“điếu”读 ***câu***:

- 芹釣㐌拮石磐拯袩。Cần câu đã cất, thạch bàn chẳng xem[42a].

❖ 《金云翘新传》(柳文堂嗣德二十四年[1871]刻本)中:

o 採“thái”读 ***hái***:

- 師它採𦹳方賒。Sư đà hái thuốc phương xa [69a].

o 腋“dịch”读 ***nách***:

- 𠊛腋戥几𢬣刀。Người nách thước, kẻ tay đao [14a].

❖ 《富贫传演歌》[1885]:

o 爹“da”读 ***cha***:

- 特𡥵傷悗添爹𢞅為。Được con yêu mến, thêm cha yêu vì [16b].

❖ 《国风诗集合採》:

o 採“thái”读 ***hái***:

- 蹽𨖅核𣘃採花。跳𨑜𥢆茄採蕊尋春。Trèo lên cây bưởi hái hoa. bước xuống ruộng cà hái nụ tầm xuân [15b].

o 三“tam”读 ba:

- 待姑三𠤩𠄩进没年南𠉞。Đợi cô ba bảy hai mươi mốt năm nay [24a].

很容易发现，之所以这样的汉字不读汉越音而直接读喃字字音是因为语境的决定。在这样的喃字文本语境中很难读成其他的发音，否则听话人将一头雾水，至少也会听得不顺耳。简（略）写用来读喃字音的汉字，如上述例子中的“能 năng”略写成“匕”而读作“hay”（属于自创单体表意喃字类），其同属此类。以及“夕làm”，可以说该字是“爲 vi”字的简略化。此外自创喃字还有“女đĩ”，具有表意功能，用一点置于“女”字之中，从而体现“指事”功能（例如：馭𠀲等貼𠀲類巿沛如埃麿女藥。Người ba đấng，của ba loài. Nào phải như ai mà đĩ rạc[①].）壮人亦用此字，但音读及字义完全不同：ced [ce：t[8]]，指女性或是雌性的生殖器。所有简写的自创单体表意字都属于我们所归纳的总表中的 G2 类。该类字不多，与自创表音单体字（属 G1 类）一起，在讨论汉喃字化的情况中需要就其来源进行单独考察。而“单体表意”类字，除已提到的“凸 Lồi”和“凹 Lõm”二字外，我们用“能 HAY”（“năng”）与字“採 HÁI”（“thái”）作为该类字的代表。

能　採

四、复合表意（会意）

与复合表音（合音）相似，复合表意是自创的一类合成字，只不过这里的两个成素皆为表意成素，而不是表音的。这正是传统上的“会意”字。复合表意字也可以分为“并列”结构和“正副（偏正）”结构两种。

---

①《桂山诗集》，第 19a 页。

（1）并列会意。属于 E1 类。该类喃字的各部分成素都具有表意功能。换句话说，在成为“会意”结构中的表意成素之前，这些成素都是可以独立使用的汉字，具有相似或相关联的语义，而通过表意功能相互组成一个方块字。仔细考察并列会意结构中的各成素的作用，我们可以分为以下几个小类：

（a）两个成素同义，且还与构成的喃字同义，其中有一个或两个成素原本就被按照音意兼收（汉越音偏读）的方式借入且能够独立使用，如：代“đại”>đời，役“dịch”>việc，礼“lễ”>lạy，拜“bái”>vái，命“mệnh”> mạng/mình，支“chi”> chia，等等。这些会意喃字因带有其中一个成素的音，所以有时也将其视为“形声”字。然而其成素的表意作用十分突出，因此将其置于“会意”字类也是很容易得到接受的。该类属字较多。例如：

○ ***Chia*** 𢺺/𢻒{支“chi”为“分支”+分“phân”为“分开”}。“𢺺”字的出现频率比“𢻒”更高。例如：

- 脏𢺺姅𡎝𠀧羅。𡧲夾更班𤯩𠀧。Đêm chia nửa, khéo hai là. Giữa giáp canh ban trống ba.[①]

- 分𢻒汰汰蔑萌拯兮。Phân chia thảy thảy một manh chẳng hề.[②]

- 河梁𢺺𢬣塘尼。Hà Lương chia rẽ đường này.[③]

---

①《洪德国音诗集》，第 7b 页。

②《天南语录外纪》，第 28b 页。

③《征妇吟备录》，第 4a 页。

- 姅情姅景如㪿𢚸悉。Nửa tình nửa cảnh như chia tấm lòng.[①]

○ ***Chuộng***𪀄/𨤔 {重“trọng”为“器重”+尚“thượng”为“喜爱”}:

- 𪀄貼改㐱朋㘨岃。Chuộng của cải chỉn bằng non núi.[②]

- 貪青𨤔逻意羕云云。Tham thanh chuộng lạ, ấy dường vân vân.[③]

- 世間𪀄貼𪀄功市埃固𪀄得空夕夷。Thế gian chuộng của chuộng công. Nào ai có chuộng người không làm gì.[④]

○ ***Đời***𣈜/岱 {世“thế”为“人生”+代“đại”为“人世”}。“𣈜”使用非常普遍，而“岱”字则比较少见。例如:

- 𨕭𣈜㐱意客羅仙。Trên đời chỉn ấy khách là tiên.[⑤]

- 為岱把義為𣈜𪟽功。Vì chồng trả nghĩa, vì đời ra công.[⑥]

- 埃空術道罪岱㩡屍。Ai không về đạo tội đời lỗi thây.[⑦]

○ ***Gồm***𢶒/㨼/㸗 {兼“kiêm”为‘包含’+並“tịnh”为“并列”}:

- 棍權欣飭畧韜𢶒才。Côn quyền hơn sức, lược thao gồm tài.[⑧]

①《金云翘新传》，柳文堂嗣德二十四年（1871）刻本，第21b页。

②《新编传奇漫录增补解音集注》卷二，第21b页。

③《天南语录外纪》，第79b页。

④《里巷歌谣》，第39a页。

⑤《国音诗集》，第62a页。

⑥《天南语录外纪》，第10a页。

⑦《杨慈-何茂》，第27页。

⑧《金云翘新传》，柳文堂嗣德二十四年（1871）刻本，第47a页。

- 范公廷重𢹣塘略韜。Phạm công Đình Trọng gồm đường lược thao.[①]

- 沒茹福禄𢹣𠄩。Một nhà phúc lộc gồm hai.[②]

○ ***Lạy***禮{礼“lễ”为“礼拜”+拜“bái”为“揖拜”}:

- 調寅寅合吏逴禮讓𫜵𨖲。Đều dần dần họp lại，rước lạy nhường ngồi trên.[③]

- 娘阿蛮料庄咍旦禮望麻衛。Nàng A Man liệu chẳng hay đến，lạy vọng mà về.[④]

- 𢯏蓮朱姉禮末仕疎。Ngồi lên cho chị lạy rồi sẽ thưa.[⑤]

○ ***Mình***𨉟/躰{身“thân”为“身体”+命/𠇮“mệnh”为“生命”}:

- 霜雪市兮變𨉟。Tuyết sương nào hề bén mình.[⑥]

- 買咍賊於邊𨉟空賒。Mới hay giặc ở bên mình không xa.[⑦]

- 發牢𢜝浽昆𠫾𠬠躰。Phút sao nên nỗi con đi một mình.[⑧]

○ ***Xưa*** 𠸗/𠸗{初“sơ”为“开始”+古“cổ”为“古代”}:

①《大南国史演歌》，第 53a 页。

②《金云翘新传》，柳文堂嗣德二十四年（1871）刻本，第 69a 页。

③《新编传奇漫录增补解音集注》卷四，第 56a 页。

④《古珠法云佛本行语录》，第 6b 页。

⑤《金云翘新传》，柳文堂嗣德二十四年（1871）刻本，第 17a 页。

⑥《洪德国音诗集》，第 17b 页。

⑦《大南国史演歌》，第 7b 页。

⑧《蓼云仙传》惟明氏，第 7b 页。

- 馭𣜾景𦹵𠅗𠅗佐窖艮魚𡗶屡逐頭 。Người xưa cảnh cũ đâu đâu tá. Khéo ngẩn ngơ thay lũ trọc đầu.[①]

- 淡仙娘意𣜾罒歌兒 。Đạm Tiên nàng ấy，xưa là ca nhi.[②]

- 忟𢅫跡𦹵固爻馭𠸜噲烏雷 。Nhớ xưa tích cũ，có một người tên gọi Ô Lôi.[③]

（b）只有一个汉字成素同组成喃字字义相同，另一个成素用以表示将字形喃字化，或将喃字字义具体化。例如：

○ ***Cụt***𩨷{短“đoản”为“短小”+骨“cốt”为“骨骼”}：

- 昌𩨷。Xương cụt .[④]

○ ***Dẫn*** 𠠩{先“tiên”为“前”+引“dẫn”为“引导”}：

- 𠠩𠚢旦畧中軍。Dẫn vào đến trước trung quân.[⑤]

○ ***Tìm*** 尋{去“khứ”为“去往”+尋“tầm”为“寻找”}：

- 舘浪黜塊尋趍𧡊澄。Quán rằng ra khỏi tìm đi thấy chừng.[⑥]

○ ***Trời*** 𡗶/𡗶{天“thiên”为“苍天”+上“thượng”为“上方”}：

- 𡗶班最約術𠁀 。Trời ban tối，ước về đâu.[⑦]

①《春香遗稿》，第 14b 页。

②《金云翘传》乔莹懋本，第 2a 页。

③《本嘶何乌雷》，第 2a 页。

④《嗣德圣制字学解义歌》卷三，第 6b 页。

⑤《金云翘传》，柳文堂嗣德二十四年（1871）刻本，第 54b 页。

⑥《蓼云仙传》惟明氏，第 24a 页。

⑦《国音诗集》，第 8a 页。

- 固𡽫固渃固𩄲固𡗶。Có non có nước，có mây có trời.①

- 縱唏弧矢罘方𡗶。Tung hơi hồ thỉ bốn phương trời.②

- 役㝵庄恪役䏾蓮𡗶。Việc người chẳng khác việc trăng trên trời.③

○ ***Trùm***𠆳 {人 "nhân" 为 "人" +上 "thượng" 为 "上方"}：

- 𥙩𠄩得固德行仁政麻保⺍正副𠆳 。Lấy hai người có đức hạnh nhân chính mà bầu làm chánh phó trùm.④

- 蘥𠆳技額鞊𨖲𢩮茹。Rêu trùm kẽ ngạch cỏ lên mái nhà.⑤

（c）有时将一成素重叠使用，而其成素原本也是直接借入的汉字，如：字 "tự" > chữ，重 "trùng" >chồng，等等。但其并不表示 "复数"，而仅是表示一个自创的喃字。一部分字当然也会 "保留" 构字成素的喃字字音，却没有人将其视为 "形声" 字。例如：

○ ***Chồng*** 𡏦{重 "trùng" 为 "重叠" +重 "trùng" 为 "重叠"}：

- 胋糯固𠃣錢𡏦如𡽫。Thịt xôi có ít，tiền chồng như non.⑥

○ ***Chữ***𡨸 {字 "tự" +字 "tự" 为 "字"}：

- 矯群律律𡨸相如。Kẻo còn rọt rọt chữ Tương Như.⑦

---

①《天南语录外纪》，第 82b 页。

②《春香遗稿》，第 7b 页。

③《蓼云仙传》，编号 Vv.304，第 1b 页。

④《太平省直定县高迈总博泽社俗例》，第 4b 页。

⑤《金云翘新传》，柳文堂嗣德二十四年（1871）刻本，第 68a 页。

⑥《里巷歌谣》，第 39a 页。

⑦《国音诗集》，第 15a 页。

- 𡨸浪守分愁难入。Chữ rằng thủ phận sầu nan nhập.[①]
- 伶伶昔越固𠄩𡨸题。Rành rành tích việt có hai chữ đề.[②]
- ○ ***Giữ*** 𡨹 {守“thủ”+守“thủ”为“守”}:
- 役兵補拯𡨹扛。Việc binh bỏ chẳng giữ giàng.[③]
- 𣈜家罒𡨹役茹官“Quản gia”là giữ việc nhà quan.[④]

我们用“㓡CHIA”字和“𡗶TRỜI”字作为“并列会意”字的代表字。

㓡　𡗶

（2）正副会意。属 E2 类。在正副会意字中，由一汉字或是喃字直接表现所构成喃字的字义，而剩下的成素往往用汉字部首构成，用来表示语义范畴或构成喃字的“语义范围”。可以分为两小类：

（a）所构成的喃字为一纯越语素，则在会意结构中汉字为主要成素，剩下部分多为部首。例如：

- ○ ***Chuỗi***綞{糸“mịch”指“丝绸，丝织品”+串“xuyến”为“串”}:
- 𠬠搜綞紇芒𦨭𢵫悉。Một xâu chuỗi hột mang vai gìn lòng.[⑤]
- ○ ***Đứa*** 仃{亻“nhân”指“人”+丁“đinh”为“男子”}:

---

①《程国公阮秉谦诗集》，第 21a 页。

②《金云翘新传》惟明氏重刊本，第 29a 页。

③《金云翘新传》，柳文堂嗣德二十四年（1871）刻本，第 53a 页。

④《日用常谈》，第 45a 页。

⑤《杨慈-何茂》，第 10 页。

- 功名忙渹意全羅仍仃癡悚。Công danh mảng đắm, ấy toàn là những đứa ngây thơ.[①]

○ ***Rảo*** 踍 {足 "túc" 指 "脚" +到 "đáo" 为 "到达"}:

- 体炤創瞮爒急踍典蔕。Thấy lửa sáng chớp rạng, kíp rảo đến đấy.[②]

○ ***Tro*** 炑 {火 "hoả" +灰 "khôi" 为 "灰烬"}:

- 抶清埝埝炑殘。Quét thanh bụi bụi tro tàn.[③]

○ 梭鐄鉌撒炑殘紙飃。Thoi vàng vó rắc, tro tàn giấy bay.[④]

○ ***Trông*** 瞠 {目 "mục" 指 "眼睛" +望 "vọng" 指 "看，瞭望"}:

- 瞠潙故国別兜罒茹。Trông vời cố quốc biết đâu là nhà.[⑤]

- 翁瞠蓮榜覔觡翁。Ông trông lên bảng thấy tên ông.[⑥]

○ ***Trở*** 踿 {足 "túc" 指 "脚" +反 "phản" 为 "倒"}:

- 廊制乜踿術瑹歇緣. Làng chơi đã trở về già hết duyên.[⑦]

- 踿術坦𡓇拇梖饃蟳。Trở về đất bãi hái dâu chăn tằm.[⑧]

○ ***Vôi*** 硋 {石 "thạch" 指 "石头" +灰 "khôi" 指 "灰烬"}:

---

①《居尘乐道赋》永严寺刻本，第 24b 页。

②《新编传奇漫录增补解音集注》卷四，第 40b 页。

③《天南语录外纪》，第 29a 页。

④《金云翘新传》，柳文堂嗣德二十四年（1871）刻本，第 3a 页。

⑤《金云翘传》观文堂 1901，第 38a 页。

⑥《渭城佳句摺编》，第 5a 页。

⑦《金云翘新传》，柳文堂嗣德二十四年（1871）刻本，第 18b 页。

⑧《里巷歌谣》，第 5a 页。

- 埃㝵分泊如硋。Ai ngờ phận bạc như vôi.[①]

- 料命翁㐌招頭墻硋。Liều mình ông đã gieo đầu tường vôi.[②]

○ ***Vú***㜥/䏔{女“nữ”指“女性”/肉“nhục”指“肌肉”+乳“nhũ”指“乳房”}：

- 㜥衛㗖𥚄茄圭。Vú về thăm bõ/bố nhà quê.[③]

- 媄咻嘀於䏔𡥵㗂𩈘趷倍。Vợ lăm le ở vú. con tập tễnh đi bồi.[④]

○ ***Xuống***㐌{F2：辶“xước”指“变换，转移”+下“hạ”为“下去”}：

- 創埋固几𨑜尋。Sáng mai có kẻ xuống tìm.[⑤]

- 鬼調搊𨑜庄戈塊求。Quỷ đều xô xuống chẳng qua khỏi cầu.[⑥]

（b）所构成的语素为一汉语语素，且其会意结构中的主体正是其汉字，其次要成素为一部首。例如：

○ ***Dao*** 刀刂/釖{刀“đao”+刂“đao”指“刀”/金“kim”指“金属”为“刀”}：

---

①《天南语录外纪》，第55a页。

②《金云翘新传》，柳文堂嗣德二十四年（1871）刻本，第15b页。

③《里巷歌谣》，第48b页。

④《渭城佳句摺编》，第5a页。

⑤《杨慈-何茂》，第28页。

⑥《杨慈-何茂》，第43页。

- 或固几拎緈（糸+預）或固几拎刟鋸。Hoặc có kẻ cầm dây rợ，hoặc có kẻ cầm dao cưa.[1]

- 郑歆尢脃劒釖。Trịnh Hâm đem dạ gươm dao.[2]

○ ***Ghi***䈢{竹“trúc”指“纸笔”+記“ký”指“记录书写”}：

- 㗂䈢閣鳯像傳臺麟。Tên ghi gác phượng，tượng truyền đài lân.[3]

- 貼信噲沒㶸尼夕䈢。Của tin gọi một chút này làm ghi .[4]

○ ***Khuyên*** 囒{口“khẩu”指“嘴”+勸“khuyến”指“劝说”}：

- 得詩客醞遁哋囒。Người thơ khách rượu rộn mời khuyên .[5]

- 太后囒咄慇懃。Thái hậu khuyên dỗ ân cần.[6]

○***Thỏ***𤠄{犭“khuyển”指“像犬类的动物”+兔“thố”为“兔”}：

- 塘䳽西𤠄路程掣包。Đường chim dấu thỏ lộ trình xiết bao.[7]

○ ***Chiềng***呈{口“khẩu”指“嘴”+呈“trình”指“禀报”}：

- 呐呈𨍦𨎟云為。Nói chiềng sau trước vân vi.[8]

○ ***Vượt***𣼽{氵“thuỷ”指“水”+越“việt”指“越过”}：

---

①《新编传奇漫录增补解音集注》卷四，第16a页。

②《蓼云仙传》惟明氏，第23a页。

③《征妇吟备录》，第29a页。

④《金云翘新传》，柳文堂嗣德二十四年（1871）刻本，第9a页。

⑤《洪德国音诗集》，第3a页。

⑥《天南语录外纪》，第76b页。

⑦《杨慈-何茂》，第9页。

⑧《天南语录外纪》，第62b页。

- 旽潘共㝵廊𨖲浽另蒂。Ngươi Phan cùng người làng vượt bể lánh đấy.[①]

- 順風㳥蕼𨖲迎淩斉。Thuận phong một lá vượt sang bến Tề.[②]

- 浽冤末拱固渡𨖲戈。Bể oan rồi cũng có đò vượt qua.[③]

我们用"𨀎TRỞ"字和"嚾KHUYÊN"字来作为"正副会意"字的代表字。

𨀎 嚾

虽然合音字在其他方块字系统中难以寻觅（首先是在汉字之中），但是会意字却在同类型的文字之中十分常见（汉字、壮族方块字、岱喃字等等）。在日本，虽然有用汉字笔画形成的字母（假名），但他们也创制了很多称之为"和字"或"国字"的方块字。其中，最常用的构字方法便是会意字。一个日语词的语音结构常较长（三、四个音节），使得用汉字注音十分麻烦（因此没有合音字），但却多用两个汉字按照字义组合在一起,形成一个会意字来表达日语词汇。例如:{身"thân"+美"mĩ"}>躾，意为"俊俏美丽"；{火"hoả"+田"điền"}>畑，意为"旱田"；{魚"ngư"+冬"đông"}>鮗，意为"一种冬季捕捞的鱼"；等等。按照中国学者陆锡兴的研究，在方块壮字中，会意字的字数较之于喃字更多，在他看来，是因为越南是一个域外独立国家，因此同壮人不同，其可以放宽汉字使用政策，使其朝着方便越

①《新编传奇漫录增补解音集注》卷四，第8b页。

②《金云翘新传》，柳文堂嗣德二十四年（1871）刻本，第34b页。

③《芳花备录》，第47a页。

南民众交流方便的方向发展[①]。换句话说，会意字并不反映说话人的母语，因此其是在汉字基础上依靠其字义而形成的“超民族”表意字，也正是这样而得到了接受。

C. 表音加表意喃字

五、表音加表意喃字（形声）

该类属 F 类自创字，音意兼顾，其中表音部分表示语素的音读（正确的或近似的），表意部分除了具有表示字义的功能外，有时还有调整音读的作用。按照“六书”之说，该类字为“形声字”。在汉字类文字使用区域内这种表音加表意的构字方式使用非常普遍且占有很大的分量。因此，上述对于已发现的合音字和会意字我们已经做了足够的列举，所以这里再列举大量的形声字便没有必要了。然而，当谈及形声结构喃字的时候，我们仍不能省去一些具体的例子。我们只选取一些纯越及基本语素为代表的喃字作为例子，比如说数词、人的肢体器官名词、自然界对象，以及同越人日常生活劳作相关的一些词语等。尽管如此，也没有必要一定要从具体的文本中摘出来很多句子。如同合音喃字与会意喃字，形声喃字同样是一类合成字，通常具有两个成素：一个表音，一个表意，根据字中的成素不同可将其分作两小类：（F1）“并列形声”喃字以及（F2）“正副形声”喃字。

（1）并列形声喃字。属 F1 类。将形体结构以及表音或表意功能中两个作用相等的成素组合起来。例如：

① 参见陆锡兴：《汉字传播史》，北京：语文出版社，2002 年，第 232 页。

○ ***Một***𠬠 {一“nhất”+沒>𠬠một > mốt}为一：

- 周公繼德𠄩王追尊崇祀顯揚𠬠湧。Chu công nối đức hai vương. Truy tôn sùng tự hiển dương một dòng.[①]

- 川流吏拱相通童𠀧进𠬠天同聖人。Xuyên lưu lại cũng tương thông. Đồng ba mươi mốt thiên đồng thánh nhân.[②]

○ ***Hai***𠄩 {台“hai”（音）+二“nhị”（意）}为二：

- 埃埃調固𠄩昆眛。Ai ai đều có hai con mắt.[③]

- 勸吪𠄩昆駢共蹺隊。Khuyên dạy hai con bền cùng theo đòi.[④]

- 色停隊沒才停和𠄩。Sắc đành đòi một，tài đành hoạ hai.[⑤]

○ ***Ba***𠀧{巴“ba”（音）+三“tam”（意）}为三：

- 春𠀧腁耒秋𠀧腁。Xuân ba tháng thì thu ba tháng.[⑥]

- 蔑悉决拯𠄩𠀧。Một lòng quyết chẳng hai ba.[⑦]

- 清明𨕭節腁𠀧。Thanh minh trong tiết tháng ba.[⑧]

○ ***Bốn***𦊚 {四“tứ”（意）+本“bổn”（音）}为四：

- 瀉悉煩踈𦊚勾。Tẩy lòng phiền thơ bốn câu.[⑨]

---

①《中庸演歌》，第 11a 页。

②《中庸演歌》，第 17a 页。

③《国音诗集》，第 41b 页。

④《新编传奇漫录增补解音集注》卷一，第 32a 页。

⑤《金云翘新传》，柳文堂嗣德二十四年（1871）刻本，第 2b 页。

⑥《国音诗集》，第 67a 页。

⑦《天南语录外纪》，第 63b 页。

⑧《金云翘新传》，柳文堂嗣德二十四年（1871）刻本，第 2b 页。

⑨《国音诗集》，第 22a 页。

- 𢀭𠄩迻𦊚𢆥，㐌楊昨拯固病麻秩。Sau hai mươi bốn năm, ngươi Dương Tạc chẳng có bệnh mà mất.[①]

- 丈夫率㐌動悉𦊚方。Trượng phu thoắt đã động lòng bốn phương.[②]

○ ***Năm***𠄼/五南{南"nam"（音）+五"ngũ"（意）}为五：

- 芒種皮節𣎃𠄼。Mang chủng vừa tiết tháng năm.[③]

- 歲㐌𠄼𨑮頭㐌泊。Tuổi đã năm mươi đầu đã bạc.[④]

- 朱黃卒𠄼梭。Cho vàng tốt năm thoi.[⑤]

- 𦠘𠄼𡱩𢌌，身𨑮𡱩高。Vai năm tấc rộng, thân mười thước cao.[⑥]

- 𣎃罰𠓨買造𤛠𤙭。底朱些吏𠫾務𣎃五南。Tháng tư đi tậu trâu bò. Để cho ta lại làm mùa tháng năm.[⑦]

下面，更大一些的指数单位喃字同样是按照并列形声构字法组成。

○ ***Sáu***𦒹{老"lão"（音）+六"lục"（意）}为六：

- 棺材𦒹冨謹封。Quan tài sáu bức ghín phong.[⑧]

---

①《新编传奇漫录增补解音集注》卷一，第48b页。

②《金云翘新传》，柳文堂嗣德二十四年（1871）刻本，第48a页。

③《指南玉音解义》，第1b页。

④《国音诗集》，第27b页。

⑤《新编传奇漫录增补解音集注》卷四，第47a页。

⑥《金云翘新传》，柳文堂嗣德二十四年（1871）刻本，第47a页。

⑦《国风诗集合採》，第8b页。

⑧《指南玉音解义》，第45b页。

- 韶光𠃩𨑮𠀧外䏾进。Thiều quang chín chục đã ngoài sáu mươi.[1]

○ ***Bảy***𦉱{罷>罢“bãi”（音）+七“thất”（意）}为七：

- 𨁪人生𦉱糝邁。Rất（rốt）nhân sinh bảy tám mươi.[2]

○ ***Tám*** 参八 {参“tam”（音）+八“bát”（意）}为八：

- 𨁪人生𦉱糝邁。Rất（rốt）nhân sinh bảy tám mươi.[3]

○ *Chín* 𠃩/参九/𠃩{九“cửu”（意）+参“chẩn”（音）}为九：

- 可嘆歲𦓅外参九邁。Khá than tuổi già ngoài chín mươi.[4]

- 皮䏾邁餘糝𠃩秋。Vừa sáu mươi dư tám chín thu.[5]

- 群意邁分拯咍特𠃩。Còn ấy，mười phần chẳng hay được chín.[6]

○ ***Mười/Mươi***邁/进{邁>迈“mại”（音）+十/什“thập”（意）}为十、什：

- 皮䏾邁餘糝𠃩秋。Vừa sáu mươi dư tám chín thu.[7]

- 体蔑娘㗂歲可邁森邁䏾。Thấy một nàng đẹp，tuổi khả mười lăm mười sáu.[8]

---

①《金云翘新传》，柳文堂嗣德二十四年（1871）刻本，第 2b 页。

②《国音诗集》，第 47a 页。

③《国音诗集》，第 47a 页。

④《古珠法云佛本行语录》，第 11a 页。

⑤《国音诗集》，第 8b 页。

⑥《新编传奇漫录增补解音集注》卷四，第 54a 页。

⑦《国音诗集》，第 8b 页。

⑧《新编传奇漫录增补解音集注》卷二，第 48a 页。

- 韶光尨𨑮㐌外𦒹进。Thiều quang chín chục đã ngoài sáu mươi.[1]

○ ***Chục***𨑮{逐“trục”（音）+十“thập”（意）}为什：

- 韶光尨𨑮㐌外𦒹进。Thiều quang chín chục đã ngoài sáu mươi.[2]

○ ***Trăm***𤾓/栢｛“bách”（意）+“lâm”（音）}为百：

- 小姨姨乙栢咍每羕。Tiểu di dì út trăm hay mọi dường.[3]

- 埃曾富貴𠇍𤾓茷。Ai từng phú quý mấy trăm đời.[4]

○ ***Ngàn / Nghìn***𠦳{彦“ngạn”（音）+千“thiên”（意）}为千：

- 𢚸踈𠦳琰月𠀧更。Lòng thơ ngàn dặm nguyệt ba canh.[5]

- 卞遣力士𠦳导撟帝。Bèn khiến lực sĩ ngàn người kéo đấy.[6]

可以说越语中的基数单体字和序数单体字几乎都是以并列形声喃字的形式构成。起初，如《佛说大报父母恩重经》解音本中所示，这些字都按照单体表音或者是合体表音的方式用汉字直接书写。这种情况从字“一”一直到字“八”部分都有存在。我们在讨论喃字结构的演变时将重新回到这个问题上。还有另外一些并列形声字例子：

---

①《金云翘新传》，柳文堂嗣德二十四年（1871）刻本，第 2b 页。

②《金云翘新传》，柳文堂嗣德二十四年（1871）刻本，第 2b 页。

③《指南玉音解义》，第 7a 页。

④《国音诗集》，第 22a 页。

⑤《国音诗集》，第 56b 页。

⑥《古珠法云佛本行语录》，第 13b 页。

○ ***Mắt***相/昧/瞺/翻{末“mạt”/密“mật”（音）+目“mục”（意）}为目：

- 昆相和撐頭易泊。Con mắt hoà xanh đầu dễ bạc.①
- 笠霾技昧矴瞾。Lớp mây che mắt ngại nhìn.②
- 沙渃翻滇和。Sa nước mắt chan hoà.③
- 眼目昆瞺哈袑。Nhãn mục：con mắt hay nhìn.④

○ ***Tay***揌/掭{手“thủ”（意）+思“tư”/西“tây”（音）}为手：

- 藝業拎掭於買甘。Nghề nghiệp cầm tay ở mới cam.⑤
- 体仁㝵攔揌共䟠。Thấy hai người dan tay cùng đi.⑥

○ ***Năm*** 𢆥/𬙞{南“nam”（音）+年“niên”（意）}为年：

- 䁼䠶蕩蕩似𬙞䠶。Đêm dài đẵng đẵng tựa năm dài.⑦
- 𤾓𢆥𠁑垬㝵些。Trăm năm trong cõi người ta.⑧

○ ***Đi*** 䟠/趍 {多“đa”（音）+去“khứ”（意）}为去：

- 塘乙得趍蛄急侵。Đường ít người đi cỏ kíp xâm.⑨

---

①《国音诗集》，第15a页。
②《征妇吟备录》，第22a页。
③《新编传奇漫录增补解音集注》卷一，第6b页。
④《指南玉音解义》，第11b页。
⑤《国音诗集》，第57b页。
⑥《新编传奇漫录增补解音集注》卷一，第42a页。
⑦《洪德国音诗集》，第8b页。
⑧《金云翘新传》，柳文堂嗣德二十四年（1871）刻本，第2a页。
⑨《国音诗集》，第5b页。

- 謳羅嘆婆阿蛮𪠞請柴𠀧。Âu là mượn bà A Man đi thỉnh thầy vậy.[①]

○ ***Nên*** 𢧚/𢧲{年“niên”（音）+成“thành”（意）}为成：

- 𢧚署𢧚柴為固學。Nên thợ nên thầy vì có học.[②]

- 月娥娘意𢧲𠊛。Nguyệt Nga nàng ấy nên người.[③]

○ ***Sao***𥚯{牢“lao”（音）+何“hà”（意）}为何：

- 柒慍催拱性丕別𥚯。Tẻ vui thôi cũng tính trời biết sao.[④]

- 於𥚯朱論心情夫妻。Ở sao cho trọn tâm tình phu thê.[⑤]

○ ***Sao*** 𣇟/𣋀{牢“lao”（音）+星“tinh”（意）}为星：

- 除𣋀木麻𪠞隊月𣋁麻衛。Chờ sao mọc mà đi, đội nguyệt sáng mà về.[⑥]

- 𣋀移物対雪頭𩄰印。Sao dời vật đổi，tuyết đầu giá in.[⑦]

在并列形声喃字中，表音和表意这两个成素在喃字结构位置上体现出完全的“平等”，而没有其他的限定。例如，有表音成素为“外 ngoại”，表意成素为“坐 tọa”，根据其摆放位置的不同，我们发现了四个不同形体的喃字“Ngồi”，如下所示：

---

①《古珠法云佛本行语录》，第 7a 页。

②《国音诗集》，第 58a 页。

③《蓼云仙传》，第 35b 页。

④《金云翘新传》，柳文堂嗣德二十四年（1871）刻本，第 12a 页。

⑤《国风诗集合採》，第 5a 页。

⑥《新编传奇漫录增补解音集注》卷一，第 40a 页。

⑦《天南语录外纪》，第 22b 页。

○ ***Ngồi*** 𫈿{toạ 坐⿰外 ngoại}。例如：片冉㫘春<u>𫈿</u>枕勾。Phiến sách ngày xuân <u>ngồi</u> chấm câu.[1]

○ ***Ngồi***𡎠 {ngoại 外⿰坐 tọa}。例如：濫丙<u>𡎠</u>咹沿𡶀嫩。Làm biếng <u>ngồi</u> ăn lở núi non.[2]

○ ***Ngồi*** 坐 {ngoại 外⿱坐 tọa}。例如：如坐茹湥如<u>坐</u>毡針。Như <u>ngồi</u> nhà dột，như <u>ngồi</u> chiên châm.[3]

○ ***Ngồi*** 𡏦 {toạ 坐⿱外 ngoại}。例如：𧼋<u>𡏦</u>𪾺忍熾樓𨉟。Dậy <u>ngồi</u> trông nhẫn xế lầu sao.[4]

我们用“𤾓NĂM”字和“𧼌ĐI”字来作为“并列形声”字的代表。

𤾓　𧼌

（2）正副形声喃字。属 F2 类。表音成素在构字结构中占据有主要作用，次要的表意成素为部首，其表现字的语义范畴，而不是字的实在意义；有时也具有调整字的音读的作用，使音读准确。在前面说到“正副会意”喃字的时候，其次要成素同样主要由部首担任，意在限定字的“语义范畴”。在这里，“正副形声”喃字中的部首更像是“理解字义的钥匙”，同时也是字内唯一的表意成素。没有这一部分便不会形成表音加表意的合成字，而只能成为表音的单体字。因此对于正副形声字而言，其字的实在语义只能通过将两个表音表意成素结

①《国音诗集》，第 4b 页。

②《国音诗集》，第 50b 页。

③《天南语录外纪》，第 121a 页。

④《洪德国音诗集》，第 7a 页。

合在一起，并且确定了喃字的音读之后才能得以确定。在越南喃字文本中，正副形声喃字相较之于其他类型的字数量更为庞大。下面列举若干字作为例子：

❖ 蒸及南爣烸螻蛂瘖疠。Chưng gặp năm nắng nôi sâu bọ ốm đau.[①]一句中，有三对喃字是按照“正副形声”的方式构成，分别为：

○ 爣烸 ***Nắng nôi*** {火“hoả”指“火与热”+曩“nẵng”（表音）} > Nắng；{火“hoả”（同上）+餒>妥“nỗi”（表音）}> Nôi。

○ 螻蛂 ***Sâu bọ*** {虫“trùng”指“昆虫”+婁“lâu”（表音）} > Sâu；{虫“trùng”（同上）+步“bộ”（表音）} > bọ。

○ 瘖疠 ***Ốm đau*** {疒“nạch”指“病疾”+音“âm”（表音）}> Ốm；{疒“nạch”（同上）+刀“đao”（表音）} > Đau。

❖ 㥢派式粉慮殘牟花。Sợ phai thức phấn，lo tàn màu hoa.[②]一句中有两个用“忄 tâm”部按“正副形声”的方式构成的喃字。

○ 㥢 ***Sợ*** {忄“tâm”指“心情，心态”+事“sự”（表音）}为怕。

○ 慮 ***Lo*** {忄“tâm”（同上）+盧“lư”（表音）}为虑。

❖ 椥𣘃底桍木栬。Tre già để gốc mọc măng.[③]一句中有三个用“木 mộc”部按照“正副形声”的方式构成的喃字。

---

①《古珠法云佛本行语录》，第 12b 页。

②《征妇吟备录》，第 9b 页。

③《国风诗集合採》，第 30a 页。

○ 椥 ***Tre*** {木“mộc”指“树木”+知“tri”（表音）}为竹。

○ 梏***Gốc*** {木“mộc”（同上）+谷“cốc”（表音）}为根。

○ 栏 ***Măng*** {木“mộc”（同上）+芒“mang”（表音）}为笋。

❖ 呐停嗹嘮唛哢。Nói đừng liến láu lăng nhăng.[①]一句中“口 khẩu”部原指“嘴，吃，言语”，同时也表示“声音”，用以构成该五个喃字的表意成素。

○ 呐 ***Nói*** {口“khẩu”指“嘴，说”+内“nội”（表音）}为说。

○ 嗹嘮***Liến láu*** {口“khẩu”(同上)+連“liễn”(表音)} >Liến；{口“khẩu”（同上）+槊>朔“sáo”（表音）}> Láu。

○ 唛哢 ***Lăng nhăng*** {口“khẩu”(同上)+夌“lăng”(表音)} > Lăng；{口“khẩu”（同上）+庄“trang”（表音）} > Nhăng。

我们可以用“梏GỐC”字和“㤇SỢ”字作为“正副形声”类字的代表。

梏　㤇

如上我们已经通过具体的语料对各类喃字结构成素及其构成方式进行了具体的描述说明。根据该结果，我们可以将喃字的各类方式结构用以下简图表示：

①《训女演歌》，第 1b 页。

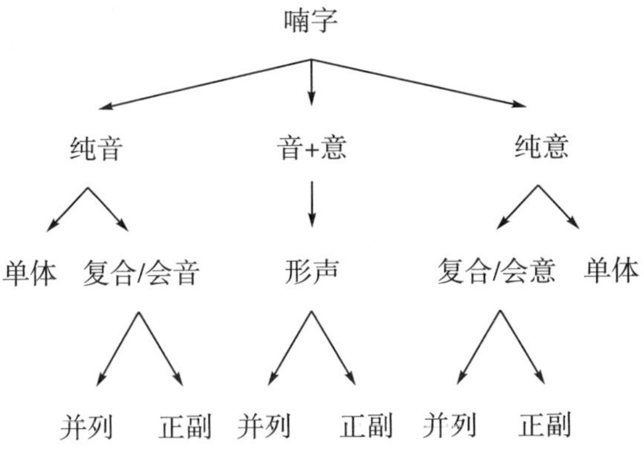

图 4.2.5

同第三章的 3.3.2 和 3.3.3 的示意图（总共包括 13 类）相比，该图则简易很多（只包括 8 类）。之所以如此，是因为从喃字的演变和结构角度出发，有一些类别便没有实际意义，可以删去或者是合并。具体如下：

第一，用来记录汉语语素的汉字（A1、A2）在这里不再单独设类，具体原因如上所说，其只是纯粹从汉语中借来的“字-语素”（尽管在音和义上多少有些越化），并没有反应喃字本身的功能结构或是形体结构。还有一些时候虽然是借汉的语素，但其字已经喃化了（如：雨“vũ” >霌/湄 Mưa、代“đại” >𠁀/岱Đời 等等，以及禀“bẩm” >噤bẩm、呈“trình” >喤chiềng 等等），而这正是需要研究的对象，可以将其归为会意字或是形声字。

第二，对汉越音“正读”和“偏读”的区别也只是相对的，且随时间推移的，并不足以成为一个判定不同喃字结构的绝对标志，因此 C1 与 C2 同属一类。

第三，从字形上看，自创单体喃字（G1 和 G2）确实值得我们注意，然而从表音表意功能的角度出发，则其与音借汉字和意借汉字并无多少差别。因此，C1、C2 和 G1 类都可以归为“表音单体”一类，而 B 类与 G2 类则同属于“表意单体”。

第三节 部首的功能

一、部首的表意功能

部首同表音兼表意结合喃字结构中的表意成素单体字一样出现较早。在借入汉字并将其喃化来进行记录喃字语音之时这两种方式似乎便同时出现了，且其作用日益明显化，而尤其对于部首而言。在表意功能内，部首倾向于表示语义“范畴”，即同一类型字的“语义场”，而各单体字则偏向于语义的“特指”，即所构成字的本义。至此，以及接下来的部分，我们不再需要分别“表意”还是“表义”，尽管在语义学分析中我们需要区别“意”和“义”，但这里将其作为完全相同的两个表述方式。如果要在这里对喃字成素加以区别，那么我们可以说部首是偏向于“表意”的成素，而单体字是偏向于“表义”的成素。

研究部首的表意功能，可以从比较下列句子中喃字部首的作用开始，以下各句均出自年代可信的《各圣传》中的《婆圣夭铺鲁槎那童贞传》（成书于 1646 年，以下简称《婆圣传》）：

❖ 悲除舍人呈官仍唓衣官陣連吣烠茹各柴哿於丕沛焒折。
Bấy giờ xá nhân trình quan những lời ấy，quan giận liền dạy đốt nhà các thầy cả ở，vậy phải lửa chết.[①]

该句中，“口 Khẩu”部用以构成字“吣Dạy”（教），“火”部构成了字“烠 Đốt”（点燃）。“教”则需要说话，所以用“口”字旁来指说话的动作，并不是特指“嘴”；而燃烧则需要有火，所以这里用“火”字旁来表示燃烧，而不是特指火苗，这些皆为采用“正副形声”之方法。在字“焒”中亦有“火”字旁，但这只是在按照部首检索“焒Lửa”字时才得以派上用场。在表意功能层面，“焒Lửa”字中的“火”只是一个单体字，特指“火苗”，因此应将其视为如“焒Lửa”字中的表音成素“吕 lã”一样同一层级的一个成素，而这正是“并列形声”构字法。

在带有“部首”的喃字中，我们对其结构“多式构成”的比较往往会显得混乱。例如喃字中：“𠊛”Người 中的“人”字，“𢬣”Tay 中的“手”字都是并列形声字中的表义成素。而“得”Người 中的“亻”，以及“𢬣”Tay 中的“扌”，都是正副形声字的表意次要成素。实际上，在解读文本时，像这样的对“表义”和“表意”的分别并没有什么必要。例如：

○ 𠊛***Người*** {碍>㝵“ngại”（表音）+人“nhân”}（并列形声）：

①《婆圣夭铺鲁槎那童贞传》，第 52—53 行。

- 浪牢奇於恪𠊛閉台。Rằng sao cả ở khác người bấy thay.[①]
- 吝𩈘丙䙡𠊛市井。Lẩn mặt biếng coi người thị tỉnh.[②]

○ 㝵***Người***{亻“单人旁”+碍>㝵“ngại”（表音）}（正副形声）：

- 渚𥙩害㝵濫益己。Chớ lấy hại người làm ích kỷ.[③]
- 庫卞買沛㝵君子。Khó bền mới phải người quân tử.[④]

因此，在这里对成素为“单体字”还是“部首”的分别并不是依据语义，而主要在于文字形体。在方块字结构形体中有一种无形的力量使得造字者与读字者达成一致：“亻”与“扌”只能是部首，而字中的“人”和“手”只能是单体字成素。原本汉语中的同一部首，却会写成不同的形状，使得字体在一方块之内写得简洁、均衡。其中，有像独立单体字那样使用的形体，也有专门用来构造新字的形体。例如部首“火”可以有：“火”和“灬”，部首“心”可以有“心”和“忄”，部首“人”可以有“人”和“亻”。创造喃字时，越南人仍然从汉字的语义和形体两个方面上吸收“部首”系统。但部首形式与原本单体字不重合，其仅仅作为部首使用，所以不论语义怎样，是“表意”（范畴）还是“表义”（定指），仍被造字者和读字者公认为部首。

在“正副会意”和“正副形声”的喃字结构中，部首被视为次要

①《刍荛对话》，第 2a 页。

②《刍荛对话》，第 6b 页。

③《国音诗集》，第 50b 页。

④《国音诗集》，第 17a 页。

成素。一定的语素或是一定的词语，可以通过不同的喃字表示，有时候这些喃字仅仅是部首不同而已。下面我们列举一些表示语素“bóng”的具体例子：

○ 膝***Bóng*** {月“nguyệt”+俸“bổng”>奉（表音）}（正副形声）：

- 烰烰膝焒羕羕畑燃。Bừng bừng bóng lửa，ràng ràng đèn chong.[①]

- 膝胬乇熾花梨吏斯。Bóng trăng đã xế，hoa lê lại gần.[②]

○ 霳 ***Bóng*** {雨“vũ”+俸 bổng”（表音）}（正副形声）：

- 湧浰䟚霳畑魂蹺哨敿打。Rụng rời trước bóng đèn，hồn theo tiếng trống đánh.[③]

- 霳隻鳫賒尢信霜典。Bóng chiếc nhạn xa đem tin sương đến.[④]

○ 烽 ***Bóng*** {火“hoả”+俸“bổng”>奉（表音）}：

- 匹秋隴直烽畑滈。Ba thu luống chực bóng đèn hao.[⑤]

通过上面的例子，我们发现在表达语义的时候，部首确实同其原义联系了起来，如谈及“烽畑 bóng đèn”时用“火”字旁；谈及“膝胬bóng trăng”时用“月”字旁。然而在大多数情况下，部首的意义似乎与语境的实际意义没有太大联系，如“霳畑 bóng đèn”中的“雨”

---

①《天南语录外纪》，第 62b 页。

②《金云翘新传》，柳文堂嗣德二十四年（1871）刻本，第 11a 页。

③《新编传奇漫录增补解音集注》卷四，第 37b 页。

④《新编传奇漫录增补解音集注》卷四，第 43b 页。

⑤《洪德国音诗集》，第 66b 页。

字旁，“㶿炤 bóng lửa”中的“月”字旁，等等。由此可见部首的表意功能是相对的，是灵活的。

尽管如此，仍有一些时候语素通过部首的意思来展现，对于我们而言，其可视为对文字语义成素意义的启发。例如，在“烽”和“㬊”（bóng）中，“火”字旁和“月”字旁（还可以是“日”字旁：㬾）用以表示“火焰”“月亮”“太阳”，因此语素“bóng”具有的基本语素（或义位）就是“光源”；带有“雨”字头的“霳”（bóng）字又表示“阳光被遮住的地方”（联想到“乌云”）或是“飞快掠过的影像”（联想到“飘云”），而“云 mây”字也带有“雨”字头：霪。在具体的语境之中（如上所示），不同的“bóng”并不是都像这样区别得十分明确的。

并不是所有的汉字部首都被越南人借用来创造喃字（“正副会意”或是“正副形声”）。根据我们已知的材料，喃字中大约有 100 个部首（许慎的《说文解字》中有 540 个部首，《康熙字典》中有 214 个部首）用来担任喃字的“次要表意成素”（注意：此处与并列合成喃字中的单体字相重合的“部首”不计入内，例如：“𠊛Người”中的“人”，“𧖱 Máu”中的“血”，以及“𧡊 Thấy”中的“見”字，等等）。

我们用表 4.3.1 来表示。其中，部首名称我们采用大写，如：NHÂN、KHẨU、THỔ 等等，来指喃字中该部首用得较多的。相反，小写的部首名，如：Băng、Đao、Lực 等用来指喃字中出现得较少的一些部首。“例字”中最多给出 5 个喃字，“例字”不够 5 个的情况则是我们现在能够找到的能同该部首相关的字的个数。

表 4.3.1

序号	部首	例字
01	NHÂN 亻	傜，倨，㑘，仉，儸:Tao，mày，tớ，kẻ，thợ
02	Băng 冫	沬，氿，滝，涛，沴:Mát，ngắt，lùng，lùng，trơn
03	Đao 刀	剘，剢，刣，刟，制：Mổ，đâm，chém，xẻo，cạo
04	Lực 力	助，勈，㔹，劸，劶：Ráng，gắng，siêng，khoẻ，rắn
05	KHẨU 口	叺，吱，吐，哂，嚫：Nhắp，chê，chửi，hỏi，mời
06	Vi 囗	圂，圉，囩，因：Nhốt，chuồng，chuồng，vuông
07	THỔ 土	垠，圬，埘，堧，埝：Nương，cong，nồi，niêu，nấm
08	Tịch 夕	𡖵，㝵：Chiều，khuya
09	Đại 大	奮，㚏，奞：Cồ，kếch，rãi
10	Nữ 女	㚷，媄，嫍，㛪，妯:gái，vợ，mẹ，vú，dâu
11	Tử 子	孙，孭，𡥵，孖，孻：Nòi，gã，con，cháu，so
12	Miên 宀	宧，寚，㝥：Nóc，nóc，rèm
13	Thốn 寸	尃，寺：Gang，sải
14	Nghiễm 广	庣，廱，廜：Kho，chòi，nóc
15	Cung 弓	弸，弴，弜：Ná，uốn，bắn
16	Tiểu 小	尐，尛，尜，尒，尕：Bé，mọn，nhỏ，ít，thơ
17	Sơn 山	崞，嵿，岧，嵰，岗：Ghềnh，đỉnh，đèo，non，núi
18	Cân 巾	帒，幉，幯，幀，㡏：Đãy，mũ，lọng，tranh，bịt
19	Cung 弓	弫，弚，弸，弩：Tên，bắn，ná，nỏ
20	TÂM 心	㤕，忹，㦨，悉，悗：Nhớ，nhầm，ghét，vui，mến
21	THỦ 手	抪，㨼，扐，拵，捆：Bưng，hái，vứt，níu，thò
22	Phương 方	旊，㫀：Góc，tròn

续表

序号	部首	例字
23	Nhật 日	晛，嘲，昜，䎽，𣋚：Buổi，chiều，rày，ngày，sớm
24	Nguyệt 月	腤，腩：Đêm，tháng，bóng，rằm，mờ
25	MỘC 木	枊，梾，樸，榒，榕：Tre，bắp，mía，cọc，gốc
26	Mao 毛	氈，毾，氁，毸毽：Mày，mày，quặm，ngù，ngù
27	THUỶ 水	泅，滝，湧，滖，涺：Ao，sông，dòng，giọt，rửa
28	HOẢ 火	炍，焠，烴，烟，焍：Bếp，đốt，cháy，đèn，héo
29	Phiến 片	牻，牝，牐，牅，牗：Lớp，tấm，mảnh，thỏi，phên
30	Nha 牙	䶪，䶫：Nanh，vuốt
31	Ngưu 牛	犕，犊，犠，犡，犢：Bò，nghé，bê，me，chăn
32	Khuyển 犭	狔，猎，狢，猤，猍：nai，cáo，lợn，trâu，sói
33	Ngoã 瓦	瓬，甝，甆，甗，甀：Sành，hũ，chậu，lọ，ang
34	Điền 田	畛，畽，畂，畁：Luống，rộngđồng，nương
35	NẠCH 疒	疺，疠，疨，瘨，痗：Bớt，đau，ghẻ，gầy，mỏi
36	Bạch 白	臭，皡，皒：Vôi，trứng，xóa
37	Bì 皮	皪，皯，皺，皵，皸：Dép，màng，bịt，giày，trống
38	MỤC 目	䀠，眊，眎，眝，睊：Nhắp，nhắm，nháy，ngủ，liếc
39	Thỉ 矢	矪，矲：Bắn，sỏ
40	Thạch 石	砒，砥，砕，碑，砠：Đĩa，đe，sành，mài，vỡ
41	Thị 示	䃃，祒，祜，祱，祚：Coi，nhìn，xem，đoái，ngó
42	Hoà 禾	秥，稠，穞，秎，穛：Rơm，đòng，lúa，cấy，mạ
43	Huyệt 穴	窋，窨，窾：Dòm，hang，núp
44	Lập 立	竫，竮：Dừng，tựa
45	TRÚC 竹	笘，笼，笣，箨，簮：Chòm，nia，vầu，giậu，rổ

续表

序号	部首		例字
46	Mễ	米	粖，粨，糕，糭，粃：Bún，cháo，cốm，nếp，tẻ
47	MỊCH	糸	紂，紳，紝，緘，絖：Chài，khăn，sợi，dệt，quàng
48	Phẫu	缶	鋥，鍐，鉢，錿，鐃：Chĩnh，chậu，bát，hũ，siêu
49	Dương	羊	羝，羟：Dê，tanh
50	Vũ	羽	䎡，翾，翔，翎，翗：Cánh，lông，bay，liệng，vỗ
51	Lão	老	耆，𦒹：Cỗi，hem
52	Lỗi	耒	耚，耭，耰：Bừa，cấ，cuốc
53	Nhĩ	耳	聃，聙，聕，聐，聊：Điếc，nghe，ghé，lắng，ngãng
54	NHỤC	肉	腋，肺，䏕，膠，䏦：Dạ，bẹn，họng，cằm，mào
55	Chu	舟	舦，舭，艞，艟，艘：Chài，khoang，đò，xuồng，mạn
56	Sắc	色	艴，艷：Ố，tím
57	THẢO	艸	苳，芆，茷，葛，茉：Chùm，nở，rạ，rễ，chồi
58	TRÙNG	虫	蚍，蚁，蛣，蚟，蛦：Giun，mọt，chấy，sên，dơi
59	Huyết	血	衊，衋：Mét，mủ
60	Y	衣	衶，褡，褯，裙，裺：Khăn，rách，dải，váy，yếm
61	Kiến	見	覵，覞：Gión，giớn
62	Giác	角	觻，觿，觺，觸，觹：Chọi，thoi，gót，húc，còi
63	Ngôn	言	誨，誑，諄，誾，譚：Hỏi，cuống，chác，tráo，ròi
64	Bối	貝	貼，貹，賕，賥，敗：Của，bán，buôn，đút，nợ
65	Thỉ	豕	豨，豞，豬：Heo，ỉ，sề
66	Trãi	豸	豰，貅，貅：Cọp，beo，hươu
67	Xích	赤	赫，赭，赮，赧：Lòm，tím，thắm，đà
68	Tẩu	走	趔，趧：Đuổi，trốn

续表

序号	部首	例字
69	TÚC 足	跳，跢，跁，跿，踍：Bước，đi，nhảy，mau，vó
70	Thân 身	躴，躸，躮，躲，躭：Lưng，rình，lăn，mình，chui
71	Xa 車	輛，輯，輞：Bánh（xe），cộ，võng
72	Tân 辛	辣，辧，辭：Cay，chát，đắng
73	Xước 辶	迻，迾，逃，遻，逴：Đưa，lướt，quanh，sang，rước
74	Dậu 酉	醽，醝，醔，酥，酶：Rượu，say，giấm，chua，muối
75	Thái 采	釆，釆，釆：Vẻ，vẽ，tranh
76	KIM 金	釟，鉓，釸，鏡，鍋：Nhíp，búa，chảo，rựa，cuốc
77	Trường 镸	镾：Chùng
78	Môn 門	閈，閄：Ngõ，ngõ
79	Phụ 阝	陉，陎，陷：Lở，be，góc
80	VŨ 雨	雿，雯，霳，霦，霴：Ngút，che，mịt，mờ，chớp
81	Thanh 青	靕，靔：（xanh）rì，ngắt
82	Diện 面	靤，靦：Gương，trán
83	Cách 革	鞜，鞢，韁，鞷，鞳：Giày，dép，cương，hia，hài
84	Hiệt 頁	題，頭，顅，頜:Tai，trán，nạnh，cúi
85	Phong 風	颻，飀，飈，颸，飃 Giông，thói，may，nồm，bão
86	Thực 食	餇，餀，餂，餖，餂：Bánh，no，cỗ，đói，cơm
87	Thủ 首	馗，馘，馝，馛，馜：Gật，cúi，óc，sọ，chui
88	Hương 香	馩：Tho（thơm）
89	Mã 馬	騌，騷，騎，驢：Giong，ruổi，cưỡi，lừa
90	Cốt 骨	髇，髀，髓，髃：Xương，sống，hom，cụt
91	Tiêu 髟	髩，鬒，髯，髮，髳：Quăn，râu，ria，gáy，chop

续表

序号	部首	例字
92	Quỷ　鬼	魌，魁，媿：Quẻ，quẻ，quẻ
93	NGƯ　魚	魫，鯙，鮍，鮒，鮰：Tôm，bống，trê，chài，mè
94	ĐIỂU　鳥	鴲，鴃，鵞，鵒，鸃：Công，quạ，cò，gà，vịt
95	Lỗ　鹵	鹺，鹻，鹾：Muối，mắm，mặn
96	Mạch　麦	麪，麯：Miến，miến
97	Hắc　黑	黰，黲，黕：Dâm，thâm，sì
98	Tị　鼻	齁：Ngáy
99	Xỉ　齒	齩，齰：Cời，nanh

二、部首的辅助功能

部首的主要功能是表意，前面已经阐述详备。但是在喃字结构之中，有些部首还有辅助功能。根据我们的观察，可以作如下区分：

（1）部首的调音功能。在上面的“正副会意”和“正副形声”结构喃字类别中，我们已经注意到了部分部首在调整喃字音读中的作用。在这里，我们将集中注意于喃字音读调整中“口 khẩu”这个部首的功能之上。有一句歌谣如下：

> 𫯳恨辰婚夕𫜵，咟𠿯嘆啈㖼英恨夷。[1]
>
> Chồng giận thời vợ làm lành,
>
> Miệng cười hớn hở rằng anh giận gì.

①《里巷歌谣》，第 51a 页。

该句之中有 5 个喃字都带有“口 khẩu”字旁。其中“咁Miệng”用“口”字表义这一点无可争议，只是该字究竟属于“并列形声”还是“正副形声”这一点才比较伤脑筋（我们打算将其归为正副形声字，因在“咁”的字形之中，“口”字书写变小，说明其不能与表音成素“平起平坐”）。不管怎样，像这样“模棱两可”的情况较为之少。“唭 Cười”与“哴Rằng”都是同嘴相关联的动作，因此也用“口”字旁表义同样合理。但“嘆喢Hớn hở”二字同嘴上动作毫无关联，只指心情愉悦。但这里作者却简单地从汉字中借来了“漢 hán”与“許 hứa”二字来为该越语语词记音，但又要让读者调整这两个汉字的汉越音，从而加上“口”字旁，来表示是两个自创的喃字。这里的“口”字旁确实没有表意作用，只是用来表示调整借入汉字的音读。“口”字旁的这种作用在汉字中同样存在，特别是汉人通过音译的方法借入外来词时，例如 Café 写作“咖啡”（读作 Ka-fei）。

值得注意的是，自从越南人同西方人直接打交道开始，越南人在音译西方专名的时候，自古以来并不总是附属于中国文人采用汉字的翻译方法，而是直接采用汉字（汉越音）以及喃字来翻译。其中，“口”字旁发挥了自身巨大的作用，如阮朝派去法国与西班牙谈判越南南圻三省主权的使团中，有一人名为魏克憻（1817—1878），写下了《如西记》。根据汉喃研究院越英女士的研究[①]，在魏克憻的这部汉文作品中，使用以及自创喃字 74 个，用以记录法语中的专名。其中有 48 个字使用“口”字旁表示“音读调整”（占总字数的 64.8%）。对于这些字，她还为其注明了“反切”（夹杂汉字与喃字）。例如（表 4.3.2）：

① ［越］越英：《魏克憻用喃字与汉字注音法语词语之方式》，载《汉喃杂志》2007 年第 2 期。

表 4.3.2

喃字	反切	音读
㖷	𪘵惟 切（*Răng Duy thiết*）	*Ruy*
𠱊	眉𥋓切（Mi *Xét* thiết）	*mét*
𠺠	𥱬規 切（*Ghi* quy thiết）	*guy*
哲	江乙 切（Giang *Ít* thiết）	*dít*
呢	那𥉫切（Na *Nghe* thiết）	*Ne*

在"调整音读"的作用中，"口 khẩu"字旁似乎与"ㄑ"一样，常出现在手写的喃字文本之中。同样是在手写喃字文本之中，用来表示调整音读的"口"字旁常被简写成"〃"，置于字的左边（与"ㄑ"置于字的右边不同）。实际上，在"ㄑ"和"口"字旁之间有一个重要的不同：如果说"ㄑ"只是一个纯粹的调整音读的符号，而"口"字旁则还具有本意"嘴"，以及同嘴相关的意义如"吃、说、发声"等。就算"口"字旁不直接表意而作为调整音读的符号时，我们同样可以将其同"发音"联系起来，即仍同"嘴"相关。

"正副合音"喃字中的表音次要成素常为"車 xa、麻 ma、个 cá、巨 cự、司 tư"等字，其中一些字本身也就是部首，比如"車 xa、麻 ma"。显然，从形体结构来看，尽管这些成素指单纯地表音而不表意（如："𨋣Trước"与"𨍦Sau"可以归于"車"字部等等），但完全可以将这些构成"正副合音"喃字的成素放入相应的部首之中（参见字典）。这些成素同我们的"口"字旁有以下的不同：

第一："口"字旁本身具有调整音读的作用（连同调整语义与调整字形），而其他成素却只根据自身本来的读音来实现表音作用。之所以我们将其视为辅助表音成素，正是因为其只体现了越语语素中的

音节头 C_1C_2（中古之前）。

第二：当进行“调整音读”时，“口”字旁并没有同其本身的含义切断联系（如上所述），而其他字，当作为声符的时候，只是单纯的表音成素。正是从这两个角度，带有“调整音读”作用的“口”字旁的喃字仍可以将其视为“正副形声”类字。

通过一些具体文本的考察，我们发现在自创喃字之中，用“口”字旁来进行“调整音读”的喃字是少于用“口”字旁来进行“表意”的喃字的。

（2）语义的联想功能。有一些喃字，如果不发现其与同“语义域”中的另一个喃字之间的语义联想关系，则很难解释其字的功能构造，尤其是难以弄明白这些字的“部首”有什么样的作用。例如字“䝨 Gần”（<近）。我们可以将“斤 cân”字视为“表音”成素。在《佛说大报父母恩重经》一书中“䝨 Gần”字出现了 3 次（16b，19a，37a），都属于借汉字“斤”来表示其读音，例如：“多杜弄恒隊車斤弄共立。Đi đỗ lòng hằng đòi, xa gần lòng cùng rập [16b]”，但是这里的“貝 bối”（指财宝）则同语素“䝨 Gần”有什么语义或是语音上的联系呢？以至其后我们常常看见这个“䝨Gần”字：

- 顛䝨墨堵䝨𧹻。Đen gần mực，đỏ gần son.[①]

- 固毫光烇𢜝庄敢䝨。Có hào quang cháy，sợ chẳng dám gần .[②]

---

①《国音诗集》，第 50a 页。

②《古珠法云佛本行语录》，第 10b 页。

- 斫廚斫景些修郭。Gần chùa gần cảnh ta tu quách[①].
- 塘昂熄拯斫埃趍。Đường ngang ngõ tắt chẳng gần ai đi.[②]

之所以语素“斫Gần”中带有“貝 bối”字，是因为同语素“Xa‘远’”具有关联，《佛说大报父母恩重经》之后“Xa”常被写作借字“賒”。一旦“賒”字用“貝”字旁表示，当然与之同一语义域的“Gần‘近’”（指“空间距离”）也要用“貝”字表示了。因此由于“语义域”之间的联想关系，“貝”字暂时又成了有一个具有与其在汉语中本意完全不同的语义的部首。上面所引的“貝”字部的“斫Gần”并没有同“賒 Xa”字出现在同一文本之中。并不是这两个字从未同时出现过，相反，我们在其他地方甚至见到了不少“斫賒 Gần Xa/Xa Gần 賒斫”二字同在一句之中并列出现的情况。但是，将“语义联想部首”“貝 Bối”字放在“斫Gần”字身上是各种文本中都通见的，并不是一定需要“賒 Xa”字与之一同出现。

（3）部首的关联功能。如果说各关联喃字之间的部首“联想功能”是基于“纵向”（系统内）对照关系之上的，那么部首的“关联功能”则基于喃字之间的“横向”（文本内相互承接）联系。根据这个角度，我们得出以下几种情况：

（a）松散关联。这种情况出现在结构松散的短语，词组之中，没有形成单位词汇。例如：

最忌跙跐細低。Tối tăm lỡ bước tới đây.[③]

---

①《渭城佳句摺编》，第 14a 页。

②《里巷歌谣》，第 29a 页。

③《蓼云仙传》惟明氏，第 39a 页。

该句之中，“最恴tối tăm”和“跙踣lỡ bước”这几个字尤为值得我们关注。“最恴 tối tăm”在接下来我们将会谈到。这里我们需要解释为什么表示“不应该使其发生”意思的越语语素“Lỡ”不用更加合理的“忄 tâm”作为部首（如：怊），反而要写成“⻊ túc”字旁。这是因为语素“Lỡ”在句中的实际意义同“bước”相关联，而“bước”本身就和“⻊ túc”（指同脚相关的行动）相关。这是比较松散的语义关联，因为同样的“lỡ bước”，在《翘传》“怓欺侶踣仕潙 Nhớ khi lỡ bước sẩy vời”[①]一句中字“Lỡ”便借用了汉字“侶 lữ”来表音，而不是像《蓼云仙》中那样使用“⻊ ”字旁来同“踣 bước”字产生关联。相似的，还有如下几句：

- 塂翁濃浽汫台。塂婆溇色如棡橙葧。Liền ông nông nổi giếng thơi. Liền bà sâu sắc như cơi đựng trầu.[②]“Đựng”表示“充满，装填”，理应用“手 thủ”字旁，而这里与“棡Cơi/Khay”相关联，因而采用了与之相同的“木 mộc”字旁：橙。

- 坦垎攤拯铖呐。Đất rắn nặn chẳng nên nồi.[③]“Cứng rắn”（硬）是以“铁（‘金 kim’字旁），石（‘石 thạch’字旁）”等物质为代表的一种物体性质，但这里用“土 thổ”字旁来写“垎 Rắn ‘硬’”字，是因为在其之前已经有带“土”字旁的“坦 Đất ‘地’”字，与之形成了实际的语义关联。

①《金云翘传》柳文堂 1981 年，第 50b 页。译者按：参考文献中未见此版《翘传》，在作者《喃字字典引解》一书中，此句出处为：《金云翘新传》，柳文堂嗣德二十四年（1871）刻本，第 49b 页。

②《里巷歌谣》，第 38a 页。

③《里巷歌谣》，第 52a 页。

（b）紧密关联。当语素是相对固定的单位词汇成素时，则其语义上的关联就比较紧密，且要求需在文字层面上做到统一，主要体现在使用同一部首上。这是喃字书写中较为普遍的一种关联现象。可以分成两种不同的小类：

❖　一是双音节并列结构语素中的关联。例如：

○“賠 bồi”表示“赔偿，偿还”，而“培 bồi”表示“培土，培育”，但下句中却用“土”字旁的“培 bồi”同“填”（điền> đền）字相关联，形成统一部首的一对词组“đền bồi”：

- 群身乙吏填培固欺。Còn thân ắt lại đền bồi có khi.[①]

○“Rỡ”表示“耀眼，灿烂”，常用表意成素“火 hoả”字旁或“光 quang”字写成“焒”或“𪸔”，但在词语“㦃侶 mừng rỡ”之中，其却写成“心”字旁，“侶”（指“内心”）与“㦃 mừng”字相统一，如下句：

- 英俺㦃侶訴情共𠊛。Anh em mừng rỡ tỏ tình cùng nhau.[②]

❖　二是双音节叠音结构语素中的关联。部首的关联作用在越语中的叠音词上体现得最为明显。在这里又可以分为几个不同的方面：

在叠音词中至少有一个原始语素明白其本义，剩下的部分不明白语义。这种情况中，语义不明的字将重复使用语义清楚之字的部首。

---

①《金云翘新传》惟明氏重刊本 1871，第 12b 页。译者按：原文作“DMT-1871”，对照参考文献，未明此处究竟指柳文堂嗣德二十四年（1871）版还是惟明氏重刊版，经考证原文，当指柳文堂嗣德二十四年（1871）刻本。

②《蓼云仙传》惟明氏，第 47b 页。

例如：

○ ***Gầy*** 瘨> Gầy guộc瘨瘑：

- 邑栘瘨瘑丐蝸蝸。Ấp cây gầy guộc cái ve ve.①

○ ***Rõ*** 爈> Rõ ràng爈烼：

- 青天白日爈烼朱瞶。Thanh thiên bạch nhật rõ ràng cho coi.②

有时我们发现其原字的部首（或一部分）只是一个表音的字，但在书写时，人们却很“忠实”而又“机械”地将那部分重复使用过来。例如：

○ ***Nợ***嬇> Nợ nần 嬇孄：

- 袦鈇棋鉑罒緣嬇孄。Lấy chồng cờ bạc là duyên nợ nần.③

○ ***Tối*** 最> Tối tăm 最冧。“Tối”指“没有或是缺少光亮”，借用了“曰 viết”字部的汉字“最 tối”的字音，因此只有在叠音词“tối tăm”中，喃字“冧Tăm”同样使用了“曰 viết”字旁。（从词源上说，“Tăm”同样表示“黑暗”，所以同样可以将“Tối tăm”视为并列结构的词）：

- 最冧跕跳細低。Tối tăm lỡ bước tới đây.④

①《洪德国音诗集》，第 10a 页。

②《金云翘新传》，柳文堂嗣德二十四年（1871）刻本，第 50b 页。

③《里巷歌谣》， 第 28b 页。

④《蓼云仙传》惟明氏，第 39a 页。

对于构成词的各音节都没有单独语义的叠音词，则其共同部首取决于叠音词的语义，而很多时候也由具体的文本语境所决定。例如：

○ ***Lẹt đẹt*** 趔跌：叠音词“lẹt đẹt”常表示“缓慢，迟缓”，或是“沉闷，散乱的响声”。然而在下列两句中，该叠音词用“足”字旁书写，因为两个语境都谈到了脚步声：

- 聴趔跌固噃黎躡。Nghe lẹt đẹt có tiếng lê dép.[①]

- 仍聴𪿍蒸𨁟壁墙固哨𠫾趔跌。Những nghe trộm chưng trong vách tường có tiếng đi lẹt đẹt .[②]

○ ***Man mác*** 蔓莫：叠音词“man mác”用两个带有“艸 thảo”字头的汉字书写，“蔓莫”：

- 花濡蔓莫别罒𧗱兜。Hoa trôi man mác biết là về đâu.[③]

然而在“咴欺忙慔落𦁂𧗱𢖖。E khi man mác lạc bầy về sau”[④]一句中，喃字“忙慔 man mác”又被写成了“忄 tâm”旁，也许是为了描述那种想到不得不天各一方时的慌张担忧之情。

以上我们分析了喃字构字结构中部首所承担的辅助作用。研究工作跳出了对逐一喃字的考察，而是基于“纵向”（系统内联想）与“横向”（文本内关联）两组关联之上。这样的研究方法让我们解释清楚了几乎所有难以解释的问题，但其实际上或多或少都有越语母语者造字和用字心理层面的深层原因。

---

①《新编传奇漫录增补解音集注》卷二，第 55b 页。

②《新编传奇漫录增补解音集注》卷四 ，第 53a 页。

③《金云翘新传》，柳文堂嗣德二十四年（1871）刻本，第 22b 页。

④《蓼云仙传》惟明氏，第 12a 页。

第四节　喃字之转用

回到上面，当谈及喃字的功能结构时，我们都是从汉字的角度出发来解释喃字的各类结构，因为汉字是我们的先人借来创造具体喃字的“原料”。无论怎样看，这种做法是完全妥当的。然而，实际上在诸多喃字文本中的造字和用字情况中，我们常遇见一已有喃字被临时借来表示另一同音或音近的喃字词，或者用一已有喃字以不同的方法来再创造另外几个喃字。这种现象我们暂称之为“喃字的转用”，或者称之为“从喃字到喃字”的现象。下面我们将用具体的语料来说明这个现象。

一、喃字假借喃字

如同汉字一样，一个已有的喃字也可以通过不同的方法被借来使用。其方法主要有两种：第一，直接借用原有喃字。第二，对原有喃字添加附加符号。

（1）直接借用原有喃字。大多数这样的转用情况都是基于同样的文字音读基础之上的，有时也可以在音读上存在一点小“差距”。但字义却完全不同。例如：

○ 嫩***Non*** {山“sơn”（表意）+嫩“nộn”（表音）}，本来该字用以记录“Non”这个音，意为“山”（“non Thái 泰山”，“non nước 江山”等等），但却被借来表示意义完全不同的语素。有的意为“没有达到程度”（常用汉字“嫩 nộn”表示），如下：

- 鞋坡味襖染嫩胗歪。Cỏ pha mùi áo nhuộm <u>non</u> da trời.①
- 如焜辅瘨返堺鞋嫩。Như con bò gầy gặp bãi cỏ <u>non</u>.②

这个“嫩”字还被借来读 ***Nón*** 的语素（意为“笠”常写作“籲”），如：

- 篛笠嫩隊連頭。Nhược lạp：<u>nón</u> đội trên đầu.③
- 宝蓋嫩片卒鮮淡夜。Bảo cái：<u>nón</u> phiến tốt tươi rườm rà.④

○ 熄 ***Tắt***｛“火 hoả”（表意）+“息 tức”（表音）｝，用来表示“tắt lửa”（熄火）以及“tắt đèn”（熄灯）中的“Tắt”，但被借来表示“đi tắt”（抄小路），“ngõ tắt”（僻路）：

- 塘昂圩熄拯斯埃趍。Đường ngang ngõ <u>tắt</u> chẳng gần ai đi.⑤

○ 尾且 ***Vả***｛“尾 vĩ”（表音）+“且 thả”（表意）｝（表示“vả lại，vả còn”：况且），被用来表示许多同音字：

- 𠄩字功名丙尾且為。Hai chữ công danh biếng <u>vả</u> vê.⑥
- 無花果罢果尾且。Vô hoa quả là quả <u>vả</u>.⑦
- 固咹物尾且㐌甘。Có ăn vất <u>vả</u> đã cam.⑧

---

①《金云翘传》柳文堂，第 3b 页。译者按：原文未著录年份，未明是柳文堂 1866 年本还是 1871 年本，经考两本皆有此句。

②《国风诗集合採》，第 19a 页。

③《指南玉音解义》，第 41b 页。

④《指南玉音解义》，第 50b 页。

⑤《里巷歌谣》，第 29a 页。

⑥《国音诗集》，第 52a 页。

⑦《日用常谈》，第 30a 页。

⑧《里巷歌谣》，第 14b 页。

○ 𤍶***Dày***｛“苔 đài”（表音）+ "hậu"厚（表意）｝（意为“厚、不薄”），用来借指同音字“Giày”（指穿在脚上的“鞋”）：

- 𫯳坤婚特𠫾𤍶。Chồng khôn vợ được đi giày .[①]

还用来表示“Đầy”（齐备，充足）：

- 英衛穭㐌𤎏輝𤍶垌。Anh về lúa đã đỏ hoe đầy đồng.[②]

○ 𪩮 ***Đủ***｛“覩 đổ”（表音）+“足 túc”（表意）｝（意为“充足、不缺少”），用来表示“Đỏ”（红色）：

- 腼𪩮紅紅𩯀援𩄲。Má đỏ hồng hồng tóc vén mây.[③]

像这样基于同音或者是音近的关系直接借用已有喃字的情况在书写喃字时是较为普遍的。因此我们在遇见这种情况时，也无需觉得突兀，例如字“𩈘mặt”原指“mặt mũi”（面孔），但在《翘传》之中却常被转用到“mạt”（mạt cưa：锯屑）之上，（句 812：𩈘鋸𠯇𤼸堆边𤀒坊 Mạt cưa mướp đắng đôi bên một phường）。

请注意在汉字中，用音假借的现象出现的较早，逐渐稳定后，如今这些假借字似乎都已经成为一个语素的唯一代表（例如：“我”原是借自“人”+“戈”[执戈者]组成的会意字），指“所属对象”的“其”字原借自表示“竹篮”的象形字“其”（此后人们用形声字“箕”加上一个“竹字头”来表示这种物体）。而喃字内部的用音假借仍只是在书写时的一种临时办法，总体来说比较随意，没有稳定的趋势，

①《里巷歌谣》，第 19b 页。

②《里巷歌谣》，第 4a 页。

③《洪德国音诗集》，第 57a 页。

也未对造字方法造成深刻的影响。

（2）对原有喃字添上附加符号。一旦添上了附加符号，便不是什么绝对的同形或同音喃字了。附加符号不过为了让字形看上去有所差异，同时也是为了告知其在读音上有所调整。在借入汉字时用来表示此作用的附加符号正是“〈”，有时也会用在已有喃字之上，但很罕见。如：

○ 䃜 ***Coi*** {“示 thị”（表意）+“嵬 ngôi”（表音）}，意为“看”，加上了“〈”之后，用以表示字“䃜côi”（mồ côi：孤儿）：

- 夕魔北國𠄩魂戊䃜。Làm ma bắc quốc hai hồn mồ côi.[①]

○ 𠀧 ***Ba*** {“巴 ba”（表音）+“三 tam”（表意）}，指“数量三”，加上了“〈”之后，读作“bơ”（bơ vơ：无助，飘零）：

- 𠀧軍失势𠀧為。Ba quân thất thế bơ vơ.[②]

二、构成部分为喃字的喃字

有一些已有的喃字，通过同部首相结合，或者同一个汉字相组合，会形成一个新的喃字。这个新的喃字可能与其同音或音近，但却同之前的喃字意义不尽相同。

（1）已有喃字同部首相结合。按照形声的方法同部首相结合组成新的喃字时，已有喃字往往是表音成素。例如：

①《天南语录外纪》，第123a页。

②《天南语录外纪》，第39a页。

○ 唓***Lời***字由喃字“䜗Trời”{“天 thiên”（表意）+“上 thượng”（表意）}同“口”字旁组合而成，在喃字作品中使用广泛，如：

- 嬰俺㗂唓欣舌。Anh em chớ lời hơn thiệ.[①]

- 固唓安慰固分咄楊。Có lời an ủi，có phân dỗ dành.[②]

- 唓牢进限尨常单差。Lời sao mười hẹn chín thường đơn sai.[③]

○ 咄***Mời***字由喃字“进Mười”{“邁 mại”>辶（表音）+“十 thập”（表意）}同“口”字旁组合而成，如下列句中所示：

- 得仙咄醽於兜掕。Người tiên mời rượu ở đâu rày.[④]

- 咄諸禪德老僧䢔朝。Mời chư thiền đức lão tăng vào chầu.[⑤]

- 拱差令節𠓨信逴咄。Cũng sai lệnh tiết đem tin rước mời.[⑥]

○ 𡥵***Cùn***字很明显是由喃字“𡥵con”{“子 tử”（表意）+“昆 côn”（表音）}同“刀”字旁相组合而成的。例如：

- 次一婟㥊𨑗茄。次二楼蹎次巴𤀗𡥵。Thứ nhất vợ dại trong nhà. Thứ nhì trâu chậm，thứ ba rựa cùn.[⑦]

○ 蹣*Bò*字是由喃字“𤙭bò”{“牛 ngưu”（表意）+“甫 phủ”（表音）}同“足”字旁相组合而成的。如下句：

- 𪠞时要凭虫山蹣。Đi thời yếu bằng sên bò.[⑧]

①《洪德国音诗集》，第 23a 页。

②《天南语录外纪》，第 79b 页。

③《征妇吟备录》，第 11b 页。

④《洪德国音诗集》，第 20b 页。

⑤《禅宗本行》永严寺刻本，第 8a 页。

⑥《金云翘新传》,柳文堂嗣德二十一年（1871）刻本，第 50a 页。

⑦《里巷歌谣》，第 19b 页。

⑧《天南语录外纪》，第 82b 页。

○ 坭*Niêu*是由喃字“市 Nao/Nào”（汉字“鬧 náo”的简写）同“土”字旁组合而成的字。如下句：

- 䀡炪柴时𧡊𤒛蔑坭。Xem bếp thầy thì thấy nấu một niêu.[①]

（2）喃字与汉字相组合。一个已有喃字同一个汉字相组合会形成一个新的喃字，这种现象比较少见。然而，下面的几种情况也不得不说：

○ 𤀘*Rãnh* 字是用喃字“汫 Giếng”{“水 thuỷ”（表意）+“井 tỉnh”（表意）}与汉字“令 lệnh”（表音）相结合而成的。如：

- 閅𤀘𢄂洡固㠻通。Muôn rãnh ngàn ngòi có nẻo thông.[②]

○ 䁠*Mấy* 字不写成常见的“𠇍Mấy”，而再在其旁添加一个“買 mãi”字，为其增强表音的能力：

- 北䁠城潭鴈㐌淹。Bắc mấy thành đầm nhạn đã êm.[③]

○ 𠖤*Rày* 字同样是由喃字“唎Lời”与汉字“例 Lệ”组成的合音字。如：

- 𦤾𣈜𠖤麻特富貴。Đến ngày rày mà được phú quý.[④]

通过以上例子的展示和分析，我们可以得到如下一些认识：

（a）在已有并已得到熟练使用的喃字基础上，将其借用构成新的喃字，是在喃字的创造过程中出现较早的一个现象（如上述的 15 世纪

①《天南语录外纪》，第 86b 页。

②《新编传奇漫录增补解音集注》卷三，第 69b 页。

③《伐郑檄》，第 112a 页。

④《祭姊文》，第 22a 页。

黎朝初期的文本），同时该现象持续不断（直到20世纪，阮朝时期的一些喃字文本）。这一点反映了越南祖先在为越语创造喃字和使用喃字的过程中所体现出的继承性、灵活性和创造性。

（b）像这样通过开发“已有喃字”，来进行借用和再创喃字并不是十分的普遍，也不是十分的稳定。很多时候只是在没有能想出合适的字时，选取熟悉的字或维持原状或增删几笔作为暂时的应付。然而，也有一些具体的字比较稳定，使用广泛，并且历经了数个朝代（如：𡡆 Non，𠾿 Vả，𠰘 Lời，𠵩 Mời，等等）。

（c）总体来看，“通假喃字”的情况只是表音而已。而通过添加部首形成新的喃字则其表意的作用更为明显。还有一种不多的情况，在已有喃字之上添加一个汉字从而形成一个新的喃字，似乎也只是注意到了它们的音读而已（如：渆Rãnh，䞹Mấy）。

因此，可以认为，对已有喃字的转用是越南人在书写喃字文本过程中造字和用字的规律之一。

第五节　喃字形体的特点

虽然很多时候喃字的功能结构与形体结构相互联系，但由于我们在第四章里主要论述了喃字的功能结构，因此不便对喃字的形体结构问题进行考察。按照与某些固定语素的联系，我们可以区分异体字（关于功能结构的区别）和变体字（仅区别于形体结构）。但无论如何，异体和变体均会使喃字形体出现差异。据我们对诸多喃字文献的考察，喃字系统的总体特点是，包含丰富而复杂的形体和变体，意即人们为了表达一个语素，分别造出诸多要么功能结构不同，要么形体结构不同，抑或功能和形体均不同的文字。较之于借用汉字，我们在此首先注意到某些喃字形体的特殊情况。

一、加减笔画或改变汉字形态以创制喃字

从寻根溯源的角度看，喃字系统中的某些单体字均从喃字文本中已经使用的某一汉字“再造”而来，但从形体上看，它们不会与任何现成汉字相同。我们将在下文阐述形成这种文字形体的机制。

A. 加减笔画

（A1）加笔画法。常在汉字的右边添加闪电符号“く”或“〃”，以创制单个喃字形体。上文提及到这一点，但我们在此将进行补充论述。此种现象在初期喃字（李陈时期）文献中几乎没出现过，而主要出现于晚期喃字（后黎至阮朝时期）撰写或抄录的文献中。闪电符号“く”或“〃”的作用仅仅是提示读者该字需按喃字音义，而非汉越音进行识读和理解。然而，即便在手抄本文献中，这种闪电符号从未彻底发挥其应有的作用。例如，我们可以考察黎末阮初手抄本《天南语录外纪》中的如下句子：

- 撫翅連嘅卑‹卑‹，眾仙語𤏬驪衛上天。Võ cánh liền gáy te te.Chúng tiên ngỡ sáng ruổi về thượng thiên[11a].

- 毫光𤎜泣四圍，味香倘‹倘‹詸雯重重。Hào quang sáng khắp tứ vi. Mùi hương thoảng thoảng mây che trùng trùng.[11b]

- 狐喧燒‹少‹服情，改與衛苓慕道慈悲。Hồ(cáo)nghe thiu thỉu phục tình. Cải dữ về lành mộ đạo từ bi[117a].

我们发现，此处的闪电符号“く”用以记录叠音词。例如：“thoảng thoảng”被写作“倘倘く”；“te te”被写作“卑く卑く”；或如“thiu thỉu”被写作“燒少く”。在《天南语录外纪》中，闪电符号“く”既用于依纯越语创制的其他喃字，如“nhọc”有时被写作“辱く”；也用于依汉根词创制的喃字，如“nghì”有时被写作“義く”。但即便在上述所引用的例句中，喃音词 liền、ngỡ、về、khắp、lành 均被写作一个与喃音词义或相关或无关的汉字，而并未使用闪电符号“く”。如：“連”音“liên”，文中读“liền”；“語”音“ngữ”，文中读“ngỡ”；“泣”音“khấp”，文中读“khắp”；“苓”音“linh”，文中读“lành”。

在喃字铭文或刻板印刷的文献中，较少出现使用闪电符号“く”的情况。甚至诸如继善堂和柳文堂等刻坊的木板几乎未见使用闪电符号“く”。这点可以从柳文堂刊刻的《诗经解音》（1714）和《传奇漫录解音》（1774），以及《翘传》（1866、1871）诸版本得到证实。

由上可见，通过对所借用汉字添加闪电符号“く”来给喃音语素（包括纯越词和已越化的汉根词）创制喃字，是一种借用并同时喃化汉字的造字方法。在岱依族喃字和壮族方块字中，也有使用闪电符号“く”的类似情况。此种造字法虽然能暂时使所造喃字的字形有别于对应汉字的原貌，但不能给任何喃音语素创制出固定的方块字，仅随意用以提示它们须按喃音喃义进行释读罢了。如上所述，闪电符号“く”不仅用于把汉字转借为喃字，而且有时也用以转注其他与某个现有喃字读音相近的喃音。这是喃字的使用方式，而非创制新喃字的方法。然而，从文字形体结构来看，无论如何闪电符号“く”也是导致某一喃字形体与其所借用原汉字形体之间或多或少产生差异的要素，并在具体语境中作为喃字的临时“形体”。在此类喃字中，“女”（音“đĩ”，指妓女、娼妓）字几乎是唯一一个被创制出来后在喃字文献中较稳定使用的一个特殊例子。

（A2）减笔画法。通过减少笔画，把汉字改造成喃字。一些喃字研究学者常引用高伯适诗歌中的表示两个叠音词“khề khà”和“khệnh khạng”的四个喃字来进行分析。高氏通过将“其”字下部“八”分别去掉一边，形成“跛脚”的“其”（音 khề）字和“其”（音 khà）字；将“共”字下部“八”分别去掉一边，形成“跛脚”的“共”（音 khệnh）字和“共”（音 khạng）字。相较而言，这几个喃字与它们的原汉字字义毫无联系，只是在某种程度上它们的读音具有相似性罢了。我们在撰写此部分内容时，也尚未找到这几个特殊喃字的文献出处，但它们已被多部喃字字典收录。联想到中国以“乒乓”二字记录融入近代汉语的新词“pingpang”，陈文俭牧师认为：“当高伯适以减笔画法为‘khề khà’和‘khệnh khạng’创制‘其其’和‘共共’四个喃字时，他先于中华（译者按：发明这种造字法），因为近来中华才将‘兵’字分别减笔画为‘乒乓’两字记录‘pingpong’这个外来词。”[①]陈氏对这几个具体文字的认识非常正确。但对于中国汉人、壮人，甚至越南岱依人而言，通过减少原有文字笔画来创制新字则是司空见惯的造字原则。众所周知，自古中国就有“烏”和“鳥”这两个汉字，它们之间的区别是“烏”字上半部比“鳥”字少一笔。“鳥”字是真正意义上的象形字，人们在该字的基础上通过减少其上半部的一个笔画造出“烏”字，用以指乌鸦是一种全身通黑的鸟类，难以看到它的眼睛。象形“烏”字很早就出现，被东汉许慎录入《说文解字》中。清朝学

① ［越］陈文俭：《喃字与汉越语的助读》，载《美国喃字遗产保存研讨会》，岘港：岘港出版社，2004 年，第 492 页。

者段玉裁在《说文解字注》中对“鳥”字注曰：“鸟字点睛。乌则不。以纯黑故不见其睛也。”[①]再者，很久以来广东人将“有”字减掉两画造出“冇”字，用以记录广东方言“mou”音，指“没有”之意。此字还被越南岱依族喃字和壮族方块字所借用，字义也大致相仿。需要注意的是，这几个字与上述所论及的越族喃字有所不同。这几个字与其原字有关联的是字义（表意）而非读音（表音）；而上述所列举的几个喃字却正好相反。

联系到构造词的派生现象，阮才谨教授和斯坦科维奇教授对上述喃字有如下认识：“增加闪电符号或减少任何一点、一画，实质上也只是增加了一种辅助的变化，以便在原有文字的基础上，造出新字。这种字实非单体字和原封不动地借用汉字。……但也不是由两个地位相同的单体字结合而成的合体字。……暂且把它们称为派生字，性质介于单体字与合体字之间。”[②]这种见解很值得关注，因为它可让人联想到用辅助成分创制派生词。但是，对中古汉语以及中古和现代越语而言，“派生”构词并非典型的现象。如果我们在关于汉字和喃字的文字学中，对类汉方块字的形体仍然秉持传统两分法而非三分法，即只区别“单体字”（文）和“合体字”（字）的话，那么此类喃字和类似的汉字都可以归入“单体字”的范畴之内，而非“合体字”。中国文字学家仍把诸如“本”和“末”（“木”字下部加一横，则为“本”字；上部加一横，则为“末”字）等“指事”文字列入“单体字”的

① 许慎撰，段玉裁注：《说文解字注》，上海：上海古籍出版社，2011 年，第 157 页。

② [越]阮才谨：《关于喃字的若干问题》，河内：大学和大专出版社，1985 年，第 52 页。

范畴，而非“合体字”。

B. 省略构字部件与改变字形法

（B1）省略借用汉字的部件，是创制喃字的惯用方法。这点在手写文献中尤为突出。依照此法创制的常见喃字有：“夕/爫”字（音“làm”，意为“做、为”），由“為”字（音“vi”）或“濫”字（音“lạm”）简写而成；“𠬠/爻”字（音“một”，意为“一”），由“没”字简写而来；“𠤆”字（音“hay”，意为“好、经常、知道、或者”），由“能”字简写而成；“杰”字（音“mặc/mắc”，意为“穿、不理、墨；悬挂、蒙受”），由“默”字简写而来；等等。

仅在《佛说大报父母恩重经》中，“làm”音有40次被写作“夕”，还有13次被写作“汐”；“một”音有22次被省略“氵”部，写作“𠬠/爻”，另有7次完整写作“没”；“杰”字有8次读作“mặc”，1次读作“mắc”；而“𠤆”字音“hay”，仅出现过2次。这些想必是出于后世刊刻工匠之手。喃字文献中，“夕/爫”和“𠬠/爻”这几个字的使用较为频繁。如果说判断“𠬠/爻”字（音“một”，意为“一”）是由“没”字省略左边“氵”部而成并不困难的话，那么断定“夕/爫”字（音“làm”，意为“做、为”）的来源就变得困难了，或许该字的来源并不仅限于一处：其一，可能是省略和改变了汉字“濫”字的笔画而成，其变化演进是“夕<汐<溢（<濫）”，并借用其汉越音“lạm”；其二，或许仅是根据词义对“爲”字的简写而成。窃以为，两者或兼而有之。在近期的一篇学术论文中，我们已就该问题进行过

详细的阐述[①]。

（B2）为了更好地阐述简化和改变借用汉字字形这种造字法，我们可以用“氽”（音 mấy）、“市”（音 nào）和“𠂎”（音 ấy）这几个字做例子。

○ 𠂎 ***Ấy***（意为“彼、那”）。Ấy 这一语素主要用“意”字记录读音。有时可借用汉字“倚”（ỷ）字来记录其读音。例如：

- 飰几不仁咹倚渚。Cơm kẻ bất nhân ăn ấy chớ.[②]
- 民怨𡗶倚拱愁。Dân oán trời，ấy cũng sầu.[③]

但有时则借用汉字“衣”（y）以标之。例如：

- 娘翠翹搊伴妸劍之埃。色固蔑才箕渚易氽。刧襾㐌罪情之衣。𬋩𡗶撑迻撴腮紅。Nàng Thuý Kiều so bạn gái kém chi ai. Sắc có một tài kia chưa bễ mấy. Kiếp trước đã tội tình chi ấy . Nên trời xanh đưa dun dủi má hồng.[④]（文意：翠翘色艳多才兮。同辈难觅出其右者。前世犯桃花劫兮。鬼使神差天赋红颜）。

撰于莫朝（15 世纪）的《越史演音》第 1035 句曰“哺衣禪師”，有人用国语字将其识读为“bô y thiền sư”，意即“禅师的衣钵”。实际上，“哺衣”这两个字的喃音须识读为“phô ấy”，意为“他们（bọn

① ［越］阮光红：《表越南语 Làm 和 Nào 的喃字考》，载《汉喃杂志》2007 年第 4 期。

②《国音诗集》，第 16a 页。

③《天南语录外纪》，第 120b 页。

④《云翘一体》，第 3b 页。

ấy）”，整句“伴共哺衣禪師”用国语字识读为“bạn cùng phô ấy thiền sư”，意即“你与禅师们一起”。

将“个”字置于“衣”字之上，组合成“衾”字以记录越南语“ấy”的读音。例如：

- 板床反衾共羕種蕘。Bản sàng：phản ấy cũng dường giống nhau.①

反之，把“衣”字上边的 “亠”部件删略，所得到的“𧘇>𠂋”都可以记录“ấy”的读音。例如：

- 分歆囂羕𧘇爲兆。Phận hẩm hiu dường ấy vì đâu.②
- 𠂋墓無主埃麻咏㗂。Ấy mồ vô chủ ai mà viếng thăm.③

○余***Mấy***（意为“几个、多少”）。此前，陶维英教授认为，“该字是会意字，原字有可能是‘众’字，由三个‘人’字组成，……指很多人、几个人，被借用表示越南语‘mấy’（几个）这一概念。往后我们习惯将它视为会意字，书写时将‘众’下部两个较小的‘人’字顺手写作‘水’或‘小’‘小’。这使得今日人们难以理解为何越南语‘mấy’被写作‘余’这般模样”④。2006年，笔者在《汉喃杂志》

---

①《指南玉音解义》，第38a页。

②《宫怨吟》，第10b页。

③《金云翘新传》，第2b页。译者按：原文未题版本，经考当为柳文堂嗣德二十一年（1871）刻本。

④［越］陶维英：《喃字的起源、构造与演变》，河内：社会科学出版社，1975年，第64—65页。

第 1 期上发表了题为《“尒”字和“螺”字考》，论证了喃字“余”是由古人借用汉字“尒/尓”，意为‘人’或‘汝、尔、你’”（“尒”字是“爾”字的异体字。详见《汉语大字典》1990 年版）。假借字义而非字音，使得古人直接把这几个字读作“mày”。且在越南语中，“mày”与“mấy”读音相似，因此“mày”可以被转用以表示 “mấy”。此后，逐渐牵强附会与指“汝、尔、你”的字形相似的“尒”字扯上联系，古人通过增添笔画和改变其下部字形而写作“余”字，导致很多时候它几乎与“余”字字形相同。

○ 市***Nào***（意为“哪”）。此字通过减少“閙（闹）”的笔画，并改变其字形而成。虽字形部分相似，但更加精炼：将“閙（闹）”字去掉“門”（常写作“门”），而后再加上一笔，使之区别于“市”字。在《佛说大报父母恩重经》中，还发现用“閙”字来记录越南语“nào”的读音。例如：

- 庄可尢名相闹生特身世。Chẳng khả đem danh tướng nào sinh được thân thế.[①]（文意：不可因任何名相而生此身。）

- 那閗昆菲庄古閙戈工衣。Nạ dấu con phỉ chẳng có nào qua trong ấy. [②]（文意：母亲疼爱孩儿胜过任何事情）。

据学者潘魁所述，起初他也觉得奇怪，为何“市”字这么写：“‘市’字这么写，实在让人无法理解。陈文玾先生告诉我说，‘市’字（音 nào）乃借用‘閙’（音 náo）而来。……但人们按‘俗草法’减少一

①《佛说大报父母恩重经》，第 11a 页。

②《佛说大报父母恩重经》，第 35b 页。

笔，写成‘帀’字。”[①]在岱依族喃字中，可以发现这种形体的“閙/閙”字记录岱依语“nạo”音的情况。当述及前辈们的研究时，我们不仅在事理方面进行思考，而且已经找到材料证明了上述论断。

C. 增加辅助字符

将两个汉字组合在一起，或给汉字添加一个部首是常规的喃字造字法，意即依此法造出的喃字，每个组成部分均非常清楚地体现出表音或表意的功能。关于这点，我们已在本章进行了详细的论述，本节不再赘述。仅就“个”字作为辅助符号，提示将汉越音调整为喃音这种情况。黄春瀚教授已进行过考察和研究[②]。他将“个”字视为闪电符号“く”的前身，因为在喃字古文献中，当闪电符号“く”尚未出现的时候，带有辅助字符“个”的喃字早已出现；当闪电符号“く”被广泛使用时，带有辅助字符“个”的喃字也逐步变少。如果我们拿后黎朝之前与阮朝之后的喃字文献进行比较的话，这种情况将一目了然。

当然，我们在此要阐述的是另一种情况，即喃字借用汉字音义的情况（借用汉字读音包括汉越音和越化的喃音）。总体而言，它们保持了汉字的原貌，能被准确释读。但在某些情况下，古人，尤其是阮朝以降的先辈们，义无反顾地在汉字旁边增加字符（一般是部首），造出有别于汉字原貌的新喃字。或许增加这些字符的“贡献”之处在于，使造出的喃字有别于汉字原貌，并将新造之字归入自造喃字系统

① [越]潘魁：《越南语研究》（1954），岘港：岘港出版社，1997 年，第 58 页。

② 参见[越]黄春瀚：《陈黎时期的喃文和喃字》，载《巴黎社会科学》集刊 1978 第 5 辑、1979 年第 6 辑。

中。依照此类喃字结构中所增添表音或表意功能字符的具体情况，可以分为如下三种类型：

（1）增加字符旨在“改变字形”与表意。在这种情况下，被借用到喃字文本中的汉字不再按其原貌书写，而是通过增加部首使其字形喃化，增强表意功能，但仍完整保持其汉越读音。阮才谨教授曾对此有所论述：“‘禀’原为汉字，但被转化成喃字时，有时写作‘㖁’。难道这是受到诸如‘𠽔’（thưa）、‘㖼’（vâng）、‘喂’（ôi）、‘唉’（hỡi）等等之影响。例如，汉字‘老丈’在喃字中有时被写作‘老仗’。这是否是想要进一步强调‘老丈’指的是人呢？”[①]喃字文献中那些与汉字原貌不尽相同的喃字形成的原因，很有必要继续深入研究。但仅就喃字“㖁”（bẩm）字而言，不排除可能受到同类字形的影响。因为人们看到汉字原貌的“禀”字，难以看出它与“禀复、禀报”义项有何关联，因此增加“口”部对认知字义确实非常必要。由此可见，“口”部表意的作用是不言而喻的。虽然记录汉越音词语的此类喃字不多，但确实也是值得关注的问题。阮才谨教授认为，阮光侈（Nguyễn Quang Xỷ）与武文敬（Vũ Văn Kính）所撰《喃字字典》中，有 180 个喃字不按汉字原貌记录汉越音词语；而在《二度梅演歌》中，这种情况出现了 13 次；在《玉花古迹传》中，则出现此类情况 6 次[②]。

① [越]阮才谨：《语言、文字和文化的若干证迹》，河内：河内国家大学出版社，2001 年，第 206 页。

② [越]阮才谨：《语言、文字和文化的若干证迹》，河内：河内国家大学出版社，2001 年，第 201—202 页。不清楚阮才谨教授根据哪个具体的版本统计出来。

（2）增加字符旨在“改变字形”与表音。担当此类角色的字符首推“口”部。仅在《蓼云仙传》惟明氏版（1874）中，可以看到如下几个喃字：𠰺dỗ [10b，36a]、哭khóc [23a，43b，47b，53a]、嗜thề [32a，34b]、𠱋thốt [9b，39b]、𠯪xin [1a]。刻于 1868 年杨伯恭版的阮鳫《国音诗集》第 59b 页中有“𠸍”（thết）字。这不由让人认为，这些字的字义均与“口”（嘴、言谈）有关，但就连这些喃字所借用的汉字原貌中，原本就有“口”部或“言”部表示嘴巴或言谈了。所以再添“口”部于表意而言是“多余”的，但也因此凸显了它表示调整读音和改变字形的功能。在某些语境中，上述诸喃字之所以添加“口”部，有可能是因为在某种程度上受到与其构成词组的带有“口”部字的影响。例如：吚𠰺（dạy dỗ）、嘆哭（than khóc）、唭嗜（lời thề）。但很多时候这些字也是单独书写的，不受文句中其他字的影响。例如：𠯪（xin）、𠸍（thết）等等。

此外，在《传奇漫录解音》“或固几拎練纈，或固几拎<u>𠛌</u>鋸”（Hoặc có kẻ cầm dây rợ，hoặc có kẻ cầm <u>dao</u> cưa）[①]一句中的“𠛌”字，虽系借用汉字“刀”字而来，但还是增添了“刂”部，使之成为真正的喃字。这虽然在字义上有些“多余”，但字形已改变，且还能保证必须按喃音读作“dao”。与此相似的是，在《蓼云仙传》“鄭歆宂脆<u>劒</u>釖”（Trịnh Hâm trong dạ <u>gươm</u> dao）[②]句中，通过在“劍”字下部增添“刀”部而成为“劒”（gươm）字。其主要作用可能是把该汉字变为喃字，并提示其读音为“gươm”罢了，而不能在字义方面有所“贡献”。上句引文末字的情况也与此相似，即在“刀”字左边增添“钅”部构成

①《新编传奇漫录增补解音集注》卷四，第 16a 页。

②《蓼云仙传》惟明氏，第 23a 页。

喃字“釰”dao 字。虽然此处增添的各种部首所扮演的“改变字形”和“调整读音”的角色非常明显，但也不能否定的是，它们与创制出来的喃字字义是有关系的。

（3）增添辅助字符旨在表意，但兼有“改变字形”与“调整读音”之作用。在这种情况下，被借用汉字的字形表意不明显，因此越南先辈们必须给它们增添辅助字符（部首）。这不但有助于增强它们的表意功能，而且还起到按喃音进行识读的提示作用。最具代表性的当属在诸多喃字文献中司空见惯的“汫”（giếng）字。例如：

- 甘井汫兀逻羕。Cam tỉnh：giếng ngọt lạ dường.[①]

- 渃淘汫飿粸䆃。Nước đào giếng，cơm cày ruộng.[②]

- 遣翁修定准意陶汫。Khiến ông Tu Định chốn ấy đào giếng .[③]

汉字“井”字本是象形字，本义指“水井”。喃音“giếng”正是汉字“井”字的喃化读音，并保持了其原本的字义。但可能由于“井”字的字形与初期水井的形象相差甚远，因此先辈们书写喃字时就毫不犹豫地增添了“氵”部，既提示其喃化读音为“giếng”，又使其字义更一目了然。在汉字库中，可以找到“汫”字。汉字的这一“汫”字源于上古，意指“小水貌也”；也写作“阱”字，意指“陷也。穿地

①《指南玉音解义》，第 4a 页。

②《国音诗集》，第 44a 页。

③《古珠法云佛本行语录》，第 4a 页。

陷兽”[1]。据此可以确定的是，喃字“汫”字源于汉字“井”字，而与中国汉文中极少使用的“汫”字无关。

D. 重复字符

通过重复某一字符来造字，是汉字长期以来的造字惯例。比如：双“人”为“从”；双“木”成林；三“人”成“众”；三“木”是“森”；等等。喃字也有此类现象，但并不多见。兹举如下例子：

○ 重重 ***Trùng*** 字指“东西相互垒叠起来”，也有“重”的义项。

- 𠊛𤳆𢂞𡞕山東。䏾糇固𠃣，錢重如𡽫。Làm trai lấy vợ Sơn Đông. Thịt xôi có ít，tiền chồng như non.[2]（文意：好男儿当娶山东女，肉米彩礼少，嫁妆钱如山。）

○ 𡨸 ***Chữ*** 字指“字，文字”。

- 饒貼意庄戈𡨸義。Nhiều của ấy chẳng qua chữ nghĩa.[3]

- 恪饒𠬠𡨸惑欺固𤷱。Khác nhau một chữ hoặc khi có nhầm.[4]

○ 𡨹 ***Giữ*** 義同‘守’。

- 役兵補拯𡨹𢭂。Việc binh bỏ chẳng giữ giàng.[5]

---

① 徐中舒主编：《汉语大字典》，成都：四川辞书出版社，1990 年，第 4、654、1712 页。

②《里巷歌谣》，第 39a 页。

③《国音诗集》，第 49b 页。

④《金云翘新传》，第 61a 页。译者按：作者未注明版本，经考，与标注页码相对应的是柳文堂嗣德二十四年（1871）刻本，但字句略有出入，如“惑”字，此版作“或”。

⑤《金云翘新传》，柳文堂嗣德二十四年（1871）刻本，第 53a 页。

- 㖩家罒䇹役茹官。“Quản gia” là giữ việc nhà quan.[1]

需要注意的是，在汉字中，即便造出来的字与其字根有字义上的联系，但它们也不是同义词。可是在越族喃字中，两者几乎是同义词。在喃字中，我们暂未发现诸如汉字那样，用三个相同字根造字的情况。

二、“原体”字与“略体”字

“原体”字与“略体”字之间的对应是非常普遍的情况。它导致某些喃字出现不同程度的变体。从广义的层面来说，这种现象包括所有被笼统看作对原有字形某一部分的“略写”（“简略”或“省略”），从而导致原有文字衍生出其他用以记录同一越南语语素的字形。就单体喃字而言，我们已在前面章节进行了论述。例如：một：沒>殁/殳/攵；là：羅>罒>艹；以及 ngờ：疑>㐅；等等。我们于此只在小范围内集中探讨合体喃字的“原体”及其“略体”的情况。它是对“形声”合体字的表音，抑或表意字符某一部分的简略：

（1）表音字符被省略。兹举如下例字：

○ 进***Mười***（意为“十”）。可以一目了然地看出，该字的表意字符是“十/什”。但剩下的“辶”部有何功能呢？人们起初借用汉字“邁（>迈）mại”来记录越语数词“mười（十）”，之后增添表意字符“十/什”，使之复合化成为“𨒒（>迣）”字。随后再省略掉“邁（>迈）”字的表音字符，只保留“进”和“辻”中表音的“辶”部。兹比较下列例字：

①《日用常谈》，第 45a 页。

- 媄鳩昆工迈倘。Mẹ cưu con trong mười tháng. [①]（文意：母亲怀胎十月。）

- 翁修定参固蔑昆妑歲皮逝𠄼。Ông Tu Định chỉn có một con gái，tuổi vừa mười hai. [②]（文意：修定先生只有一个刚二十岁的女儿。）

- 乙体軍鬼邁餘眾。Ắt thấy quân quỷ mươi dư gióng.[③]（文意：咋看鬼军有十余人。）

- 沒𨉟沒歷进分院进。Một người một vẻ，mười phân vẹn mười.[④]（文意：风姿各异，貌美无暇。）

- 康‹康‹保浪膨賭辻胺。Khăng khăng bảo rằng nghén đủ mười trăng.[⑤]（文意：信誓旦旦说，怀胎已满十月。）

○ 硹*Mài*（意为“磨”）。仅就字面而言，难以确定字符“里”的作用。这是因为起初它借用汉字“埋”字用以记录“mai”的读音，而后增添“石”部表意，构成“硹”字。再后来，表音字符“埋”被省略掉“土”部，完全让位给“石”部，从而形成“硹”字。例如：

- 参舍修蔑飭搥埋。Chỉn xá tu một sức dùi mài.[⑥]

- 腨腨鎚硹碋𢀨𤺓。Tháng tháng dùi mài đá ắt mòn.[⑦]

---

①《佛说大报父母恩重经》，第 9a 页。

②《古珠法云佛本行语录》，第 2b 页。

③《新编传奇漫录增补解音集注》卷四，第 66a 页。

④《金云翘新传》，柳文堂嗣德二十四年（1871）刻本，第 2a 页。

⑤《杨慈-何茂》，第 6 页。

⑥《居尘乐道赋》莲花寺刻本，第 29b 页。

⑦《洪德国音诗集》，第 23b 页。

- 加工𥕄鉄固𣋚铖金。Gia công <u>mài</u> sắt có ngày nên kim.[①]

○ 黰*Dặm*（意为“里”）。此字的情况也相似，不能在此将字符“炎”视为“音符”或“意符”。“黰”字的形成轨迹如下：淡（纯表音“đạm”）>𨤼{“里”表意+“淡”表音}>黰（摒除“淡”字的“氵”部）。例如：

- 碍制排<u>淡</u>柳塘花。Ngại chơi bời <u>dặm</u> liễu đường hoa.[②]

- 礙制排<u>𨤼</u>柳塘花。Ngại chơi bời <u>dặm</u> liễu đường hoa.[③]

- 𣋀朝㐌我<u>黰</u>槐群賒。Bóng chiều đã ngả，<u>dặm</u> hoè còn xa.[④]

表音字符被如此省略（可以恢复）的喃字，我们还可以再举如下几个例字：

○ 记录喃音“cạn”的喃字：汼、泙、件。[⑤]

○ 记录喃音“chở”的喃字：渚、𤀗、渚。[⑥]

○ 记录喃音“uống”的喃字：旺、㕵。[⑦]

---

①《国风诗集合採》，第18a页。

②《居尘乐道赋》莲花寺刻本，第25a页。

③《居尘乐道赋》永严寺刻本，第23a页。

④《金云翘新传》，柳文堂嗣德二十四年（1871）刻本，第4a页。

⑤ 分别见：《指南玉音解义》，第6a页；《古珠法云佛本行语录》，第6b页；《金云翘新传》，柳文堂嗣德二十四年（1871）刻本，第7b页。

⑥ 分别见：《金云翘新传》，柳文堂嗣德二十四年（1871）刻本，第68a页；《嗣德圣制字学解义歌》卷八，第12b页；《佛说大报父母恩重经》，第14b页。

⑦ 分别见：《新编传奇漫录增补解音集注》卷一，第26a页；《里巷歌谣》，第16a页。

（2）有些情况下，所写之字的表音字符原封不动地保留了下来，而表意字符则被省略，使得这些字的形体结构掩盖了其功能结构。此类字极少，但我们在此也可以举出如下几个确凿无误的例字：

○ 皜*Vía*（意为“魄”）。字符“尾”用以表音，但字符“白”与该字有何联系呢？其实该字的“原貌”是“䰐”。显然“皜”字的字形是由于省略了表意的“鬼”部，进而将剩下的字符改变前后顺序而得来的。例如：

- 軍吳秩皜𧼋𨀎。Quân Ngô mất víachạy ngay. [1]

○ 䰐*Vía*。𠀧魂𦉱䰐𠯦𢫝網桃。Ba hồn bảy vía đòi đi võng đào.[2]（文意：三魂七魄，夺命而逃。）

○ 稹 **Riêng**（意为“私”）。显然字符“貞”用以表音，但“禾”部则难以体现出与“稹”的字义有何种关系。实际上，它只是汉字“私”字省略笔画后的表意字符。例如：

- 淿稹群默貝情之低。Nỗi riêng còn mắc với tình chi đây. [3]

○ 𥢆 **Riêng**（意为“私”）。身𥢆㐌忌固𡗶終。Thân riêng đã cậy có trời chung. [4]

○ 貞 **Riêng**（意为“私”）。貞夕貼固埃爭。Riêng làm của có ai tranh.[5]

---

①《天南语录外纪》，第 28a 页。

②《里巷歌谣》，第 41b 页。

③《金云翘新传》，柳文堂嗣德二十四年（1871）刻本，第 16b 页。

④《洪德国音诗集》，第 61b 页。

⑤《国音诗集》，第 74b 页。

在第四章中，我们已经对“功能结构”与“形体结构”之间的区别进行了论述。如若说在多数情况下，“功能结构”与“形体结构”并不相悖的话，那么在区分“原体”喃字与“略体”喃字的情况下，我们却发现这两种结构之间并不相容。换而言之，“略体”喃字的字貌并不直接充分反应所考察之字的“功能结构”。在此种情况下，文字的“外在结构（形体结构）”遮掩了其“内在结构（功能结构）”，并使之模糊化。为了便于书写，历代喃字文献的作者们都自行造出这些临时的“略体”喃字，但很多时候它们却得到了人们的认同，并为后人所继续使用。查阅时，读者们必须理解喃字文献编撰者的此种造字和用字心理，以免出现不必要的误解。

值得注意的是，在汉字，尤其是在现代汉字中，区分“繁体”字和“简体”字是个很大的问题。这些概念主要涉及文字的形体结构，而“单体字”与“合体字”之间的区别则是文字功能结构层面的问题。就喃字而言，我们不使用“繁体”和“简体”这两个术语，因为在现代汉字中，这两个术语与非常明确而又系统的汉字简体化趋势相关；而在喃字中，虽然“原体”与“略体”有些许规律可循，但略显零星而散乱，没有形成一种导向明确的态势。正如前文所引用的资料所示，即便在后期喃字文献中，“原体”喃字并非任何时候都先所引用的资料所示，即便在后期喃字文献中，“原体”喃字并非任何时候都先出现，很多时候它只是一种潜在的字形，当需要时它才会被使用。

当涉及现代汉字的“简体化”时，想必应该以更全面的视角看待这一问题，使之便于与自造喃字进行比较。中国文字学家张桂光先生认为，“简体”汉字大概有如下九个来源[①]：

1. 重新启用古字，废弃后起字。例如：从——從；气——氣；礼——禮。

2. 草书楷化。例如：车——車；门——門；为——為。

3. 局部代替全体。例如：习——習；飞——飛；声——聲。

4. 用象征符号代替繁复偏旁。例如：邓——鄧；欢——歡；鸡——雞；难——難；仅——僅；乱——亂；对——對；凤——鳳。

5. 改换简易声旁。例如：态——態；远——遠；灯——燈。

6. 改换简易形旁。例如：猫——貓；猪——（豬）；粘——黏。

7. 同时改换简易形旁和声旁。例如：响——（響）；护——（護）；惊——（驚）。

8. 新造会意字。例如：灭——（滅）；双——（雙）；体——（體）；尘——（塵）。

9. 合并同音字。例如：（台，臺，檯，颱）——台；（后，後）——后；谷——（谷，穀）。

在喃字文献，尤其是后期喃字文献中，虽然受容了诸如上述“简体”汉字，但使用并不普遍和彻底。这种情况发生在喃字借用汉字的身上，以及把汉字用作自造喃字部件的过程中。然而，在上述第四个来源中，至少有一点值得注意的是，当众多汉字的不同偏旁被字符“又”统一替代时，越南人使用的汉字和喃字则不尽相同。除了其他位置与汉字无异之外，有些左边带有“又”部的喃字，常在“又”上多添加一“丶”，与汉字“刘”字相类。例如：對（đối）>对（đổi），難（nan）

① 详见张桂光：《汉字学简论》，广州：高等教育出版社，2004 年，第 214—216 页。

>难（nàn），等等。这是带有“又”部喃字与中国相关汉字的细微差别之处，但很多时候电脑的某些喃字输入法却忽略了它。这种写法与日本人对汉字及和字的写法非常相似[1]。由于上述字符“又”扮演“中性”的角色，既可以替换“表音”字符（如：漢>汉），又可以替换“表意”字符（如：鳳>凤），因此它超越了传统“音符”与“意符”两分法的范畴，导致人们承认，纯粹服务于汉字形体结构是这种字符的价值所在。人们将其称为汉字形体中的“象征性字符”[2]。但这只是当分析“简体”汉字时会碰到的情况，而至于喃字的“略体”字则无需受到这种中性“字符”的影响。不论如何省略，它最终仍然会有一部分用作“表音”或“表意”的字符。

在汉字的形体结构中，自古就有像喃字“略体”文字的现象。在《说文解字》中，许慎分析某些汉字时，就已提出了所谓“省声”和“省形”的概念。这是相当复杂的现象。然而，这其中也有与喃字“略体”字相类的情况。例如：

（a）“省声”例字：“珊”字，“从玉删省声”。“姗”字亦是如此，“从女删省声”；“琉”字，“从玉流省声”；“梳”也是如此，“从木疏省声”。

（b）“省形”例字：“弑”字，“从殺省式声”。

---

① 参见[日]小和田、远藤哲夫等：《汉字典》，东京：旺文社，2001年，第333页。

② 参见裘锡圭：《文字学概要》，北京：商务印书馆，2002年，第160—165页。另见张桂光：《汉字学简论》，广州：广东高等教育出版社，2004年，第229—230页。

在《喃字字典》[1]中，竹内与之助（Yonosuke Takeuchi）教授似乎将上述“简体”字的范围，扩展至那些按功能结构分析毫无“障碍”文字。在此谨将笔者（NQH）与竹内与之助（TAK）教授对若干喃字的分析方法略作比较研究。具体例子如下：

-𨔈字，音 ***chơi***（意为“遊”）：{“辶”部表意+“制”表音}（NQH）<>{“遊”表意+“制”表音}（TAK）。

-扒字，音 ***bắt***（意为“捕”）：{“扌”部表意+“八”表音}（NQH）<>{“捕”表意+“八”表音}（TAK）。

-跢字，音 ***đá***（意为“捕”）：{“足”部表意+“多”表音}（NQH）<>{“蹴”表意+“多”表音}（TAK）。

-泑字，音 ***ao***（意为“池”）：{“氵”部表意+“幻”表音}（NQH）<>{“池”表意+“幻 ảo”表音}（TAK）。

○ 𡓇字，音 ***bãi***（意为“地场”）：{“土”部表音+“罷”表音}（NQH）<>{“地”表意+“罷”表音}（TAK）。

○ 烥字，音 ***cháy***（意为“燒”）：{“火”部表意+“至”表音}（NQH）<>{“燒”表意+“至”表音}（TAK）。

○ 梮字，音 ***cuốc***（意为“杭”）：{“木”部表意+“局”表音}（NQH）<>{“杭”表意+“局”表音}（TAK）。

窃以为，在个别情况下，竹内与之助教授的分析方式颇为有趣，但如此追寻汉字与喃字的同义词，将容易走入死胡同，或变得茫然。与此同时，部首的作用侧重于构造和辨识喃字是显而易见的，却被忽

① ［日］竹内与之助：《喃字字典》，东京：东京大学书林，1988 年。

略了。我们认为：只有在文字形体结构无法反映文字功能结构的情况下，才有必要谈及“略体”喃字罢了。

三、喃字形体内构字部件的位置

自从有了隶书和楷书之后，汉字形体的构字部件被排列于方形的空间里。起初，一个部件随意地占据方形空间的某个位置，之后按“约定俗成”出现了一定的书写格式，但与拼音文字的书写格式是有差别的（字母必须按它们线型的准确顺序出现）。为了在“方形”空间里和谐相处，汉字诸构字部件“有权”自由选择自己的“立足点”。因此，包括喃字在内的“方块”型类汉字的构字部件的排列格式相对多样化。很多时候不仅接受“两可”排列格式，而且还会接受“三可”甚至“四可”排列格式。例如，仅就“形声”汉字而言，人们总结出“形符”与“声符”至少有十种不同的排列位置。关于这一情况，我们已在第三章第一节中进行了探讨，不再赘述。

在本节中，我们拟探讨两个问题。第一，通过与汉字进行对比，考察和探讨自造“合体”喃字中若干充当表意字符（包括部首）位置的情况；第二，考察和探讨由于改变构字部件位置，导致喃字变体的现象。

（1）我们对第一点的论述主要基于以下两种材料：（a）对《喃字查字表》（1976）和《喃字字典》（2006）中收录的带有表意部首（或字符）的喃字进行考察；（b）与中国学者谷衍奎编撰的《汉字源流字典》（2004）收录的相关汉字进行比较。为了删繁就简，我们将不同部首或构字部件的位置主要分为左、右、上、下、内和外六种。同样为了简洁起见，我们在此只对那些部首排列情况与汉字结构多少有些差异的喃字进行考察，而与汉字结构并无二致的喃字则无需论及。兹举如下几个例字：

• “刀”部倘若仍写作“刀”，那么在汉字里它被置于文字的下部（如“剪”）；但在喃字中，除了置于文字的下部（如“㓦”，意为“砍”）之外，有时分别置于文字的左部、右部或上部。例如：“𠜈”，音 chém，意为“砍”；“剒”，音 tách，意为“分开、剖开”；“𠞹”，音 đâm，意为“刺、捅、戳”；“𠞺”，音 cùn，意为“钝”。

• 在自造喃字中，“口”部、“土”部、“女”部、“火”部、“糸”部等等，无论何种情况均置于文字的左部。但在汉字中，上述诸部有时还可以置于其他位置。例如：呈、含、基、壁、姿、婆、熨、熟、磬、紫等等。

• 在喃字中，“子”部除可置于文字左边之外，也有置于右边的情况（如“𡥙”，音 cháu，意为“孙子”）；但在汉字中，它或如“孟”字般被置于文字的上边，或如“孽”字般被置于文字的下边。这点未见于自造喃字中。

• “小”部鲜用于形声汉字，诸如“尖”“尘”等包含“小”部的会字也屈指可数。但在喃字中，以字符“小”作为部首的形声字以数十计，其所处位置也异常灵活。例如，“小”部位于文字左边的有：“𡮈”，音 mọn，意为“微小的、细小的”；“𡮣”，音 bé，意为“小的、年幼的”。“小”部位于文字右边的有：“𡮍”，音 chút，意为“一点、少许”；“𡮪”，音 mảy，意为“极少的”。

“小”部位于字上边的有：“𡮈”，音 may 意为“少许、少微”等。

• “手”部如若被写作“扌”，那么无论汉字，还是喃字均将其置于文字的左边。但如果写作“手”，那么汉字将其置于文字的下边，而喃字中仅有“𢬣”gang 意为“寸”一字将其置于文字的下边，其余诸如“拍”phạch“扇声”、“𢬦”vẫy“招手”、“搞”cấu“抓”、“𢭲”ngón“手指”等字则仍将其置于左边。

（2）改变构字部件位置而产生的变体字。这是喃字中显而易见的情况。我们于上文已经论及记录越南语“ngồi”的四个喃字“𡊘𡎥𡎦𡊘”。它们之间的区别，仅在于声符“外”和形符“坐”轮番改变位置所致。兹例举若干例字如下：

○ 𩙻/𩙼/𩙺 ***Bay*** 意为“飞”。例如：

- 𤈜𩙻𨷶紫吉坡𡑝鐄。Tro bay cửa tía，cát pha sân vàng.[1]

- 聀彷彿蕜梧桐湧沒蕜梧𩙼。Nghe phảng phất lá ngô đồng rụng. Một lá ngô bay .[2]（文意：一叶翻飞，听之仿佛梧桐叶落。）

- 渗率似𪀄𩙺。Tháng ngày thấm thoắt tựa chim bay .[3]（文意：岁月像鸟儿飞翔般流逝。即：时光如白驹过隙。）

○ 𨷶/𨴓/𨷯 ***Cửa*** 意为“门”。例如：

- 猿蓬昆掑𨴓宜經。Vượn bồng con kề cửa nghe kinh.[4]

---

①《梳镜新妆》，第 9b 页。

②《歌筹体格》，第 2a 页。

③《桂山诗集》，第 25a 页。

④《咏花烟寺赋》，第 32 页。

- 𨷯茹拱㐌进分調𬄌。Cửa nhà cũng đã mươi phần đều nên.①（文意：房子已基本建成。）

- 𨷶佛觥𥑥産襖䄡。Cửa Phật quanh năm sẵn áo sồng.②（文意：佛门终年着海青。）

○ 𩙍/𩙌/𩗂/𩙋 ***Gió*** 意为“风”。例如：

- 𩙍迻香店月净。Gió đưa hương，đêm nguyệt tạnh.③

- 𩙌𩈘𣋚歆油頓綽。Gió sớm trăng hôm dầu đón rước.④

- 所𣈜𬁒𩗂北𠇍㓥覩篤蒸核意。Thửa ngày sau gió bấc cả làm，đổ trốc chưng cây ấy.⑤

- 渃撐吝渚𩙋鐄𨁪迻。 Nước xanh lần chở gió vàng thẳng đưa.⑥

○ 𡚢/𧯄/𧯅 ***To*** 意为“大”。例如：

- 轉尼乙罕劍咹𡚢。Chuyến này ắt hẳn kiếm ăn to. ⑦（文意：此次定当发大财。）

- 𢌌狹乳𧯄𣃣𥪝奇。Rộng hẹp nhỏ to vừa vặn cả.⑧（文意：宽窄大小皆合适。）

①《西方公据节要演音》，第 8b 页。

②《渭城佳句摺编》，第 14a 页。

③《国音诗集》，第 74b 页。

④《新编传奇漫录增补解音集注》卷一，第 37b 页。

⑤《古珠法云佛本行语录》，第 7b 页。

⑥《梳镜新妆》，第 34a 页。

⑦《渭城佳句摺编》，第 14b 页。

⑧《春香遗稿》，第 8b 页。

- 滝㢶合㐌滝𣘈。Sông nhỏ hợp vào sông to.[①]（文意：小河汇入大川。）

○ 𪔠/𪔝/𪔞/𪔟*Trống* 意为“鼓”。例如：

- 打𪔠戈閤茹霔。Đánh trống qua cửa nhà sấm.[②]（文意：门前响起雷鸣般的鼓声。）

- 打𪔝𠺙篕罒魔朱臼。Đánh trống thổi kèn làm ma cho cậu.[③]（文意：敲锣打鼓为舅父办丧事。）

- 𪔞打吹嗁𠺙虐。Trống đánh xuôi，kèn thổi ngược.[④]（文意：顺敲鼓，逆吹箫。）

- 𨀈𠄼更班𪔟𠄼蓬蘭畑杏㐌淋淫。Đến năm canh，ban trống năm. buồng lan đèn hạnh đã lâm râm.[⑤]（文意：五更天，打五更。蓬阑杏灯暗幽幽。）

喃字形体结构容许构字部件改变位置而产生的诸多变体字，证明了越南人在造字和写字过程中的灵活性，但另一方面也造成了文字面貌诸多不必要的“多样变化”，对尚未熟知喃字的人形成了负担。

显而易见的是，除了诸如𨎟/𨎠（trước 前）、𨎤/𨎥（sau 后）等早期出现并流传下来的少数正副/偏正会音喃字之外，几乎所有上述容许构字部件改变位置的喃字均属于形声喃字，或联合结构会意喃字。不管哪种情况，这种位置变化可能是随意或因执笔人的嗜好所致，抑

①《嗣德圣制字学解义歌》卷二，第 8b 页。

②《南国方言俗语备录》，第 2a 页。

③《里巷歌谣》，第 7a 页。

④《南国方言俗语备录》，第 19b 页。

⑤《洪德国音诗集》，第 9b 页。

或是顺应各时代“文字风格”之大流，但从不具备区别字义的作用。因此，所有这些只是形体结构的不同变体，而不会对喃字的功能结构造成区别。这或多或少体现了喃字与汉字的相异之处。

在汉字中，我们时常发现某些字的表意形符可以改变其在文字结构中的位置，而不会引起功能作用的变化，但这将造成两个形体不同的字记录同一语素的情况，例如：

• 如下几个汉字中，构字部件位置的改变只会导致异体字的出现，但相互间没有字义上的区别：

- 甜 = 甛，本义为“甜”。
- 概 = 槩，本义为“确定谷物多少的量器”。
- 略 = 畧，本义为“封疆土地”。
- 群 = 羣，本义为“羊群”。

• 在汉字中更常见的是，构字部件位置的改变，将导致文字形体和功能的双重改变。其具体体现就是文字字义的改变：

- 部，意为“分开”≠陪，意为“增加的、非主要的”。
- 暉，意为“阳光”≠暈，意为“太阳或月亮周围形成的光圈”。
- 架，意为“用做支承的东西”≠枷，意为“连枷”。
- 衿，意为“古代衣服的交领”≠衾，意为“被子”。
- 吟，意为“吟咏、吟哦”≠含，意为“含在嘴里”。
- 陲，意为“边疆”≠郵，意为“陆路传信”。

四、不同功能结构导致的异体喃字

我们曾于上一章说，只要变换造字方式或文字的构字部件，将会得到不同的功能结构（喃字）。这些不同的功能结构（喃字），可分为如下两大类：

第一，它们造出完全迥异的喃字，表达音义均不同的语素，或者在读音和字义方面有不同之处。比如：𨇒（đuổi）≠澻（đuối）均以“偏正形声”结构造出，“𨇒”字的“辶”部与“澻”字的“氵”部是不同的表意形符，因而这两个喃字所代表的两个语素也完全不同。与此相似的是，虽然 dày、giày 和 giày 这三个语素同音，但分别代表它们的“𦟐”dày（厚）、“踖”giày（践踏）和“𩊛”giày（鞋子）却是三个字义不同的喃字。

第二，它们给同一语素造出异体字。它们可以互相替换使用，或只有在具体语境中才有细微的区别。例如：由于“辶”部不等同于“足”部，因此“𨇒”和“蹪”的功能结构虽然不同，但这两个字都体现了“đuổi”（追）这一语素的语意。又如，虽然“皮”部不等同于“革”部，但表示“giày”这一语素的“𩊛”和“鞜”均有“鞋子”之意。诸如此类喃字，就是同一语言单位在文字上的异体字。

当谈及喃字形体时，这是必须考察的对象。在喃字中，这种异体字异常丰富，我们将其分为三大类，并举出少许例子逐类进行论述。

（1）构字部件相异但造字方式相同的异体字。

（a）单体字

○ 蔑/沒两字均借用汉字表达越南语“một”的读音，意为“一”（C1 类）。例如：

- 谷城南芓<u>蔑</u>間。Góc thành Nam lều <u>một</u> căn.[①]（文意：城南一角有间草堂。）

①《国音诗集》，第 4a 页。

- 廊扶董固𠬠𠊛。Làng Phù Đổng có một người.[①]（文意：扶董村有一个人。）

○ 鉢/鉢被借用以表达越南语“bát”的读音，音义与其汉字本义同（A1类）。例如：

- 㶣焒課夏鉢渃務冬。Ngọn lửa thuở hè，bát nước mùa đông.[②]（文意：炎炎夏日，茶杯冬季。）

- 固鉢使情負鉢坍。撫揄鉢使，𩙻散固𣈜。Có bát sứ tình phụ bát đàn. Nâng niu bát sứ，vỡ tan có ngày.[③]

（b）合体字

○ 絺/𢯏均是偏正结构形声字，用以表达越南语“bó”的读音，意为“缚”（F2类）。例如：

- 招絺檜乃芃烟因芒買涅。Gieo bó củi，nảy bông đèn. Nhân mang mới nết.[④]

- 抶𦟐𢯏桧捍裩𢷮工。Thắt lưng bó củi，xắn váy quai cồng.[⑤]

○ “㝊/𡨹/𡨸”均是联合结构形声字，用以表达越南语“giữ”的读音，意为“守”（F1类）。例如：

①《大南国史演歌》，第3b页。

②《天南语录外纪》，第122a页。

③《里巷歌谣》，第50b页。

④《居尘乐道赋》，第28b页。译者按：原文未具版本。

⑤《三元安堵诗歌》第14b页。

- 𥙩蒸據恩情駢𡨹𠳒誓𨎟。Lấy chưng cớ ân tình，bền giữ lời thề trước.[①]

- 𡨹牢朱特論皮向陽。Giữ sao cho được trọn bề hướng dương.[②]

- 江山坡𡓁飭黜𡨹江。Giang sơn bờ cõi sức ra giữ giàng.[③]

（2）构字部件与方式均不同的异体字。

○ 礼/𥛉/𡞕三字分别是借汉表意单体字、联合结构会意字和联合结构形声字，用以表达越南语“lạy”的读音，意为“礼拜”。例如：

- 檜頭礼孛。Cúi đầu lạy bụt.[④]

- 調寅寅合吏，綽𥛉讓𡾵𨕭。Đều dần dần họp lại，rước lạy nhường ngồi trên.[⑤]

○ 朗/𤎜/𩇢/創/𤏬五字分别是借汉表意单体字、偏正结构会意合体字、联合结构会意合体字、借汉表音单体字和偏正结构形声合体字，用以表达越南语“sáng”的读音，意为“朗、光”。例如：

- 𨦃朗補工架粧。Gương sáng bỏ trong giá trang.[⑥]

---

①《新编传奇漫录增补解音集注》卷四，第 39a 页。

②《贞鼠传》，第 3a 页。

③《天南语录外纪》，第 106a 页。

④《佛说大报父母恩重经》，第 46b 页。

⑤《新编传奇漫录增补解音集注》卷四，第 56a 页。

⑥《佛说大报父母恩重经》，第 12a 页。

- 𨕭頭固膵𱑍歪𱟨燸。Trên đầu có bóng mặt trời sáng soi.[①]
- 旗𩄲法派燸𱸘堺滝。Cờ mây phấp phới，soi sáng bãi sông.[②]
- 黜悉濃浮蜍於，咹𠲖𦣰泇蒙創麻趍。Ra lòng nông nổi thờ ơ. Ăn gửi nằm nhờ，mong sáng mà đi.[③]
- 熒熒烟燻𤒘張𣋀茄。Huỳnh huỳnh：đèn đuốc sáng trưng trong nhà.[④]

综上所述，不论是从形体结构，抑或从功能结构进行考察，我们发现喃字的异体字异常丰富。假若人们提出对喃字形体进行标准化处理，那么我们刚于上文阐述的所有情况，当被视为这种标准化工作的对象。因为在使用喃字时没有任何规定可循，所以一种完善而便利的文字书写系统，不应受容过多的异体字（及变体字），否则它在给造字者和文字使用者带来便利的同时，也会造成诸多困难。

①《金云翘新传》，柳文堂嗣德二十四年（1871）刻本，第 22a 页。
②《新编传奇漫录增补解音集注》卷四，第 12a 页。
③《天南语录外纪》，第 124b 页。
④《嗣德圣制字学解义歌》卷一，第 12a 页。

第五章　喃字的历史演变

喃字的演变
喃字系统的发展进程

第一节　喃字的内在演变

一、问题的界说

当提及喃字在其历史发展进程中的演变时，我们必须对两种情况进行区别。一则，喃字系统内部的演变，即喃字内在的演变。二则，喃字社会功能的演变，即通过不同历史阶段来考察喃字在越南社会生活中的地位。喃字的第二种情况，我们将于下一章进行考察。在本章节中，我们暂时仅就第一种情况，即越族喃字系统内部的演变情况进行论述。

查阅不同历史时期的喃字文献，我们可以非常直观地看出与一定语言单位相对应的文字单位形体的若干变化，以及文字因不同结构方式而增加或减少分量的情况。但是，要从具体喃字文献中罗列材料证实这种认识，却是困难而复杂的事情。之所以如此，是因为下列原因：

（1）目前，我们保存下来的数以千计类型各异的手抄本、雕刻印刷本和刻板印刷本喃字文献，主要藏编于越南河内汉喃研究院。对于研究这种喃字演变现象而言，重要的是必须弄清它们（喃字文献）的年代。然而，流传下来且具有确切年代的文本不但确实罕见，而且在内容以及文本形式鲜有类型相同者，因此难以相互比较。

（2）即便是我们所接触的带有年代印记的文本，大部分也会出现著述创作年代与成书年代之间的差别。比如，众所周知阮廌的《国音诗集》创作于 15 世纪上半叶。阮氏遇害之后，遗稿散佚，及至 1467 年黎圣宗皇帝遣陈克俭收集了一部分。后来直到阮朝，杨伯恭继续用心收集、整理，并与 1868 年刊刻印行。这正是目前我们所见的刻本。如果仅就喃字层面而言，那么此文本不仅有 19 世纪末的书写风格，想必还保留了不少阮廌时代所书写风格的喃字或陈克俭所处 15 世纪书写风格的喃字。明确区分带有这两个不同时期印记的书写风格，是异常复杂的，需要像阮才谨教授曾尝试的那样，进行精心的考究[①]。

（3）可以看出，几乎所有黎初之前存留至今的喃字作品均属于上述情境。今日我们之所以有幸能看到的作品，实属后世文人收藏、抄录或刊刻印刷之功。但这并不意味着没有年代确凿的喃字作品。此类作品，我们主要从以下两个途径收集：

第一，历代碑铭中发现的零星喃字。可惜的是，杂糅喃字的汉字碑文为数不多，而纯粹以喃字刻就的碑铭更是凤毛麟角。

第二，同期作品的文本，出现得较晚，且主要是阮朝时期的作品。例如：《大南国史演歌》虽经几位不同文人修改和润色，但他们都生活在嗣德年间。戊午年（1858），他们受皇命修书，先由黎吴吉草拟，经范廷倅删改和完善，最后才刊刻于庚午年（1870）。此作品成书于 19 世纪后半叶的 12 年间，如此则可以认为，它的编撰与刊刻属同一时期，可视为该时代的代表性作品。此类作品和文本数量虽多，但均

---

① 详见[越]阮才谨：《语言、文字和文化的若干证迹》，河内：河内国家大学出版社，2001 年，第 205—218 页。

属于喃字历史后期阶段的文献，因此拿它们来比较，探讨诸历史阶段喃字的内在演变情况，意义不大。但如果将它们与早期文本进行比较，那么我们可以做如下假设：诸文本中同一语素书写相同或相异的喃字，大体上可视为阮朝对历朝流传下来那些“保留”或“革新”的字形。

按此方向进行探究，我们可以考察喃字的内在演变如下：在这些不同的版本，尤其是不同阶段的版本中，原本与某些固定语言单位（语素）相对应的喃字，必然会出现书写方式的差异。考察和比较这些相异之处，想必对确定不同时期喃字形体和结构的“沿革”大有裨益。基于这一思路，阮俊强（Nguyễn Tuấn Cường）在其 2006 年的硕士学位论文中，对中华古籍《诗经》喃字演音的四个版本中的喃字进行比较研究。这四个版本约在一个世纪之内的不同时期刊刻。其中，第一个版本刊刻于永盛十年（1714），第二个版本刊刻于光中五年（1792），其余两个版本分别刊刻于明命十七年（1836）和明命十八年（1838）。在下文第五章第二节第三点中，我们也将对陈仁宗《居尘乐道赋》和《得趣林泉成道歌》中的喃字进行考察和比较。这两篇诗文收集于《禅宗本行》文集中。其中，莲花寺本刊刻于 1745 年的景兴时期（景兴六年）；永严寺本刊刻于 1932 年的保大时期（保大十二年）。黄春瀚（Hoang Xuân Hãn）教授认为，除上述两个版本之外，尚有一份刊刻于 1805 年嘉隆时期（嘉隆四年）的花烟寺本，可惜已散佚。这种比较方式对认识喃字形体的演变具有一定的价值，但能用来如此比较研究的文本不仅屈指可数，且它们在“革新”旧喃字形体的同时，也继承和保留了旧喃字的形体，因此在运用资料时得非常慎重。

在下文中，我们将尝试主要依据此类性质的文本和诸多年代相对确凿的喃字文本，考察喃字在两个方面的演变，也可以说是研究喃字内在演变中两个层级的演变。第一，考察与若干固定语言单位相对应的喃字形体的变化，即在“文字单位层级”研究喃字的演变。第二，考察不同历史时期里根据各种造字方法创制出喃字所占的比例，即在“文字系统层级”研究喃字的演变。

甲、喃字在文字单位层级中的演变

在不同喃字字形中考察与之相对应的语言单位，我们可以得出如下认识：

（1）在不同时期中，并非任何语言单位都会频繁地出现（被使用）。例如：与越南语“Mắng”（意为“闻”）一词相对应的喃字是“𠰳”；与越南语虚词“Chưng”（意为“之、于”）相对应的喃字是“蒸”，它们常出现于早期的作品中，但随着时间的推移逐渐淡出，及至阮朝末年几乎已不再使用。考察这种情况，有助于研究越南语词语的演变，但对于探究喃字本身演变的意义不值一提。

（2）即便那些在不同历史时期均被频繁使用的语言单位，也并非任何语言单位在不同历史时期中都有多种与之相对应的喃字形体。例如：越南语“ai”，意为“谁”，除了最早的《佛说大报父母恩重经》这一作品中借用汉字“哀”字记录其读音之外，《居尘乐道赋》之后的其他作品几乎只用“埃”字记录“ai”的读音。因此，在研究喃字本身的演变时，与此类语言单位相对应的少有变化的喃字，显然不是我们过多关注的对象。

我们确实需要关注的对象必须是我们刚述及（1）类和（2）类中，与一定语言单位相对应的带有“阳性”的文字。意即，它们必须是不同历史时期里被频繁使用的语言单位（这些语言单位大多均属于越南语的基本词汇，如数字、人与动物肌体的部位等等），以及不同历史时期中与之相对应的不同形体的喃字。此外，在分析过程中，我们也发现难以对表达“mấy”和“nào”等越南语的喃字进行定性，若想找到解决问题的依据，想必也要考究它们在不同历史时期演变的情况。我们在近期发表的若干篇论文中，曾对此进行过阐述[①]。我们将在下文中，从此类诸多语言与文字单位里举出若干例子进行考察与阐述。

二、对表达越南语素“một”的喃字“蔑/没（>𠬠）”（意为“一”）的考察

❖ 对陈仁宗《居尘乐道赋》1745 年莲花寺刻本（下文简称为“莲花本”）和 1932 年永严寺刻本（以下简称“永严本”）进行对比时，我们发现全文十一次使用了越南语“một”这一词语。在这十一次的使用中，莲花本用汉字“蔑”进行记音，而永严本则用“没”字进行记音。

因此，我们初步得到可靠的证据，即越南语在其发展史上的两个标志性阶段中，分别一以贯之地使用汉字“蔑”和“没”记录越南语“một”的读音。但是，仅凭这些不足以阐述这两个字在这两个历史阶段，尤其是在 1745 年之前以及 1932 年之前出现、演变和替换的过程。因此，我们必须寻找如下补充材料：

---

① ［越］阮光红：《“余”字和“沃”字考》，载《汉喃杂志》2006 年第 1 期。

❖ 2006 年，阮俊强认为永盛十年（1714）和光中五年（1892）两个版本的喃字书写风格几乎完全一致；明命十七年（1836）和明命十八年（1837）两个版本亦然。如果从用“蔑”（miệt）转换到以“没”（một）记录越南语“một”的读音，属于“转用其他汉字”记录越南语语素的话，那么永盛版和光中版与两个明命版本中有 13 处属于这一情况。特别值得注意的是，在这十三个字中没有哪个字的读音是“một”。意即，在此四个版本的相同语境里，任何时候都只是用汉字“蔑”（miệt）记录越南语“một”的读音罢了。所以，在此可以暂且认为 1714 年至 1836 年间，喃字文本中只用“蔑”（miệt）记录越南语“một”的读音。

❖ 在 1675 年至 1850 年间，诸多创作（或写或刻）年代可考的文本中，越南语“một”被一以贯之地用“蔑”（miệt）来记录。兹举例如下：

- 据陈氏降花（Trần Thị Giáng Hoa），对 1113 年至 1382 年间李陈二十八块杂糅有喃字的碑铭的考察结果显示，这些碑铭中并未见以“没”字记录越南语“một”的读音[①]。但丁克顺（Đinh Khắc Thuân）对 1465 年至 1731 年间黎朝四十六块杂糅有喃字的碑铭进行考察[②]，只发现唯一一次以“蔑”字记录越南语“một”的读音：几山路冘蔑礦泊典朱眾碎[③]。（Kẻ Sơn Lộ đem một nén bạc

① ［越］陈氏降花：《李陈时期喃字刻本初探》，载《喃字研究》，河内：社会科学出版社，2006 年，第 271—284 页。

② ［越］丁克顺：《黎朝碑刻上的喃字》，载《喃字研究》，河内：社会科学出版社，2006 年，第 285—296 页。

③ 碑铭 N.1939，立于 1675 年。

đến cho chúng tôi. 文意：山路人拿一锭银子来给我们。）

此外，以下诸文本也只用“蔑”以表“một”：

- 景兴三十五年（1774）刊刻的《新编传奇漫录增补解音集注》，此版是对景兴十年（1714）版本的翻刻。

- 景兴十三年（1752）刊刻的《古珠法云佛本行语录》。

- 景兴四十一年（1780）刊刻的《刍荛对话》。

- 景盛五年（1793）刊刻的《出家沙弥国音十戒》。

- 《天南语录外纪》抄本，作者及抄录年代不详。但据前贤学者对其内容及若干史料进行考究，此书约撰于1685至1697年间。我们于此论及的版本（汉喃院藏编号AB.478）则抄录于嘉隆初期之辛酉年（1801）。

- 嘉隆十六年（1817）刊刻的《敬奉灶神演歌》。

- 阮朝抄本《西洋志略——奉译火船图说》。

- 嗣德元年（1848）刊刻的《西方公据节要演音》。

❖ 约1850年之后，又出现了诸多年代可考的文本。在此类文本中，已一律用“没”或“爻”（“没”的简写）记录越南语“một”的读音。例如：

- 嗣德十九年（1866）和嗣德二十四年（1871）柳文堂刊刻的《断肠新声》中，只用“没”字记录越南语“một”的读音。

- 嗣德二十三年（1870）刊刻的《大南国史演歌》中，只用“没”字记录越南语“một”的读音。

- 甲戌年（1874）无名氏刊刻的《蓼云仙传》中，有十一次用“没”，其余均用简写的“爻”记录越南语“một”的读音。

- 嗣德乙亥年（1875）刊刻的《贞鼠传》中，只用“没”字记录越南语“một”的读音。

- 嗣德己卯年（1879）刊刻的《芙蓉新传》中，只用“没”字记录语素“một”的读音。

- 嗣德己卯年（1879）刊刻的《李公新传》中，“没”和“䒑”两字混用以记录越南语“một”的读音。

- 乙酉年（1884）刊刻的《富贫传演歌》中，只用“没”字记录越南语“một”的读音。

- 成泰九年（1897）刊刻的《嗣德圣制字学解义歌》中，只用“没”字记录越南语“một”的读音。

- 成泰辛丑年（1901）刊刻的《训女演歌》中，只用“没”字记录越南语“một”的读音。

- 成泰壬寅年（1902）刊刻的《征妇吟备录》中，只用简写的“䒑”字记录越南语“một”的读音。

- 成泰甲辰年（1904）刊刻的《清化观风》中，只用“没”字记录越南语“một”的读音。

- 成泰七年（1895）刊刻的《训俗国音歌》中，只用“没”字记录越南语“một”的读音。

- 成泰十七年（1905）刊刻的《月花问答》中，只用简写的“䒑”字记录越南语“một”的读音。

- 启定丁卯年（1918）福文堂刊刻的《金云翘新传》中，只用“没”字记录越南语“một”的读音。

因此，我们在此可以对哪些历史时期的文本分别用“蔑”（miệt）字，或“没”字及其简写“爻”字记录越南语“một”的读音，划出如下相对清晰的界线：大约在绍治年间（1841—1847）之前，喃字文本中常用“蔑”字记录越南语“một”的读音；而在嗣德年间（1848—1883）之后，“没（爻）”字则替代了“蔑”字的角色。

❖ 但是，实际上在不少喃字文本中，“蔑”（miệt）和“没（爻）”并用于记录越南语“một”的读音。它们之间的区别有如下几点：

第一，嗣德时期以后，手写或刊刻的喃字文本中已盛行用“没（爻）”字记录越南语“một”的读音，但多少还继承了前期文本中“蔑”字。通过对若干具体文本的考察，我们发现了如下几点：

- 阮鹰《国音诗集》，在嗣德二十一年（1868）刻本中，“蔑”字共出现一百一十三次，被较完整地保留了下来。仅在“盃固爻悉忠免孝”（*Bui có một lòng trung lẫn* [< *mlan] *hiếu*）句中，使用“爻”字一次。

- 李文馥《二十四孝演音》，嗣德辛未年（1871）刻本可能是受到此前绍治五年（1845）刻本的影响（可惜时至今日尚未发现《二十四孝演音》绍治五年的刻本），因此在文本中“没”字与“蔑”字兼蓄并用。

- 阮攸《金云翘传》，在壬申年（1872）惟明氏刻本中，有259次用“爻”字记录越南语“một”读音的同时，也有九次用“蔑”

（miệt）字担任此角色。这可能是由于该版本继承的是绍治之前的版本，其中尚普遍使用的“蔑”（miệt）字，被保留了下来。

第二，绍治时期以前创作的文本中，“蔑”字虽被广为使用，但在如下几部有名的文本中，往往或多或少也发现“没（爻）”字被用以记录越南语“một”读音的情况。

- 《佛说大报父母恩重经》中所附带的喃字解音版出现的时间很早。从语料，尤其是从当时越南语语音结构层面来看，必须承认它是流传至今年代最为久远的喃字作品。正如我们在第二章所述，它的成书时间或在有李一代。但据我们所知，目前的版本是由郑主郑柞（1606—1692）之子郑棡组织刊刻于 1730 年。非常奇怪的是，该文本中仍保留了喃字原始形声造字的诸多写法。仅就越南语“một”而言，未见用“蔑”字记录，而全都用“没（爻）”字记录；其中“没”字八次，“爻”字二十七次。

- 《指南玉音解义》，此书的成书年代或许也很早。据吴德寿考究，此书于 1401 年首次刊刻印刷，后经不断补充修改。另据黄俊谱（Hoàng Tuấn Phổ）考究，我们目前所用版本刊刻于辛巳年，即景兴二十二年（1761）。此书中，几乎所有的越南语“một”的读音均用“蔑”（miệt）字记音，但文末却出现若干“没（爻）”字记录越南语“một”的读音。

- 《各圣传》，抄本，记录诸多圣人的故事，由支尤尼模・梅乌移歌（Geronimo Maiorica）编撰于福泰四年（1646）。仅在其中的《婆圣传》里，用以记录越南语“một”读音的“蔑”（miệt）字和“没”（một）字分别出现十四次和十一次。

上述援引的材料有助于我们更充分地认识越南语‘một’的读音如何被‘蔑’（miệt）字和‘没/爻’（một）字记录及其演变的情况。由此可见，绍治以前和嗣德以后两个历史时期中，“蔑”字和“没/爻”字均被用以记录越南语“một”的读音。但即便如此，我们于上文所划的时间分界线，也不应因此而被抹杀。只有一点需要指出的是，喃字形成初期，至少在约 1761 年以前很长的历史时期中，或许“蔑”（miệt）字尚未得到普遍的使用，而是与“没/爻”字一起被用于记录越南语“một”的读音。但约从 1761 年之后，“蔑”（miệt）字首先在刊刻印刷中占据上风，然而 1848 年之后却又将位置完全让给了“没/爻”（một）字。这一转换过程是在文字使用者导向性选择之下发生的。如果在文字面貌上不体现表音或表意功能的区别，那么哪个字的字形易写且笔画少者将是优先选项。相较若此，则“没/爻”字（một）比“蔑”（miệt）字更具优势。况且，从读音层面进行考察，那么随着时间的推移，“蔑”字的汉越音“miệt”与越南语“một”的读音并不太吻合，只好向汉越音的确读作“một”的“没/爻”字“认输”。

三、对表达越南语“người”读音的喃字“㝵/得/䣼”（意为“人”）的考察

我们继续使用上述所提文本，对记录越南语“người”（意为“人”）读音的异体字“㝵/得/䣼”在各历史时期演变的情况进行考察。这些文本成书及其版本年代的相关情况已交代于上文，不再赘述。为了便于论述，我们也不再全文引用诸喃字例句。考察的结果如表 5.1.3 所示。

其中，有一至三个版本的作品将按它们出现年代的先后顺序排列。在确定文本年代，以及作品成书年代与作者生活年代同属某历史时期的情况下，将在年份右上角注“*”号以示提醒。“（+）”号则表示该字虽出现过，但仅非常罕见地出现过一次或两三次而已。

表 5.1.3

作品文本	年代	喃字			援引例句（每字一句）
		㝵	得	䰳	
《婆圣传》	1646*	+	0	0	Như㝵người bởi Trời mà xuống [d.10]
碑文 N.1939	1657*	0	（+）	0	Người得phủ lại Văn Trạch
《诗经解音》永盛本	1714*	+	0	0	Tốt đôi cùng㝵người quân tử [I，2a]
《佛说大报父母恩重经》	1730	+	0	0	Cúi đầu lạy㝵Người [5b]
《居尘乐道赋》莲花本	1745	+	0	0	Chỉn mới khả nên㝵người thực cốc [27a]
《古珠法云佛本行语录》	1752	+	0	0	Người㝵 nước Tây Thiên Trúc [1b]
《指南玉音解义》	1761	+	0	0	Người㝵 thiếu học khôn biết khôn xem [1b]
《刍荛对话》	1780	+	0	+	Nặng thương㝵 người phải điều khoan nhặt [11a] / Làm 䰳 người dầu đã bạn cùng nhau [11b].
《出家沙弥国音十戒》	1797	+	0	0	Hại㝵 người gươm giáo đâu bằng [6b]
《天南语录外纪》	1801	0	0	+	Ai hay là 䰳 người trời đã giáng sinh [8b]
《敬奉灶神演歌》	1817	0	0	+	Dám khuyên 䰳 người ở trên đời [6a]
《西洋志略》	1836	0	+	0	Người 得 ấy chỉ hướng Tây mà đi [19a]

续表

作品文本	年代	喃字			援引例句（每字一句）
		㝵	得	𠬠	
《诗经解音》明命本	1836*	（+）	+	（+）	Vốn chưng cầu cùng㝵 người yên thuận [II，18a]. Hợp thửa 得người nhà [II，8b] / Người 𠬠 cả ngộn ngộn [II，13b]
《西方公据节要演音》	1848	0	0	+	Những 𠬠 người niệm Phật，Phật đền [10b]
《国音诗集》	1868	（+）	+	0	Đường ít 得 người đi cỏ kíp xâm [5b] / Bá Di 㝵 người rằng thanh là thú [19a]
《大南国史演歌》	1870*	0	0	+	Dòng Thần sánh với 𠬠 người Tiên [1b]
《二十四孝演音》	1871*	0	0	+	Người𠬠 tai mắt đứng trong thiên địa [9a]
《金云翘新传》柳文堂	1871	0	0	+	Trăm năm trong cõi𠬠 người ta [1a]
《金云翘新传》惟明氏	1872	+	0	+	Trăm năm trong cõi 㝵 người ta [2a] / Đời 𠬠 người đến thế thì thôi [68a]
《蓼云仙传》	1874	0	0	+	Làm trai trong cõi𠬠 người ta [1b]
《贞鼠传》	1875	0	0	+	Những 𠬠 người mặt dạn mày dày [18b]
《芙蓉新传》	1879	0	0	+	Mấy 𠬠 người nhân nghĩa thảo ngay [25a]
《李公新传》	1879	+	（+）	0	Vì ta㝵 người chịu khốn thay [14b] / Con 得người như ngọc như đào [29a]
《富贫传演歌》	1884*	0	0	+	Có 𠬠 người phú quý trên đời [1a]
《嗣德圣制字学解义歌》	1897*	0	0	+	Buổi đã bình minh rõ 𠬠 người [I，5b]
《训女演歌》	1901	0	（+）	+	Sao nên lừa dối 𠬠 người ta [2a] / Tốn mình mà cũng nhường 得 người [3b]

续表

作品文本	年代	喃字			援引例句（每字一句）
		导	得	𠊛	
《征妇吟备录》	1902	0	0	+	Sao kiếp 𠊛 người nỡ để đầy đây [37a]
《清化观风》	1904*	0	+	+	Làm thân con gái chớ ăn trầu 得 người [23a] / Vua chúa là người 𠊛 khôn ngoan [49a]
《训女子歌》[①]	1905	0	0	+	Việc 𠊛 người chớ nói chớ bàn [5b]
《月花问答》	1907	0	0	+	Người 𠊛 hiền lại gặp bạn tiên [6b]
《居尘乐道赋》永严本	1932	0	0	+	*Chỉn mới khả nên* 𠊛 *người thực cốc* [24b]

除了上述“导/得/𠊛”三字之外，我们还零星地发现用“[者了]/[导乍]”记录越南语“người”读音的情况。仅在《佛说大报父母恩重经》（第17b 页、第 18b 页和第 33b 页）中，就有 3 次用“[目豈]”（音 ngai，也可读作 ngài）记录越南语“người”读音的情况。为了便于论述，在此暂且仅就上述三个以“导”（ngại）为声符的喃字进行考察。

在对上述统计表格评论之前，需要指出的是：在我们所能接触的喃字文本中，被列为考察对象的唯一标志是，它们被抄录或刻印的年代是确凿无误的。此外，它们在书本长度，制作者用字风格与意识等方面，即文本制作上迥然相异。因此，在著作中按时间顺序统计所考察之字出现的“百分比”，确实有失“公平”。在此，尝试通过现有字形的使用来分析它们发展的趋势性，或许更有意义。

① 译者按：原文简写作“训歌”，但未有出处可考，较大可能为《训女子歌》。

首先，从借用汉字“㝵”（ngại）记录越南语“người”读音的纯表音方式，逐渐转向通过增添“亻”部变成“得”字，或增添“人”字变成“𠊛”字，形成“音义兼表”的模式记录越南语“người”的读音。

第二，虽然“得”出现得较早，且似乎被使用了很长的时间，但“𠊛”字却后来居上占据了上风。之所以如此，或许是因为就越南语“người”的语意而言，用“人”字组成联合形声字直接表意，比用“亻”部组成偏正形声字指“人”范畴上的语意更为合理。

第三，如果要对这种演变进行分期的话，那么可以认为：大约1800年之前，即嘉隆初年，纯粹表音的“㝵”字占优势地位。此后，虽然在某些具体文本中有不同的选择，或书写者根据自己的嗜好而使用不同的字形，但“𠊛”字总体占据了优势地位。

对喃字演变诸如此类的考察，可以继续就诸多与“trước、sau、xưa、đời、đi、ngày”（意为：先、后、初、代、行、日）等不同语言单位相对应的喃字继续展开。这种考察结果必将互相补充，从而有助于更全面地了解喃字在其历史过程中字形的演变规律。某种程度上，对成书年代不明的文本进行版本学研究时，也可以通过参考字形演变的证据来确定它们的年代。

乙、喃字在系统层级上的演变

四、考察的范围与对象

对某些字的零星考察，虽然可以给人们了解历史上喃字形体变化的情况带来若干启示，但它们无法向我们展示不同历史时期喃字系统演变的全貌。为了纵览喃字在系统层面演变的宏观景象，对那些被造出的喃字，及其在上述年代相对明确的文本中的使用情况进行统计，或许不应被忽略。每种造字方式造出喃字所占的分量，将是衡量不同时代文本中喃字系统转变的尺度。

包括我们在内的若干学者，已对某些喃字文本进行了诸如此类的统计，但统计对象和造字方式的分类不尽相同，因此难以描绘出演变的全景。在此，我们将按如下理论和方法重新进行统计：

（a）在文本选择方面，必须从每个时期中选出具有代表性的喃字文本进行考察和统计。这些文本必须包含作品确凿无误的成书年代和流布信息。根据这一要求，最早并流传至今的喃字文本是福泰四年，即 1646 年由梅乌移歌组织编撰的《各圣传》。其他诸如黎初阮廌之《国音诗集》，陈朝陈昑（陈仁宗）之《居尘乐道赋》，抑或创作于李朝之《佛说大报父母恩重经》（解音）等若干作品，但是上述所有作品均是 1745 年之后重新抄刻流传至今的版本。因此其中之喃字，有的尚保留了古时的风貌，有的则随着当时书写方式的改变而有所变化。由此可见，必须对这些喃字材料进行谨慎的辨认、处理和相互比较，并与年代确凿无误的（《各圣传》）其他版本进行比较研究。至于其后的其他喃字作品，则有不少与之大体相类且年代确凿无误的作品和文本。例如《诗经解音》或《传奇漫录解音》等均有永盛十年（1714）的刻本。及至阮朝，选择年代和作者信息确凿无误的作品显然并非难事。

如果对同一作品不同时期版本中喃字的字形写法进行考察和比较研究，将对确认喃字系统演变的趋势具有参考价值。我们在上文已提及这一点，比如莲花寺和永严寺分别刊刻于 1745 年和 1932 年的陈仁宗《居尘乐道赋》和《得趣林泉成道歌》；又如，永盛十年（1714）、光中五年（1792），以及明命十八年（1836）刻板印刷的《诗经解音》。

但如前所述，此类文本为数不多，必须对前后期文本中喃字书写方法的继承性和变化性进行恰当的分析与识别。

（b）考察的对象与统计。这包括每个文本中书写正确的所有喃字的形体，不管它是纯粹的形体结构或兼有功能结构的喃字。在对古籍中喃字书写的“正确”与“错误”进行判断时，必须慎之又慎。苏联著名语文学家 L.S.利哈乔夫（L.S. Likhachev，1983）曾提醒过，一旦在古籍中找不出“可疑”现象的理由时，不应过早将其视为“错误”，更不要随意进行改正。在此可以从喃字文本中略举一例：读 1868 年版《国音诗集》时，我们乍见“打”（汉越音 đả）字用于记录“氽打漁樵部伴親”（Mấy đứa ngư tiều bầu [bậu] bạn thân）一句中越南语“đứa”的读音，有读者“怀疑”系把“仃”字错写为“打”字所致，便急忙将其改为“仃”字。然而，我们在该文本的其他语句——“清腔濫某打村民”（Xênh xang làm mỗ đứa thôn dân）中又发现用“打”字记录越南语“đứa”的读音。又如 1745 年版《居尘乐道赋》中，亦有几处文句用汉字“打”记录越南语“đứa”的读音：“意全羅仍打疑咃”（Ấy toàn là những đứa ngây thơ）；“閻王帀計打迎昂”（Diêm Vương nào kể đứa nghênh ngang）。由此可见，在初期喃字文本中，人们仍用汉字“打”记录越南语“đứa”的喃音。这是常见之事且符合音理，与《佛说大报父母恩重经》中以汉字“多”（汉越音 đa）记录越南语“đứa”的读音如出一辙。

经如此审定的文本中的每个喃字都将被视为文字单位，与一个或多个语言单元（语素-音节）相对应；反之亦然，每个“语素-音节”与文本中的一个或多个不同的文字相对应。文本中出现的喃字恰是我们关注的对象，而文本的长度则根据其中喃字出现的次数（相当于音节数量）来计算。也正因为此处我们注重探寻的是，记录越南语的喃字本身的演变情况，因此最妥当的办法是，将仅用于记录借汉词的汉字忽略不计。以前，当讨论《指南玉音解义》的文本和作品年代问题时，陈春玉兰排除喃字文本中仅用于记录汉越词（A1 类借汉词）的汉字颇为有理，因为“此类文字使用的多寡由语言的性质决定：多才博学者用得较多，而平民百姓则用得较少。此类文字不能反映文本的年代性质”，因此排除此类假借汉字实乃“为了保证历史中反映文字情况的纯粹喃字的数量”[①]。但是，我们认为这仍不够严谨。A2 类借汉字虽在语音上已“喃化”，但那是今日识读的读音，我们却难以确定它们在哪个历史阶段仍以汉越音进行识读，而到了另一历史阶段时，某个或某批此类汉字才被迫进行“偏读”，偏离了其汉越音。因此，正如我们在本章开头所提及的那样，在研究喃字的结构方式和对文本中的喃字进行分类考察时，我们可以对 A1 类和 A2 类借汉字忽略不计。之所以如此，是因为这两类借汉字都与借汉语素相关，它们之间的界限并不总是很清楚，实际上它们并不能反映出越南母语人士创制文字的思维意识。

我们确需考察的对象是表 4.2.A 所涵盖的所有字形，即包括第三章表 3.3.2 和表 3.3.3 所划分的 B 类至 F 类的字形。其中，包括三种如下类型：第一为“纯表音”类型，包括 C 类、D 类和 G1 类；第二为“纯表意”类型，包括 B 类、E 类和 G2 类；第三为 F 类，属“音义兼表”类型。在统计过程中，或需做如下处理：

---

① [越]陈春玉兰拼音与注解：《指南玉音解义》，河内：社会科学出版社，1985 年，第 49—50 页。

- 在“单体表音”类型中，根据“正读”或“偏读”汉越音的标准，又可分为 C1 和 C2 两小类。但正如 A1 类和 A2 类那样，它们之间的界限难以在每个时期进行准确的区别。因此在统计过程中，无须对 C1 类和 C2 类进行区别，仅将两者视为 C 类罢了。

- 在“单体表意”的 B 类型中，其数量不值一提，但几乎都是借用汉字来记录越南语语素的文字，因此必须进行统计。

- “会（合）音”“会意”和“形声”诸类喃字均为自造合体字，每类又可细分为“偏正”和“并列”两小类，但为了删繁就简，在统计数据中，可暂且不做此类细分。值得注意的是，正如第四章第二节第二点中所提及，自 18 世纪初以来“偏正会音”喃字仅留下了文字，而当时这种喃字的实际语音已不再体现之前的复辅音了。

- 所有带有“闪电号”的喃字均可暂且“忽视其闪电号”，并将其列入 C 类喃字。因为我们已经看到了此符号的欠稳定性，且它的使用并不一定是造字，只不过是以音求字罢了。

- 所有带有“口”部的喃字均一律归入“形声”或“会意”字。因为虽然部分喃字的“口”部具有“调整读音”的作用，但无论如何也有与“嘴巴”相关的含义，即便单独列出，总体上也无关大体。

- 自造单体喃字，则根据它们表音或表意功能而归入 G1 类“表音单体字”或“表意单体字”。其中，“表音单体字”有“市”（nào）、“爻”（một）、“氽”（mấy）和“汐”（làm）等字；“夕”（làm）则是“表意单体字”。

需要注意的是，所统计的喃字并非仅专用于记录非汉源的纯越语素，很多时候还用于记录已越化了的汉源语素。诸如“禀”（bẩm）>“𠶆”（bẩm）、“呈”（trình）>“喤”（chiềng）、“代”（đại）>“𠁀”（đời）、“用”（dụng）>“拥”（dùng）等，不仅语素越化了，而且重要的是在文字层面也喃化了。

此处有些微妙的情况需要加以考虑。很多时候，越南人使用与惯用汉字不同的另一汉字来记录某一相应的汉语语素-音节。例如：在1871年与1872年等诸版《金云翘传》里，“𨀈戈没局滝桄”（Trải qua một cuộc bể dâu）这句话中，本应以“过/過”记录汉越语素“quá”，但却偏偏另写作汉字“戈”（qua）。对这种情况可以有以下两种认识：第一，可能只是秉笔者在书写时为求简便而混淆或马虎所致；第二，或者这是越南喃字文本在发音与字形两个层面将汉语语素“过”（quá）喃化的“举动”。实际上，这种对汉源语素“假借”汉字的现象并不常见，但也不能排除一时马虎或混淆所致。或许在写喃字时，人们有时无须弄清每个语素的词源问题。一旦汉根语素深度融入越南语之后，讲越南语和以喃字作为越南语书写用字的人，也将“有权”像对待其他非汉根词一样对待它们。因此，在单音节汉语语素如此高度越化的情况下，我们不会把这类熟知的“混淆”汉字排除于统计对象之外。但是，也有将汉越词随意写“歪”的情况。例如，汉越词“trú quán”应写作“住馆”，却写成“注贯”；“toà án”应写作“座案”，却写成“座按”；“chương trình”应写作“章程”，却写成“张呈”（trương trình）；等等[1]。必须指出的是，上述例子实为无意的拼写错误，我们

① 阮驪喃译：《北圻民律新刊》，越南汉喃研究院藏启定壬戌年（1922）刻本，编号：VNv.12，第8b、12b页。

不应盲目将其视为喃化“形声字”，而排除在统计对象之外。

五、对年代确信文本材料之考察

本节所考察诸文本的成书和刊刻年代均确凿无误。但探讨问题时，我们也会参引其他文本的材料。

文本（1）：福泰四年（1646）本《婆圣传》

从目前的情况来看，最早且年代可靠的文本是手写本《各圣传》，该书由传教士梅乌移歌撰写，成书于福泰四年（1646）。我们考察的文本是其中篇幅长达 2098 字的散文体《婆圣传》。根据上述分类标准，我们从该文本中统计出 237 个喃字，具体情况如下：

- 按“表音”和“表意”功能进行统计，我们统计出如下数据：

图 5.1.5.a：《婆圣传》书影

（a）包括 C 类、G1 类和 D 类纯表音喃字有 173 个，占 73%。

（h）F 类形声喃字有 62 个，占 26.16%。

（y）G2 类和 E 类纯表意喃字有 2 个，占 0.84%。

• 按“单体”和“合体”结构进行区分，我们统计出如下数据：

（đ）包括 C 类、G1 类和 G2 类单体喃字有 170 个，占 71.73%。

（g）包括 D 类、E 类和 F 类合体喃字有 67 个，占 28.27%。

• 如果按“假借”汉字和“自造”喃字两大类进行区别，除去两种借用字义的 A1 类和 A2 类喃字，我们统计出如下数据：

（m）C 类假借汉字有 167 个，占 70.46%。

（t）包括 G1 类、D 类、G2 类、E 类和 F 类自造喃字有 70 个，占 29.54%。

文本（2）：永盛十年（1714）本《诗经解音》

目前未详《诗经解音》的编撰者，但据我们的初步考究[①]，此书大致编撰于后黎永盛朝初年（1705—1719），后由继善堂首次刊刻于永盛十年（1714）。此书将汉文《诗经》的全部诗歌翻译为喃文，每句汉文诗被翻译为一句散文体喃文。我们对此作品卷一“解音”部分的 1878 字次进行了考察，其中包括 303 个喃字。统计数据显示：

---

① ［越］阮光红、阮俊强：《〈诗经解音〉——现存最早的永盛十年（1714）刻本》，载《汉喃杂志》2005 年第 3 期。

图 5.1.5.b：1714 年版《诗经解音》封面

• 按“表音”和“表意”进行区别，则统计显示：

（a）包括 C 类、G1 类和 D 类的纯表音喃字有 148 个，占 48.84%。

（h）F 类形声喃字有 152 个，占 50.17%。

（y）包括 B 类和 G2 类的纯表意喃字有 3 个，占 0.99%。

• 按“单体”字和“合体”字进行统计，则结果显示：

（đ）包括 B 类、C 类、G1 类和 G2 类的单体喃字有 142 个，占 46.86%。

（g）包括 D 类和 F 类的合体喃字有 161 个，占 53.14%。

• 按“假借”汉字和“自造”喃字进行区别，则统计结果显示：

（m）包括 B 类和 C 类的假借汉字有 140 个，占 46.20%。

（t）包括 D 类、G1 类、G2 类和 F 类的自造喃字有 163 个，占 53.80%。

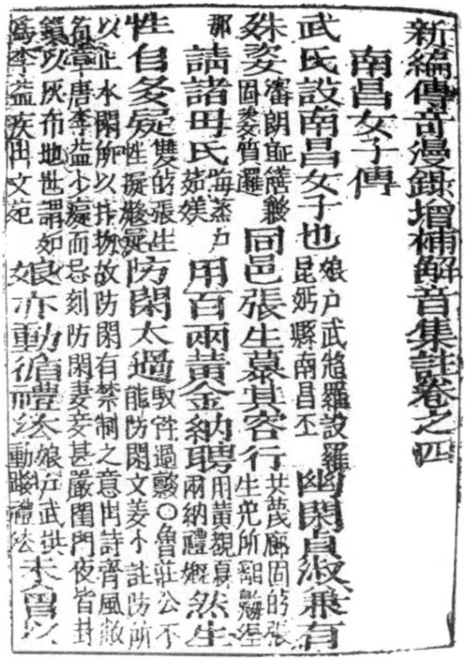

图 5.1.5.c：《南昌女子传》首页

有趣的是，永盛十年（1714）继善堂还刊刻了《新编传奇漫录》，其中附有喃字解音部分。此书在越南已散佚，但在日本尚有藏本。六十年后，又有景兴三十五年（1774）刻本流传于世。据日本学者川本圭卫（Kawamoto Kuai）的研究[①]，除了“序文”尾页落款时间为景兴

① ［日］川本邦卫：《〈传奇漫录〉刻本考》，东京：庆应义塾大学东洋文化研究所，1998 年。

三十五年（甲午年），并记录柳幢社社长阮庭麟（Nguyễn Đình Lân）按“家中”刻板“重刊”之外，此版本与永盛十年版几无差别。由于重刊的缘故，后面“序文”部分，以及原本永盛十年的年号已被削除。据我们统计，“景兴三十五年”版《南昌女子传》中喃字解音部分的分类情况，几乎与上述景兴十年《诗经解音》卷一中的喃字分类情况吻合。具体情况是，此版喃字解音全文共 2163 字次，共计 415 个喃字，各类型占比如下：

• 按“表音”功能进行区别，则统计结果显示：

（a）C 类、G1 类和 D 类纯表音喃字有 201 个，占 48.44%。

（h）F 类形声喃字有 211 个，占 50.84%。

（y）包括 E 类、G2 类纯表意喃字有 3 个，占 0.72%。

• 按“单体”喃字和“合体”喃字进行统计，则我们得到如下结果：

（đ）C 类、G1 类和 G2 类单体喃字有 198 个，占 47.71%。

（g）D 类、E 类和 F 类合体喃字有 217 个，占 52.29%。

• 按“假借”汉字和“自造”喃字进行区别，统计结果显示：

（m）C 类假借汉字有 196 个，占 47.23%。

（t）G1 类、G2 类、D 类、E 类和 F 类自造喃字有 219 个，占 52.77%。

文本（3）：嘉隆十六年（1817）本《敬奉灶神演歌》

阮曰僩用六八诗体编撰了《敬奉灶神演歌》，全文 154 句，1078 字次。嘉隆十六年（丁丑年，1817）如月堂（裴辉团）刻板刊行。其中，251 个喃字属于统计的对象。具体情况如下：

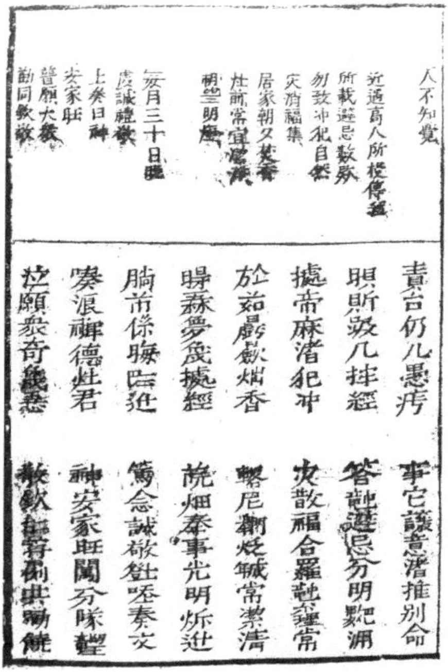

图 5.1.5.d：《敬奉灶神演歌》书影

• 按“表音”和“表意”功能进行区别，我们得到如下结果：

（a）C 类、G1 类和 D 类纯表音喃字有 99 个，占 39.44%。

（h）F 类形声喃字有 146 个，占 58.17%。

（y）G2 类和 E 类纯表意字有 6 个，占 2.39%。

• 按“单体”喃字和“合体”喃字进行统计，我们得到如下结果：

（đ）C 类、G1 类和 G2 类单体喃字 98 个，占 39.04%。

（g）D 类、E 类和 F 类合体喃字有 153 个，占 60.96%。

• 按“假借”汉字和“自造”喃字进行区别，统计结果显示：

（m）C 类假借汉字有 95 个，占 37.85%。

（t）G1 类、D 类、G2 类、E 类和 F 类自造喃字有 156 个，占 62.15%。

文本（4）：嗣德二十三年（1870）本《大南国史演歌》

嗣德帝下谕旨修编《大南国史演歌》。此书由多人共同修编，其中黎吴吉（1827—1875）和范廷倅（生卒年不详）先后为该书的修编做出了主要贡献。嗣德二十三年（庚午年，1870），致中堂刻印了此书。该书全文长 2054 行，1027 对六八诗句。我们仅对此书的开篇部分，即“泾阳王至蜀安阳王”部分 109 对六八诗句中的 1536 字次进行统计。（译者按：除去重复部分）我们对 319 个喃字进行了分类统计，结果如下：

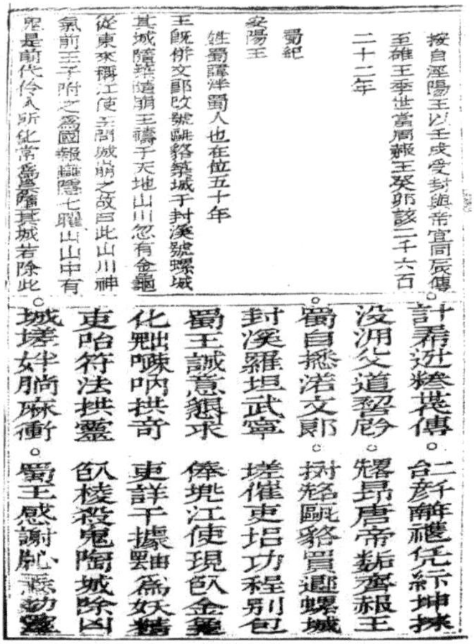
按自涇陽王以壬戌受封與帝宜同辰傳
至雄王季世當周赧王癸卯該二千六百
二十二年
蜀紀
安陽王
姓蜀諱泮蜀人也在位五十年
王既併文郎改號甌貉築城于封溪號螺城
其城隨築隨崩王禱于天地山川忽有金龜
從東來稱江使言問城崩之故曰此山川神
氣前王子附之爲國報讎隱七曜山山中有
鬼是前代伶人所化常爲崇隱其城若除此

图 5.1.5.e：《大南国史演歌》书影

• 按“表音”和“表意”功能进行区别，我们得到如下结果：

（a）C 类和 G1 类纯表音喃字有 109 个，占 34.17%。

（h）F 类形声喃字有 204 个，占 63.95%。

（y）G2 类和 E 类纯表意喃字有 6 个，占 1.88%。

• 按“单体”喃字和“合体”喃字进行统计，我们得到如下结果：

（đ）C 类、G1 类和 G2 类单体喃字有 110 个，占 34.48%。

（g）E 类和 F 类合体喃字有 209 个，占 65.52%。

• 按“假借”汉字和“自造”喃字进行区别，我们得到如下结果：

（m）C 类假借汉字有 107 个，占 33.54%。

（t）G1 类、G2 类、E 类和 F 类自造喃字有 212 个，占 66.46%。

在 1714 年至 1817 年约一个世纪的时间里，虽然可以找出诸如《佛说大报父母恩重经》（1730）、《刍荛对话》（1870）等年代更早的刊刻作品，但由于它们或非作者同时代的作品，抑或作者与作品信息未详等原因，故而不应将它们列入此处进行比较。在此部分中，我们最后将于下文对 20 世纪初《北圻民律新刊》（1922）或《三元安堵诗歌》（1925）中的喃字进行考察。

文本（5）：启定七年（1922）本《北圻民律新刊》

《北圻民律新刊》原版为北圻统使批准的汉文和法文民律，由九品文阶阮驩“奉译”为喃文。启定壬戌年（1922）河内行桃街二十四号盎轩书坊刊印。除了封面外，全文包括目录和正文两大部分。我们仅对正文部分的 8474 字次的喃字进行了统计。此文篇幅虽长，但使用了很多汉越词，且诸多句子相似，因此，仅有 277 个喃字。具体统计结果如下：

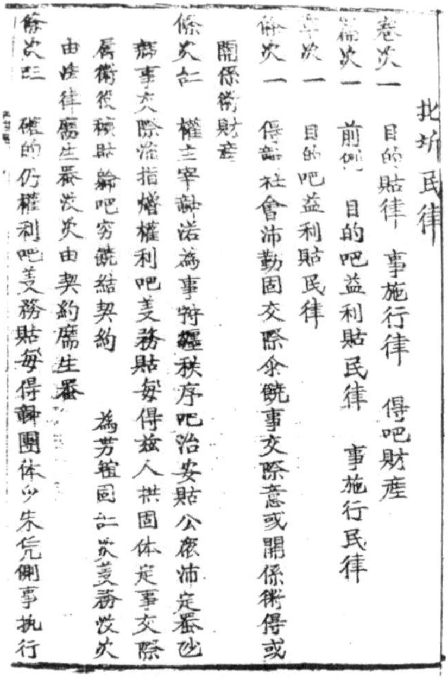
北圻民律
卷次一 目的貼律 事施行律 得吧財產
篇次一 前例 目的吧益利貼民律 事施行民律
章次一 目的吧益利貼民律
條次一 係論社會沛勤固交際余[illegible]事交際意或關係術得或
關係術財產
條次二 權主宰[illegible]為事[illegible]秩序吧治安貼公衆沛定丕[illegible]
[illegible]事交際[illegible]指權利吧義務貼每得[illegible]人拱固体定事交際
屬術役[illegible]貼[illegible]吧[illegible]結契約 為[illegible]固[illegible]義務[illegible]
由法律[illegible]生[illegible]由契約[illegible]生[illegible]
條次三 確的仍權利吧義務貼每得[illegible]團体[illegible]朱[illegible]例事執行

图 5.1.5.f：《北圻民律新刊》书影

- 按“表音”和“表意”功能进行区别，我们得到如下结果：

（a）C 类和 G1 类纯表音喃字有 98 个，占 35.38%。

（h）F 类形声喃字有 172 个，占 62.09%。

（y）C 类、G2 类和 E 类纯表意喃字 7 个，占 2.53%。

- 按“单体”喃字和“合体”喃字进行统计，我们得到如下结果：

（đ）B 类、C 类、G1 类和 G2 类单体喃字有 100 个，占 36.1%。

（g）E 类和 F 类合体喃字有 177 个，占 63.9%。

- 按“假借”汉字和“自造”喃字进行区别，我们得到如下结果：

（m）B 类和 C 类假借汉字 97 个，占 35.02%。

（t）G1 类、G2 类、E 类和 F 类自造喃字有 180 个，占 64.98%。

可以看出，从 1870 年版《大南国史演歌》至 1922 年版《北圻民律新刊》历经半个多世纪，但概而览之，喃字结构未见有显著变化，它们分类所占比例也基本没有多少变化。这也正好是喃字在社会中被广泛使用的历史时期。

我们将上述材料分为三大类：其中，纯表音喃字（a）、形声喃字（h）、纯表意喃字（y）归为一类；单体喃字（đ）与合体喃字（g）分为第二类；假借汉字（m）和自造喃字（t）分为第三类，制成表 5.2.5 以便于比较。为了删繁就简，我们对百分比小数点后第二位数四舍五入后，保留小数点第一位数。

表 5.1.5

文本&年代	字数	表音-表意（a）/（h）/（y）	单体-合体（đ）/（g）	借汉-自造（m）/（t）
1646 年版《婆圣传》	237	173/62/2= 73.0/26.2/0.8%	170/67= 71.7/28.3%	167/70= 70.5/29.5%
1714 年版《诗经解音》	303	148/152/3= 48.8/50.2/1.0%	142/161= 46.9/53.1%	140/163= 46.2/53.8%
1817 年版《敬奉灶神演歌》	251	99/146/6= 39.4/58.2/2.4%	98/153= 39.0/61.0%	95/156= 37.8/62.2%
1870 年版《大南国史演歌》	319	109/204/6= 34.2/64.0/1.8%	110/209= 34.5/65.5%	107/212= 33.5/66.5%
1922 年版《北圻民律新刊》	227	98/172/6= 35.4/62.1/2.5%	100/177= 36.1/63.9%	97/180= 35.0/65.0%

按纯表音（a）、形声（h）和纯表意（y）“三分”法可一目了然的是，不论哪个年代的文本中，纯表意喃字的比重都微不足道。虽然涉及喃字时，纯表意喃字不可或缺，但它们角色的确非常模糊。而纯

表音喃字和形声喃字在越族喃字整个内在演变过程中，所占的比率确实很大。

原则上，以假借汉字和自造喃字进行的“两分”法，与按“表音”与“表意”功能划分的“三分”法有所区别。但实际上，很多“纯表音”字（a）却是“假借汉字”（m），而很多“形声字”（h）又是“自造喃字”（t）。正因如此，喃字演变过程中的总体趋势是，“纯表音”字与“形声字”出现同向并行的情况：“纯表音”字与“形声”字（包括表音与表意字）所占比重的增减，与“假借”汉字和“自造”喃字所占比重增减成正比关系。

如按“单体”字和“合体”字进行区别，那么我们可以看到，还有一种比重与上述所提两种比重同向发生，因为实际上“单体字”（đ）主要是“借汉喃字”（m），而“合体字”（g）则均为“自造喃字”（t）。假借汉字<>自造喃字；单体字<>合体字；纯表音字<>音义兼表形声字，这三种机制的同时运行，确是喃字系统演变过程中的绝妙统一。

六、对补充文本材料之考察

与上述确凿无误的作品和文本不同的是，不仅 1646 年之前以及 17 世纪下半叶诸多作品的文本缺乏作者和文本的确切信息，就连 1714 年至 1870 年的诸多作品的文本也同样缺乏作者和文本的确切信息。有不少作者的作品出现于 17 世纪之前，但流传下来的文本却是几个世纪之后的抄本或刻本。我们拟于下文考察若干此类文本和作品作为参考。我们认为，当后世人抄录或刊刻印刷远隔他们几个世纪的前人手写著述时，这些抄录或刻板印刷的文本和作品中的喃字，一定既会保留古时的字形，又有反映后世喃字的情况。

（1）《古珠法云佛本行语录》黎初圆态译本

《古珠法云佛本行语录》是一部佚名汉文作品。但据黎孟挞先生的研究，此书与《禅苑集英》或同出自金英（Kim Anh）禅师之手[①]。圆态将此书逐句喃译为散文。另据黎孟挞先生的研究，圆态禅师大约生于1400年，卒于1460年。如黎氏考据无误，那么《古珠法云佛本行语录》可能在15世纪被喃译为解音文本。景兴十三年（1752），当桑寺主持性慕禅师刻板“重刊”时——即我们现在手中的版本，距喃译解音版的问世大约已有三个世纪。据我们考察，《古珠法云佛本行语录》中圆态喃字解音部分有2331字次，其中有380个喃字。具体情况如下：

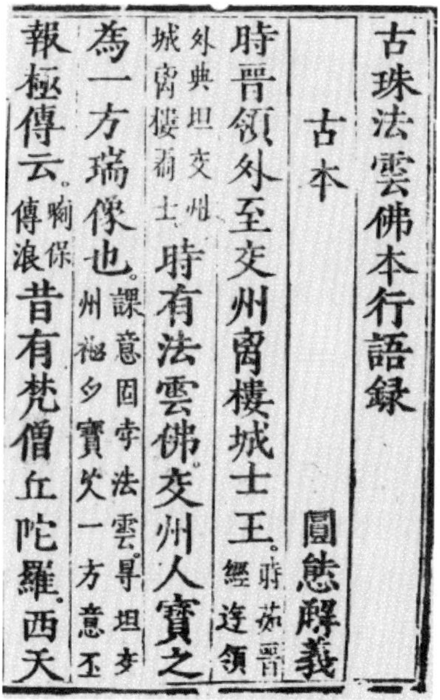
古珠法雲佛本行語録

古本　圓態觧義

時晋領外至交州𠫾樓城士王。時茹晋經迍領外典坦交州城𠫾樓𥙩士時有法雲佛。交州人寶之爲一方瑞像也。課意固寺法雲𡗶坦夛州祕乡寶父一方意丕報極傳云。[illegible]保傳浪昔有梵僧丘陀羅。西天

图 5.1.6.a:《古珠法云佛本行语录》书影

① [越]黎孟挞：《越南佛教史》第1册，顺化：顺化出版社，1999年。

• 按“表音”和“表意”功能进行区别，我们得到如下结果：

（a）C 类、G1 类和 D 类纯表音喃字有 250 个，占 65.79%。

（h）F 类形声喃字有 127 个，占 33.42%。

（y）G2 类和 E 类纯表意喃字有 3 个，占 0.79%。

• 按“单体字”和“合体字”进行区别，我们得到如下结果：

（đ）C 类、G1 类和 G2 类单体字有 246 个，占 64.74%。

（g）D 类、E 类和 F 类合体字有 134 个，占 35.26%。

• 如按“假借”汉字和“自造”喃字进行区别，那么我们得到如下结果：

（m）C 类假借汉字 243 个，占 63.95%。

（t）G1 类、G2 类、E 类和 F 类自造喃字有 137 个，占 36.05%。

将此处的数据与上节所考察诸文本进行比较，我们发现，较之于 1714 年版《诗经解音》，《古珠法云佛本行语录》中各类喃字的比重与 1646 年版《婆圣传》中各类喃字的比重更为“接近”。这表明，虽然《古珠法云佛本行语录》刻本晚于《诗经解音》近四十年，但此喃字文本并未像《诗经解音》那样紧随“革新”的步伐，而是倾向于“继承”古本原有的风格。

（2）黎初阮廌《国音诗集》

黎初陈克俭和阮朝杨伯恭收集、整理了《抑斋诗集》，并刊印于嗣德二十一年（1868）。《抑斋诗集》第七卷收录了《国音诗集》。此诗集的刊印年代比阮廌生活的年代（1380—1442）晚了四个多世纪。我们对诗集的前 45 篇，包括前言、21 篇“言志”、14 篇“漫述”和 9 篇“陈情”进行了统计。在这 45 篇诗文中的 2358 字次中，有 477 个喃字。具体统计情况如下：

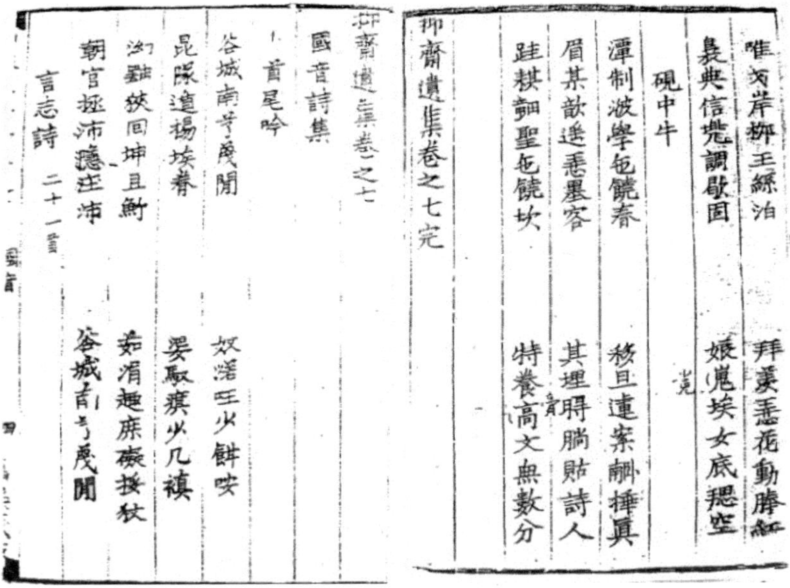

图 5.1.6.b：《国音诗集》首页与尾页

• 按“表音”和“表意”功能进行区别，我们得到如下结果：

（a）C 类、G1 类和 D 类纯表音字有 300 个，占 62.89%。

（h）F 类形声字有 173 个，占 36.27%。

（y）G2 类纯表意字有 4 个，占 0.84%。

• 按“单体字”和“合体字”进行区别，我们得到如下结果：

（đ）B 类、C 类、G1 类和 G2 类单体字有 298 个，占 62.47%。

（g）D 类、E 类和 F 类合体字有 179 字，占 37.53%。

• 如按“假借”汉字和“自造”喃字进行区别，那么我们得到如下结果：

（m）B 类和 C 类假借汉字有 296 个，占 62.05%。

（t）D 类、G1 类、G2 类和 F 类自造喃字有 181 个，占 37.95%。

（3）陈朝陈仁宗《居尘乐道赋》

正如上文已提及，《居尘乐道赋》被视为陈仁宗（陈昑，1258—1308）的作品。此赋有 1745 年莲花寺刻本和保大七年（1932）永严寺刻本两个版本流传于世。

这两个版本在语言层面的差异不值一提，只是有时此版本缺失的部分，彼版本正好留存，以致两个文本的篇幅略有差异：1745 年莲花寺本包括 1602 字次，而 1932 年永严寺本则有 1593 字次。据我们统计，1745 年莲花寺版有 298 个喃字，而 1932 年永严寺版则有 304 个喃字。两个文本中各类喃字的占比情况如下：

（3a）1745 年《居尘乐道赋》莲花寺刻本

• 按“表音”和“表意”功能进行区别，我们得到如下结果：

（a）C 类、G1 类和 D 类纯表意字有 204 个，占 68.45%。

（b）F 类形声字有 89 个，占 29.87%。

（c）B 类和 G2 类纯表意字有 5 个，占 1.68%。

• 按“单体”和“合体”结构区别，我们得到如下结果：

（đ）B 类、C 类、G1 类和 G2 类单体字有 199 个，占 66.78%。

（g）D 类、E 类和 F 类合体字有 99 个，占 33.22%。

• 如按“假借”汉字和“自造”喃字进行区别，那么我们得到如下结果：

（m）B 类和 C 类假借汉字有 196 个，占 65.77%。

（t）D 类、G1 类、G2 类和 F 类自造喃字有 102 个，占 34.23%。

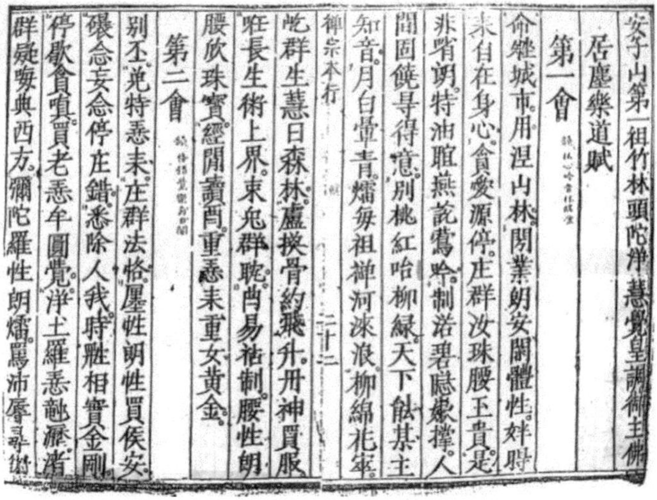

图 5.1.6.c：《居尘乐道赋》1745 年莲花寺刻本第 22a 页—22b 页

由上可见，1745 年莲花寺版《居尘乐道赋》中各类喃字的比例与《古珠法云佛本行语录》中各类喃字的比例很接近，而与 1714 年版《诗经解音》中各类喃字的比例相差甚远，但又与《婆圣传》的情况略有相似。

（3b）1932 年《居尘乐道赋》永严寺刻本

• 按“表音”和“表意”功能进行区别，我们得到如下结果：

（a）C 类、G1 类和 D 类纯表音字有 152 个，占 50.00%。

（b）F 类形声字有 148 个，占 48.68%。

（c）G2 类和 E 类纯表意字有 4 个，占 1.32%。

• 按“单体”和“合体”结构分别，我们得到如下结果：

（đ）C 类、G1 类和 G2 类单体字有 153 个，占 50.33%。

（g）D 类、E 类和 F 类合体字有 151 个，占 49.67%。

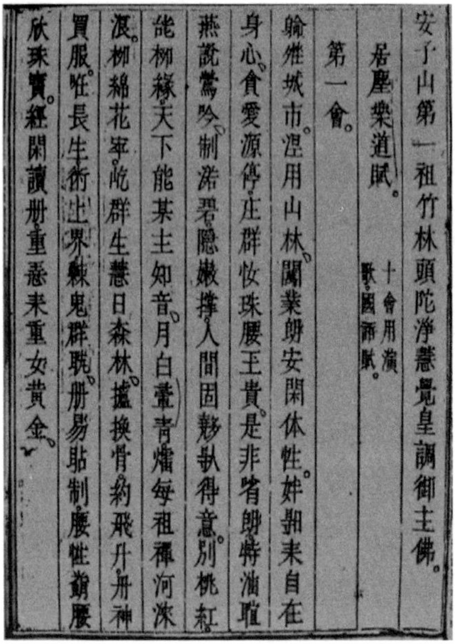

图 5.1.6.d：《居尘乐道赋》1932 年永严寺本

• 按“假借”汉字和“自造”喃字区别，我们得到如下结果：

（m）C 类假借汉字有 145 个，占 47.70%。

（t）D 类、G1 类、G2 类、E 类和 F 类自造喃字有 159 个，占 52.30%。

较之于 1745 年莲花寺版《居尘乐道赋》文本中的喃字，可以看到的是，1932 年永严寺版《居尘乐道赋》中的喃字并非“原封不动”，而是有不少字已“改头换面”。除了某些改变字形但不改变功能结构的喃字之外，几乎所有原本是假借汉字表音或表意的 B 类和 C 类单体字，已经转变成 E 类和 F 类“形声”或“会意”自造合体喃字。为了问题更一目了然，我们将正在考察的两个文本中的假借单体汉字转变为自造合体喃字列成对照表格。

表 5.1.6.a：《居尘乐道赋》文字转变情况对照表（节录）

顺序	读音	1745 年莲花寺本		1932 年永严寺本		例句（1745 年莲花寺本<>1932 年永严寺本）
		字	类型	字	类型	
01	Ắt	乙	C	⿺乙必	F	Nẻo mà cốc tội ắt đã không（23a > 22a）
02	Ba	巴	C	⿰三巴	F	Ba phiến ngói yêu hơn lầu gác（23a > 21b）
03	Bấm	泛	C	⿰口乏	F	Địch chăng có lỗ cũng bấm chơi（25a > 23a）
04	Cha	吒	C	⿱吒父	F	Ngay thờ chúa，thảo thờ cha（26a > 23b）
05	Cháo	粥	B	⿰米告	F	Cơm cùng cháo đói no đòi bữa（25a > 23a）
06	Chân	真	C	蹎	F	Chân non Hùng Nhĩ（27b > 25a）
07	Chết	折	C	⿱折死	F	Sinh Thiên Trúc，chết Thiếu Lâm（27b > 25a）
08	Chịu	召	C	⿰召殳	F	Thà chịu đắng cay（26b > 24a）
09	Chớ	渚	C	⿱羽渚	F	Chớ nên tuyệt học（27a >24b）
10	Chưa	渚	C	𣗓	F	Vàng chưa hết quặng（26a > 23b）
11	Day	移	C	⿰扌移	F	Day thiện tử，cất trúc bề（28a > 25a）
12	Dặm	淡	C	⿰黑炎	F	Dặm liễu đường hoa（25a > 23a）
13	Dứt	悉	C	⿰扌悉	F	Dứt trừ nhân ngã（22b >21b）
14	Đắm	眈	C	⿰氵耽	F	Công danh mảng đắm（27a > 24b）
15	Đứa	打	C	仃	E	Những đứa ngây thơ（27a > 24b）
16	Đêm	店	C	⿰日店	F	Một đêm mà chín（23b > 22b）

续表

顺序	读音	1745 年莲花寺本		1932 年永严寺本		例句（1745 年莲花寺本<>1932 年永严寺本）
		字	类型	字	类型	
17	Đến	典	C	𦤾	F	Chớ còn hỏi đến Tây phương（22b > 21b）
18	Đúc	篤	C	𨮒	F	Xá tua chín phen đúc（26a >23b）
19	Đụt	突	C	揬	F	Đà đụt lẩn trường kinh cửa tổ（25a > 23a）
20	Đứa	打	C	仃	E	Ấy toàn là những đứa ngây thơ（27a > 24b）
21	Gặp	及	C	𨑗	F	Phúc gặp tình cờ（23b > 22b）
22	Giữa	宁	C	狆	F	Hoạ giữa trong tay（26a > 24a）
23	Hai	台	C	𠄩	F	Một hai là hoạ（30b > 27a）
24	Hay	台	C	能	F	Đào hồng hay liễu lục（22a > 21a）
25	Kén	見	C	挸	F	Tham thiền kén bạn（26a > 24a）
26	Lảu	老	C	𦒹	D	Mới lảu lòng màu viên giác（22b > 21b）
27	Lay	來	C	𢯏	F	Lay ý thức chớ chấp（27a > 24b）
28	Lo	盧	C	𢤞	F	Một phút ngại lo（27b > 24a）
29	Lọt	律	C	𢯰	F	Lọt toàn thân phô việc đã tha（25a > 23a）
30	Lỗi	磊	C	𢤲	F	Miệng rằng tin，lòng lại lỗi（27a > 24b）
31	Mà	麻	C	𪎭	F	Nẻo mà cốc tội ắt đã không（23a > 22a）
32	Mình	命	A	𨉟	E	Mình ngồi thành thị（22a > 21a）
33	Mong	蒙	C	懞	F	Nguyện mong thân cận（23a > 22b）

续表

顺序	读音	1745 年莲花寺本		1932 年永严寺本		例句（1745 年莲花寺本<>1932 年永严寺本）
		字	类型	字	类型	
34	Mũi	每	C	鼻每	F	Mày ngang mũi dọc（28a > 26a）
35	Nên	年	C	铖	F	Trần tục mà nên（23a > 22b）
36	Ngây	疑	C	儗	F	Ấy toàn là những đứa ngây thơ（27a > 24b）
37	Ngón	阮	C	扤	F	Câu Chi day ngón（27b > 25a）
38	Ngọt	兀	C	叽	F	Mến đức cù，kiêng bùi ngọt（26b > 24a）
39	Ngỏ	午	C	午開	F	Thiền ngỏ năm câu（25a > 23a）
40	Người	㝵	C	𬈖	F	Nhiều người đắc ý（22a > 21a）
41	Nhiều	饒	B/C	㜑	F	Nhiều người đắc ý（22a > 21a）
42	Nhọc	辱	C	勵	F	Mựa phải nhọc tìm（22b > 21b）
43	Nhớ	汝	C	忟	F	Chẳng còn nhớ châu yêu ngọc quý（22a > 21a）
44	No	奴	C	餒	F	Đói no đòi bữa（25° > 23a）
45	Sau	螻	D	𩛷	F	Xá nói từ sau Mã Tổ（27b > 25a）
46	Sáng	朗	B	𤏬	F	Di Đà là tính sáng soi（22b > 21b）
47	Thẳng	倘	C	𠌮	F	Thưa thẳng dứt lòi（26a > 23b）
48	Thấy	体	C	𧡊	F	Làm cho bằng thửa thấy（27a > 24b）
49	Thói	退	C	[illegible]	F	Tìm cho phải thói Bàng công（23a > 22b）
50	Thuốc	束	C	𧆄	F	Thuốc thỏ còn đam，sách Dịch xem chơi（22b > 21a）
51	Tóc	遬	D	鬉	F	Một tơ một tóc（27a > 24b）
52	Trắng	白	B	皛	F	Có ngại chi đen trắng（23a > 21b）
53	Trong	内	A	𫇿	F	*Hoạ giữa trong tay*（26a > 24a）

续表

顺序	读音	1745 年莲花寺本		1932 年永严寺本		例句（1745 年莲花寺本<>1932 年永严寺本）
		字	类型	字	类型	
54	Trước	⿰車畧	D	⿺走畧	F	Rừng tà ngày trước（26b > 24b）
55	Uổng	徒	B	徒枉	E	Hoạ kia thực cả uổng công（23a > 22b）
56	Xô	⿱勿多	C	⿰扌⿱勿多	F	Xô hòn cầu，cầm mộc thược（28a > 25a）

正因如此，这几种类型文字所占比重已经完全改变。但无论如何，古体喃字的“残余”仍大量存在。因此，很难让 1932 年永严寺版《居尘乐道赋》中的喃字与那些确实在 20 世纪创作的作品和文本中的喃字“同席而坐”。

当我们对《诗经》的两个不同的喃译版本——即永盛十年（1714）刊印的《诗经解音》和明命十八年（1837）刊印的《诗经演音》进行比较时，可以看到类似的情况。据阮俊强先生的考究，在拿来进行比较的 8 卷书中，有 27 个原本是假借汉字表音的单体字，已经转变成 29 个形声自造喃字。其中，属于 F1 类和 F2 类的自造喃字分别为 12 个和 17 个。此外，还有 5 个音义并借的假借汉字，也已变成形声字。其中，A1 类有 1 个字，A2 类有则 4 个字[①]。

（4）李朝《佛说大报父母恩重经》

在第二章第四节第三点中，我们已详细阐述了《佛说大报父母恩重

① ［越］阮俊强：《从语句层面探究喃字结构沿革：以四版解音〈诗经〉为语料库》，河内：汉喃专业硕士论文，2006 年，第 57—59 页。

经》中的喃字反映了当时越南语的鲜明特点，尤其是把越南语记录为Cv-CVC结构的双音节组合，或CCVC结构的复辅音单音节词。与此同时，其中还反映初期汉越语的读法，仍未如后世那样完整和稳定。正是这一主要依据及其他缘由，使我们确信，《佛说大报父母恩重经》中的喃文解音部分写就于李朝时代。这个时期是越族民族文字系统——喃字形成的初期。但是，我们现有的版本是1730年由郑棢组织刊印的。因此，其中将有后期喃字的“干扰”。

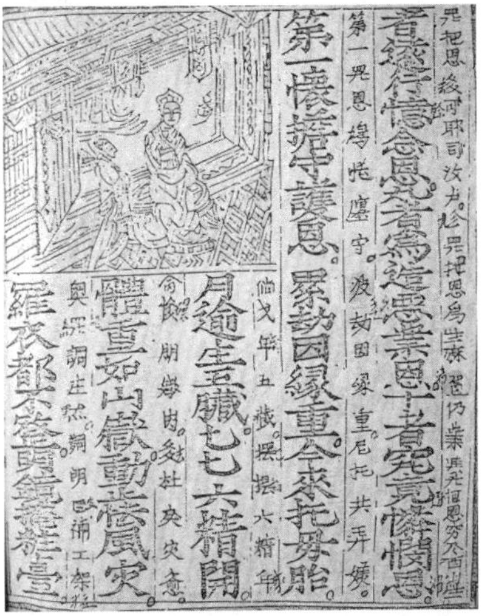

图 5.1.6.e：《佛说大报父母恩重经》书影

较之于其他已考察过的文本，我们在此拟按上述分类对《佛说大报父母恩重经》中解音部分喃字占比情况进行统计分析。解音全文共5797字次，统计出的喃字有552个。其中，表音合体字只统计CCVC结构的喃字，而以几个零散文字记录Cv-CVC结构的双音节喃字，则不进行统计。具体统计情况如下：

• 按“表音”和“表意”功能进行区别，我们得到如下结果：

（a）C 类、D 类和 G1 类纯表音喃字有 482 个，占 87.32%。

（h）F 类形声喃字有 66 个，占 11.96%。

（y）类和 G2 类纯表意喃字有 4 个，占 0.72%。

• 按“单体字”和“双体字”结构进行区别，则结果如下：

（đ）B 类、C 类、G1 类和 G2 类单体喃字有 422 个，占 76.45%。

（g）D 类和 F 类合体喃字有 130 个，占 23.55%。

• 按“假借”汉字和“自造”喃字区别，我们得到如下结果：

（t）D 类、G1 类、G2 类和 F 类自造喃字有 106 个，占 20.31%。

显而易见的是，在定性和定量两个方面，《佛说大报父母恩重经》中解音喃字均与先前考察过诸文本中的喃字大相径庭。没有任何喃字文本能像《佛说大报父母恩重经》那般清楚反映越南语从“近似单音节性”孤立结构（尚有 Cv-CVC 和 CCVC 语音结构），转变为“单音节性”孤立结构语言（完全摒弃 Cv-CVC 和 CCVC 语音结构）的情况。《佛说大报父母恩重经》中还有 63 个（占 11.23%）由两个汉字合并而成，用以记录越南语词语的组合字。这是一种突出的现象，与现存所有的喃字文献大相径庭。此外，也没有任何其他喃字文献像《佛说大报父母恩重经》中的解音部分那样，假借汉字比重对自造喃字具有压倒性的优势；纯表音字对音意兼表形声字也具有压倒性优势。这尚未虑及后世（约 1730 年之后）刊刻的喃字或多或少的“干涉”因素。因此，确实难以认同佛学研究者黎孟挞先生所提出的《佛说大报父母恩重经》与《古珠法云佛本行语录》均由圆态喃译之说[①]。在越南语和

① 详见[越]黎孟挞：《越南佛教文学总集》第 2 册，胡志明市：胡志明市出版社，2000 年，第 273 页。

喃字层面上，《古珠法云佛本行语录》与《佛说大报父母恩重经》均大相迥异。对《佛说大报父母恩重经》中解音部分各类喃字所占比例的统计进一步证明，这是今日我们仍能接触到的最古老的喃字文本。

为了便于数据比较，我们于下文制作了表 5.2.6。需要指出的是，表中诸文本的秩序暂且按它们的制作年代排列，暂时忽略作者和作品的年代问题，百分比将保留四舍五入到小数点后一位数。

表 5.1.6.b

文本&年代	字数	表音–表意（a）/（h）/（y）	单体–合体（đ）/（g）	借汉–自造（m）/（t）
1730 年版《佛说大报父母恩重经》	552	482/66/4= 87.3/12.0/0.7%	422/130= 76.5/23.5%	416/106= 79.7/20.3%
1745 年版《居尘乐道赋》	298	204/89/5= 68.4/29.9/1.7%	199/99= 66.8/33.2%	196/102= 65.8/34.2%
1752 年版《古珠法云佛本行语录》	380	250/127/3= 65.8/33.4/0.8%	246/134= 64.7/35.3%	243/137= 63.9/36.1%
1868 年版《国音诗集》	447	300/89/4= 62.9/36.3/0.8%	298/179= 62.5/37.5%	296/181= 62.0/38.0%
1932 年版《居尘乐道赋》	304	152/148/4= 50.0/48.7/1.3%	153/151= 50.3/49.7%	145/159= 47.7/52.3%

上文论述材料使我们看到，虽然所考察的文本或多或少都保留了它之前诸版本的印记，但后世制作文本所属时代的喃字结构也对文本中的喃字产生了炽烈的影响，使得它们不会脱离喃字结构演变的共同趋势。这与上述确凿无误的诸文本所反映的情况并无二致。在相关各类喃字中，此类文本仍保留诸多旧体喃字的结构，且后世喃字的炽烈

“干涉”，也仅使各类喃字所占比例趋于均衡罢了。这是上述材料与那些文本制作年代确凿，且和它们旧文本的重新刊印同属一个时期的材料之间的差别。因此，不可将这两类文本置于“同一平台”上进行评判，但它们却可以相互补充，以便对喃字结构演变史有更加完善的辩证观点。

第二节　喃字系统的发展进程

一、历代视域下的喃字特点

通过前文所有的考察，或许不难看出特定喃字，以及不同类型喃字的演变趋势。这形成了整个喃字系统不同时期演变的内部结构。

在第二章中，越族喃字形成的时间，是以《佛说大报父母恩重经》喃字译文的出现为标志，预计出现于李朝中叶（大约在 12 世纪）。从那时起至 20 世纪中叶，喃字一直与越南人和越南国家典籍文化的形成与发展同向而行。上文对不同时期诸文本材料统计显示，虽然文本材料或有或无，征而有信的古籍少，经后人之手“造就”的文本相对较多，且统计出的各种数据和比例也只是某种程度上的正确罢了，但总体而言，通过相互补充，它们也可以作为客观的依据，有助于我们阐明喃字结构在近千年历史中的演变过程。有鉴于此，在不同时期视域下，我们对喃字结构特点有如下看法：

（1）当越人有意识用喃字把自己的语言记录成文本的时候，喃字才确实成为越族的文字系统。在创制和使用喃字的整个历史过程中，越人并未给喃字创造出专有的表音或表意符号，而是彻底地利用汉字原有的包括音、形、义三个方面的要素，以及在某种程度上进行越化。

（2）在演变过程中，喃字一直在“假借汉字”与“自造喃字”，“单体字”与“合体字”，“纯表音字”与“表音兼表意字”三种机制之间形成高度统一的系统。此系统形成的三个机制互相关联，每种机制包含两种类型相对应的喃字。诸类喃字所占比重的变化，时有增减，但三种机制的总体发展趋势一直同向而行，意即在喃字发展的历史进程中，它们的比例几乎呈正比的关系。

（3）在此演变过程中，初期喃字完全倾向于“单体字-假借汉字-表音”这种情况，但越是到了后期，喃字愈发体现出“合体字-自造字-形声（音意兼表）”逐步增加的趋势。17 世纪末期至 18 世纪初期，当越南语已确实成为一种典型的孤立-单音节（monosyllabism）语言，而且社会已较普遍地使用喃字时，喃字的演变迎来了重要的历史转折点。

二、喃字演变的历史分期

根据上述不同历史时期诸文本所体现喃字的基本特点，并根据喃字体现社会功能的能力（体现社会功能的，除了喃字之外，还有汉字和国语字。此问题的论述详见第六章），我们可以暂且对喃字发展分期作如下划分：

（1）初始阶段。李陈至胡朝时期，时间大致为 12 世纪到 14 世纪这一阶段，虽然喃字确实已经形成，几乎具备了诸种造字方式，但是主要仍是假借汉字记录越南语，并且较之于自造喃字而言，假借汉字的比重占压倒性优势。在那些自造喃字中，合体表音字的比例与合体表意字的比例不分伯仲，它们确实反映了越南语中不少词语具有 Cv-CVC 或 CCVC 的语音结构。现存该时期最具代表性的作品是无名氏的《佛说大报父母恩重经》、陈仁宗《居尘乐道赋》和《得趣林泉成道歌》及莫挺之的《教子赋》。据历史记载韩诠首开国音诗赋创作之先河，但其作品今已散佚。胡季犛亦是如此，虽然他也以喃字作诗，尤其是他提出用喃字法翻译中华典籍，用于国家政务，但国祚短暂未有建树。从这些历史细节中，我们可以看出，越南历史诸封建王朝对越南民族文化生活中的喃字进行了恰如其分的记载。

（2）完善阶段。黎初至黎莫时期，时间大致为 15 世纪初至 17 世纪末。此阶段喃字的情况，还散见于诸如阮廌的《国音诗集》、黎圣宗与骚坛诗文会的《洪德国音诗集》、首部汉喃字典《指南玉音解义》、莫朝时期的《越史演音》、圆态禅师喃译版《古珠法云佛本行语录》，尤其梅乌移歌组织编撰并刊刻于福泰四年（1646）的《各圣传》等诗文中。此阶段的喃字，合体表音字逐渐减少。因为此阶段里，不但越南语 Cv-CVC 语音结构中的不少前缀 Cv 已脱落，而且 CCVC 语音结构中的复辅音也逐步受到限制（从亚历山大·德·罗德 1652 年编撰出版的《越-葡-拉字典》中可以看出，当时越南语仅有极少数词语还带有 ml-、bl-、和 tl-这几个复辅音而已）。合体形声字开始出现增加的趋势，但尚未迅猛发展，较之于表音和表意自造喃字，表意假借汉字仍占据上风。17 世纪末，这种情况发生了迅猛的变化。

（3）兴盛阶段。黎末至阮朝时期，时间大致为 18 世纪初至 20 世纪中叶。18 世纪初，具体而言即永盛十年（1714），继善堂精美刊印的喃字散文体《诗经解音》和《传奇漫录解音》表明，喃字迈入快速完善的快车道上。原本是 C 类和 A 类，尤其是 C2 类和 A2 类假借汉字增加表意功能的趋势有所加强。结果是，从那时起包括纯表音功能在内的假借汉字不再占据上风。可能在后继的半个多世纪中，在某些具体的文本中，这两种“势力”仍为争取位次而展开争夺，但越往后，喃字系统的核心部分将不再是纯表音，而是音义兼表的喃字。如果在某些文本中，我们仍能看到若干喃字带有“車”（xa）、“麻”（ma）、“个”（cá）和“巨”（cự）等辅助字符的话，那么这只不过是前几个阶段的残余喃字罢了，到了这个阶段，它们仅具备“调整读音”的作用，决然不再具备如古时“表音”的作用了。嗣德二十三年（1870），刊印精美的《大南国史演歌》标志上述情况发展到了巅峰阶段。但是，为了达到这一“巅峰”，喃字必须在社会生活中被长期广泛使用，尤其是在黎末阮初被用于诸类型的著名文学作品创作中。比如，历史演歌体的《天南明鉴》《天南语录外纪》，吟唱体的《征妇吟曲》《宫怨吟曲》和叙事体的《潘陈传》《金云翘传》，等等。在该历史阶段，虽然国语字已经定型，并且在天主教堂中使用，但也正是这一历史时期，作为已经发展成熟的喃字系统，才有机会在包括官方交涉的公文证件在内的领域中完全发挥它的功能。这点阐释了为何具有民族自豪精神和开拓民族文化魄力的光中帝，意欲在国家公文中使用喃字，并创建崇政院将儒家经典翻译为喃文。光中五年（1792），正是他命人重新刊印了《诗经解音》，也正是在喃字兴盛的这一阶段，嗣德帝主编了有史以来规模最大的汉喃字典——《嗣德圣制字学解义歌》。

（4）最后，如果说喃字演变过程中有第四个阶段的话，那么它就是20世纪中叶至今日这一历史时期。在此阶段中，喃字本身的结构几乎没有任何改变。可是它的社会功能，则因为国语字在新时代的优势而显著减弱。但是这绝不像某些人所认为的那样，喃字在这个阶段里消亡了。作为一种古老的文字书写系统和民族文化遗产，喃字仍然在越南人民的生活中受到保护并发挥它应有的作用。我们可以把这一阶段称作喃字的“保护与弘扬”时期。它辅助国语字，满足新时代越南社会与文化生活的多元化需求。

随着人们有可能不断发现各阶段确凿无误的新材料，我们可以将上述各阶段，尤其是第二和第三阶段再细分为几个更短的分期。15 世纪初至 20 世纪初，是越南历史上相当长的一段时间。当时喃字已经成为我们民族创造的一种文化，并在诸多不同环境中较有力地行使各种功能。在此过程中，喃字本身的结构也得到了逐步完善，并朝增强自造字，减少从原有汉字进行假借的方向发展。

由此可见，喃字经过完善和兴盛的时期，但喃字系统本身从未被世人有组织地标准化过。创作者们和诸多书坊并不缺乏标准化喃字的意识，但却从未形成一种强盛的势头；在文字的创制与使用中，也未得到明确的讨论并制定出相关的标准。这种情况使得喃字陷入了被随意使用的状态。它一方面体现了喃字的灵活性，但另一方面也导致了过多异体和变体字的产生与“浮动”。无论如何，古往今来创制和使用喃字的人，仍常常将自己融入喃字的历史“潮流”中。他们知道如何遵循从假借汉字>自造喃字、表音>表音+表意、单体字>合体字、原体字>略体字的趋势进行继承和改变。他们虽未能让喃字发展到完美和高度标准化的程度，但仍保证它成为一种完整的书写系统，并圆满履行了它在越南民族文化上的历史使命。

第六章　越南社会生活中的喃字

喃字的使用领域
汉喃、喃字及国语字在越南

第一节　喃字的使用领域

一、喃字的社会功能及使用领域

谈及一种文字系统的社会功能，则需要同其文字系统的“内在功能”相区别。不论何种文字系统，都有这样的一种共同功能，即内在功能，处在它所代表的语言系统之中：是为听觉系统向视觉系统的语言转码。从这一层关系中，我们可以将文字定义为在空间和时间范围内拓展自身所代表语言交际能力的重要且最便利的方式。对于越南语而言，喃字和国语字都是这样的转达方式，从内在功能来看，其皆为所代表越南语在空间和时间范围内的视觉信号系统。这两种文字系统最基本的不同为：在将语言码转化为文字码之时，即用文字单位重构语言单位时，这两种文字系统所依靠的原材料不同，以及重构文字系统所使用的方式不同。我们所知的喃字，是汉字基础上的越南语书写系统，通过汉字中的表意成素或表音成素，或是对汉字进行一定的加工或越化，使读者产生联想，从而形成了越南语中“表意-表音”的方块字系统。但是，国语字所依据的是拉丁字母样式的记音文字系统，通过拉丁字母组合进行记音。因此，喃字中的表音表意字无论是在形体上，还是对语言单位的转码功能上都同国语字中的记音字母俨然有别。由此，喃字（表音-表意文字）与国语字（记音文字）在文字类型上的区别得到了肯定。并且在通过文字码恢复语言单位来解读文字时，其恢复机制亦有不同，我们在上述第三章已经有谈到（参考图 3.1.2）。

一个语言系统本身也有其（自身）“内在功能”。这个功能指的是在同一语言系统之中，一层级的语言单位所对应另一层级语言单位的作用。例如，语音单位（音位、音节）的功能是在形态层面（语素、词语）中各单位间建立起语音形式以及相互间的区别关系，而词语的功能是将各单位按照句法关系连缀成语句，等等。不同语言中语音单位与语义单位间的功能关系虽如此，但也并非完全相同，这便要涉及语言内部结构的差别。一个民族或是一个社会在其生活的各个领域中使用一种语言，那么该语言便有了一定的“社会功能”。因此，每一民族语都有的且最为基本的社会功能便是交际功能，即成为人类最为重要的交流工具，同时成为人类思想思维体现的方式。然而，随着历史的演变，由于每个民族的发展程度及其他因素的不同，各自语言的社会功能也被不同地扩大或缩小。

文字本是语言在视觉感知渠道上的替代，因此大体上语言的社会功能自然也就是文字赋予语言的社会功能，主要表现在空间上的延展以及时间上的持续能力上。从此角度出发，则喃字与国语字的社会功能便与其对于越南语之间的关系没有什么大的不同。但是我们关心的是，除了相同的部分，喃字（相对于国语字）还在古今越南人的社会生活中有着什么特别的功能。在我们看来，喃字独特的社会功能主要有以下两点：

1. 喃字是越南语的文字，由于过去一代代越南人的书写使用（语言-文字），创造了诸多越南语文字作品，满足了当时越南社会的需要，并与汉文文学作品一起，形成了当今越南文化遗产中的汉喃文献宝库。

2. 喃字本身是越-汉文化接触中语言文字层面接触和融合过程的结果。喃字是从古至今越南传统文化的承载体，同时其在越南传统文化中也有自己独特的价值。

喃字这两个特殊的功能虽有不同的视角，但却存在相互间的联系。这两个功能都体现了喃字所承载的传统文化价值。喃字的社会功能无论是基本的还是特有的，都在越南人社会生活的方方面面中得到了具体体现。这就是接下来我们将要谈到喃字的使用领域。

当一种语言只是纯粹地通过语音来实现自己的功能，则语言功能的实现便不是由文字来完成的。而当一种语言通过文字形象进行自我功能实现时，则它的其他功能同时也通过其代表的文字来实现。因此，当我们谈及喃字的功能时，也可以从深层理解为越南语在文字上的展示，而文字正好实现了自身的社会功能。

另外还需要区别“使用领域（场合）”与“使用范围”。一说“范围”则是指一个界限，由使用的空间和时间决定。例如，我们承认当今英文的使用范围之广，从英国到其他国家的一些家庭，再到全球范围内的交易或是媒体传播。而汉字是使用历史最为悠久的文字，且曾为东亚使用的共通文字。一种文字的使用范围还可以理解为从文本出现到后世流传的这段时间，亦如同其文本出现和存在的空间，皆为文字实现自身的社会功能。而语言文字的使用场合是由社会中人的不同活动领域所规定的（如行政、教育、文学、经济等等），这些领域遍及之广，且时常相互交叉。

一种语言（如越南语）或是一种文字（如喃字或国语字）同其他语言或是其他文字相比在使用领域上会有部分趋同，部分相异；而就算是自己本身在不同的历史时期，使用领域也会存在异同。像这样的使用领域可以通过不同的概括化或细节化来进行分类。而越南语中的喃字，我们将大体分为以下几类：

—民间文化

—宗教信仰

—科学教育

—政治与国家行政

—文学艺术

此外，几乎同其他所有文字一样，喃字同样也在私人书信往来中使用。这些个人书信，除了很少一部分在后来可以“社会公开化”用作研究相关问题的材料外，其余留下来的（或逐渐亡佚的）都在私人手中。因此这里我们暂不提及。下面，在所允许使用的材料中，我们将对刚刚说到的几种领域进行逐一分析和说明，同时列举出具体材料。另外，需要注意，喃字文本中不同使用领域之间的边界并非一直截然分明。

二、喃字与民间文化

这是最接近越南人，尤其是农村人日常生活且最常出现的使用领域。如果从家庭宗族到村社生活的范围出发，我们可以得到如下几类喃字文献：遗书、家谱；款约、乡约、俗例；祭文、符咒；功德铭文、后神后佛铭文、亭中祭祀铭文；庙会活动文本、演唱文本；等等。这些文本大多使用汉字书写，但也有使用喃字的情况。即使是在汉字书写的文本中，往往也会插入喃字或喃字句，尤其是在涉及人名、地名和地方物产时。值得注意的是，当地名称不翻译成汉字，而直接使用喃字，是为了确保这些名称的准确性（因为这是日常生活中的叫法）。如果不这样做，可能会导致偏差，甚至引发后续的反复争论。此外，也有不少文本完全用喃字书写。这些在民间文化生活中使用的喃字文本（或汉喃混用文本）可以通过以下文献史料加以证明：

1. 记录乡约、村规的喃字文本。这类文献多为手写本，或是立于亭、庙、观、桥、集市等地的碑刻。

❖ 就碑铭而言，可列举如下：

○“新造碑记各幅等词”，立于黎神宗盛德五年（1657），位于河西省国威府仙侣县土瓦村。碑有两面，刻两千五百余字，主要为汉字，时有喃字成段穿插其中。此为现存最早的带有成段喃字而非零星喃字的碑铭。碑铭载仙侣及山路两地二人为土地起争执之事。其证言全用喃字写成，如下：

- …… 課代𩛷㐌𣈙代夕知府造㟒几山路夕場學旦代𨋤吏等名羅翁詠吏夕場學,𠸗典自南成迈𠄩倘参破唐退破渃吒碎連與茹連濫帝个謝山路連㝑礼嘱时㐌末固閉饒㭲麻退。(正面)音读为: ...Thuở đời trước đã sáu đời làm Tri phủ tạo núi kẻ Sơn Lộ làm trường học. Đến đời sau lại đứng danh là ông Vịnh，lại làm trường học đấy. Đến từ năm thành mười hai tháng. Chỉn vỡ đường，thôi vỡ nước. Cha tôi liền giữ nhà lén trộm đấy tạ Sơn Lộ，luôn giữ lễ thuộc，thời đã mất. Có bấy nhiêu lời mà thôi...

- …… 閉除几仙侣吏連山路唛習典碎買衛几山路名罒翁禁共三人証文𠸗迻[?]仙侣衛典朗㫻𨋤連吶浪堤山路㫻初衆碎庄别堤廊巿典挟㕑唛習厭弄連吶堤山路其仙侣社甚於亡言奸詐……（背面）音读为：... Bấy chừ kẻ Tiên Lữ lại liền Sơn Lộ，Lăng Tập [?] đến，tôi mới về kẻ Sơn Lộ. Danh là ông Cấm cùng tam nhân [=ba người] chứng văn đấy đưa [?] Tiên Lữ về. Đến sáng ngày sau liền nói rằng đê Sơn Lộ ngày xưa chúng tôi chẳng biết đê làng nào. Đến rày Lăng Tập [?] ướm lòng liền nói đê Sơn Lộ kề Tiên Lữ xã，thậm ư vong ngôn gian trá...

还可以举出其他一些碑铭，如：

o “新造碑记各幅等词”，河西国威，1657 年立。

o “本社造立例席券约各条碑文”，北宁省安峰县三多社，1693 年立。

o “名方千载”，兴安省仙侣县云芳社，1925 年立。

❖ 村规乡约亦可以手写成书，如:《太平省博泽社俗例》。这是一喃字手写文本，记录了太平省建昌府直定县高趸总博泽社的对公教教徒的规定。该“俗例”与其他的俗例乡约一样，虽然同社会管理相关，但是仍具有深厚的民间性质。其民间性质体现在：俗例规约以及其内容的组织制定虽不与国家法律相左（且符合教理），但并非是国家或府衙强加下来的，而是由地方民众根据自身的村社文化相互商议订立并需要遵守的。该《俗例》开头写得很明显[①]：

- 𢆥庚戌當旬秋季　會饒𢯦參誌咥𫅜　䢖職色𠁑民丁 英𡛔合意同情朱𫾖　曾𥊘氣銳沛𢷏　孕咥禮教朱紒天綸　固政渃固政民　𠰘浪底縞庄分朱停　原券㐌立成絓絁　且𢁑澄物拊𨇒移　丕𫾖鈌裂庫𥉮　𠲖些正吏咥朱明　𨅸意卒前經㐌劄　合辰莊朱𫼴悉得　䢖𠰺聖道傳咥朱𥙩招特蹺役𫅜……共記結朱成書券　空固埃怨嘆咥之　各條計訴劄範　埃埃據帝𠆳碑傳流 音读为：Năm Canh Tuất đương tuần thu quý. Hội nhau mà tham chí lời lành. Trên chức sắc，dưới dân đinh. Anh em hợp

① 《太平省直定县高迈总博泽社俗例》，越南汉喃研究院藏抄本，编号：AF. A5/68，第 la—b 页。

ý đồng tình cho nên. Từng nghe khí nhuệ phải gìn. Dựng lời lễ giáo cho bền thiên luân. Có chính nước，có chính dân. Há rằng để rối chẳng phân cho đành. Nguyên khoán đã lập thành giềng mối. Đến giữa chừng vật đổi sao dời.Vậy nên khuyết rách khó coi. Nay ta chính lại mấy lời cho minh. Lối ấy tót tiền kinh đã chép. Hợp thời trang cho đẹp lòng người. Trên vâng thánh đạo truyền lời. Dưới cho con cháu được theo việc lành. Cùng ký kết cho thành thư khoán. Không có ai oán thán lời chi. Các điều kê tỏ chép ghi. Ai ai cứ đấy làm bia lưu truyền.

下面是从博泽社《俗例》中摘引的一条①：

- 中戶𠊛芇空埋沛烇茹咍沛盜劫欺聉號知呼辰泣每得沛旦救執或埃𪓇當頭𤴬沛蚪跡咍羅默沛事庫𥗐辰戶仕擬賞隨蹺蚪𥗐二平埃空默阻役之勤𤴬空旦救執辰沛券𠃣貫底停賞朱几沛蚪跡𧘇朱特盃悉……音读为：Trong họ người nào không may phải cháy nhà hay phải trộm cướp，khi nghe hiệu tri hô thời khắp mọi người phải đến cứu giúp. Hoặc ai ra đương đầu mà phải dấu tích [- bị thương tích] hay là mắc phải sự khó nặng，thời họ sẽ nghĩ thưởng tuỳ theo dấu nặng nhẹ. Bằng ai không mắc trở việc chi cần mà không đến cứu giúp，thời phải khoán hai quan để dành thưởng cho kẻ phải dấu tích ấy cho được vui lòng…

2. 记录地方功德益事及供奉有功德之人的喃字文本。这类文本主要为立于遗址（如亭、寺、庙、祠、桥、市）等处的碑刻，如：

○ “集福兴工构造桥东碑记”，刻于 1718 年，位于永安省安乐先受益社。

---

①《太平省直定县高迈总博泽社俗例》，越南汉喃研究院藏抄本，编号：AF. A5/68，第 7a 页。

○ “后佛碑”，刻于 1732 年，位于兴安省美文县乐道社。

○ “后神碑记”，刻于 1780 年，位于河西清威县朱蛇村。

像这些“后神”“后佛”的碑铭都体现了对逝者的敬仰之情，也是祈求得到神佛的保佑，具有民间信仰的色彩；但同样还记载了那些尽心尽力为人民群众做出贡献的人。我们具体举出下面几个例子：

○ 木刻牌（34×47cm），位于三宝永青云寺，由龙川和尚南安于天运乙卯年刻写。全文为喃字八言诗，颂扬了一位陈姓老妇人帮助了众多善徒及僧众。该木片被拓印下来，刚好 1989 年我们在收集南部汉喃文刻资料时发现了它。喃字原文如下：

妑哥實得德欸台　　場香護衛細店㝵
黜捿揶拖冲茹佛　　劢飭𡨸雯冠眾𠫾
救筑民顛得感想　　扶持闒道仕夫儀
恩尼㧡泣齊堯舜　　智惠旗賱性討踖

音读为：

Bà Cả thực người đức lớn thay
Tràng hương hộ vệ tới đêm ngày
Ra tay chèo đỡ trong nhà Phật
Gắng sức chở che xuống chúng ngây
Cứu giúp dân đen người cảm tưởng
Bù trì cửa đạo sĩ phu nghì
Ơn này bố khắp tày Nghiêu Thuấn
Trí tuệ vuông tròn tính thảo ngay

图 6.1.2.a：（龙川）三宝寺木牌

3. 记录唱词的演唱文本。在民间文化生活中，演唱是一种重要的娱乐活动，如：军鼓唱、男女情歌对唱、乡亭唱等等。这些民间演唱形式主要以口口相传为主，但在喃字盛行之后，这些歌曲的创作又常常得益于生活在民间的汉儒手中的毛笔，书写成文。唱词从“口语文学”变成“书面文字”，喃字扮演了很重要的作用，并藉此唱词得到了更为广泛和悠久的传播。刚开始的抄写是临时的，随意的，然而这并不能阻止其他人的传抄、编辑和刻印传播。在现存的汉喃书库中，有不少这样的文献。如：

o 《清化观风》，王维桢编辑，刻于成泰甲辰年（1904），西贡影印本（1973）。

o 《藏军新传》，两卷，成泰乙巳年（1905）。

○《月花问答》，成泰乙巳年（1905）。

○《国风诗集合採》，维新庚戌年（1910）。

○《南风解嘲》，由陈了庵与吴浩编辑，刻于维新庚戌年（1910）。

○《南国方言俗语备录》，维新甲寅年（1914）。

○《里巷歌谣》，陈惟稳抄本，1964 等。

很多时候越南的儒者还兴致盎然地将喃文按照中国《诗经》的格律译成汉文，如《国风诗集合採》与《南风解嘲》等等。

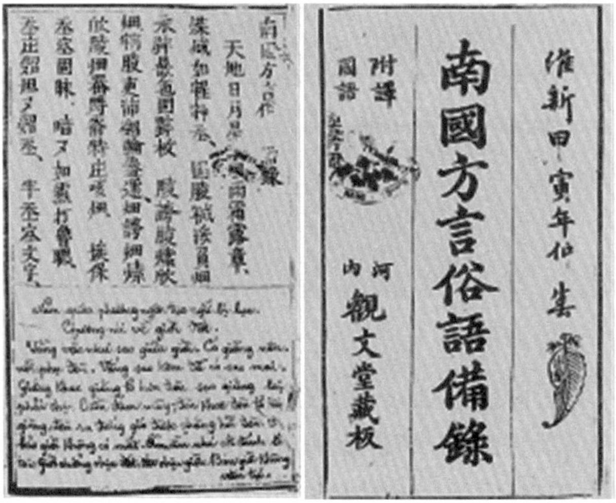

图 6.1.2.b：《南国方言俗语备录》封面及内页

我们列举如下一些例子：

•《里巷歌谣》在序言中写道：“今撷取善言粗语，远近言语，而非中华十五载之‘诗风’。德圣孔子删《诗经》而成《国风》，而吾民勤学外邦之书，不就本国风谣。方言有云：‘家里佛不灵，反去求外面的如来’。”[①]《里巷歌谣》中一些歌句如下[②]：

- 包暴翁老朝丕 辰些吏劍乂𨉟𦓿絲 𦓿絲喂咳𦓿絲 趍兜麻倍麻搗嫜淠。音读为：Bao giờ ông lão chầu trời. Thời ta lại kiếm một người trai tơ. Trai tơ ơi hỡi trai tơ. Đi đâu mà vội mà vơ nạ dòng.

- 惜台椱棔㮙沉 抌摶榾茜朱葂奴蹽 葂蹽辰默葂蹽 些踏奴蘬些蹽蓮䢡。音读为：Tiếc thay cây gỗ lim chìm. Đem chôn cột giậu cho bìm nó leo. Bìm leo thì mặc bìm leo. Ta đạp nó xuống ta trèo lên trên.

• 《南风解嘲》中的一歌谣，汉字部分是由喃字歌词译出，如下[③]：

- 暨我侶兮稼彼山西傭工不得得兩孩媞歸哉歸哉夫婦提携細出一聲曰山西之人兮㖸饒趍𥞖處兑 工灵拯特特𠃣𠴗𥘷 抌術𫧃挹婚昏打啫啞吓嚚𥘷處兑。音读为: Ký ngã lữ hề. Giá bỉ Sơn Tây. Cố công bất đắc. Đắc lưỡng hài đề. Quy tai quy tai. Phu phụ đề huề. Tế xuất nhất thanh viết：Sơn Tây chi nhân hề. Rủ nhau đi cấy xứ Đoài. Công lênh chẳng được，được vài chút con. Đem về chồng ấp vợ hôn. Đánh tiếng á hả ra con xứ Đoài.

三、喃字与宗教信仰

在这一方面，人民大众为了传播信仰以及诵读经卷，对喃字的“依赖”非常之大。

（1）实际上，信仰也可以被视为是民间文化的一部分——为人心

---

① ［越］陈惟稳：《里巷歌谣·序》，越南汉喃研究院藏抄本，编号：VNv.303。

② ［越］陈惟稳：《里巷歌谣》，越南汉喃研究院藏抄本，编号：VNv.303，第 49a、49b 页。

③ ［越］无名氏：《南风解嘲》，维新庚戌（1910）年柳文堂刻本。

理内部的心灵文化。这一领域广泛且形式丰富，如：祭祖先、土地、城隍的颂文；供奉亲人、英雄烈士或是吊丧之时的祭文或挽联；祈祷或是招魂时的念词；等等。

按照《皇越神祁总册》所载，全国民间供奉的神灵总共有 1242 位。其中超过一千位神名字可考，且多为汉文名，仅有 142 位神名由喃字写成。在不少情况中，神名本为喃字，但亦可以用汉字书写；或是此处用喃字书写，彼处用汉字书写。如在北宁省裘江流域供奉的 *Lừng, Lẫy* 二位神。按照神谱所载，此处原有四兄弟分别为 *Hống, Hát, Lừng, Lẫy*，都曾为赵越王出过力。在黎朝初年，又显灵帮助黎大行抗拒宋军。在该地的一些神谱之中，此 *Lừng, Lẫy* 二神的名字用汉字"夌"和"礼"书写（易误读成汉越音 *Lăng, Lễ*），但亦有写本写作喃字"唛吼"或是"𡗶祂"（可以读为 *Lừng, Lẫy*）[①]。

❖ 对联是喃字文学作品中长度最短的一种，在文化生活中似乎遍及所有领域，然而其主要还是用来悬挂在像寺庙、祠堂、供台或红白喜事上。据《汉喃五千对联横批集》[②]所载 5000 对联中，仅 357 句横批全由汉字组成；而除了 516 句喃字对子外，其余都为汉字写成。

• 在雄王庙遗址的雄王陵大门两侧立柱上，我们发现有如下的喃字对联（阮朝时代）：

陵寢自𦼔市𡗶傘滝沱𡟯渃沕乖駆坦祖

文明當晛買𥘀鴻沼貉沼𥘀群別攸墓翁

---

① [越]阮氏庄：《农村城隍喃字名号体系初探》，河内：社会科学出版社，2006 年，第 238 页。

② [越]陈黎创主编：《5000 汉喃牌匾对联》，河内：文化通讯出版社，2006 年。

Lăng tẩm tự năm nào，núi Tản sông Đà，non nước vẫn quay về đất Tổ

Văn minh đang buổi mới, con Hồng cháu Lạc, cháu con còn biết nhớ mồ Ông

• 启定十年（1925）所刻的《三元安堵诗歌》中，有收录阮劝为他人吊丧所写的一些对联，如：

○ 为铁匠妇人哭夫所写挽联：

茹𨷯底淋炭𡥵疎愧䘙埃𠽖及

功役停補髀婚袍終𪀄仉㖠嚅

Nhà cửa để lầm than，con thơ dại lấy ai rèn cặp

Công việc đành bỏ bễ，vợ trẻ trung lắm kẻ đe loi

○ 为歌妓哭母所写挽联：

𩯀夕緅狹夕单送葬朱安魂魄媄

个計頭蔞計𣘃情喪添𢠩傳彈𡥵

Dày làm kép hẹp làm đơn，tống táng cho yên hồn phách mẹ

Cá kể đầu rau kể mớ，tình tang thêm tủi lũ đàn con

归属于民间信仰的还有各类风水看相之著，其中也常用到喃字。如：

○《左幼真传遗书》，刻本，全书以七言写成，纯喃字，主要谈及房屋建造之事：房屋朝向、房基及房梁等等。

○《占相法国语歌》，全书为汉字，部分为喃字，主要讲述以“阴阳五行”看相之术。

o《乂安省开册》，包括 41 篇文章，全书由喃字写成，主要为乂安当地村社的职敕人员[①]（当时乂安主教为 Ogeier）对一百个关于民间文化信仰问题的调查进行结果。内容涉及田地、风雨、星月、鸟禽法术及风俗习惯和民间传说等等。这些收集到的 6 本纯喃字手写开本于维新五年（1911）与维新六年（1912）被收录到《信仰收集》（Recueil de croyances）之中。

（2）同民间信仰极为相近的是道教，亦被称之为老教。这是纯粹的中华本土宗教。道教本出自老子（即老聃）著作《道德经》以及庄子（即庄周）著作《南华经》中的哲学思想。但直到东汉时期才成为供奉神灵的宗教流派，主张"清静无为"，以修仙术来追求长生不老。道教是多神宗教，具有玄学神秘的特点；道教同民间多祈祷供奉的心理相契合。在我们的汉喃书库中，同样有一些用喃字书写的道教书籍，如：

o《阴骘文解音》，由杜玙用喃字采用双七六八格律写成，玉山祠（还剑湖）刻印于嗣德十二年（1859）。

o《太上感应篇解音》，玉山祠刻于建福元年（1884）。

o《太上感应篇诵式》，由陈文熷用喃字写成，玉山祠刻印于成泰甲申年间（1904）。

o《关帝明圣真经演义附音国语》，包括汉字、喃字及国语字，冯圣堂藏本（承天），刻于保大六年（1931）。

---

① 职敕人员：越南旧农村受封人员之称。

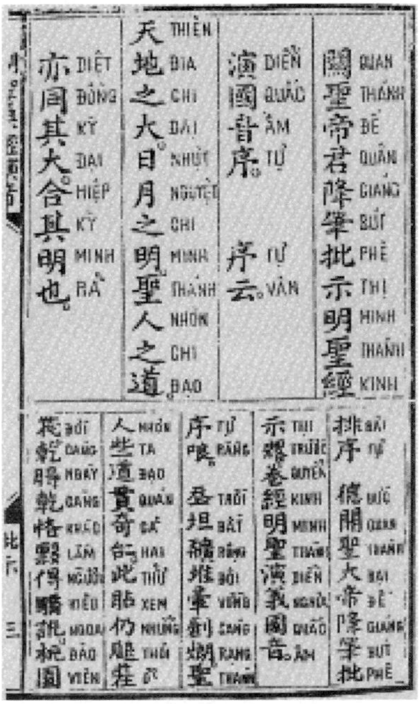
關聖帝君降筆批示明聖經
QUAN THÁNH ĐẾ QUÂN GIÁNG BÚT PHÊ THỊ MINH THÁNH KINH
演國音序
DIỄN QUỐC ÂM TỰ
序云
TỰ VÂN
天地之大日月之明聖人之道
THIÊN ĐỊA CHI ĐẠI NHỰT NGUYỆT CHI MINH THÁNH NHƠN CHI ĐẠO
亦同其大合其明也
DIỆT ĐỒNG KỲ ĐẠI HIỆP KỲ MINH RẢ

图 6.1.3.a：《降笔》内页

道教同时还有“降笔”等仪式，民众希望得到诸位神灵的庇护，则通过神灵“所授”的文字（汉字或喃字）达到自己求愿的目的。通过阮春面（Nguyễn Xuân Diện）的研究①，“降笔”颂歌主要由喃字写成，有时汉喃混合，有时纯用喃字，而越往后则用喃字的比例越大：“汉字的降笔文多供奉中国神灵，或是儒学之士，或是以守义闻名者。而反之喃字文章，多供奉越南神灵，或为圣母，或为广大平民阶层，

① ［越］阮春面：《降笔喃文诗与 19 世纪末 20 世纪初的爱国情怀召唤和民族文化复兴》，载《喃字研究》，河内：社会科学出版社，2006 年，第 218—230 页。

特别是妇女……喃文降笔文的长度总是长于汉文。”[①]

（3）在宗教范围内，喃字与越南佛教的关系是最为悠久的。同佛教相关的最早的喃字作品亦即是现存最早的喃字文学作品——《佛说大报父母恩重经》中的注音部分。我们在第二章已经详细地介绍过了。接下来便是陈仁宗（讳陈昑）的诗赋《居尘乐道赋》《得趣林泉成道歌》；另有禅师玄光（讳李道载，1254—1334）的《咏花烟寺赋》。下面是一系列佛教书籍：

○《古珠法云佛本行语录》，原书为汉文，由圆态（约 16 世纪）译为喃文。

○《课虚录解义》，惠静（16 世纪—约 17 世纪）撰。

○《陈朝禅宗指南传心国语行》，亦简称为《禅宗本行》，惠灯和尚（字真源，约 1653—1734）的作品，1745 年同陈仁宗及玄光禅师的作品一起刻印成书。

○《课虚录解音》，似由福田和尚（1784—1835）撰。福田和尚还将宋朝时期佛教论藏之一的《护法论》译成喃字。该书被 18 世纪的性广释条条（简称性广条）和尚增补刻印。

由汉文译成喃文的佛教经卷非常之多，下面只列举出部分作品：

○《李相公劄事明司》，由圆智和尚（约 1630—1730）喃译并刻印。

○《出家沙弥国音十戒》则由麟角沙弥如如瀓瀓（简称如如和尚，讳郑什）于保泰七年（1726）译成喃文。

○《西方公据节要演音》，由乾安寺禅师明坚及其他禅师一道于

① ［越］阮春面：《降笔喃文诗与 19 世纪末 20 世纪初的爱国情怀召唤和民族文化复兴》，载《喃字研究》，河内：社会科学出版社，2006 年，第 228 页。

嗣德元年（1848）编写而成。

这里还没有谈及各寺庙中用来歌颂禅境以及佛祖功德的喃字碑铭、喃字对句。上述不少的喃字作品中，尽管主要同佛教相关联，但仍具有相当高的文学价值，尤其是在我们研究古代喃字及越南语方面，实为一个巨大的资料宝库。

（4）在东亚各民族（中国、日本、高丽、越南）的传统文化中，除了道教、佛教之外，还有儒教，合称“三教”，共同构成了区域内民族精神世界的基础。儒教的创立者是孔子，即孔丘（前551—前479），并得到了孟子，即孟轲（公元前372—前289）的传承发扬。在这三种学说之中，都具有一定的统一性（如人文精神、扬善惩恶等等），因此有时我们说“三教同源”。但每个学说又有自己的倾向性。比如道教倾向于“治身”，重视养身法术；佛教则倾向于“治心”，注重调心养性；而儒教则是“治世”，强调以仁管理天下。由于积极的入世主张，使得孔孟之学得到了不断完善，最终成为道德教育以及培养“以道济世”人才思想中的主要学说。因此，对于儒家学说的介绍在越南历朝历代星火不息，其皆出于用儒家经书教化民众的需要，特别是教育和培养出辅佐君王治世、德才兼备的儒士。可以说，现存的汉喃文献中大部分都同儒学体系中的教育和社会治理相关，只有极少数体现纯粹的儒教信仰。因此，儒学很明显不完全是宗教，而是越南古代社会中的道德观念与正统政治体系。从陈艺宗时代起，绝非偶然，重臣胡季犛（1337—1407）为了教导官员而将《书经》中的《无逸》一篇译成了国语（喃字）①。《诗经》全部被注音译成喃字散文，并在永盛十年（1714）分十卷刻板印出，题名《诗经解音》。正是该部解音版

① 详见《越史通鉴纲目·正编》卷十一，第22页。今已失传。

《诗经》，作为儒家四书五经中喃译的第一部典籍，在光中皇帝的特别关注下，由阮浃负责的崇政院于光中五年（1792）全部重新刻印。光中皇帝决定将儒家四书五经全部翻译成喃文，但他于 1972 年便逝世，之后这一设想由阮朝皇室于明命十七年（1836）接续完成，即多闻堂刻印的裴辉璧（1744—1818）所撰《五经节要演义》。其中包括《诗经大全节要演义》《书经大全节要演义》《易经大全节要》等等。

其后还有书籍如：

○《论语释义歌》，由嗣德皇帝组织将孔子《论语》中的 20 篇按照六八体译成喃文，并于成泰八年（1896）刻印。

○《中庸演歌》，由范少游（即范廷碎）编纂，刻印于 1801 年。

以上皆是为方便儒生和民众理解而喃译的儒家经本。

（5）儒释道三教进入越南的时间在公元初期，而公教（即天主教）从欧洲传入越南的时间最早也就是 17 世纪。当西方传教士踏上越南国土时，汉字和喃字这两种文字已经在知识分子中得到了广泛的传播和普遍的使用。而传教士本身很多也曾到过日本、中国，他们多少会一些汉文，甚至是喃文。因此，很容易理解这些传教士会利用汉字或者是喃字来服务于自己的传教工作。在《外路王国历史》一书中，亚历山大·德·罗德说到国君郑梉的一个妹妹通过洗礼入教，并取教名为 Catarina。他写道："她精通汉文及本地歌赋，她将基督的降生、生平、受难、复活以及升入天堂等教理历史用本地诗文极为完美地展现了出来。还在诗歌的末尾详述了我们来到这里的任务及宣讲福音之事。作品极善，不少教徒开始在家中颂唱，不论城市还是乡村，越来越多的良民在歌唱及享受这优美的旋律时，亦让他们了解了主的神力与真理。”[①]此时正值 1627 到 1630 年间，正是罗德在北中部传教的时间，彼时国语字仍未诞生。同时由于传教士们自己的母语以 ABC 的形式记音表达，所以他们同样开始探索创造越南语新的书写形式。这项工作吸引了大量的传教士（如：Francisco de Pina、Gaspar de Amaral、Antonio Barbosa 等）以及本地的学者，直到 1651 年亚历山大・德・罗德在罗马出版了《越-葡-拉字典》，才标志着国语字的正式诞生。

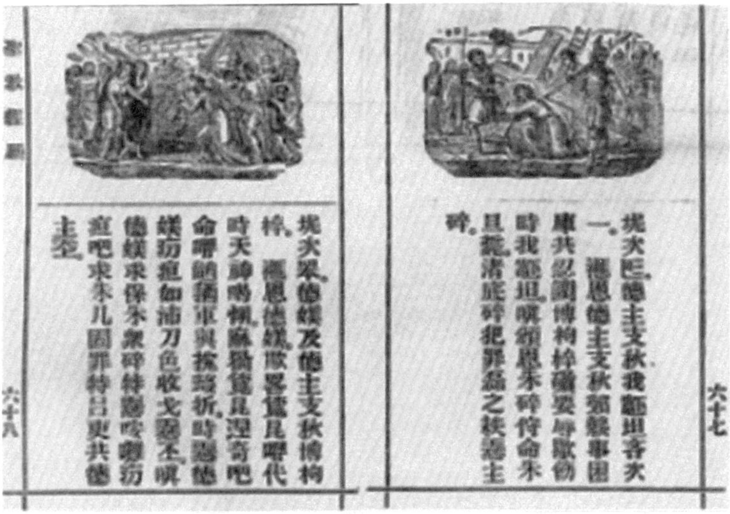

图 6.1.3.b：《圣教经愿》书影

然而，并不是所有的教父和信徒便立刻放弃了喃字而转向国语字。学者陈文全（Trần Văn Toàn，现居法国朗贝萨尔）对此阐述得极为合理：“一些人，包括越南人及西方人，尤其是在欧美的，不清楚事情的来龙

① [法]亚历山大・德・罗德著，[越]洪锐译：《外路王国历史》，胡志明市：大结丛刊，1994 年，第 105—106 页。

去脉，仍然认为是西方传教士需要教授国语字，使越南人忘记自己的根后才能传教。他们并不清楚两名法国传教士百多禄及让·路易·戴比尔德（J.L. Taberd）非常重视喃字，并编撰出版了《国语-喃-拉丁字汇》。他们并不清楚公教教徒使用了非常多的喃字书籍。”[①]

我们知道 1646 年意大利传教士梅乌移歌完成了几千页的喃文手稿《各圣传》，以及《天主圣教启蒙》等著作。因此到 20 世纪中期，公教教徒仍在使用国语字的同时使用喃字。根据陈庆浩与伊莎贝尔（Isabelle Landry-Deron）编辑的《巴黎乘差会所藏汉喃书籍目录》[②]显示，在亚洲乘差会书库（Fonds à la Bibliothèque asiatique des Missions Étrangères）可以找到 108 份汉喃材料，其中至少有 70 份材料全用喃字写成，内容关于公教；另还有几十份材料用喃字夹杂汉字、法文、国语字写成。下面列举出几份得到多次翻印的材料：

○《真道要理》（锦山：1829，1864；嘉定：1867；发艳：1909）。

○《会同四教》（1864、1867、1869；发艳：1867、1869、1909；香港：1897、1903、1905）。

○《册引塘佇道》（河内：1866；发艳：1909）。

○《册吣役几講沛濫䶬渃亞南》（1866，发艳：1909）。

○《册講事傷庫德主支秋》（1863；发艳：1909）。

○《册𦄂吏仍傳讖傳𧿫》（1864；发艳：1909）。

○《册察命恒旽》（1865、1869；发艳：1909）等等。

---

① ［越］陈文全：《关于天主教喃字的几点见解》，载《喃字研究》，河内：社会科学出版社，2006 年，第 237 页。

② 陈庆浩、伊莎贝尔·兰德里·德隆：《巴黎乘差会所藏汉喃书籍目录》，巴黎，2004 年。

对于公教喃字书籍有两点值得注意：其一，其他喃字材料尽管全文为喃字，但是书籍材料名字似乎都用汉字写成（没有译成喃字）；而公教喃字书籍似乎都“毫无顾忌”地在书名上也使用了喃字。其二，编者在用喃字编著这些书籍的时候，将西方的专名（人名、地名等等）和教会术语直接译成了喃字，而并没有通过汉字转译。

四、喃字与科学教育

我们发现在封建时期似乎所有越南学者的科学著述都是用汉文写成的，常被称之为“儒医理数”。其中，喃字只是起到辅助作用，主要是在正确忠实地反映本国和本地居民之中的一些现象。例如，大越国历代正史皆用汉语文言写成，而使用喃字主要是在一些人名上，如前面已经提到的“武吉”（Vũ Cát）被称之为“武带”（Vũ Đái）（这两个喃字可以理解并读为 *Cứt* 或 *Đái*）。学者黎贵惇（1726—1784）用汉文编著了关于越南国家社会的几十本著作，其中有时也用喃字来记录人名地名，甚至是他采录到的整句歌谣。比如，在其《见闻小录》一书中，就有如下段落：“國初征復禮州即今萊州忙和由瀛坡水道 浙至此甚為遠險有俗歌雲塘蓮忙禮包賒寡罡進掀寡罡進埌故云三百曲”[①]（读为：Quốc sơ chinh phục Lễ Châu，tức kim Lai Châu. Mường Hoà do Vạn Bờ thuỷ đạo cận lưu chí thử，thậm vi viễn hiểm. Hữu tục ca vân：Đường lên Mường Lễ bao xa. Trăm bảy mươi thác，trăm ba mươi ghềnh. Cố vân“tam bách khúc”）。在医书、药理、算术等书之中，喃汉间杂的情况更为常见。

---

① ［越］黎贵惇：《见闻小录·风物目》，越南汉喃研究院藏抄本，编号：VHc.02664（原 A.32），第 14a 页。

（1）在科学知识的传播中，喃字发挥了极大的作用。例如，历朝历代我们总能发现名为“历史演歌”的书籍，全书用普通民众容易记忆的方式——“六八”体和“双七六八”体诗律并配合喃字创作而成，用以演绎越南的整部历史：

○ 莫朝的《越史演音》，16 世纪抄本。

○ 黎郑时期的《天南明鉴》，抄本；《天南语录外纪》，18 世纪末抄本。

○ 阮朝时期黎吴吉与范廷倅的《大南国史演歌》，刻于嗣德二十三年（1870）。

同样主要是这两种诗律和喃字，似乎所有的专门领域都有用演歌形式写成的书籍。

❖ 医学药理方面：

○《治痘症国语歌》，抄本，六八体，主要谈及痘症及治疗方法。

○《伤寒国语歌》，抄本，六八体，主要谈及伤寒的病因、症状及治疗方法。

○《家传治病用药歌》，抄本，包括部分介绍腹疼、眼疾、耳聋、中风等疾病药方及疗法的喃字诗文。

○《食物本草》，抄本，双七六八体，讲述 445 种可以入药的植物和动物。

❖ 算术方面有：

○《九章立成併法》，刻本，用七言、六八等诗律创作而成。内容讲述九章及土地面积算法等等。

❖ 武术方面有：

○《武艺国语歌》，抄本，包含部分喃字诗歌，并配图讲解使枪、使棍及空手的武术招式。序言写道：

𣉹𥪝唐㔍变𠚢	Nay trăm đường thế biến ra
劄𠫾沒草吟哦底傳	Chép làm một thảo ngâm nga để truyền

（2）古代的教育、学习、科举都以儒家经书及其思想体系为基础。因此在该领域中，汉字自然占据了主导地位。像这样用汉文写成的书籍从经书到辅助材料，以及给考试开考前的参考范文材料比比皆是。似乎没有哪个帝王将喃字带入考场。仅有一次，黎永盛间（1705—1729）乙未年（1715）场士望科中，明确有考题写道："该文可用喃文。"[①] 尽管如此，喃字并不是在教育体系中丝毫没有作用。各部儒家经书历朝历代都被朝廷主持译成喃文，并进行刻本翻印，以便广开教化，而这些喃字对于社会中青年儒生来说才真正是承载实际知识的工具。

除了汉喃双语（字）的书籍外，通过喃字和越南语的辅助，对孩童进行汉字教育也是具有悠久传统的。典型的证据是历代以来，我们发现许多用喃字解释汉字的书籍，内容分门别类，多用韵文创作，而实际上是一些传统的汉-喃双语（字）字典：

○《指南玉音解义》，成书于黎初期，六八体，书中包含许多古喃字和古越词。

○《三千字解音》，由吴时仕（1725—1780）编纂，按照"天 Thiên 𡗶 *Trời*，地 Địa 坦 *Đất*，舉 Cử 拮 *Cất*，存 Tồn 群 *Còn*，子 Tử 𡥵*Con*，孫 Tôn 𡥙 *Cháu*，六 Lục 𦒹*Sáu*，三 Tam 𠀧*Ba*……"的形式编排。

① [越]吴高朗编纂，阐斋补充，华鹏、黄文楼译：《历朝杂纪》，河内：社会科学出版社，1995年，第202页。

○ 范廷琥的《日用常谈》，原用以讲解儒字。

○ 阮文珊的《大南国语》，刻于成泰己亥年（1899），编写过程耗费了大量精力，序文有谈及汉字转译喃字之事。

图 6.1.4：《大南国语》封面

○《字学解义歌》，由一批文臣在嗣德皇帝的主持下编写而成，刻于成泰九年（1897）到成泰十年间（1898），是体量最大的一部汉喃字典，同样采用六八体，并分成各个门类。

○《千字文解音》，刻于成泰庚寅年间（1890），体量小，但传播普遍，为六八体（天 Thiên 𡗶 *Trời*，地 Địa 坦 *Đất*，雲 Vân 𩄲 *Mây*，雨 Vũ 湄 *Mưa*，風 Phong 䫗 *Gió*，日 Nhật 𣈜 *Ngày*，夜 Dạ 𣎀 *Đêm*）。

○《南方名物备考》，由邓文甫，即邓春榜（1828—？）编写，刻于成泰辛丑年（1901）。

……

用喃字写成的私家书籍《家训歌》，虽不属于学堂书籍，但其中讲解的道理都是国家正统思想，且符合民族文化传统，对子孙有很强的教育意义。此类书籍中最早的喃字本是陈朝莫挺之（1272—1346）的《教子赋》。黎朝、阮朝时期，则相当丰富，如：

○《训女子歌》，六八体，刻于嗣德乙亥年（1875），似为黎景兴年间阮辉僅（1731—？）编纂。

○《训俗国音歌》，刻于成泰七年（1895），其中包括邓春榜（《训子国音歌》等）和范廷碎（《劝孝演音歌》）编撰的几首教育子女及世人的喃字歌。

○《训女演歌》，六八体，刻于成泰辛丑年（1901）。

五、喃字与政治及国家行政

谈及喃字在政治以及国家行政中的作用，则需要说到国家在政治层面，包括在行政、法律、公权交易中的文字使用情况。在此方面，很长一段时间以来，喃字并未与汉字具备同等的地位。尽管有一些史学家曾认为胡季犛（1337—1407）与光中阮惠（1753—1792）都为提高喃字在越南国家行政方面的地位提出想法并做出了努力，然而一切都只是美好的想法和愿望罢了，相对于汉字而言，喃字地位仍未有多少改变。历朝历代以来，所有的赦令、圣谕以及上表上奏、呈书禀章大部分都使用汉字。越南的大型律书（大型史书亦如此）也都用汉字编成。不过，在朝廷最为重要的公文之中，喃字有时也会被使用到。

• 根据现存资料，在黎利（1385—1433）登基之后，他曾用喃字草拟了同各将士的共誓文。黎利的两篇誓文现仍存有重抄本，出自同知礼阮敦奉黎圣宗之命抄写的“奉抄”本。阮朝保大时期的许多版本又是从此本重抄而来，如黄春瀚教授介绍的保大六年（1931）本，以及汉喃研究院所藏保大十一年（1936）本（藏编号：VHc.02868）。在这两个传本中，都抄写了两篇誓文：一篇暂称之为《与黎来共誓文》，呼吁各功臣要世世代代铭记黎来献身救主的功德。另一篇暂称之为《与将士共誓文》，呼吁众将士功臣要“和睦，听令，严法，做天下事，留千古名，食禄千钟”（朱固和睦朱㖡号令朱嚴拆法和𡗶役天下底功名闖茷食祿千鍾：Cho có hoà mục，cho tín hiệu lệnh，cho nghiêm sửa phép，hoà làm việc thiên hạ để công danh muôn đời，thực lộc thiên chung）。

• 在大臣呈给帝王的喃字公文中，首先提到的是由文武大臣在保泰三年（1722）呈递给黎裕宗的表文，上表祝贺接连几年风调雨顺。该表文收在《今文类聚》之中。次之还有1728年由杜伯品、范谦益、阮辉润、范廷镜、苏世辉、裴仕暹、冯伯奇等大臣呈递给保泰帝出使大清国的奏文，报告与大清官员接触的事宜。该奏文收在《南北往来柬札》之中。再其后有黎贵惇、郑春树、阮辉偿等人在1760年出使大清国时呈递给景兴帝的奏文。该奏文被黎贵惇收录于《北使通录》[1]一书，呈奏了出使几年的行程与成果。

• 读《黎季逸史》——作者似为裴扬瀝（1758—1828）——我们得知景兴四十七年（1786），阮惠指挥的西山起义军在阮有整的辅佐下，向北征讨郑黎势力。到达义安时，其挂出了喃文的《伐郑檄》（阮有整书），以增强义军的气势，细数郑氏之罪，呼吁民众举义行事。裴扬瀝还收录了另一篇喃字檄文，由清乂军士中的阮仍书写，用以激励士卒反抗郑榦，拥立郑棕。该事件发生于景兴四十三年（1782）。

① ［越］黎贵惇：《北使通录》卷四，第54页，译者按：原文未具版本。

可以看到，彼时为呼吁激励民众在政治上响应和拥护时，多用喃字书写檄文。“用喃字进行政治活动”同当时的政治派别的其他政治活动联系颇为密切。黄春瀚教授收集了较多像这样的喃字檄文[①]。如：

○ 景兴三十五年（1774），黄伍福受郑森之命率军南进，征讨张福峦与西山起义军，即向顺广军民传去了一封檄文。

○ 1787 年，燕都王郑槰的手下黎辉瑶（1747 ?—1803）手书《讨鹏郡阮有整檄》。

○ 1788 年，黎辉瑶又草拟了《谕四方勤王讨西山檄》，并派人转到了正奔向京北讨伐西山的黎昭宗手里。

黎朝后期，光中阮惠同样在国家公文中喜用国音（夹杂一些汉文句子）。现今仍存有阮惠本人朱笔亲题，寄给罗山夫子阮浃询问回义安择地立都之事的书信。虽说是“信”，但实为“诏”。诏上所题为泰德十一年六月初一（即 1788 年 7 月 4 日，次年则改元光中）[②]。

• 在《文史地》[③]集刊中，学者陈文玾介绍了 18 世纪的一些喃字散文，其中包括在景盛阮光瓒（1783—1802）时期，潘辉益曾帮景盛帝草拟的、用于解决当时朝廷中乱象的一些喃字文书（其中夹杂有汉文）。潘辉益流传下来的《裕庵文集》中还收录有他替帝王所

---

① ［越］有玉、阮德贤搜集与编纂：《罗山安胡黄春瀚》第 2 册，河内：教育出版社，1988 年。

② ［越］有玉、阮德贤搜集与编纂：《罗山安胡黄春瀚》第 2 册，河内：教育出版社，1988 年。

③ ［越］陈文玾：《创作于 18 世纪中叶的四篇喃字散文原稿考》，载《文史地》集刊 1958 年第 39 期，1958 年第 40 期。

写的“谕”，即颁给少傅妙郡公阮光妙、司徒勇郡公武文勇之诏，此二位将军正因帝王听信谗言杀害黎忠和阮文训二将而准备引军回富春以兵“谏”王。此后君臣重和，此时已是己未年间（1799）。次年（即庚申年，1800），阮光妙与武文勇引军南进，围住归仁城。得信后，景盛帝差潘辉益用喃字写成“晓示”，寄给归仁城军民，以表明真情，抚慰赞颂。

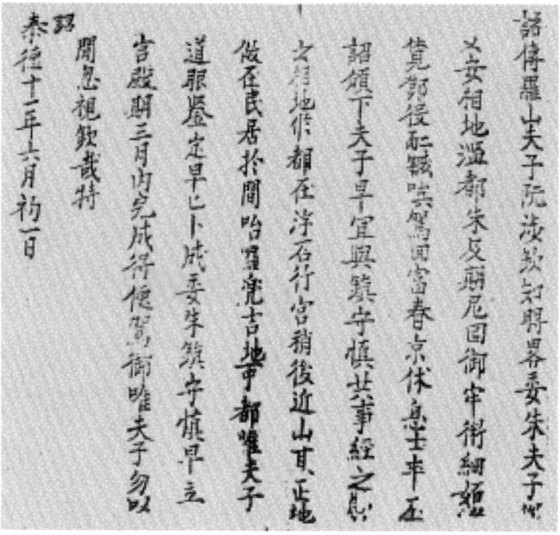

图 6.1.5.a：光中寄阮浃诏书书影

❖ 而关于嘉隆阮福映，即阮福种（1762—1819）时期的喃字散文，安溪（An Khê）在《南风》杂志上发表了文章[①]，并写道：“最近，我看到嘉隆朝一位公爵的履历，履历中有许多咨报、晓示以及旨谕、军律，通通用了喃字，我用国语字摘出二三，让读者知道我们的

① ［越］安溪：《嘉隆时期的民族文学》，载《南风》1924 年第 80、82 期。

国文在过去兵火战乱中，在艰难革新中也起着巨大的作用。”[①]在上面的两本杂志中，安溪摘录翻译了嘉隆时期的一些“公务”类喃字文本（未附喃字原文），可以归为以下四类：

○ 阮福映给川清侯阮德川的“旨谕”，及阮德川呈递给阮福映的禀文。

○ 阮福映于己未年（1799）三月初一颁布的三十多条军律“传旨”。

○ 阮福映在嘉定阅兵中的“旨谕”（1800 年 3 月 26 日）。该文用骈文体创作，呼吁士兵奋志立功。

○ 由阮德川受嘉隆帝之命写于 1807 年答复红毛国（荷兰）商人的两封信。之前荷兰人到越南曾卖给嘉隆帝武器，现在遇到了麻烦，于是写信给嘉隆帝要求把剩下的钱尽快补上。在信中荷兰人给出的理由并不正当，但是还是顺水推舟给了他们一些白银，以及五头水牛、三担土砂糖、两担水当作礼物。

• 嘉隆朝时期阮文诚还主编了《皇越律例》。如前朝的几部律例一样，嘉隆律例同样用汉文写成，嘉隆帝亲自作序，于嘉隆十二年（1813）翻刻印刷。其后，高平案察使吴颖（号吉川）将该部中的 398 条律例翻译成了双七六八体的喃文，称之为《皇越律例撮要演歌》抄本[②]。到法属时期，北圻法院颁行了《民律》和《刑律》，在启定时代（1916—1925）各北圻法院施行。启定壬戌年间（1922），将上述的《民律》翻译成了喃文版的《北圻民律新刊》并刊印出版，共计 91

① [越]安溪：《嘉隆时期的民族文学》，载《南风》1924 年第 80 期，第 131 页。

② [越]吴颖：《皇越律例撮要演歌》，越南汉喃院藏抄本，编号：AB.321 号。

款。次年，启定癸亥年（1923）又重新翻刻成《皇越增刊新律》，乃北圻法院《刑律》的喃字译本，包括民事、商事、诉讼等条例。上述两个喃文译本都被清治县大昂社的九品文阶阮驪“奉旨重译”，并得到了北圻总使的同意。还有一点尚不明晰，这部律书的原文究竟是汉文还是法文（也许是两种兼有，但译成喃文的底本是汉文），但为何当局会要求译成喃文公布，说明当时喃字在法律中起着不小的作用，因为在法律领域中既要对立法与施法表达准确，又要民众容易了解和领会。

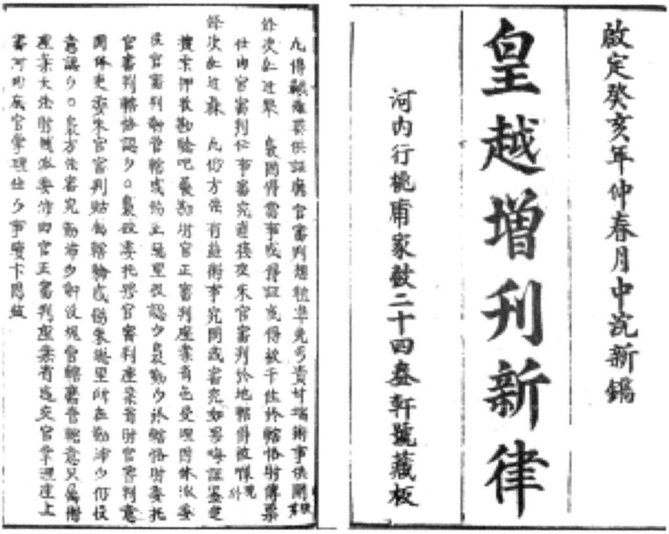

图 6.1.5.b：《皇越增刊新律》封面及内页

此外，阮朝时期的行政公文，还有武登科编纂的《词翰举隅译国语》，刻印于 1907 年，其中介绍了各类行政公文及律法文书的书写样式，如公牍、呈书、禀文、契约、契券、单据等等。

六、喃字与文学艺术

根据文学界的研究，特别是文学史部分，可以说文学是一个很宽泛的领域，其中“文学作品”可以包括很多个不同的层次，可以是“纯”文学，也可以是“类”文学（有时也称之为“功能文学”——该术语并不是十分的准确）。作者创作“类”文学的目的并不是为了体现文章的文学艺术，而是为了体现宗教信仰、历史政治等专门问题。但这一部分作品中，除了本身内容外，作者还会用艺术的手笔将内容人物形象化，或是表达自己的感触。因此，作品便具有了文学性。这种情况在越南文学历史中十分常见（中国文学及东亚文学都是如此）。人们仍认为中古文学中存在“文史哲不分”的性质。因此，谈及文学（准确地来说是“类文学”），我们自然可以联想到陈仁宗和玄光法师描写禅境的那些歌赋，或是《天南语录外纪》（最长的六八体韵文，共8136句）及其他一系列的“历史演歌”，还有黎利的“誓文”、黎末阮初时期的“檄文”“布告”“旨谕”等等。20世纪初期，像潘佩珠、黎大等呼吁维新的爱国志士，以及阮尚贤、潘周桢等呼吁民生的作者所著的《海外血书》《合群营生》等论著诗歌，也属于此类。所有的这些类文学，我们还可以置于宗教信仰、科学教育、政治生活等其他不同的领域加以讨论。在这里，我们只集中介绍喃字在“纯”文学中的作用特征。这些都是作者选择艺术手法而创作的“纯文学功能”的作品。为了方便阐述，我们把这类作品再分为三小类：诗赋、散文、嘫、嘲剧（剧本）。

（1）喃字在越南文学中的应用，首先体现在诗赋领域。历代以来，由于汉语与越南语在语言类型上的相似性，所以前人很善于用喃字来填中华诗律，这在阮廌（1380—1442）、黎圣宗（1442—1497）、阮秉谦（1491—1585）、阮简青（1482— ？）、阮杭（16 世纪）、阮伯燐（1701—1785）、阮有整（?—1787）、阮辉亮（?—1808）、范彩（1777—1813）、阮攸（1765—1820）、胡春香（18 世纪末 19 世纪初）、清关县夫人（阮氏馨，19 世纪初）、李文馥（1785—1849）、阮公著（1778—1858）、高伯适（1808—1885）、阮廷炤（1822—1888）、潘文治（1830—1910）、阮劝（1835—1909），陈济昌（1870—1907）等等的诗词歌赋中得到了很好的体现。此外，值得注意的是，正是由于有了喃字，古代诗人才得以吸收民间的诗歌手法，从而创造和完善了本民族的诗歌形式。这些形式包括“六八”体、“双七六八”体、“歌筹”，以及“六言”诗（亦被称之为“韩律”，相传由韩诠始创，但该种诗体的起源在越南文学界仍有分歧）。

❖　“六言”诗的代表是阮廌（号抑斋，1380—1442）的《国音诗集》。该诗集是现存第一部国音诗集，自嗣德二十一年（1868）刊刻以来，一直流传至今。其中包括 254 篇诗文，除一些严格按照唐律的诗歌外，其余皆用“六言”体（准确地说应为“七言六言夹杂”）。这种诗体相传起自阮诠（13 世纪）。《国音诗集》开篇第一首正是“六言”诗：

谷城南亇蔑間　　奴渃旺少飴咹
昆隊遁揚埃眷　　婆馭痶少几禛
沕螺狹回坤且鮒　　茹涓趣庶礙捼狘
朝官拯沛於庄沛　　谷城南亇蔑間

Góc thành Nam lều một căn

No nước uống，thiếu cơm ăn
Con đòi trốn dường ai quyến
Bà ngựa gầy thiếu kẻ chăn
Ao bởi hẹp hòi khôn thả cá
Nhà quen thú thứa（xuế xoá） ngại nuôi vằn
Triều quan chẳng phải，ở chẳng phải
Góc thành Nam lều một căn

“六言”诗体还在黎圣宗（黎思诚：1442—1497）所创“骚坛”会诗歌集成《洪德国音诗集》，以及阮秉谦（1491—1585）的诗歌中得到了运用。这类“六言”诗得到了郑主的支持，但似乎在此之后便未能继续发展。

❖ “六八”和“双七六八”体本是两种民间诗体，而在黎德旄（1462—1529）的《擬護𠔭甲解賞喝婀姚》（Nghĩ hộ tám giáp giải thưởng hát ả đào）[1]中，喃字首次成为这两种诗体的选择。但这只是初始时期，实际上在（喃字）书面文学产生之后，这两类诗体才得以逐渐完善并在 18 到 19 世纪被推向顶峰。而“六八”体中最有名的作品正是阮攸（1765—1820）的《断肠新声》（亦被称之为《金云翘新传》，或是简称为《翘传》），这部著名的文学作品不仅包含独特的人文内容，还有精湛的艺术表现形式。《翘传》反映了越南语的生命力与灵魂，同样也是严格遵循六八体诗文音韵调的典范。

① 译者按：后文提到黎德旄的《代拟八甲赏桃解文》，当与此处《擬護𠔭甲解賞喝婀姚》为同一部作品。

下面是《翘传》的开篇部分[①]：

𤾓𢆥𥪞揆𠊛些　　𡦂才𡦂命窖𠺥恄饒

𡗶戈𠬠局滄桃　　仍調𥊚𧡊㐌疠疸𢚸

Trăm năm trong cõi người ta

Chữ Tài chữ Mệnh khéo là ghét nhau

Trải qua một cuộc bể dâu

Những điều trông thấy đã đau đớn lòng

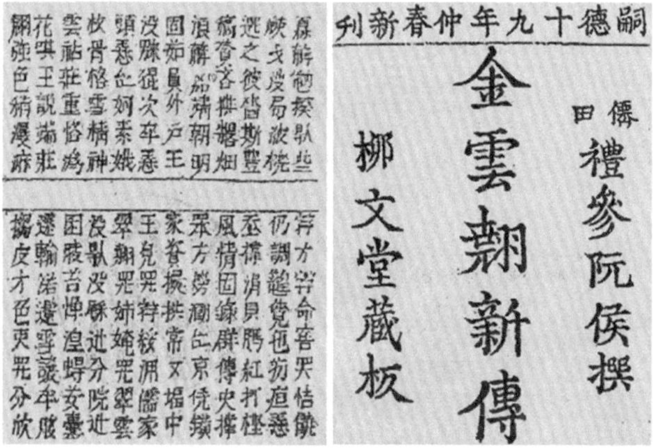

图 6.1.6.a：《翘传》，嗣德十九年（1866）柳文堂刻本封面及首页书影

在《翘传》前后，以及同一时期也有用喃字创作的上百部长篇“六八”体诗文，如：

① [越]阮攸著：《金云翘传》，嗣德十九年（1866）柳文堂刻本，影印版见阮广遵：《〈翘传〉：新发现最早的 1866 喃字本》，河内：文学出版社，2004 年。

○ 莲庵的《潘陈传》。

○ 范彩（1777—1813）的《梳镜新妆》。

○ 阮廷炤（1822—1888）编著的《蓼云仙传》。

○ 《贞鼠传》（佚名）。

○ 《宋珍菊花》（佚名）。

○ 《李公新传》（佚名）。

○ 《�征鰥新传》（佚名）……

无论是有作者姓名还是佚名，所有这些喃字作品构成了越南中古文学宝库中的一种特殊体裁，称为国音“传体”。

❖ 与“传体”相对应的是按照“双七六八”体而创作的国音“吟体”，“吟体”诗文内容上更侧重于人物情感与内心的表达。属于“吟体”类的诗文数量上并没有“传体”那么多，但也存有一些名篇，尤其是《征妇吟》与《宫怨吟》。

• 《征妇吟》是由段氏点（1705—1748）和后来的由潘辉益（1750—1822）在邓陈琨（18 世纪）汉文原著基础上用国音重新演绎，全文述说了乱世中，一位丈夫从军远征的妻子的内心独白。吟曲开篇即征妇对青天的埋怨之词（摘引自 1902 年刻本）：

𪦆尔𡗶坦常欺𩙍𡏧
客腭紅𫅷餒迍邅
撑箕㗅潘層𨖲
為埃醸孕朱𫏾餒尼
Nhẽ trời đất thường khi gió bụi
Khách má hồng nhiều nỗi truân chiên

Xanh kia thăm thẳm tầng trên

Vì ai gây dựng cho nên nỗi này

• 《宫怨吟》为阮嘉玿的作品，是一个冷宫宫女孤独和对生活感到厌倦的自白，同时也寄托了作者对人世的深刻思考。通过这部部品，“双七六八”体在格律创作上达到了顶峰，不再允许音韵调的偏差出现。

此外，还有其他颇有特色的吟曲，诸如：

○ 《哀思挽》由玉昕（黎玉昕，1770—1799）所作（也有观点认为是[潘辉益：1751—1822]代为撰写），用于祭奠光中皇帝。

○ 《十类众生祭文》，阮攸（1765—1820）之作。

○ 《秋夜旅怀吟》，丁日慎（1815—1866）之作等。

（2）在散文方面，没有像诗文那样多的喃字作品，但正是因为将汉字文学转译成喃字文学，越南语散文才得以萌芽产生。

• 关于越南文学史上的“翻译文学”，首先要提到的是相传由阮世仪（与莫登庸[1483—1541]同一时期之人）从越南古代汉文传奇杰

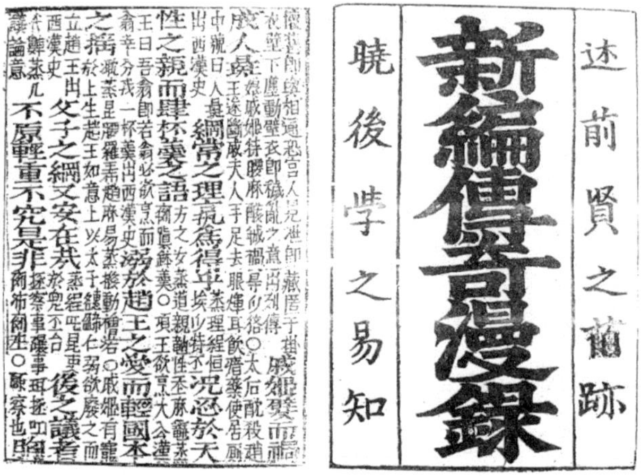
述前賢之蹟
新編傳奇漫錄
曉後學之易知

图 6.1.6.b：《传奇漫录解音》，1774 年版封面及内页

作——阮屿（15 世纪末—16 世纪初）汉文原作译出的《传奇漫录》解音本。译本逐句对应原文（因此有多处译文与口语不同），但却做到了行文婉转流畅，反映了彼时越南语语句明朗清楚的特点。

• 属于“类文学”的佛教文学里，由圆态法师（约 16 世纪末）解音成喃字的讲述阿曼婆修法成佛的《古珠法云佛本行语录》，亦可视为汉字文学转译为喃字文学的开篇之作。

• 《诗经》本是中国古代民俗诗集（从民间文学收集编撰而成），此后被列为儒家学派的经典之一，同样被越南人（佚名）译成了喃字，且没有按照原诗格律，而是转化成了相应的散文诗形式。该书最全的版本是永盛十年（1714）刻本。

• 一些用喃字直译成日常口语句子的散文作品（尽管故事载体取自国外书籍，但非文学翻译），最早可以追溯到 1646 年的《各圣传》。其同属于“类文学”，我们已经在上文有所提及。该书为手抄本，共 12 卷，现存 11 卷，1672 页，主要讲述了天主教中各位圣人的事迹。每位圣人都有自身独特的身份和性格，他们经历了种种痛苦与刑罚，但始终坚持信仰上帝，最终获得救赎并得道。

（3）喃字在越南各类传统演唱文学剧本及唱词的创作中同样扮演着重要作用。包括“歌筹”“㗅剧”“嘲剧”等等。

❖ “歌筹”是一种既包含专业形式，又取自民间的演唱形式。现存关于歌筹最早的喃字材料是黎德庬（1462—1529）的《代拟八甲赏桃解文》[①]。大约从 19 世纪到 20 世纪，歌筹这种演唱形式在乂安省以北的各市镇广泛流行（现在在知识分子或文人之中还有重得追捧的

① [越]阮春面：《歌筹的历史和艺术：以越南汉喃研究院资料为考察视角》，河内：世界出版社，2007 年。

迹象），被称之为“说唱”。虽然“说唱”的形式有现成的框架，但是各句中的音节数和节拍数可以有一定的差异（六七八个音节皆可），从而形成了明快、起伏变化不重复的特点。“说唱”的歌词常常由诗人用喃字创作而出，同时诗人也亲自参与到演唱之中，如阮公著（1778—1858）、高伯适（1808—1855）、阮劝（1835—1905）、杨奎（1839—1902）、朱孟祯（1862—1905）等等。

❖ “嘲剧”本是一种民间演唱艺术形式，但是配上了嘲这种乐调形式，再依据某个传说故事写成“演本”，最后而成剧本。这些剧本常采用不固定形式发散开，而剧本的作者也多数不留下姓名。有许多民众喜爱的嘲剧剧本，如：《观音氏敬》《金岩》（此处用剧中男主角的名字命名，或用女主角的名字则称之为《翠云》）。汉喃院现存的喃字嘲剧剧本还有：

○《金云翘摺》，佚名，乙亥年（1875？）及癸未年（1883？）宁定堂刻本。

○《刘平嚁》，写本，作者及年代不明。

○《张员演歌》，佚名，丁未年（1907？）刻本。

○《张生新嚁》，佚名，柳文堂维新己酉年（1909）刻本。

○《二度梅嚁》，佚名，维新癸丑年（1913）广盛堂刻本。

○《本嚁何乌雷》柳文堂藏启定二年（1917）刻本，范美石编撰于河东。

○《石生演戏嚁》，启定四年（1919）柳文堂刻本。等等。

❖ “㗰剧”也是越南传统演唱艺术类型之一，但是㗰剧的舞蹈和曲调似乎并不像嘲剧那样具有浓重的民间色彩，而表演空间也仅局限于舞台，而不是前庭院子里的“嘲剧席”上。㗰剧的剧本由文人从中国古典传记或越南民间故事中摘取创作而成。剧本则多用汉喃夹杂的文体写成，很少纯汉字，也很少纯喃字。阮世（Nguyễn Thế）先生在初步考察了越南所有的嚨剧藏本后，认为："喃字古嚨剧剧本现存量很大，现在不仅是在越南存有，在海外也有保存。根据我们的了解，用喃字写成的嚨剧剧本计有近两百本册（包括嘲嚨剧以及改良剧……）。"①仅在汉喃院，经过阮世的研究，现有十二册喃字原本嚨剧剧本以及四十六册剧本胶片（来自大英皇家图书馆）。下面试举几册：

○《金石奇缘》，写本及影印本，由裴有义（1807—1872）编纂。

○《丁刘秀演歌》，佚名，刻于光绪二十年（1894）广东佛镇宝华阁。

○《胡石腑传》，写本，佚名。

○《小山后演歌》，佚名，维新四年（1910）观文堂刻本。

○《本嚼尧舜》，范美石编写，启定四年（1919）柳文堂刻本。

在艺术创作领域，喃字还被用作装饰或造型要素，如书法、对联上的喃字附题、艺术品、瓷器或书画等等。很遗憾的是关于喃字的艺术应用形式研究还不完善。根据文化部文化遗产局阮金蓉（Nguyễn Kim Dung）的报告，越南艺术博物馆有一套"越南古陶瓷器物艺术"的文物，但直到最近，才得到汉喃专家的释读，于是这些"被遗忘在文物上的秘密"才"得以重现，发现了其本身的价值"②。例如在该博

---

① [越]阮世：《喃字嚨剧：保存与开拓》，载《喃字研究》，河内：社会科学出版社，2006 年。

② [越]阮金蓉：《博物馆发掘推广喃字遗产的工作》，河内：社会科学出版社，2006 年，第 258—259 页。

物馆有一陶土水烟壶（编号 2-G3-2），为北宁土河陶器。该水烟壶外形为一荷叶，上有一田螺之形，上有几行喃字，但之前常被忽视，没有得到介绍，因为没有人能够读懂其意义。其实它是“喃诗女皇”胡春香（18 世纪末至 19 世纪初）的喃字诗歌《蝸味》：

吒媄生羅本蝸味
腈䀑𨆢𨃐𪡔𦹵灰
君子固傷辰扑厭
𠳒停杵㧡𦛌𡓁碎
Cha mẹ sinh ra vốn ốc lồi.
Đêm ngày lăn lóc đám cỏ hôi.
Quân tử có thương thời bóc yếm.
Xin đừng ngó ngoáy lỗ trôn tôi.

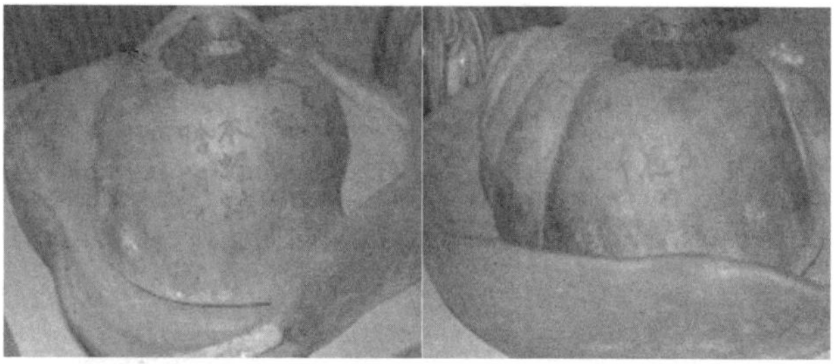

图 6.1.6.c：螺形水烟壶（摄影：全庄-越南艺术博物馆）

在北宁东湖村木刻年画中，也有一些著名的刻本，如：

-《打㹥》（Đánh ghen），附有两行六八体喃字诗注释：“催催狈𢚸夕㪯之調生事辱𨉟辱些”（Thôi thôi bớt giận làm lành. Chi điều sinh sự nhọc mình nhọc ta）。

-《接椰子》也有两行如下的六八体喃字诗注释：“嗃埃窖揮铖棂帝蹦低興朱皮乂堆”（Khen ai khéo tạc（?）nên dừa. Đấy trèo đây hứng cho vừa một đôi）。

另有一幅画有雄鸡、母鸡及一群小鸡的年画，附带喃字注释“夥琨䝈㖼𪺶翅𪺶毴”（Lắm con，nhiều cháu，giống cánh，giống lông）。等等。

（a）　　　　（b）

图 6.1.6.d：东湖年画：接椰子（a）、打擝（b）

第二节　传统文字与现代生活

一、越南文字史上的三种文字

在越南文字史上，有三种文字为越南文献奠定了基础，分别是汉字、喃字和国语字。从 19 世纪末到 20 世纪初，法语和法文在法国殖民政府的“督护”之下，也曾在越南出现过一段时间。因此，在 20

世纪法文也在越南知识分子创刊的书报之中留下了一些印记。然而，法文再怎样也没有能够在越南传统文献的形成过程中产生像上述三种文字那样的深厚影响。对于越南的知识分子和广大民众来说，这三种文字，尽管影响程度不同，但是直到今日仍在生活中常有出现。在汉字、喃字和国语字之间，出现时间先后和应用皆有所不同，文字类型及特征也区别明显，在民族语文中也有各自独特的地位，但在越南社会中，它们在运用实践之中也能做到相互补充。

在第二章之中，我们说到汉字在公元之初便在越南出现了，并随着汉文佛教经卷的流传以及在交州开设学校而得到传播。越南人在“北属”时期将汉字作为一种外语使用并熟练掌握，同时也是彼时唯一独尊的文字。到 10 世纪末期，国家独立之后，在汉字的基础之上逐渐形成了汉越音读法，彼时对于越南人而言，汉文不再具有“外语”性质，而是一种被越化了的语言和文字（首先是在语音层面），而“外来”属性也渐渐模糊。很容易理解为何此后接触到“西文”（即法文）的时候，越南人仍将汉字与喃字称之为“咱们的文字”（chữ ta）。实际上，汉字受到越南人的欢迎并不是在“千年北属”的时间内，而是在国家独立后所形成的。为了建立一个统一强大的封建政权，在彼时除了模仿以儒家思想为基础的中国封建模式之外，并没有其他道路可走。因此，科举培养人才的方式当然势必以儒学为基础，而“四书五经”也就成为儒生们的枕边书。所以，汉字被越南人称之为“儒字”也并没有什么好惊讶的。千年以来，汉字不断得到重视，被视为“圣贤之字”。

在南圻归化属地之后，法国当权者开始逐渐限制儒字教育，到 1882 年，南圻总督勒·米勒·德·维勒（Le Myre de Vilers）签署决定，喃字在南圻正式无效化，取而代之的是“用拉丁字书写的安南语（Annam），称之为‘国语’，以及法文”[①]。根据甲申条约，法国对北圻和中圻拥有保护权。1915 年北圻最后一次乡试在南定省举行，而 1918 年，最后一次儒学会试在顺化举行。此前，1917 年 12 月 21 日，全权总督阿尔贝特·沙罗（Albert Sarraut）颁行了《东洋国民教育部大纲条例》（Điều lệ chung của bộ Quốc dân Giáo dục ở Đông Dương），阻止在法越学校教授儒字。紧接着，1919 年 7 月 14 日，顺化朝廷颁布《皇家诏旨》，将传统儒学教育并入本土-法国教育体系，同阿尔贝特·沙罗所颁行的条例形成了一致[②]。从此，汉字不再占据像从前那样的位置，取而代之的是国语字与法文。尽管如此，汉文科目也并没有从法越“保护”学校中完全消失，自学汉字（以及喃字）仍在私塾盛行，尤其是在有儒学背景的家庭。彼时，在《安南杂志》《有声》《骚坛》《知新》，乃至《南风》等一些杂志上，不少学者都对“是否应该废除汉字”发表了文章。值得注意的是，很少有人一味地全盘否定汉学，而大多数人认为科举文章中的学问应该废除，关于中华文化长久以来同越南文化相接触的部分，同越南文化形成和发展相关的学问，则应该得到保留并继续发展。甚至有人认为汉字已经深深地烙印在了越南民间文化之上，而国语字和“西字”则不具有这样的特点。例如，1919 年末在《南风》杂志上，范辉琥给出了意见：“汉字与吾国之民关系难解……我常游玩于乡间，仍可耳听之乎者也之童声。我劝其应

① ［越］晁英：《汉-喃文字的最后篇章》，同奈：同奈综合出版社，1999 年，第 30、45 页。

② 关于法国殖民政府与阮朝对法文、汉文及国文的政策，参考［越］国英：《略谈法国殖民下越南古汉学研究》，载《汉喃杂志》1987 年第 1 期。

学国语字，再学法文，其答曰，‘国语字已熟于心，而西字甚难……吾辈只学儒字，以晓伦理，以通文章，懂字据，识文契，此足矣，学西字作甚？反之城隍牌位，先人神主，祭文书册，经卷符咒，无不用儒字写成，今谁人敢换牌位神主之字横放，谁又敢将经卷祭文换作 a、b、c、d？……汉字让乡土之民系缚于宗教之上，尽管汉字再多弊端，仍难以废除’。”[①]最近，提到这种情形，范文快（Phạm Văn Khoái）先生也写道：“我所知道的，1919 年后……科举和越南人彻底告别，儒生遇上了厄运，汉字式微，曾经女子意中人里的书生形象（不羡衣袍连身，只慕先生书笔砚台）已经一去不复了。……它们变成了‘千年旧时人，此刻魂何处’（武庭联 Vũ Đình Liên）。由此而看，还有谁需要汉字呢……但是，似乎又有相反的一面。正是在这个阶段，在超过 20 年的时间里，比起任何时候人们都更多地谈论到汉字。汉字作为科举儒学的影子已经风烛残年了，但是作为越南文化的一部分却得到了永存。”[②]

自从形成以后至今（约 8 世纪），喃字与汉字在使用中总是形影不离，尽管不是在每一个领域两种文字都需要相互对称。但上面已经谈到，如果说汉字在“科学教育”和“行政公文”中占据有主导位置，那么“民间文化信仰”方面，尤其是“文学艺术”方面则喃字占据的地位毫不逊色，甚至比汉字更为重要。但更为明显的是两种文字间的互补性，因为虽同属于表音表意的方块文字，且喃字中本就含有汉字

① ［越］范辉琥：《我们越南何时知晓汉字》，载《南风》1919 年第 29 期，第 418—419 页。

② ［越］范文快：《20 世纪汉字的若干问题》，河内：河内国家大学出版社，2001 年，第 265—266 页。

的影子，但是这却是用于汉语和越南语两种不同的语言的两种文字。大体上，我们可以根据汉喃文字的不同将汉喃作品（或文本）分成以下三类：

（a）汉字作品（只用汉字，如黎贵惇的《见闻小录》等等）。

（b）喃字作品（只用喃字，如阮攸的《断肠新声》等等）。

（c）汉喃夹杂作品（如歌筹、嘥剧剧本、汉喃字典等等）。

然而，就（a）（b）两类文本而言，也很难说它们是纯汉字的，还是纯喃字的。如上述所言，在《见闻小录》中，我们也发现了一些用喃字写成的歌谣或者是地名。在《翘传》中，也有一些汉字用来记录借汉词，如“才”“命”“彼啬斯丰”，有时整句诗歌皆为汉字：“胡公决计乘机，礼先兵后刻期袭攻”（第2507—2508句）。所以说，要读懂喃字文本多少得懂一些汉字；相反为了读通顺越南汉字文本，也多少得了解一些喃字。也许正是如此，人们将这两种语言（汉语和越南语）的两种文字（汉字和喃字）合成为“汉喃字”，用以区别“国语字”（乃至法文）。

同时，喃字和国语字都是越南语的两种文字（喃字是中古越南文字，国语字是现行越南文字），然而却不能将两个名称合在一起。或许是因为在文字形式层面上，两种文字截然不同：一类是中华文明中的表音表意方块字，另一类是欧洲文明中的线性表音拉丁字母文字。喃字中，喃字与汉字（记录汉字词）间的关系始终能够体现出来，而在国语字，所有汉越语词的印记都被隐去。当然，像国语字这种只记音的文字，某种程度上而言在文字层面上也失去了对意义的体现。这是不同的文字类型所规定的，没有例外。

但是也不能说汉喃字在国语字中没有起到丝毫的影响。从现存的国语字形成资料来看[①]，我们知道西方传教士刚开始用拉丁字记录越南语的时候，同样仿造了西洋文字的样式，词语中所有音节连写，例如，在 1621 年若昂・罗伊兹（João Roiz）的抄本中我们还能看到 *Unsai*（Ông sãi）、*Ungne*（Ông nghè）、*Bafu*（Bà phủ）、*Cacham*（Kẻ Chàm-地名）。不久后，我们就发现这些传教士又将所有的音节分开书写，如 1632 年加斯帕・达马拉（Gaspar d' Amaral）抄本：*oũ nghè*（ông nghè）、*bà đạu*（bà đạo）、*Kẽ chàm*（Kẻ Chàm）。这才是合理的书写方式，能够像汉字和喃字那样正确地体现越南语“孤立-音节性”的语言类型特点。这种按照“汉喃传统”书写的方式很快在标志国语字诞生的 17 世纪罗德的《越-葡-拉字典》以及《圣讲八日》（罗马，1651）中得到了肯定。也有一些人过于推崇西洋文字，总考虑着如何使国语字更加近似西洋文字，而将其连写，称之为越南语中的“多音节”词。但他们忘记了对于像越南语这样的“孤立-音节性”的语言类型，母语者在读或写的时候最容易辨识和区分的最基本语言单位是逐个音节，而不是多音节词。因此，不管怎样来说，按照汉喃语文样式逐个音节书写的国语字本身就适应于越南语的语言类型特征，直到今天仍得到了保留。

一些熟悉汉喃文字的人，在刚开始接触“不带意义”的国语字字母时，都会感到迷茫。且在刚开始学习字母拼读时，一些人需要汉字辅助才能为其“正义”，方便记忆。阮才谨教授曾经讲过这样一件好玩的事：“我舅舅那里还留有一本国语字的识字本，字母还用写汉字的毛笔写成，同时附有许多汉字注释，如 ÁC 旁就写有‘乌啼声’（乌

---

① ［越］杜光政：《1620—1659 之间的国语字历史》，西贡：远航丛刊，1972 年。

鸦的叫声），ÓT 旁写有‘女人不谨’（不谨慎的妇女），等等。前面一个注释我理解，后面一个注释我就得问了。实际上，我舅舅讲，以前学 O tê ót（译者注：越南语的拼读方式），但是在乂安话里 o tê 就像是北方话里的 cô kia（译者注：她），所以这里得注释为‘女人’，而‘ót’的意思就是说名声不好，心肠不安，不小心透露出来，所以要加注释‘不谨’！”①

还有一点需要注意的是，国语字已经抛弃了汉字和喃字的表意功能，也就是说国语字不再具有表意上的职能了，但是也不能说国语字是纯粹表音的文字，文字需要同语音紧缚在一起。实际上是很难找到这样一个纯粹的记音系统。记音文字不“表意”还是“表义”，但都可以在某种程度上进行“语义区别”。如同现代国语字中对“gi-”与“d-”的分别，本来是和古越南语语音有所联系，但如今这些符号已不再表示语音上的区别了。但是国语字中还保留着其差别，特别是通过它们来区别同音字的语义。例如：đa dẻ，màu da 中的 da（喃字：𪗹）以及 gia đình，quốc gia / tăng gia，gia giảm 中的 gia（汉字：家/加）。不要觉得国语字一有什么同语音不契合就需要“改进”“改革”，如是这般是没有认清楚国语字的细微之处。诚然，一个语音系统被视为其文字系统的准确反映。但最终，语音是一回事，而文字（即使是记音文字）又是另一回事。

很明显国语字在写和读上面比喃字更有优势。一个越南人正常只需要两三个月的时间学习国语字就可以掌握“读和写”，对于扫除此前一直在社会中存在的平民大众的“文盲”问题也并不难。但是到了

① [越]阮才谨：《翘传资料：从惟明氏版到乔莹懋版》，河内：文学出版社，2004 年，第 46 页。

文字文本阅读理解层面的话，则国语字就没有了任何优势，甚至比喃字更显不足。因为我们已经说过，喃字除了“表音”功能之外，多少也还存留有“表意”的功能，而国语字则完全没有。而这一点使得喃字必然和汉字产生关联：在没有汉字背景的情况下很难读通喃字；但在不懂法语或者是拉丁语的情况下却可以轻易地读顺国语字。这并不是指出国语字或者是喃字“孰功孰过”，而只是指出越南语两种文字类型特征所带来的不同后果。也不过是遵循阮攸所写的“彼啬斯丰”的规律，“得此必然失彼”罢了。只有在同当今世界上其他文字相交流的时候，国语字的优势才明显起来。统计表明，采用拉丁字的文字系统（包括国语字）在世界上占绝大多数，而其使用面积也相较之于其他系统更为广阔[①]。

进入 20 世纪，国语字被选为越南的正式文字。在此决定中，当然有法国殖民政府为了达到其政治目的所做的干预。例如，拉夫特（J. Lafont）于 1878 年 4 月 6 日在西贡签署的法案中写道：“使用国语字以同化民众为一整体，或许也是将国语字运用于正式交易之中的一绝好政治通途。”由此决定“即日起（1882 年 1 月 1 日），如若府、县、总各官员不识国语字，则无任职升官之途径”[②]。一些亲法知识分子，较早地接触西方文明，也同样拥护国语字。例如，东法高等学校汉越文字系学者范琼（Phạm Quỳnh）载于《南风》杂志上题为《国语字考究》的讲义中写道：“理论上我国早已有喃字，整理而成国文即可。然喃字

① 周有光：《世界文字发展史》，上海：上海教育出版社，2003 年，第 2—3 页。

② ［越］晁英：《汉-喃文字的最后篇章》，同奈：同奈综合出版社，第 30—31 页。

复杂之极，前人不曾简化。自国语字传播起，一者简便，一者繁复，此盛彼消，自然而然。也许四五十年之前，国语字仍只通用于‘教堂’之上，未及乡野，幸而谈及可转喃字为国语字，否则就为时已晚。”①

然而，值得注意的是，出于完全不同的目的，20 世纪初期以来，像东京义塾等抗法爱国运动在使用喃字的同时，领导者都在民众觉醒运动中推崇国语字的好处，呼吁越南人学习国语字，“国语字乃国之魂”。并在八月革命前后，在胡志明主席发动“消灭饥饿”“消灭文盲”“消灭侵略”运动的同时，革命知识分子又发起了“推广国语字”运动，进行“扫盲”（即除去不识国语字的情况）。翻开《知新》杂志，我们偶然发现了国语字教学的推广大字口号：“识字者之责任便是助国语宣传会帮扶失学同胞。”②如此，不光是法国殖民者，包括爱国知识分子以及越南民众在 20 世纪初——这个越南历史的巨大变革时代，都认识到了使用国语字的便利之处，而将国语字事业作为了自己的事业。换句话说，自 20 世纪以来国语字作为国家正式文字的地位被肯定不是简单地由政府出行政令强制执行，而是现代越南历史进程的客观选择。

国语字得以“重用”普及开来，并不意味着喃字被“消灭”掉了。喃字作为民族传统文化遗产得到了继续保存，在行政公文需要的时候，仍要使用喃字。在 20 世纪初期，儒学废除之后，仍然有一些附带有国语字注音的汉喃作品面世，很多时候是喃字与国语字并行，甚至是汉、喃、国语三种文字一起出现。如保大壬申年（1932）河内莲派寺所刻的《文昌帝君劝孝文》。

---

① [越]范琼：《国语字考究》，载《南风》1927 年第 122 期，第 338—339 页。

② 载《知新》1943 年第 79 期。

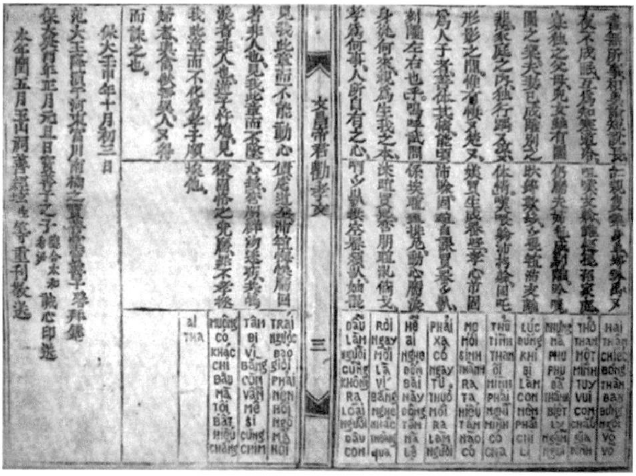

图 6.2.1.a：《文昌帝君劝孝文》尾页

有一些行政与法律相关的有趣材料绝对不能忽视。例如越南民主共和国时期的“絏開嫁娶”（Giấy khai giá-thú，即结婚证），其中各项需要填写的内容都用国语字与喃字这两种越南语文字写成。该证件中需要填写的各项为：

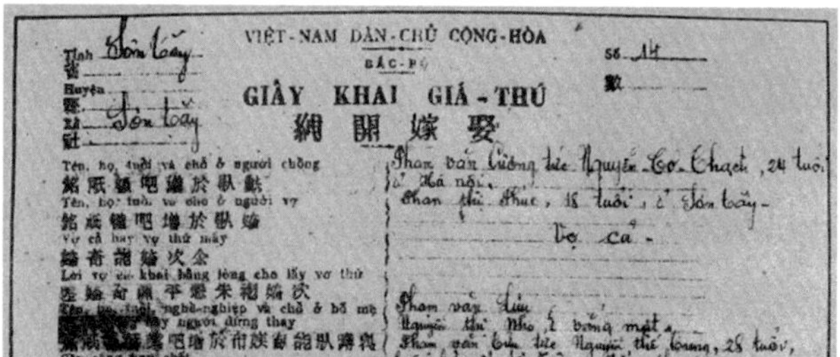
VIỆT-NAM DÂN-CHỦ CỘNG-HÒA
BẮC-BỘ
GIẤY KHAI GIÁ-THÚ
絏開嫁娶
Số 14
Tỉnh
Huyện
Xã
Tên, họ, tuổi và chỗ ở người chồng
Tên, họ, tuổi và chỗ ở người vợ
Vợ cả hay vợ thứ mấy
Lời vợ cả khai bằng lòng cho lấy vợ thứ
Tên, họ, tuổi, nghề-nghiệp và chỗ ở bố mẹ hay người đứng thay
Còn sống hay chết
Tên, họ, tuổi, nghề-nghiệp và chỗ ở bố mẹ vợ hay người đứng thay
Còn sống hay chết
Vợ chồng có khai nhận con hoang làm con chính không

图 6.2.1.b：1946 年“絏開嫁娶”

Tên，họ，tuổi và chỗ ở người chồng

𠸛户氏𢇉吧𡐙於𠊛𫯳

Tên，họ，tuổi và chỗ ở người vợ

𠸛户氏𢇉吧𡐙於𠊛𡞕

Vợ cả hay vợ thứ mấy

𡞕奇能𡞕次𠃩

Tên，họ，tuổi，nghề-nghiệp và chỗ ở bố mẹ chồng hay người đứng thay.

𠸛户氏𢇉藝業吧𡐙於布媄𫯳能𠊛𨅸𠊝

Tên，họ，tuổi，nghề-nghiệp và chỗ ở của bố mẹ vợ hay người đứng thay.

𠸛户氏𢇉藝業吧𡐙於布媄𡞕能𠊛𨅸𠊝

Còn sống hay chết

群𤯩能𣩂

Vợ chồng có khai nhận con hoang làm con chính không

𡞕𫯳固開認𡥵荒夕𡥵正空

我们收集到的材料来自记者阮军（Nguyễn Quân）发表在《月末世界安宁》2004 年第 36 期上的文章《黄妙少女——外交家阮基石的情思》。该证明书为 1946 年底两位革命抗战先驱阮基石（Nguyễn Cơ Thạch，又名范文刚，24 岁）和潘氏福（Phan Thị Phúc，18 岁）夫妻俩的结婚证明。其婚礼在山西省举办，证婚人同为革命先驱孙德胜（Tôn Đức Thắng）。

在考察地方文化遗迹的途中，我们在河东市安慕坊灵长寺（廚靈

chùa Linh Trường，喃字名为廚慕牢 chùa Mỗ Lao）中发现了一块全文喃字的石碑，刻于 1976 年正月二十六日。碑文撰写者为居士慧剑（Tuệ Kiếm），抄录者为武国凭（Vũ Quốc Bằng）。全文共计 534 个喃字，内容为慕牢寺之历史光景，尤其歌颂了彼时住持曇福（Đàm Phúc）禅师在抗法国殖民统治与抗美帝国统治两场抗战中的巨大功劳。原文由国语字转写如下：

Chùa này đã trải qua nhiều các vị tăng ni trụ trì，tiếp theo là sư cụ Đàm Điểm và kế thừa hiện nay là sư cụ Đàm Phúc trụ trì. Sư cụ Đàm Phúc thuở nhỏ tên là Phan Thị Mai，sinh năm Ất Mùi đến nay tám mươi hai tuổi. Quê ở làng Nguyệt Giám，xã Minh Tân，huyện Kiến Xương，tỉnh Thái Bình. Xuất gia tu hành từ năm hai mươi ba tuổi tại chùa Linh Trường，thụ giới Sa Di và giới Tì Khưu Ni tại chùa Liên Phái，thụ giới Bồ Tát chùa Châu Lâm Hà Nội. Sư cụ Đàm Phúc là một vị tu hành phụng Đạo kiên trì chân chính. Tự mình thì nâu sồng giản dị thanh đạm và giàu lòng vị tha. Cụ thể là trong thời kỳ giặc Pháp chiếm đóng đồng bằng chùa đã bị tàn phá hết. Khi cụ hồi cư về，dần dần dựng lại，chùa cảnh trang nghiêm，cửa già khấp khởi. Vì yêu nước，suốt trong thời kỳ tạm chiếm cụ đã giúp đỡ，che giấu cán bộ，bộ đội，và nuôi dưỡng. Từ sau ngày hoà bình lập lại và suốt thời kỳ chống Mỹ cứu nước，cụ Đàm Phúc nêu cao tinh thần yêu nước，tích cực tăng gia sản xuất，góp một [phần] nhỏ với toàn dân trong công cuộc thắng lợi vĩ đại ngày nay của dân tộc，thực là công đức："Cụ Đàm Phúc chùa Mỗ Lao. Phụng Đạo yêu nước dồi dào cả hai. Tuổi già tuy ngoại tám mươi. Tăng gia sản xuất không ngơi nhiệt tình.

图 6.2.1.c：慕牢寺喃字碑

这不一定是年代最晚的喃字石碑，因为最近还有很多亭庙、寺院、宗族祠堂得到了修缮或重建，人们常常去请谙熟汉喃文字之人补修碑文、对联，就像过去的人们一样多使用汉字（显得庄严深奥），有时也使用喃字（显示民族性和亲近性）。当然也有一些寺庙、祠堂直接使用国语字（便于“后代识读”），但仍采用圆形或方块字的样式，使其更像汉喃对联。然而，对于很多人来说，不管认识汉喃字与否，在祭祀供奉神、佛、祖先的时候好像都不太欢迎国语字占据汉喃字的位置。在寺庙庭院中的一些法师在仪式之时也多使用“汉喃字”，即使很多时候由于知识储备不足而写错，也仍然不愿意使用国语字。无论如何，外人虽有褒贬的权利，但仍需要尊重人们在生活中的选择。时间和社会实践会带来最终适合的选择。

图 6.2.1.d：薄荷软糖商标

与此同时，在现代生活中，喃字在民族艺术生活中还发挥着作用，如㗂剧的舞台装饰、古装艺术作品的字幕、民族传统古典画作或商品商标等等仍使用着喃字。1985 到 1986 年间，我自己也知道的一种河内生产的很美味的软糖，并将其包装纸保留到了现在。其包装上即有两个喃字“糖糕 Kẹo Gôm”。很遗憾的是在艺术活动或是经济活动中的喃字使用仍没有得到普及，也没有得到我们更多的注意及开发。

最近，在河内新形成了一个年轻书法家社群，取名为“前卫”，其精神为“从传统到现代”。当问及如何在其书画作品中体现民族特色时，团长黎国越（Lê Quốc Việt）表示：“民族特色有两种表现：第一是文字，第二是文章。我们认为体现越南特色的是喃字，这是唯一由越南人创造记录自己母语的文字。从地区来看，喃字可以同壮人的方块字，韩国的谚文，台湾的‘俗字’，以及日本的平假名、片假名相媲美……而文章中的民族本色则不言而喻了。”[①]衷心祝愿他们的“喃字书法”艺术取得成功。

①《文化体育报》，2007 年 9 月 29 日第 55 期，记者阮琼庄。

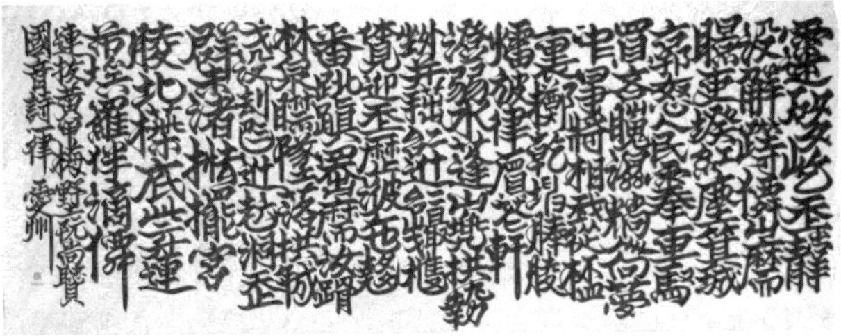

图 6.2.1.e：画家黎国越的喃字书法作品（2007）[①]

二、汉喃文字之于年轻一代

汉喃文献遗产是越南传统文化根基中重要的一部分。现在的年轻一代已经不需要再像从前的儒生一样学习“笔砚”，但是他们同样需要肩负从前人那里继承起汉喃文化传统并发挥其价值的责任，将其永远地传承下去。有了这个责任，年轻一代首先得接触到汉喃文化，其中更是需要有人深入学习，从而能够了解并传播汉喃文献文化宝库的精神价值。这几十年来，国家成立了汉喃研究院，用以储存汉喃资料，并组织学者队伍从不同的角度对汉喃遗产进行研究。在高等教育系统中，像河内、胡志明市、顺化的一些大学也成立了汉喃学科，组织谙熟汉喃文字的学者对语言、历史、旅游文化进行研究。这些都是传承与发展汉喃文化方面对人才培养做出的很大的努力，尽管其中还有很多问题可以得到进一步的完善，但我们想要谈及的是如何使年轻一代不遗忘民族汉喃文化遗产。

近几年，一些学者教师呼吁需要将汉字放进中学阶段教学。阮景全（Nguyễn Cảnh Toàn）教授在《儒字与越南文化》一文中警告：“中

① 内容为阮尚贤（Nguyễn Thượng Hiền）的喃字国音诗。

学不教授儒字不是一件小事，而是需要解决的大事。”[①]根据其自身在科研教育领域的经历，阮景全教授提出汉字及其汉越音不仅是在越南科研术语建设过程中有着重要作用，更是在保存和发展越南语中亦有不可估量的作用。文学教授阮庭注（Nguyễn Đình Chú）更是认为“急需在中学阶段进行汉字教育工作”[②]。阮庭注教授的文章在对比汉字与依照西字 ABC 样式的国语字的各个利弊方面都做得较为全面，不仅是将比较放在了传统之中，更是放在了昔时与越南“同文”的国家背景参照之下，从而得出了需要在中学阶段恢复汉字教育的迫切要求。同阮庭注教授相呼应，史学家黄明祥（Hoàng Minh Tường）教授在《关于当代青少年汉字教育裨益的思考》一文表示，今天对年轻一代进行汉字教育是有必要的，主要体现在以下三个方面：一是掌握汉字便于理解和使用越南语，二是掌握汉字是理解越南传统文化的基础，三是教授汉字对青少年从小的道德人格培养方面大有裨益[③]。

汉字（儒字）着实已经成为越南文献宝库的一部分，并且在越南传统文化中留下了浓墨重彩的一笔。因此尽管不是十分的妥当，但是谈到让汉字“重回”校园的时候，人们多是对汉字与国语字进行利弊比较。国语字是越南语的文字，汉字是汉语的文字。实际上应该对照的是国语字与喃字，因为这才是越南语所使用的两种文字。而历史的选择是喃字逐渐地让位于按照“西字”字母 ABC 方式的国语字。这

① ［越］阮景全：《儒字与越南文化》，载《汉喃杂志》2003 年第 4 期。

② ［越］阮庭注：《关于尽快恢复中小学汉字教育工作之需》，载《汉喃杂志》2005 年第 2 期。

③ ［越］黄明祥：《关于当代青少年汉字教育裨益的思考》，载《汉喃杂志》2005 年第 3 期。

种选择似乎没有法律文本的强制性，而是 20 世纪越南社会发展趋势下民族的自觉。如今，不管对喃字推崇到什么地步，也没有人想要“历史倒流”，要求喃字取代国语字而恢复其地位。并非取代国语字，而是或多或少了解一些喃字和汉字（汉喃字）才是完善当今青少年起码文化根基的切实要求。语言及与之并行的文字，不单纯只是信息传递的工具，还是文化的外现和载体，尤其是将一个民族的文化代代相传。因此，在当代青少年以及后代的文化传承中，如果是割裂了传统文化，特别是放弃了其文化传承的工具，必然会导致不可估量的损失。因此并不需要每一个人都具有相同的语言及传统文字知识。而是在最低程度上，对于坐在中学教室中的学生而言，其多少得要掌握一些“汉喃字”，按照本人的想法，主要有以下几个目的：

第一，让学生知道如今我们所传承的民族文学文化宝库是由汉字和喃字构成的。不知道这一点，在某种程度上便无法解释得了这一点，便很难说其是否已经达到了普通中学毕业水平。本人曾尝试问过外语专业学生，让我吃惊的是竟然有人不知道阮廌的《平吴大诰》是用汉字写成的，阮攸的《金云翘传》是用喃字写成的。我只好写出“百”与“林”两个汉字，然后将两个字组合成喃字“𥟉”，读作“Trăm”（意为“百”）。然后继续讲道：“《翘传》中的第一个字阮攸是这样写的。”彼时学生显得十分感兴趣。在越南寺庙庭院，文化遗址无处不在，其中都留存一些用汉字或喃字写成的对联横批，石碑木匾。这正是学生在日常生活中所能经常接触到的祖先所流传下来的传统文化价值所在。不学则已，如果学到了中学阶段还不能认识三五个汉字或者是喃字，则对于其接收民族传统文化而言确有很大的不便之处。同时，一些国际游客，尤其是处于“汉字文化圈”内的一些游客，尽管没有上过大学，也会对越南的文字遗产产生浓厚的兴趣。然而他们表示“常惊讶于越南人竟不识自己国家庙宇楼台历史遗址上的成行文字”①。

第二，如以上例子所示，越南语中现存有为数不少的汉越音词汇（具体百分比为多少尚未有可信数据）。其中，一些词是直接借自汉语（中古或现代），一些词是越南人在借来的汉越语素的基础上创造的（主要为中古汉语）。像这样的一些词语，日本人仍保留相应的汉字写法，或是取义而读汉日音（谓之“音读”）；或是读纯日音（谓之“训读”）。而在越南，国语字已经“取代”了汉字而转用“ABC”的西字形式，尽管读的是汉越音，但是很难分别出其为汉越词。在很多时候，会导致误会。语素联想的方法可以在一定程度上帮助分别汉越词并对其解义。但更多的时候，如果不直接通过汉字，则很难彻底解决。一位“儒字盲”老师（阮景全教授的说法）在讲解“nhân dân（人民）”“nhân đạo（人道）”以及“nhân nghĩa（仁义）”“nhân ái（仁爱）”中的“nhân”时认为其为一个语素，这实际上汉字里是两个不同的语素，对应“人”和“仁”两个不同的汉字。但确实这里区分得较为细腻，因为两个“nhân”都同人相关。然而就在最近，在河内电视台（2007 年 8 月）的《看图猜字》节目里，也有一件很有趣的事，一位参加节目游戏的年轻工程师分享到：在春节，人们常常去求字，很多人喜欢“禄”字、“福”字等等，但是他每次都去求“thành”字，因为他喜欢“诚实”“诚心”“诚意”，而且还能是“成达”“成功”。只不过，这里的“thành”并不是一个字，而是有不同的两个语

① ［越］高春灏：《越南语、越南文、越南人》，胡志明市：青年出版社，2001 年，第 105 页。

素和两个不同的字，它们只是偶然同音罢了：“thành thực（诚实）”“thành tâm（诚心）”以及“thành đạt（成达）”“thành công（成功）”。正如一部汉越字典中，编纂者说明“trữ tình”的意思是“chất chứa tình cảm”（富含情感），这很可能是按照联想法（依据汉越音），“trữ tình（抒情）”中的“trữ（抒）”（本意为“抒发、散开”）与“dự trữ（预储）”“trữ lượng（储量）”“tích trữ（积储）”中的“trữ（储）”（本意为“包含、保留”）将两字作为了同一字。实际上，“trữ tình（抒情）”是文学领域的一个术语，指“内心情感向外抒发”，但却为了“内心富含情感”颠倒，着实不该！像这种情况，只要知道一点“儒字”知识，则变得容易多了，理解也将更加彻底。

对于中学学生而言，让他们多少接收一点汉喃知识，并知道一些汉喃字，也不过是为了达到上述两个目的。在这个阶段，不应该设定太高太远的目标，而现在的大学生也还没有达到。为了说明对学生进行汉字教育的必要性，一些学者把汉字（或者是类汉字）抬高到了未来人类文字的程度。依靠汉字，像日本、韩国、新加坡这样的国家成为“亚洲小龙”，而越南则为抛弃汉字而付出了高昂的代价。一些外国学者也做出这样的假设，并进行实验和简单对比。但这种假设尚非定论，虽值得参考却不能马上遵循，更不能在越南学者自身还没有做出充分研究之后就将其放在越南“国家层面”来谈。高春灏教授与本人都认为：越南语的语音结构（同汉语相同）属于“孤立-音节性”语言（同欧洲的“屈折-音素性”语言截然不同），而正是适合使用汉字或者是喃字这样“表音表意”文字的语言。汉字之所以在很长时间内没有被 ABC 等记音文字所取代，正是因为其语言类型适合了其所使用的文字类型（此外，特别是汉字“连贯”特性，使其在历史悠久、地域广阔的中国特别适用）。这是我们同高春灏教授以及中国的一些学者经常谈及的一些观点。然而，文字的命运在很大程度上依附于民族的命运，尤其是在与另一民族相接触时。越南如果不同中华文明相接触也就不会产生喃字，不同欧洲文化相接触也就不会产生国语字。相反，原则上世界上没有任何一种语言不能采用像 ABC 这样的拉丁字母记音文字，尽管其契合程度不同，而致使造字或者是用字的难度也不尽相同。

因此，同样需要说到中国人、日本人之所以不选择像越南这样使用西式“ABC”纯记音文字，并不是他们自身想做却做不到。我本人到东京的时候，一位日本学者和我谈及正在使用的日本文字时表示这是他们的一个伟大的语文成就，而并不需要做出其他的选择，尽管在中学阶段，学生也需要学习使用 ABC 等“罗马字母”对日本文字进行注音。在新加坡，一名华裔学者（华裔占该国人口的 3/4）同样认为，新加坡曾经就国家正式语言和文字展开过激烈讨论。最后，狮子国选择了与其四大主体居民相对应的四种语言：华文、泰米尔（Tamil）文、马来文以及英文，并将英语和英文作为国家的正式语言和书写文字。其中，在使用英文的同时，每个民族都有权利使用自己民族的传统语言和文字。韩国人对于其祖先于 15 世纪创造的记音谚文同样是无比自豪。在现代，有时韩国人也决定完全废除汉字，但随后又不得不使用，同日本一样，有学校方面规定的必须掌握的汉字的最少数量。实际上中国许多少数民族在之前有自己的传统书写文字（如壮人有类似于喃字的方块壮字），而今他们创造出 ABC 这样的西式文字在社会中广泛使用。在中国大陆，中国政府的文字政策是将简化汉字作为正式文字，但是在一些必要的场合也承认使用繁体汉字与汉语拼音文字。因此，我们可以看到没有一个国家将文字绝对化，都是视具体的情况而选择适合自己的语言政策。

重新回到越南与汉字的问题,应该注意到也不应该将汉字放到“过于重要”的位置上。对于中学学生，只需要让他们熟悉汉字与喃字以达到我们上面提到的两个目的。就这两个小目标而言，似乎问题不是“在中学阶段紧急恢复汉字教育”，而是“要让中学生接触及熟悉某些汉字与喃字”。具体内容下面我将详细谈到：

第一，并没有在中学“恢复”儒字教学，使其成为像从前一样的“儒字学科”一说。与之相对应，也无须为这一“科目”培训专门的教师、设置和编撰专门的教程和教科书等等。而只是需要采用不同的方法，逐渐将汉字与汉越音（即越南儒字）以及喃字“穿插”入越南语和文学这两个学科的教科书就好。另外还需要让教师尚在大学学习阶段乃至正式任课阶段掌握汉喃知识，加强汉喃文字的教授方法的培训。这是留给“不盲汉喃文字”而又谙熟越南语和越南中古文学的语言和文学专家们解决的任务。

第二，我们需要谈及的不仅仅是儒字，在一定程度上应该还包括喃字。如上所述，汉字与喃字都在过去的越南汉喃（典籍）文化宝库的形成过程中具有重要的作用。因此完全遗忘或割裂这两种文字的关系是当代中学阶段学生文学素质教育方面的一个重大失误。一个学生能够背诵阮攸的“Trăm năm trong cõi người ta”却不知道阮攸是用什么文字来书写的，实在让人不敢恭维。因此教科书不写则教师不教（或者是即使有提到，也是匆匆几句敷衍带过），没有让学生切实地看到文字本身。实际上，多少懂得一些汉字，可以很容易学到一些喃字。因为在喃字文本较为完善的时间段，有超过 3/5 的文字是直接借用汉字来记录汉越词，有超过 1/5 的纯越词亦是通过汉字书写，而剩下 1/5 的部分才是真正的与汉字不同的喃字。而这些喃字也原本是由汉字要素组成。因此，让学生知道并掌握一些汉字的同时再触及一些喃字，并不会给学生增加额外负担，而是去激发学生的兴趣，让学生感受到前人在借入汉字来丰富自己民族文字和语言时的创造力。

第三，要让中学学生熟悉某些汉字与喃字，意即首先要考虑如何让学生在学习越南语和文学学科的时候直接接触到汉字和喃字，然后在此基础上让学生在毕业前逐渐积累起对这门语言文字的认知。可以通过多种方式同汉字和喃字接触，主要如下：

（1）对于越南古典文学中的诗歌，在用国语字（ABC）进行音译的时候尽量附上汉字（以及喃字）原文。这样做，学生看到自己正在学习的文章的同时就能立马知道是在接触古人的文字。同时教师可以利用汉喃字原文来对译本或国语字转写本中的一些汉越词喃字词进行讲解。

（2）在讲解词语以及汉越语词语练习的同时，需要使用汉字（教材中的汉喃字以及板书上的汉字）来解释一些汉字词汇，尤其是一些同音而异义、异形的字，如上述“nhân”（人、仁、因、姻）、“thành”（成、城、诚）以及“trữ”（抒、储）这样的情况。需要注意，特别是在喃字的使用中，古人常用的汉字多是繁体字，但有时也使用简体字（繁简字的分别不是今天才有的问题）。因此，我们需要让学生继承写字、认字传统（按照汉越音），能够像古人那样理解汉字的意义。这是属于越南传统文化的部分，而不是旨在额外学习一门外语（外文）。

第四，通过这种接触方法，并不需要强行要求学生记住每一个字，也不需要加大针对汉字和喃字的练习和测试，只需要将其“穿插”到越南语和文学的练习与考试中即可。然而，这并非为了方便起见，而是需要研究在越南语和文学学科之中是否有相关的部分可以发挥，以便用“适合”的方法将汉字和喃字有效地纳入其中。尽管中学阶段需要规定学生要掌握的汉字数量，但是亦需要知道学生每一阶段要掌握哪些汉字与多少汉字才是合适的，这些都需要具体研究。我们认为，到中学阶段结束时学生应掌握大约 700 字（并不是都要全部记住），而在高中阶段时，应该增加 500 字（即 1000 汉字以及 200 喃字）。汉字喃字可以做成字表以附录的形式附在越南语教科书之后（按照学年与阶段逐一排列）。虽然这样认识了字，还不能说是可以让学生对汉喃字“完全地了解”，但是至少也不再“字盲”或“无感”。希望通过这种方法，一些学生在中学毕业后会对汉字和喃字产生兴趣，并通过提高学历或现代的技术手段（比如通过计算机）进一步深入地学习。

第五，这种接触和熟悉汉喃字的活动可以从中学阶段开始，高中阶段结束（即从六年级至十二年级），也不需要对学生进行文理区分。不应从小学开始，因为这一阶段学生主要是学习并正确、熟练地掌握国语字。不分文理科，不论其以后所学的是什么专业，因为这是最为基本的知识储备，对每个学生来说都是必要的。要想成为语言学、文学或史学等领域的专家，学生需要在大学阶段或研究生阶段对汉字和喃字进行更为系统和深入的学习。而想要成为数学家、物理学家、化学家或是生物学家的学生，如果没有条件深入学习，凭借中学阶段所掌握的知识，在将来偶然遇到越南语中经常采用汉语语素构成的科学术语时也并不会陌生。而阮景全教授也做了如是肯定。

此外，编撰越南语字典的学者也应该考虑在汉越词的词条旁边附注上汉字，这样一来可以补足国语字不具有表意功能的短板。这是学者范琼自 20 世纪初以来就一直在谈论的一个想法："安南语半数借自汉字，如其处无汉字表示，则不知其所以然，字源亦日渐模糊，贻误连篇。虽言不便有实，但亦不用危恐至极。只需完善一部字典，多少借汉之词则引注汉字于旁，释义明了，由此足矣。法文亦有半数出自拉丁文，虽法国人已不再谙熟拉丁文字，然字典亦逐一列举拉丁字源。"[①]有趣的是在国语字完善稳定初期编著的越南语字典，像百多禄的《越-拉字典》（1772—1773）、戴比尔德的《南越洋合字汇》（1838）、黄静貼（Huỳnh Tịnh Của）的《大南国音字汇》（1895—1896）以及格尼布（J.F.M. Génibrel）的《越法词典》（1898）等，几乎都在国语字之旁附上了汉字和喃字。到了 20 世纪，汉字与喃字不再被编撰者与出版商重视，无论他们是否承认这种益处，为了方便起见汉字和喃字还是直接被请出了越南语字典。

三、喃字与中国京族

我们用专门的一小节来谈谈现代中国广西防城县（东兴）的越族喃字使用情况。从某种角度来讲，这和瑶族的情况有点相似，李朝时期这群人从中国迁徙到了越南，带来了自己的风俗习惯与语言文字（瑶喃字）（参见第一章第二节）。而相反，京族人是后黎朝时期从越南迁居到中国的。下面我们要谈到的材料都来自中国学者的研究成果，主要是袁少芬等的《民族文化与经济互动》[②]。

通过中国学者的研究成果，中国京族人正是五百年前迁居到这几

---

① [越]范琼：《国语字考究》，载《南风》1927 年第 122 期，第 338 页。

② 袁少芬、李红：《民族文化与经济互动》，北京：民族出版社，2004 年。

个岛屿的越南越族人。清朝光绪元年（1875）在万尾岛京族乡约中记载："承先祖父，洪顺三年，贯在涂山，漂流到此……立居乡邑，壹社贰村，各有亭祠。"后黎朝黎襄翼统治时期，洪顺三年即公元 1511 年，根据从吉婆迁居至涂山打鱼为生的居民中刘姓与黄姓这两个最大家族里长老的讲述，因为寻着鱼群，所以下到了圩头岛，发现这里四下荒芜，又有很好的渔场，所以定居在此，至今已有十八十九代人。如果每代算作 25 年，也近 500 年了，这一点和乡约上所记一致。

中国的京族现有人口约一万九千人，主要生活在万尾、山心及泽吉三个岛上。之前，京族人主要靠打鱼为生，生活艰辛。此后，京族人逐渐开始了农耕，但生活也没有得到大幅度的改善。最近几十年来，随着中国的改革政策，京族人的聚居地变成了一片经济开发的热土。现今这一代的经济结构中不单单包括了现代化的渔业、农业，还包括海产加工、物流，又依靠具有众多沙滩的沿海，靠近越南名胜下龙湾等优势，开始组织边境贸易，发展旅游业。这些都成为这里的京族人民的支柱性产业。在此背景下，京族人的传统文化得到了这些迁居京人中的各级领导的关心。之所以如此，主要因为以下两点：第一，当物质生活得到了提高之后，自然会要求精神生活的改善，使其更加丰富特别。因此，自然而然便会有溯源需求，对民族传统文化的源头的向往也就更加急切。第二，这一点也很重要，传统民族文化本身的价值便可以为本地京族居民的经济发展提供源泉。因此，生活在边境线那一头的京族人民正在从饮食、服饰、斗笠、独弦琴、官贺民歌、庙会、丧葬嫁娶礼仪……到民间传说、喃字故事以及喃字等多种形式，展开传承和发展自己民族本身传统文化的活动。

仅就古籍及喃字来看，京族人已经有了传承和发展的计划，主要包括两种方式：一是收集、复制民族古籍文本；二是开班进行喃字教学。这些活动的发起者是苏维芳老人（生于 1941 年）。苏维芳老人曾任中国人民解放军大队长一职，曾赴越南参加抗美援越战争。1963 年起苏维芳老人开始同自己的外公学习喃字。外公熟读《宋珍传》，并用喃字抄写下来作为教材。1998 年，广西地方政府及防城县地方政府在得知苏维芳老人会喃字，且通晓越南字（即国语字）之后，正式委托其收集整理喃字。

一是收集古籍。到 2004 年，在京族古籍中收集整理到的作品包括如下几种：

1.《宋珍》（又称《宋珍与陈菊花》，长篇叙事诗）

2.《金云翘传》（长篇诗）

3.《刘平杨礼结义歌》（故事）

4.《石生与李通》（只收集到几十句）

5.《水晶公主》（民间故事）

6.《柳杏公主》（诗歌）

7.《孙大圣西天取经故事》

8.《京族哈节祭祀唱词》

9.《京岛史歌》

10.《抗法英雄杜光辉故事》

在上述作品中，很明显一些作品是本地京族人创作的（如第 8、9、10 号作品），还有一些作品是这里的京族民众在有机会重返故乡时获得的，或是依靠他人从越南带去的（如第 1、2、3、4 号作品）。不排除代代口口相传，然后默写下来的情况，也不排除他们按照本地特色对原作进行再创作的成分。因此，将这些作品与越南原本进行对比，对于人文与社会科学研究领域来说将是富有理趣和裨益的。

上述作品已经得到了自治区的资助和出版。从这些喃字作品中，苏维芳老人同苏维韶以及阮成浩一起整理出约 1500 个不同的喃字，计划编撰《京族喃字字典》。

二是开班进行喃字教学。自 2003 年起，在福特基金（The Ford Foundation）研究计划的赞助下，苏维芳老人同苏维韶老人及杜福朝一起开始开班进行喃字教学。开办之初仅有 10 名学员，每周授课两节，整年持续，到 2004 年年中已经连续教学超过 60 节。这是一个完全自愿的教学班，教师不收取费用，学员也没有奖学金。福特基金的研究赞助只用于教学材料的印刷与各类教学用具的购买。

至此，我们又想到了生活在其他国家的越南人。不是说像 500 年前迁居到中国的这群人这样，而是在最近的 50 年里，从 20 世纪中叶开始，因为各种原因，不少越南人选择离开越南定居在美国、法国、苏联、澳大利亚等世界上的许多国家。无论如何，每一个远离故土的越南人，心里总会有一种“故国他乡”之感。一顶斗笠，一件长袍，一句官贺，一曲丝弦，一抹米香，一亭古宇……还有《翘传》和喃字，都会勾起其念想，这些都是越南人心魂中不可或缺之物。行文至此，十分理解从海外归来的越南同胞想学习喃字的心情，而我也有幸帮助了一些年轻越侨学习喃字（包括人在外国会说越南语的），帮助他们可以自己读懂大诗人阮攸用本民族文字所写的不朽名作《翘传》。

四、计算机喃字输入法

在现代社会，信息技术已经进入社会生活的各个领域。汉喃文化遗产的保护和开发同样也不能缺少信息技术的帮助。现代信息技术可以从多方面帮助我们处理汉字和喃字：做微缩胶卷，影印扫描，做CD-ROM 数据化处理，等等。然而，为了更好地使用和保存喃字，还需要提到其他的一些方法。例如要更好地检索喃字材料，则需要有用汉字或者是喃字做成的存入电脑的检索索引或目录。要摘引汉喃文本方便，则需要分割各小段，并用键盘输入电脑。要能编辑新的汉喃文本，或者进行印刷发行，则汉喃字还需要作为电脑上独立的输入单元。因此，有必要找到在计算机中输入喃字的方法。一旦喃字进入计算机（包括汉越音下的汉字），那么传输、编辑和推广汉喃文本的功能，对于每个需要它的人来说将会极为便利。喃字本来是传统越南文字，由此还可以更加接近年轻一代的生活，让他们不再感到“敬而远之”。

在实现这一目标的过程中，喃字需要经过如下两个阶段的研究。首先是需要尽可能多地收集汉喃文本中切实出现的喃字的不同字形，然后按照国际性的信息技术标准进行码化处理。接下来从国际标准码化系统中的喃字目录里进行喃字字形处理，保证字形与音读的对应（喃字音与汉越音），从而形成在电脑输入喃字的钥匙。

国际标准化组织（International Standard Organization），简称 ISO，早已提出了在全球范围内对类汉字型的“表意文字”（Ideography）进行全部标准化工作。正因为国际性的原因，所以像中国、日本、韩国等使用类汉字型“表音表意”方块文字的国家在 1992 年就成立了中日韩工作组（CJK，China、Japan、Korea），到 1993 年 10 月，随着美国和越南信息技术专家（吴清娴 Ngô Thanh Nhàn，杜伯福 Đỗ Bá Phước，阮黄 Nguyễn Hoàng 等）的加入，该工作组更名为表意文字小组（IRG，Ideographic Rappoteur Group），为实现区域国家类汉字型方块字的标准化工作而共同努力。认识到这项工作带来的有益之处，一些东北亚与东南亚国家或地区也逐一加入工作组：台湾（1994）、香港（1994）、新加坡（1998）、朝鲜（2000）以及澳门（2001），随之还包括国际码（Unicode）代表的参加。表意文字小组最直接的目标就是共同设立得到工作组内部成员一致同意的标准化“表意”方块字字库。

在表意文字小组的工作成果和建议的基础上，国际标准化组织逐一更新了文字字码，然后交给专门的工作组审阅。由表意文字小组集合而成的标准化结果及国际化字码逐步通过了历届集体汇总字库会议，如中日韩汉字超大字符集（SuperCJK）。中日韩汉字超大字符集起草于 1998 年，在历经多次补充和调整之后，2000 年颁布的 11.1 版已经对 70205 个字符进行了码化更新处理,其中有 9229 字是在越南提出的字表之中（去除与其他成员国家相重合的字，越南自创喃字有 4232 个）。在国际标准化组织层面，有表意文字小组提出的“表意”方块文字库及更新字码将会逐渐被分成各扩展区集合（CJK Unified Ideographs）：扩展 A 区（Extention A），扩展 B 区（Extention B），以及现在即将完成的扩展 C 区（Extention C）。除了上述已经提到的在扩展 A 区、扩展 B 区中已有的喃字，扩展 C 区中还将增加约 2300 个喃字（大部分为京族喃字以及近 400 个岱族喃字）。这批喃字的数量是值得一提的，然而要包含所有现存不同时代的喃字文本中的喃字字形，则还有很长的路要走。

从 1994 年到 2006 年间，作为汉喃研究院的专员，本人接受委托收集现存喃字文本和喃字字典中所有喃字字形的任务，负责编撰喃字字集（技术层面共事的有吴世龙 Ngô Thế Long，黄文南 Hoàng Văn Nam，吴中越 Ngô Trung Việt 等人），以及同其他共事人员一起参加表意文字小组的长期会议，并建议国际标准化组织为我们更新国际码。现今，表意文字小组及国际标准化组织对于汉字文化圈内的表意文字系统的处理工作还在继续。在越南方面，虽然已没有汉喃研究院的专家继续参与，但是喃字的码化工作还在由美国喃字遗产保护会喃字工作组（河内）的年轻学者们继续进行着。

到 2003 年，表意文字小组的工作成果被国际标准化组织记录在了统一字符编码 4.0 版本（The Unicode Standard-Version 4.0）Addison-Wessley，2003 名册之中。下面请允许我摘引该名册中扩展 B 区的一页（参见图 6.2.3），在该页中，有一些越南喃字如𡗶𡗶 *Khề khà*、𡗶𡗶 *Khệnh khạng*、𡗶 *Ba*、𡗶*Cụp*、𡗶/𡗶*Đứa*、𡗶*Xuôi*、𡗶 *Đời*、𡗶 *Luồn*、𡗶*Dưới*、𡗶 *Sánh*、𡗶*Cúi*、𡗶/𡗶 *Gồm*、𡗶/𡗶 *Giữa*、𡗶 *Suốt*、𡗶*Bèn*、𡗶*Mái*、𡗶/𡗶*Út*、𡗶 *Ít*、𡗶*Chín* 等等。

按照国际标准化组织规则进行的喃字标准化和编码化工作成果是各组织、各信息公司以及信息技术进行喃字输入设计的基础。越南汉喃软件设计工程师潘英勇认为“这是一个巨大而有价值的工程，即将来的汉喃软件的发展都将基于上述的成果”[①]。2000 年底，基于扩展 A 区与扩展 B 区的语料，（日本）东京的敬文字会以及中国台湾的 Dynalab 公司（在上海与香港有办事处）设计了一个涵盖 9229 个喃字的字库，可以看作初步尝试。然后道苑工作组（Đạo Uyển，圆照禅院）又设计了一套汉喃字库。2002 年，美国喃字遗产保护会喃字工作组同河内的专家组（汉喃研究院、信息技术院）又为“汉喃字”设计了一套全新的字库。创见喃字字库，并努力建立起通过计算机和互联网使

① ［越］潘英勇：《研究、构建和完善独立的汉喃软件集》，载《2003 年汉喃学通讯》，河内：越南汉喃研究院，2004 年。

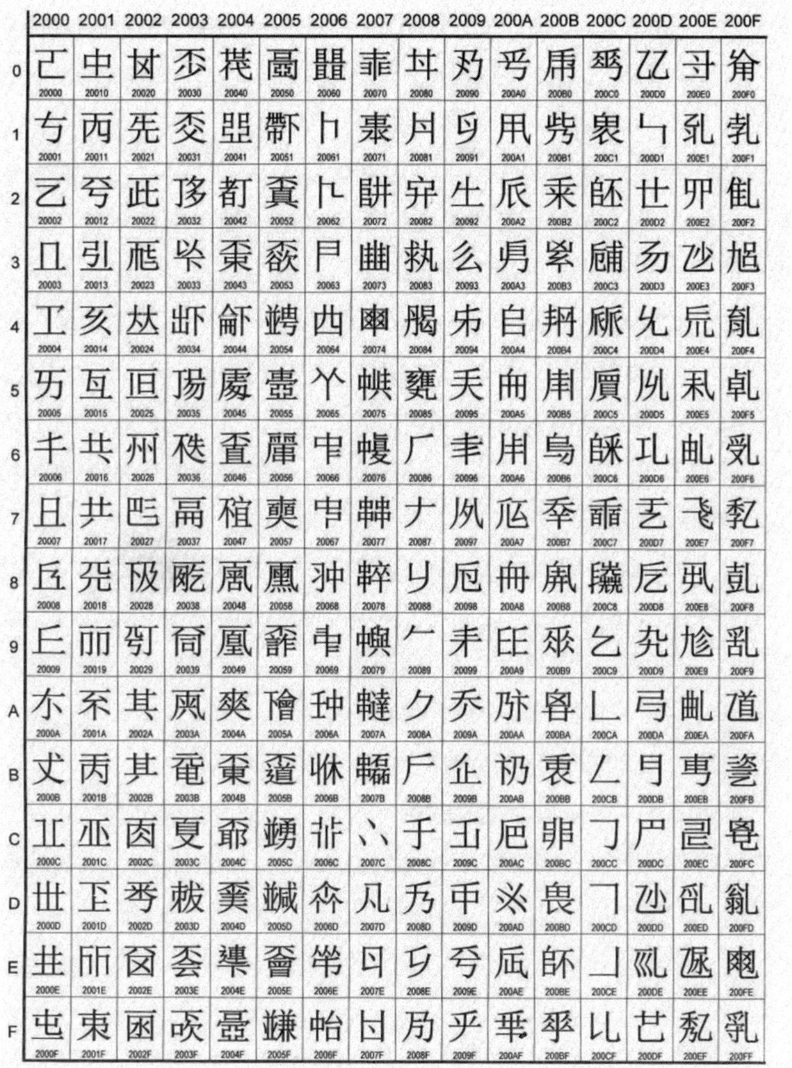

图 6.2.4：Unicode Standard 4.0（2003）扩展 B 区页面

用喃字的规则，同样是在顺化工作的潘英勇团队，以及在胡志明市的宋福凯（Tống Phước Khải），还有所有海外越南学者如德国的杜国宝（Đỗ Quôc Bảo）、美国的苏明心（Tô Minh Tâm）、中国台湾的阮有荣（Nguyễn Hữu Vinh）的兴趣所在。

从开始建立喃字字库到可以用键盘输入，必须经过一个非常重要的中间步骤。那就是需要通过国语字来确立喃字字形与读音之间的对应关系。这是一个较为复杂的工作，因为每一个字形都有可能同多个读音相对应，而一个读音又有可能对应多个不同的字形。比如在中国，使用拉丁字母的“汉语拼音方案”便可以进行这项工作。而在越南，已经有现成的国语字可以担负起这项任务：即将喃字转化为键盘上可以输入的拉丁字。在此我们发现了国语字和喃字在现代生活中的互补性。

对于确认已经被国际码码化处理的喃字（京族喃字和岱喃字）的“喃字字形-国语字音读”之间相互对应关系的工作主要由汉喃研究院进行①。在此基础上，喃字字形②由河内的喃字工作组设计出来，并由汉喃研究院同（美国）喃字遗产保护会组织编撰形成了“码化汉喃字字库”集，于 2007 年编撰完成③。

最近几年，关心喃字信息化的专家们一直努力开发适合的软件，并力求将其日渐完善以安装于计算机，从而可以真正将喃字放入计算机键盘，为喃字的普及和广泛应用创造可能。现今，通过在河内、顺化、胡志明市等各地工作团队开发出来的软件，学界、僧侣、大学生

① 喃字-字形与读音对照工作主要由阮光红与技术人员吴中越负责，2005 年。

② 对陈文俭牧师的《助识越南汉喃字》字典进行扩充。

③ 是书由阮光红与吴清娴主编。

甚至小学生都开始对喃字有了一定的熟悉程度。而本人在这篇文章中使用的喃字正得益于先后由顺化潘英勇和河内喃字工作组提供的汉喃软件。喃字信息化之路就此开辟，也迈出了相当坚实的步伐。从此我们可以考虑更快地走好接下来的路，让民族传统文字系统既能更好地得到保存，又能便利地服务于新生活，使其成为传承过去、现在及将来文化价值的桥梁。

一直以来喃字不仅受到国内学者的关心，作为文字学领域，尤其是东方“表音-表意”文字圈内民族文字系统文字学方向的一个引人入胜的研究课题，也受到很多国际学者的关注。从社会文化角度来看，我们也充分相信，作为越南传统文字系统和越南民族的骄傲，喃字将永远出现在我们的生活中，尤其是在越南人的精神文化生活里。无论何时何地，国内还是海外，只要有越南人在的地方，喃字就永远不会被遗忘。

附录　喃字和国语字之外的越南文字方案设想

阮长祚的越南文字设想
南城居士的“国音新字”
“安南国语新式”–古国语字
阮克瓒的“越字”

前文诸章对越族古典文字——喃字的基本问题全部阐述之后，我们撰写了这一附录，拟通过此附录，向读者介绍 19 世纪末 20 世纪初前贤关于几种特殊越南文字书写系统的若干设想和草案。在这些设想和草案中，有人主张仍基于汉字（汉越语素）进行音义识读，有的则主张仍用汉字笔画和方块框架以注音符号写字。下文的阐述有不少内容与前文诸章，尤其是第三章和第六章或多或少存在关联。我们就先从阮朝嗣德时期改革家阮长祚的文字设想谈起吧。

一、阮长祚的越字设想

大约在嗣德十六年（1863）至嗣德二十四年（1871）间，阮长祚（1828—1871）陆续撰写并向嗣德帝呈递了 58 份条陈，对当时国家各领域提出了改革设想。后来，这些条陈被收入《阮长祚条陈集》一书中。如今，越南史学院尚藏编 4 份手抄版条陈[①]。其中，在《济急八条》里，他对越南的语言文字情况提出了自己的看法，并建议必须尽快摈

① 4 份手抄版条陈的馆藏编号为：198/1-4。

弃以儒字经典为导向的词章举业学习，转而在科举和社会、行政管理中使用越语越字。

他认为，本民族没有自己的文字而必须使用汉字，有以下不利局面："夫国家发政施令，必欲其有目者尽见，有耳者尽闻，而非欲其一半人知之，而一半必求通译，求通译者方知之也。今我有本字，而只用儒字代写，既非中国正音，又非我国官话……其音韵惟有学者知之，而无学者闻之亦如鸟鹊叫耳，岂非更多一半工夫智虑乎？今若学生在家而读国音之书，则儿童妇女亦耳闻心晓，是不学之学也。且国音每人幼时已有父母教之，壮时所学者音之形画耳，岂不省却一半工夫乎？"

阮长祚认为，越南并不缺乏能创制记录民族语言文字的人才。但是，因为儒字已为我久用，因此"不必皆改，以免恐国人之耳目"，意即仍继续在儒字的基础上创制越南的文字。他认为："兹请仍用汉字为母，择其何字音已合我土语音韵而一定不易者，读如国音，不必解义，存何字与国音相似者，则以别画旁加，读以国音"：

（1）那些保持文字原貌并以熟知汉越音识读的汉字，可以发挥两个方面的作用：（a）准确记录该汉字原有的义项。（b）记录与该字汉越音相吻合的纯越语素。

（2）给汉字旁添提示"调整读音"的笔画。此类字可以发挥两个方面的作用：（a）表示该汉字的读音或多或少已被越化。（b）表示用以记录越语语素，但其读音仅与该汉字的汉越音相似。

倘若果真如此，则仅仅涉及借用汉字创制越字[①]，尚未触及喃字中真正自造的"会意""会音"和"形声"等类型的喃字。

① 此处的假借汉字包括原字假借或旁添"调整读音"符号的汉字。

阮长祚进一步阐述了借用汉字创制越字的设想："今仍以汉字转读为国音，不必学义则亦仍用汉字也。有何不可？假如'食饭'字，则读为'咹粓'音，或写'咹粓'字以代食饭字……今既以汉字读如国音，则一读之而人民尽晓。岂不简易而省却无数烦乎？"从阮氏上述阐述及所举例子中，我们可以看出阮长祚的越字设想还有如下两种类型的文字。

（3）日本人所谓的"训读"字，即用越南语"ăn cơm"直接训读汉字"食饭"，与该汉字的本义相对应。

（4）"形声"字，如"咹"字（"口"+"安"，音"ăn"）和"餂"字（"饣"+"甘"，音"cơm"）。

至于用汉字记录国音的可能性，他认为："详计我国土音约外一万，只有三千字以内不能写如汉字。今只以汉字相似者添旁协韵而已，存六七千音已写得如汉字则写之，惟读如国音而已，谓之曰：'国音汉字'。"虽然在阐述过程中，阮长祚似乎强调假借汉字对越南语言的语素进行表意和记音，但要而言之，他的设想其实与传统喃字并无二致。他并未提及他那个时代已经盛行的喃字和国语字。虽然他深谙西方文明，但并不为国语字所打动。这难道是因为他"恐国人之耳目"？至于喃字，虽然他并未提及，但实际上他的阐述几乎指的就是喃字。嗣德帝非常关心这种文字，出面组织编撰了《字学解义歌》，用喃字对上万个汉字进行释义。

二、南城阮居士的《国音新字》

这是一本薄册子的书，由同名为《国音新字》的两份手抄本合订而成，现藏于汉喃研究院，编号 AB.636。其中，一份或为底本，供另一份抄写，但底本订于后，抄本则订于前。两个抄本的字体均较大且工整，但在抄写时都稍有讹误。每个抄本有 4 页（8 张），字数完全一致，无显著差异。在研究此作品时，可以对两个版本进行比较，有助于了解作者使用若干文字和符号的情况。《国音新字》未署作品具体问世时间。但胡氏华乃绍治帝之生母，为了避讳在序文中将“中蕐”[①]的“蕐”缺笔写作“花”，据此可断定此作品写于阮朝绍治帝时期，时间约为 19 世纪中后期。序文末行为“五星聚斗南城居士阮子书”。据此可知，此书作者为南定城阮姓居士，别号“五星聚斗”。

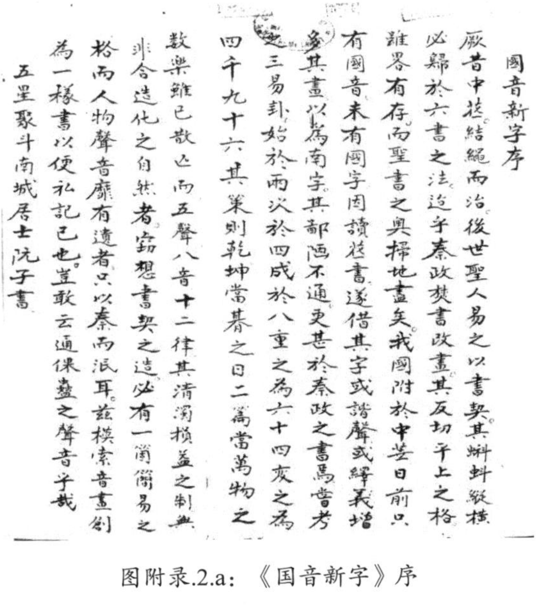
國音新字序
厥昔中花結繩而治後世聖人易之以書契其蝌蚪縱橫
必歸於六書之法迨乎秦政焚書改畫其反切乎上之格
雖畧有存而聖書之奥掃地盡矣我國附於中花日前只
有國音未有國字因讀花書遂借其字或諧聲或繹義增
多其畫以為南字其鄙陋不通更甚於秦政之書焉嘗考
之三易卦始於兩爻於四成於八重之為六十四爻之為
四千九十六其策則乾坤當朞之日二篇當萬物之
數樂雖已散亾而五聲八音十二律其清濁損益之制無
非合造化之自然者竊想書契之造必有一簡簡易之
格而人物聲音靡有遺者只以秦而泯耳茲模索音畫創
為一樣書以便私記已也豈敢云通倮蟲之聲音乎哉
五星聚斗南城居士阮子書

图附录.2.a：《国音新字》序

1. 国音新字的设想。在序文中，作者对喃字有如下认识：“我国

① “蕐”乃“华”的异体字。

附于中华日前，只有国音未有国字，因读华书，遂借其字，或谐声或绎义，增多其画以为南字，其鄙陋不通，甚于秦政之书焉。”南城居士阮子还提出了一个造新字的原则。他认为：“书契之造必有一简易之格，而人物声音靡有遗者。”他根据《易经》的原理找到了这种简易的规则，将其称为“三易卦”：“始于两，次于四，成于八，重之为六十四，变之为四千九十六。”[①]换而言之，只需基于最初有限的若干符号，进而逐步拼合成数量较多的符号，便可以受容和记录语言的所有音节。这正是拼音文字的基本原则，与汉字和喃字按表形、表意及形声造字法迥然相异。

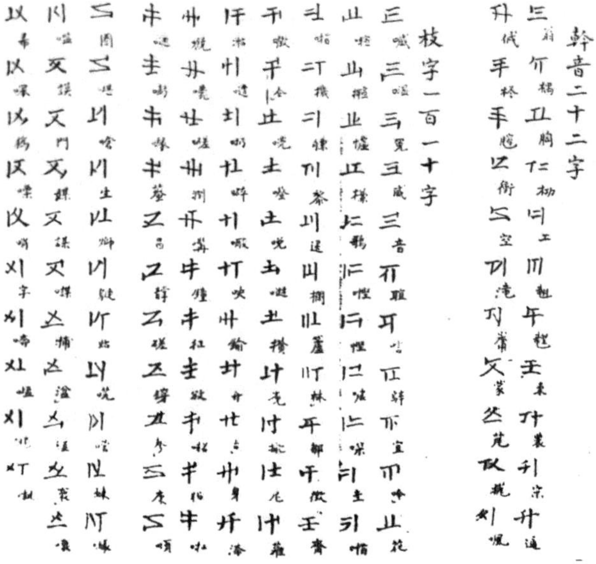

图附录.2.b：《国音新字》的注音符号表

① [越]南城居士阮子：《国音新字·序》，汉喃研究院藏抄本，编号：AB.636。

一旦萌生这种拼音文字的设想，接踵而至的问题是：创制这种拼音文字基本注音符号的立足点在哪里？或根据哪些基本笔画来创制这种注音符号呢？《国音新字》的作者根据汉字的笔画实现这种设想。如若此种新字的创制者南城居士阮子生活于拉丁国语字得以普及的时代，且多少对其有所认知，但仍根据汉字笔画创制自己所设想的拼音文字的话，那显然是有意而为之。其中或许隐藏了南城居士阮子对以铅笔书写的西方拉丁字母文字的一种保守态度。但如果南城居士阮子对早期拉丁国语字一无所知，那么在当时的物质（手中只有毛笔）条件下，他根据汉字笔画为一种新文字系统创制注音符号，是极其自然且易于理解的事情。值得一提的是，观诸《国音新字》全文，并未发现任何线索表明作者受到中国人所创制“注音字母”的影响[①]，或他在此前已接触过记录日语音节的假名。虽然中国的“注音字母”、日本的“假名”和《国音新字》的注音符号均用毛笔书写，但较之于前两者，《国音新字》有自己一套独特的文字书写符号系统。

2. 注音符号系统。南城居士阮子共创制出 132 个单体注音符号，其中有 22 个“杆字”，并从中派生出 110 个“枝字”。创制所有单体注音符号的四个基本笔画为“一”“丨”“丶”和“丿”[②]，每个单体注音符号均整齐如一地包含四个笔画[③]。

首先，作者按照不同的方式将“一”“丨”“丶”和“丿”创制出 22 个“杆字”。为了便于阐述，我们拟用数字标出诸注音符号的顺序，并以 a、b、c 等拉丁字母对其进行注音。例如，第一个杆字为“”、

① 1918 年，中国正式颁行“注音字母”，1940 年改称为“国音符号”。

② “丿”分左撇和右撇。

③ 当然也有三个单体注音符号作者少写了一个笔画。

第二个杆字为“”。每个符号下方均用一个喃字注音。根据这些喃字，我们可以对如下 22 个“杆字”进行识读：

（1）Ông （2）Ngông （3）Hông （4）Gông （5）Công

（6）Lông（7）Trông （8）Đông （9）Nông （10）Tông

（11）Thông （12）Nhông （13）Chông （14）Giông

（15）Xông （16）Không （17）Sông （18）Rông （19）Mông

（20）Bông （21）Vông （22）Phông.

可以看出，22 个杆字的这种读法，显然是代表越南语众多音节中的 22 个声母。从杆字“”（Ông）可看出，其中包括“zê-rô”这一声母。较之于国语字的声母系统，《国音新字》的杆字系统少了一个声母：如果说将国语字中的 D-、GI 和 R-视为三个不同声母的话，那么在《国音新字》里它们被合并为“”（Giông）和“”（Rông）两个杆字，意即将 D-和 GI-这两个声母合二为一，不做区别。但与目前河内音已完全失去 TR-、S-和 R-弹舌音声母不同的是，在《国音新字》中，这种弹舌音仍然通过杆字“”（Trông）、“”（Sông）和“”（Rông）得到完整的体现。

以上述每个杆字为基础，又可创制出五个枝字。具体做法是：将每个杆字的首笔画移至其左侧和右侧分别空出两个和三个位置，作为尾笔画，就可造出五个枝字。根据此方法，22 个杆字可造出 110 个枝字[①]。

与杆字相似，每个枝字下方均有一个喃字对其注音。例如，从杆字（1）“”（Ông），我们可以将得到的五个枝字分别称为（1a）、（1b）、（1c）、（1d）、（1e），它们的读音依次是 *Oai*、*Ôn*、*Oa*、*Oan*、*Uy*、

① 但在南城居士阮子所列字表中，杆字“”（Không）缺少一个派生字，因此实际上只有 109 个枝字。

Uân。同样，从杆字（2）“”（Ngông），我们也将得到的五个枝字分别称为（2a）、（2b）、（2c）、（2d）、（2e），它们的读音依次是 *Nghe*、*Ngon*、*Ngan*、*Nghi*、*Ngâm* 等等。根据诸枝字的读音，我们可以假设认为，作者创制枝字旨在反映越南语音节结构的韵母。

但是，若要在《国音新字》文字系统所反映的越南语中找出一个枝字与某韵母之间的联系，必须非常慎重。我们须留意如下几点：

（a）如上所述，在创制出枝字时，南城居士阮子按形式逻辑进行了非常彻底的布局。此处的枝字只能最大限度地从给定的杆字产生，并且根据算术原理可以完全预测其结果。因此，简单地认为《国音新字》中 110 个枝字与当时越南语实际读音中的韵母完全相对应将是错误的。当我们通过喃字来考察若干枝字及其读音时，将清楚地看到诸枝字的读音与越南语诸韵母之间的差异。有很多枝字用不同的喃字注音，但韵母却相同。例如：（2b）枝字读作“*Ngon*”，与上面读作“*On*”的枝字（1b）韵母相同。又如：枝字（1e）读作“*Âm*”，枝字（2e）读作“*Ngâm*”，枝字（6e）读作“*Lâm*”，这三个枝字的韵母均为“*âm*”。在这种韵母相同的情况下，似乎作者想通过在喃字左下方标注一个小勾，以期引起读者的注意。在个别情况下，作者用同一个喃字对两个不同的枝字进行注音：枝字（14b）和枝字（18d）同用一个喃字注音。可以肯定的是，该字应有两种不同的读音，或只有一个读音，但该怎么读呢？在后面的论述中，不仅有韵母相同的情况，而且还出现辅音 Gi-与 R-混而不分的情况。

（b）现代语音学家通过分析与研究认为，根据韵尾的不同，越南语韵母系统可以分成开、半开、闭和半闭四种类型。但是《国音新字》中的枝字似乎与清塞音韵尾并无直接关联。之所以如此，是因为作者遵循中国传统音韵学理论，将入声的“清塞音”韵尾，以及闭和半闭音分别合二为一。另一方面，经比较研究发现，枝字“（1a）”读作“*Oai*”、枝字“（7c）”读作“*Trai*”、枝字“（11c）”读作“*Thai*”、枝字“（1c）”读作“*Oan*”、枝字“（2c）”读作“*Ngan*”、枝字“（1d）”读作“*Uy*”、枝字“（2d）”读作“*Nghi*”等等。据此，我们可以看出韵母之间的区别，但从枝字的注音来看，在越南语音节结构中，韵头-U-和-O-可互为通用。

（c）另一点需要注意的是，对枝字注音的喃字并非任何时候都只有唯一的读音。实际上，一字多音和一音多字是喃字常有的现象。一般来说，语境会在很大程度上为读者正确识读每个喃字提供诸多的帮助。然而，《国音新字》中用以注音的喃字过于零散，未能将它们置于有意义的语境之中，因此这将给准确辨识它们的读音造成了很大的困难。总体而言，作者所想到的枝字排列方法，以及用若干辅助符号表示调整喃字读音，已在某种层次上弥补了上述缺陷。如前所述，《国音新字》的作者在罗列枝字时，按照小型系统对它们进行排列。每个小系统包括从杆字派生的五个韵头相同的枝字。因此，确定注音喃字韵母的读音仍是我们面临的主要困难。如果认真考察用以注音的喃字，我们会发现，似乎作者用字形相似的喃字表示韵母相似的枝字，或添加“口”部（共有34个注音字带有“口”部）用以提示该字的读音与其正常读音多少有所偏差。即便如此，通过110个喃字来确定越南语的韵母，虽并非无法实现，但将是一件非常困难的事情。

枝字表之后是文字声调使用说明。这与中国音韵学并无二致。首先，将各类声调分为平、上、去、入四声[①]。每个声调又分为阴阳或浮

① 入声只与清塞音韵尾相对应。

沉二调。如此一来，共有八个声调。阴声调用半个圆圈标记，而阳声调则用整个圆圈标记。标记方法如下：具体标记方法是：声调标记于文字之“左下角”为平声，标记于文字之“左下角”为上声，标记于文字之“右上角”为去声，标记于文字之“右下角”则为入声。

由此可见，《国音新字》方案的作者已经创制了用来拼写越南语的“字母”系统，以及标记声调的符号。其后的事情是需要提出用该“字母”系统拼写的方案。

3. 合书拼音方案。首先，《国音新字》作者提及的“反切八声法”就是拼写的方法。作者运用了些许关于韵书和韵图的知识来说明“反法”与“切法”，虽然有些令人困惑，但与我们所熟知的常用拼写方法并无实质差别。例如：Đông+Oan → Đoan、Ngông+Hoa → Ngoa、Ông+Nghi → Y 等等。

在此基础上，可以用一个杆字与枝字“合书”，用以表示一个音节。例如，作为方块字的“*Đoan*”字，由左边杆字“（8）*Đông*”字与右边枝字“（1c）*Oan*”合书而成，并在左下角用半圆圈标记其声调为平声。

此外，对于那些发音复杂的词语，作者还建议用“参书”来拼写：即在已有合书的基础上，在其上方再增添一个枝字。例如，我们用枝字“（1d）Uy”与杆字“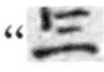（1）Ông”合书为“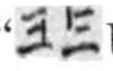Uông（?）”字，然后又在其上方增添枝字“（16c）*Khoen*（?）”，就造出一个表示“促声、卷舌、露齿、圆唇”的新字“”。果若如此，它表示的音节是不是“*Oen*”或“*Oeng*”呢?

最后，《国音新字》方案的作者还给出了通过其文字系统的诸种拼写方法，能够记录越南语音节的数量。

第一，杆字可以记录 176 个音节。这必然是由 22 杆字×8 声调而得。这证明每个原本用作声母的杆字也可以记录和读作一个音节。

第二，枝字可以记录 880 个音节。此数据似乎也是由 110 枝字×8 声调而得。果若如此，则未必正确。因为在 110 个枝字中，有相当多表示开和半开的韵母。它们原本只有 6 个声调，而与 2 个入声毫无关联。

第三，左边枝字与右边杆字的合书法可以记录 880 个其他音节。这个数据太少，且与上面枝字记录的字数相重复。这可能是抄写过程中的错误。

第四，右边杆字与左边枝字的合书法可以记录 18480 个音节。尚不清楚作者得出这些数字的计算方法。此外，还有一些特殊的音节将通过如上所述的“参书”进行记录。

虽然南城居士阮子所给出的数据不够精确，其计算方法也令人疑惑，但大体与理论上越南语音节的数量相差不大，现行国语字基本反映了这一点。这使得我们认为，《国音新字》所反映的越南语语音系统与现行国语字所反映的越南语语音系统大体相似。

4. 《国音新字》的科学价值及其施行的可能性。时至今日，我们认为必须提出并解答如下问题：《国音新字》作者所提出的拼音文字方案能否取代喃字，成为一种新的书写文字呢？实际上，这在越南文字史上未曾发生过。南城居士阮子的新文字方案，在当时以及后世，并没有引起任何人的关注。导致这种情况的原因很复杂。首先，可能正如南城居士阮子在《国音新字》序文中所提的那样，他本人无意将其付诸实践，而只是将其视为自创自用的工具罢了。也可能是当时以及之后不久，拉丁国语字已广为人知，在传播方面具有更加明显的优势，而且使用起来也更为便捷。这使得《国音新字》相形见绌，黯然失色。同时还必须承认的是，该文字方案还有诸多弱点。从符号学的角度看，作者在创制这些符号时具有较强的一致性。但是在书写成文字的过程中，很多时候这种一致性与便利性，却又成为文字识别与识读的负担。如上所述，按作者方案创制的文字，将无法体现字与字之间笔画数量的差别，而仅集中在字形与笔画顺序上有所区别。如此一来，不但失去了文字的辨识度，而且每个字都很繁杂。由于既定计算原理的机械性，作者罗列的枝字表带有明显的理想主义色彩，难以与越南语实际语音相匹配。作者创制符号的合书能力是充分的，但尚缺少更严谨的规则来避免随意书写而导致拼写上的混乱。此外，为了便于说明一种拼音文字方案的实际用法，人们通常在方案创制出来后立即用其记录众所周知的一首诗歌或一段文句做示范。可惜的是，《国音新字》的作者并没有这样做。

如若上述关于《国音新字》的文字方案难以在实际中应用的分析是妥当的话，那么我们也不能因此而否认该作品在其他方面的价值。实际上，在越南语的书写文字历史中，19 世纪中后期完全可以接受诸如《国音新字》的提出而鲜为人知的这种拼音文字，让国语字逐渐直接替代喃字。后来的情况也确实如此。但正如本章开头所述，假使从科学思维和创造精神来看，我们当时的先辈长期接触汉字文明，以汉字笔画创制注音文字却全然摒弃汉字的风貌，岂非一大缺憾？《国音新字》的出现完全避免了这种缺憾。另一方面，如上所述，作为 19 世纪的拼音文字方案，《国音新字》反映了当时越南语语音系统的基本特征。因此，在研究越南语语音历史时，这是一份值得注意的宝贵材料。

三、《安南国语新式》与《字国语古》

1. 《安南国语新式》（以下简称《国语新式》）是一份 19 页的

薄册手写材料，现藏编于汉喃研究院，编号 VHt.43。与《国音新字》不同的是，《国语新式》无序言。佚名作者直接用喃字而非汉字，就国家语言的书写用字进行了阐述。作品成书具体时间难以考证，但可以确定的是，该作品成书于拉丁国语字已盛行的 20 世纪初，因为作品在阐述过程中具有明显的国语字的痕迹。

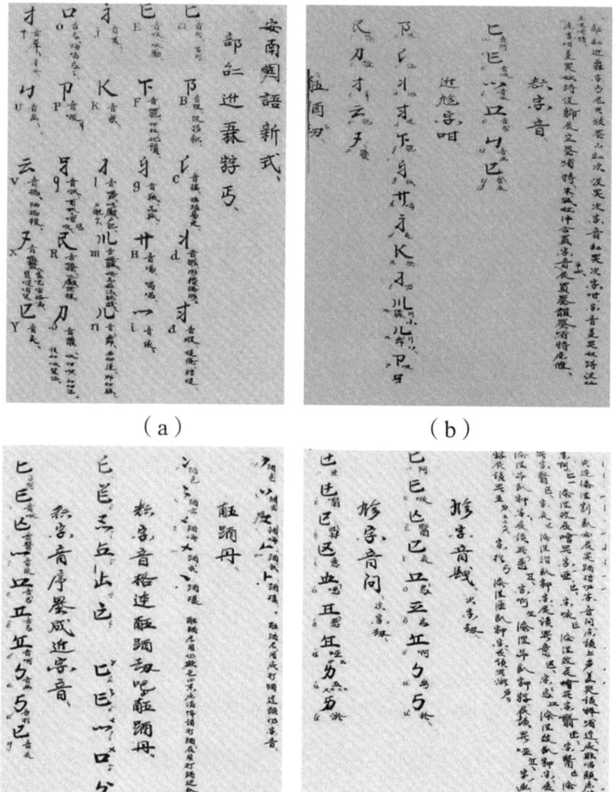

（a）（b）（c）（d）

图附录.3：《国语新式》四张书页

（1）字母表。作者运用人们熟知的汉字与喃字笔画，创制出包括25 个字母的“字母表”，每个字母包括二到四个笔画[①]。作者认为：“此二十五字母可一分为二：一为‘字音’，二为‘字咁’。‘字音’可独立发音，‘字咁’意即不可独立发音，因此它须与某‘字音’结合才可发音。”揆诸今日术语，“字音”即元音字母，“字咁”为辅音字母。《国语新式》中共有 6 个“字音”和 19 个“字咁”。在这些字母中，作者在每个字母旁边用拉丁字母和国语字进行注音，同时还以一喃字对其注音，并进行释义。例如：“字音‘匕’a，音阿，âm a，芳阿，‘thế a’”；“字咁‘下’F，音押肥，âm ép-phờ，押枉，肥鬚‘ép uổng，phờ râu’”；等等。可以看出，在《国语新式》字母表的 25 个字母中，并未发现与国语字母 ă、â、ê、ô、ơ、ư 相对应的字母，但国语字中并未正式使用的字母 F 和 J 却被作者采用了。这在一定程度上证明，作者并不拘泥于拉丁国语字。

作者在《国语新式》中区分“短元音”与“长元音”时，提及了国语字中的元音字母 ă、â、ê、ô、ơ、ư。“长元音”和“短元音”均为 9 个。作者构拟的 9 个长元音与现代越南语固有的 9 个长元音完全相吻合[②]。但作者构拟的 9 个“短元音”则稍多[③]，且与越南语的读音及国语字差异较大。至此我们可以看出，作者未必是基于国语字而创制该文字体统的。

（2）声调及其写法。除了“横声”不标声调符号外，作者分别用五个“合体符号”和“单体符号”表示其余的五个声调。这种“合体”

① 这些字母有的与汉字字符重合，有的则不一定重合。

② 现代越南语中的 9 个长元音为：a、e、ê、i、o、ô、ơ、u 和 ư。

③《国语新式》的作者构拟的 9 个短元音是：á、é、ế、í、ó、ố、ớ、ú 和 ứ。

与“单体”之间的区别纯粹为了书写而设置。其中，5 个“合体符号”是“用以标记在‘字音’的上方”；而 5 个“单体符号”则是“当书写过程中忘记标识声调时，改在‘字音’左上角标识”。以这种方式进行区别虽然有些“麻烦”，但却也想得挺周到。因为当时人们用毛笔写方块字，因此这种做法是必要的。

（3）合书拼音。作者用上述字母逐一阐述合书成音成韵的方法，但颇为复杂。因为须用毛笔写成方块字，因此为了不让字形过于繁杂，每次拼写过程中，从字母到辅音[①]、从音到韵[②]、从韵到音节等等均须合书。这不像国语字中的字母组合那么简单，而必须减省笔画并将它们合理地布局在方块空间里。作者用了较大篇幅阐述和解释文字书写的方法，并几乎完整地罗列了可以合书的韵母和音节。从遵循毛笔书写方块字结构的角度看，我们完全理解作者的这种处理方式，但结果不尽如人意。因为不管是从基本字符的创制方法，还是从合书拼写的方式来看，这种注音文字系统均过于繁琐和复杂，相较而言，日本的假名简单多了。因为日语中不同音节的数量很少，一共不超过 90 个，而越南语中不同音节的数量则有数万个。

汉语的“注音字母”系统也较为简洁。这不仅是因为汉语音节的数量较少[③]，而且当组合这些“字母”时，它们被线性地排列在 2—3

① 比如，与拉丁字母“T”和“H”相对应的两个字符须合书起来，才能与国语字中“th-”这一声母相对应。

② 比如，与拉丁字母“a”和“m”相对应的两个字符必须合书起来，才能与国语字中“am”这一韵母相对应。

③ 如不区别声调，汉语有 400 多个音节；如区别声调，汉语有将近 1600 个音节。

个不间断的位置上，而不是书写成方块字。显而易见的是，对于越南语而言，国语字拼音书写系统的优势不言而喻。

（4）字符数量及其统计方法。作者非常彻底地倾向于创制用毛笔书写的类方块字，因此在字符数量及其统计方法上，作者也不想借助阿拉伯数字系统或“西文”的拉丁文数字系统进行统计。依作者的观点，1 写作“丨”，2 写作“丨丨”，3 写作“丨丨丨”，4 以上不再以“丨”书写，而使用其他写法；11 写作“丅”，12 写作“亍”，21 写作“ㄫ”，等等。总之，数字越大写法越变化多样。如果未真正深入了解作者设置的数字系统，那么将容易出现混淆。我们对此应持慎重的态度，不应冒险将其应用于交易、会计和统计工作中。

即便如此，作者的独立创制精神值得我们尊重。因为他参考了国语字系统，但又没有完全照搬。在某些情况下，作者还独立地分析了具体的语音问题。

2.《字国语古》是一本与《安南国语新式》既相似，又有所不同的书。此书为抄本，现藏编于汉喃研究院，编号 VNv727。如果不包括与《字国语古》无关的最后几页，全书共有 25 张，共计 50 页。此书用喃字写就，其间穿插使用了少许拉丁国语字和汉字。

如果从字符，以及它们组合成不同的韵和不同的音节来考察，那么此书内容与上述《国语新式》并无二致。唯一区别的是，《国语新式》对此种文字系统的阐述更加详细。由此可见，虽然这两部书均未署名，但实为一人所作。因此，此处没有必要再介绍这种文字系统。但值得注意的是，作者在《字国语古》中，用若干篇幅对诸种文字，以及自己创制的文字系统进行了介绍。这是对上述《国语新式》的必要补充。正因如此，如果我们在此摘引本书作者的某些观点及其论述的文段，将会令人耳目一新。

（1）其中有一篇名为《阮笔枚敏》的文章，阐述了作者欲为国语创制新字的缘由。谨援引其中若干段落如下：

> 闲暇之时，我坐观艚字与西字，手中之笔不觉乱画，却无意画出了这种以毛笔写就的新字。渐渐地看到此画与彼画相结合，也可成字，故而兴致大发，忘我拼合笔画，越写越多，越写越顺。今新字创制已渐成，实为妙手偶得。然窃恐：或有非议者，以致用之心不安，弃之心不甘。

作者知道国语字因其便利性，已为人所通用。他创制此类“古国语字”时，不会心怀什么梦想。但他“窃以为有若干愚见”需加以阐述：

> 第一，我创制此种文字有其优点，久视眼熟，一看便知。
>
> 第二，窃以为假使用这种字来写文章，也甚便利，字足以够用，不会再因缺字而束手无策。
>
> 第三，写书信时，有固定符号，不至于文字错乱。
>
> 第四，窃以为日后不会有完全抛弃汉字之理，可将此类文字活用于汉字及我越之文[①]，亦甚为美观矣。如若用以写匾额，较国语字迅捷，因为无须再因书写而浪费更多的时间。
>
> 第五，不管刊刻抑或印刷，每个音节均有可资即用之字，不必再选两三零散之字合写成一字，以表达语意。

---

①“我越之文”即指喃字。

第六，今日吾民贫困，书写此类文字所用本国草纸，价格亦较国外便宜。

第七，窃以为当今乃文明半开之世，人人皆求进步，将来学业所用之文字类型及诸行业，必有大变，且日新月异。

第八，望日后汉学家妙手删补使之融于汉字，仅需两字韵便可记一音，用其字译语万物之名，使人人易用无误，人见人爱。

第九，我认为我辈父子可闭门相互传授此类字，则性情易合，便于学习，较之外国文字更易学。

再者，我国言语虽同音异义者众，然此类文字可尽译其音。每字每义互为有别，免于混淆，且著书作文之法有类汉字，甚为明了，便于我们幼儿学习。此外，此类文字不会惊他人耳目。

今日诸位问及，谨陈其理，非有标新立异以沽名钓誉之念。切勿以为我创制此类文字贻害、干扰他人学业。如此，则实不敢当。

（2）《般術穿》是一篇作者涉乎文字论说的文章。谨摘引若干文段如下：

何为字？字乃物质形体之代表符号，学过之人望眼便知；字又是各国语言的符号载体，表示万千事物，人人可视可听，能阐明事理，将自己的智慧与思考推敲成明文，使之为世代所记载与传颂。文字原为聪敏神志之精华，而聪敏神志又是个人体魄之精华。因此，文字实乃非常锐利与贵重之器具。人之所以显荣，全凭聪敏之精神；聪敏之精神又依托于文字，而变得更加聪敏与显荣。如若谁人天资聪慧，又通晓文字，勤学勤思，学以致用，将成为聪明显荣之典范。

大凡富裕之国，文字足以周记其文明时事之言语，较之他帮，进步更迅猛，人民更聪慧，民强国富更胜一筹。因为他们有完善之文字，可尽述自己及世界之智慧与才能而大有裨益。可见，文字必须完善，本国之文字尤为如此，但需有别于艚字和西字等外国文字。因言语各异，我侪埋头苦学才能成为文人。然吟咏诗歌时，口诵耳闻，无学者无以知晓，实乃枉费工夫。除了那些将以使用汉字及西学诸国人士交流视为已任之贤良外，常人之学习则以通商，言行举止，及写帖立据为目的。有志者应为师为官，肩负朝廷重任，理当广学国外诸国文字与语言，学习吸收国外政治与风俗之优良者、气象之新颖者，及其技艺与美术，译介为国文，为家国进一步开化而广开见识之路。于学堂，则学以致用，报效祖国；学堂外，亦可学以通商，做通言，衔命出使等等。

今日之世界，万国交通，大凡社会之人臣，相关国家之掌权者，必须筹划良方，挑选众多有气魄而明敏之人，让其就学与传承。西字和艚字，以及万国之文字和技艺均须学习。所学者必须有所限制，不应过多，有必要划分专业，以学习诸国文字、语言和技术，使我国人才并肩于诸国人才。

孔孟之道以及吾东亚其他明哲家汉学要旨之伦理、格物致知、行政、修身、平治，实应融入越文以供国民学习。至于之乎者也之学，生僻少用之字，则并非谁人都要耗用大量时间去学会其精义。因此，须有一种文字能将越文与汉文融合于一体，一如日本之和字融于汉字那般。窃以为大凡立国，国中必以选用通晓

> 文字者为要，方可大获其利。然欧美学之要旨乃哲学家之理论、格致、化学、博学、技艺和美术等等，诸物质皆有其通称与专称，而我未有其物名者，则须译出国文，以增广文字，译出国音，以丰富语言。这些译出的国文名物与国音语言用于生活中，将会丰富我国的文化。如此一来，我认为在不久的将来，我国的文字与语言将变得更加丰富。欧文已有以钢笔书写之文字，假使汉文能像以毛笔书写之和字，那么只管挥毫纵横，何愁学习不进步焉？因此，我恳请国中高居庙堂统治万民者，及博学并肩五洲之士，用心留意实用之学，广开仁慈之心，率先垂范，将国家引入日益兴旺的轨道，实乃善莫大焉，青史留名之举。

纵观作者上述见解与论说，我们可知20世纪初，越南儒学者萌生创制以毛笔书写的越南文字设想的背景。当时在法国人的“保护”以及南朝（阮朝）的妥协下，拉丁国语字已颇为盛行。暂且不论这种手写文字方案的“优越性”及其施行的可能性，但据此我们可解到原本是儒学家的创制者，在“文明”欧化之际的心思，以及当时有识之士试图将儒学与西学、旧学与新学、传统与现代熔为一炉的拳拳之心。

四、阮克瓒的《儒字型国语越字》

这是一本用活铅字印制的书。1933年，南定行藤铺50号美胜印书馆刊印并发行此书。此书甚薄，仅12页[①]，现藏编于中央图书馆，编号M.7103。此书作者阮克瓒，富安省金英村人士。此书书名全称为《儒字型国语越字》，用于书写楹联。显然，作者创制此类文字的目

① 我们收集资料时，发现此书缺第5页至第8页。

的非常明确，但心态很谦逊，主要是为了创制一种适合书写楹联的文字。这证明，20 世纪初，国语字盛行之后，用国语字书写楹联容易令人反感，不为民众所欢迎。正因如此，如何创制一种新型文字，使之既能按国语字拼音原则书写，又能兼顾儒字或传统喃字“古朴庄重”的想法油然而生。这正是作者想方设法创制一种既能注音，又能体现昔日方块字风貌的越字的原因。他还希望这种文字能够得到普及，与国语字并驾齐驱。正因如此，《越字》一书封面后页的格子中写着“谨呈皇帝并统使府”。作者颇有版权意识，在该页注明“作者版权所有”一行字。在序文中，作者还希望：“后续将出版《对联》和《越字字体》二书。”

图附录.4.a：阮克瓒《越字》封面

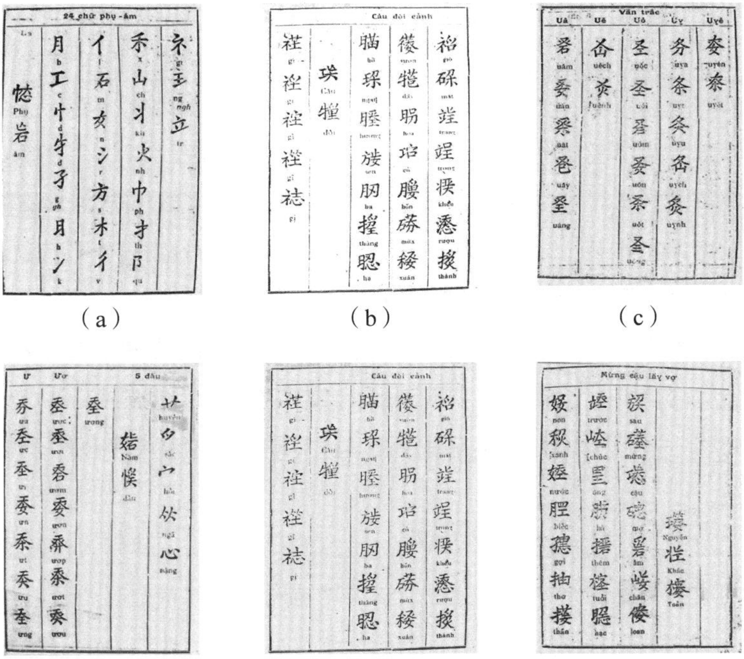

（a）　（b）　（c）

（d）　（e）　（f）

图附录.4.b：《越字》六张书页

此书第一页为辅音“字母”表，第二页为元音“字母”表，第三和第四页为若干仄声韵和五个声调，五个声调分别以“gì、gí、gỉ、gĩ、gị”作为范例，最后两页以三副对联作为范文，其国语字译读如下：

Hồ ngát hương sen ba tháng hạ

Vườn đầy hoa cỏ bốn mùa xuân

Gió mát trăng thanh khêu rượu thánh

Non xanh nước biếc gợi thơ thần

Trước chúc ông bà thêm tuổi hạc

Sau mừng cậu mợ ấm chăn loan①

关于造字缘由和这种文字的书写方法，阮克瓒在书中序言中指出："此类注音文字全是饱含美意的儒字，也如国语字般可拼读 16238 个（越南语）音节，并将其尽数译出，旨在便于书写楹联。识字者仅须几个小时便可学会。熟练之后亦可如读喃字般快速识读。"仔细分析书中所列"24 辅音字符""10 元音字符"和"仄声韵"可清楚地看出，作者完全借鉴拉丁国语字字母，进而创制出相应的以毛笔书写的文字。此外，一如拉丁国语字的五个声调，阮克瓒也为这种文字创制了五个声调。

可以说，这种越字书写系统，是参照拉丁国语字转码为以毛笔书写的"字母"的结果。创制者力图简略地阐述，并希望读者通过若干例子牢固掌握整体原则之后，自己摸索拼写方法。他认为："为简略起见，本书仅列若干字表，让人们自学拼写。元音字母和仄声韵字母与辅音字母相拼，则先将辅音字母写于左边，再将元音字母或仄声韵字母写于右边。"他还明确指出，在书写这种"儒字类型"的越字时，有时也须增损笔画，或多少改变某些基本笔画的写法，因为"儒字中有些字须多写笔画，使其结构更加均衡，有些字则须改变笔画，使其结构更加美观。……因此，此类文字也有若干字须增添笔画或改变笔画"。

"为了便于书写楹联"而创制这种越字的作者，在该书卷末两页

① 译者按：三副对联可汉译为：夏季香荷碧连湖，终年花草香满园。清风明月呼酒圣，绿水青山唤诗神。前祝祖辈增鹤寿，后庆椿萱暖鸾衾。

以这种“古朴”之字写下了几句楹联，并于其边注以拉丁国语字。作者将其视为范例，试图证明使用这种文字的可行性。有趣的是，作者还不忘鼓励人们用这种古朴的“古越字”进行创作和书写楹联比赛。他的奖励方式是：“每对楹联设一至三等奖，以《越字》作为奖品。一等奖奖励 200 本，二等奖奖励 150 本，三等奖奖励 100 本。获奖楹联将刊登于报纸上。”楹联是一种富有浓郁民族传统文化特色的艺术瑰宝。阮克瓒的所作所为表明，他非常热衷于传播这种他自认为适合书写楹联的文字。

类似于上述的材料可能还有很多。但即便仅通过上述几份材料，我们也能感受到前人的呕心沥血，以及他们为了保护民族文化本色，满足当时越南社会生活不同实际需求，而在语言文字领域迸发的独立与创造精神。

汉喃文献

说明：以下是文中所引的越南汉喃文献目录，主要是一些直接提供喃字证据的作品。一些引自他处并明确标注出处来源的间接证据，在此不予赘录。

1. **《安南一统志》**，吴家文派（吴时志、吴时悠、吴时任）著，汉文章回体历史小说，抄本。越南汉喃研究院藏编 VHc.1813—14。

2. **《北圻民律新刊》**，阮驩喃译，散文体。启定壬戌年（1922）刻本，42 页（封面、1a—20b）。越南汉喃研究院藏编 VNv.12。

3. **《保泰三年文武两班进贺丰年表》**，抄本，辑于《金文类聚》。越南汉喃研究院藏编 A.1059。

4. **《本嗣何乌雷》**，范美石著，喃文嘲剧剧本，柳文堂启定二年（1917）刻本，凡 36 页。越南汉喃研究院藏编 AB.451。

5. **《程国公阮秉谦诗集》**，阮秉谦喃文诗集，抄本。越南汉喃研究院藏编 AB.635。

6. **《扐鱍新传》**，六八体佚名喃诗传，刻本，年代不详。越南汉喃研究院藏编 AB.84。

7. **《重刊指南备类各部野谈大全》**，又名《重镌指南品汇野谈并补大全》，俗称《指南玉音解义》（据目录页所记），编者不详，辛巳年刻印，凡 164 页（序、目录 6 页，正文自 1a—79b 页）。六八体韵文。越南汉喃研究院藏编 AB.372。

8. **《春香遗稿：国音诗选》**，胡春香（?—?）喃文诗集，甲寅年刻印，凡 34 页（2b—18b）。越南汉喃研究院藏编 VNb.77。

9. **《出家沙弥国音十戒》**，麟角沙弥如如澂澂（即郑什，696—1733）喃译，六八体韵文。常信府上福县崇福寺景盛五年（1797）刻本，凡 11 页。越南汉喃研究院藏编 AB.366。

10. **《大南国史演歌》**，黎吴吉（1827—1875）、范廷碎所撰六八体韵文历史演歌。嗣德二十三年（1870）致忠堂刻本，凡 150 页（正文 140 页，1a—70b）。越南汉喃研究院藏编 AB.1。

11. **《大越史记全书》**（黎朝内阁官刻本），吴士连等人编撰，河内：社会科学出版社，1993 年，共 4 册（第 4 册为《大越史记全书》汉文原本）。

12. **《得趣林泉成道歌》**，陈仁宗（陈昑，1278—1293）著，骈俪韵文，录于《禅宗本行》（从 29b 页到 31a 页），景兴六年（1745）莲花（莲派）寺刻本，影印版载黄春瀚（巴黎，1978）及黎孟挞（陈仁宗全集，2000）著书。

13. **《断肠新声》**，阮攸（1765—1820）著喃诗传，蔗山乔莹懋（1853—1912）注释，成泰壬寅年（1902）刻本，凡 180 页。越南汉喃研究院藏编 AB.12。

14. **《大南国语》**，汉喃字典，汉语词汇的解释和喃译，海珠子（阮文珊[?—?]）编纂，文山堂成泰己亥年（1899）刻印，170 页。越南汉喃研究院藏编 AB.106。

15. **《邓始古传世》**，瑶族喃诗传，清化省锦税县锦山乡赵福春（Triệu Phúc Xuân）手抄本，资料由河内人文与社会科学大学语言系同仁提供。

16. **《二十四孝演音》**，《文昌帝君劝孝文》双七六八体喃译本，李文馥（1785—1849）撰，嗣德辛未年（1871）锦文堂刻本，凡 24 页（9a—21b）。越南汉喃研究院藏编 VHc.01819（与《阳节演义》合订）。

17. **《二度梅演歌》**，佚名喃诗传（有人认为作者为李文馥），六八体，河内观文堂刻本（刻印时间不详），凡 124 页。越南汉喃研究院藏编 NC.92。

18. **《二度梅噉》**，喃字嘲剧剧本，编者不详，维新癸丑年（1913）刻本，凡 39 页（1a—20a），广盛堂藏板。越南汉喃研究院藏编 AB.451（与《本噉何乌雷》合订）。

19. **《佛说大报父母恩重经》**（经尼孛说垟把恩盎那极曩），汉文作品喃译，散文体，著者不详，据巴黎亚洲协会图书馆所藏刻本影印（2a—47a 页）。越南汉喃研究院藏编 VHc.125。

20. **《富贫传演歌》**，法文原著《Riche et Pauvre》的六八体喃译本，张明记（1855—1900）编纂，甲申年（1884）成书，乙酉年（1885）印于嘉定城，凡 38 页，私人藏书，友人提供影印版。

21. **《芳花备录》**，乂安堂编纂并序于嘉隆四年（1805）（序文中提及《蓼云仙传》，若为阮廷炤之书，则成书时间须在 1843 年以后），包含两部分：上编（42 页）为《芳花传诗集》，抄录故事中人物和事件之诗咏；下编（72 页）为六八体芳花喃诗传全文，抄本。越南汉喃研究院藏编 AB.441。

22. **《歌筹体格》**，各调歌筹集，编纂者不详，柳文堂成泰庚子年（1900）刻本，凡 48 页。越南汉喃研究院藏编 AB.20。

23. **《古珠法云佛本行语录》**，汉文原著，圆态喃译。景兴十三年（1752），延应寺（即桑寺）刻本，凡 42 页（1a—21b）。1986 年古寺藏本影印本。越南汉喃研究院藏编 A.184。

24. **《古珠佛本行》**，编者不详，景兴十三年（1752），延应寺（即桑寺）刻本，凡 42 页（1a—21b），六八体韵文，1986 年古寺藏本影印本。

25. **《宫怨吟》**，阮嘉玿（1741—1798）著，双七六八体诗文作品（书中未注明编者），河内隆和号成泰壬寅（1902）年印行，凡 11 页。越南汉喃研究院藏编 AB.26（与《名家国音》合订）。

26. **《国音诗集》**，阮廌（1380—1442）喃诗集，《抑斋遗集》卷之七，嗣德二十一年（1868）福熙堂刻本，144 页。越南汉喃研究院藏编 Nv.5。

27. **《广珍-玉娘》**（又读为《广新-玉良》），岱族喃诗传，编者不详，抄本（如 127 页所书，可能成书于启定三年[1918]），凡 126 页。越南汉喃研究院藏编 VNv.673。

28. **《桂山诗集》**，阮劝（号桂山，河南省安堵村人，1835—1909）著，汉字和喃字诗集，抄本，凡 45 页（1a—45b）。越南汉喃研究院藏编 VHv.2154。

29. **《国风诗集合採》**，喃字、国语字歌谣集，编者不详。观文堂维新庚戌年（1910）印行，凡 88 页（1a—44b）。越南汉喃研究院藏编 VNv.48。

30. **《黄秀新传》**，六八体佚名喃诗传，盛文堂印于嗣德辛巳年（1881）。越南汉喃研究院藏编 AB.87。

31. **《洪德国音诗集》**，黎朝洪德帝时期的喃诗集，主要辑录了黎圣宗（黎思诚，1640—1697）主持的骚坛会上的喃字诗歌，抄本，凡 154 页（1a — 76b），唐律间六言体诗。越南汉喃研究院藏编 AB.192。

32. **《合群营生》**，包括潘朱贞（1872—1926）喃字序文、阮尚贤（1868—1925）《合群营生》喃字演歌等，抄本，凡 138 页。越南汉喃研究院藏编 VHv.224。

33. **《海外血书》**，潘巢南（即潘佩珠，1867—1940）的喃文作品，黎希南（黎玳）喃字演音并译为国语字。抄本，1909 年日本东京开根金弼书坊影印，资料由同事提供。

34. **《皇越增刊新律》**，阮驩喃译，散文体。河内盎轩启定癸亥年（1923）刻本，凡 121 页。越南汉喃研究院藏编 VNv.123。

35. **《居尘乐道赋》**，陈仁宗（陈昑，1278—1293）著，骈俪韵文，收录于《禅宗本行》（从 22a 页到 29b 页），景兴六年（1745）莲花（莲派）寺刻本，影印本见黄春瀚（巴黎，1978）及黎孟挞（《陈仁宗全集》，2000）。

36. **《居尘乐道赋》**，陈仁宗（陈昑，1278—1293）著，骈俪韵文，收录于《禅宗本行》（从 22a 页到 26b 页），保大七年（1932）永严寺刻本。越南汉喃研究院藏编 AB.562。

37. **《九章立成併法》**，测量计算诸法，编者不详。刻本，年代不详，凡 45 页（1a—23a）。越南汉喃研究院藏编 AB.53。

38. **《见闻小录》**，黎贵惇用汉文（掺杂少许喃字）编撰，抄本。越南汉喃研究院藏编 VHc.02664（原：A.32）。

39. **《金云翘新传》**，阮攸（1765—1820）著喃诗传，嗣德十九年（1866）柳文堂藏本，全书 136 页，但只存 100 页，影印版见阮广遵（Nguyễn Quảng Tuân）编纂的《〈翘传〉：新发现最早的 1866 喃字本》，文学出版社，2004 年；也载阮克宝（Nguyễn Khắc Bảo）与阮智山（Nguyễn Trí Sơn）注解的《〈翘传〉最早版：1866 年刻本》，义安出版社，2004 年。

40. **《金云翘新传》**，阮攸（1765—1820）著喃诗传，嗣德二十四年（1871）柳文堂藏本，全书 138 页（1a—69b），影印本见阮广遵著《〈翘传〉：柳文堂 1871 最早版》，文学出版社，2002 年，也参见陶泰尊《〈翘传〉版本研究：柳文堂 1871 版》，社会科学出版社，2006 年。

41. **《金云翘新传》**，阮攸（1765—1820）著喃诗传，惟明氏重刊本，粤东（广东）佛镇福禄大街壬申年（1872）刻本，凡 186 页（1a—83b）。影印版载阮才谨著《〈翘传〉资料：惟明氏 1872 版》，河内国家大学出版社，2002 年。

42. **《敬奉灶神演歌》**，六八体韵文，裴辉团敬识，阮曰僩敬撰，嘉隆十六年（1817）年印行，凡 11 页。越南汉喃研究院藏编 AB.469（与《刍荛对话》合订）。

43. **《祭文对联诗歌杂抄》**，祭文、对联、喃字诗歌集，汉文间有喃文，抄本，凡 524 页。越南汉喃研究院藏编 VHv.1863。

44. **《蓝山事迹历代帝王所记》**，书中辑有黎太祖（黎利，1385—1433）的两篇喃字诏书，阮敦奉命题颁于群臣及皇子，保大十一年（1936）抄本，书封题保大十九年（1944）。越南汉喃研究院藏编 VHc.02868。

45. **《黎季逸史》**，书中辑有阮有整《伐郑檄》，抄本，主要以汉文书写。作者可能是裴扬瓑（1758—1828），现藏于河内史学院图书馆，编号 HV.195。

46. **《李公新传》**，佚名喃诗传，六八体，诚文堂嗣德三十二年（1879）刻本，越南汉喃研究院藏编 HN.76。

47. **《里巷歌谣》**，喃字歌谣集，辑于《大南国粹》，陈惟稳据越南民主共和十九年（1964）版抄于河内，凡 112 页。越南汉喃研究院藏编 VNv.303。

48. **《蓼云仙传》**，阮廷炤（1822—1888）著喃诗传，嘉定城惟明氏订正，粤东（广东）佛镇福禄街金玉楼甲戌年（1874）刻本。影印版见载陈义与武清航合著《蓼云仙传》（巴黎新搜集年代最早的喃文版），河内：社会科学出版社，1994 年。

49. **《蓼云仙传》**，阮廷炤（1822—1888）著喃诗传，据《蓼云仙》（西贡，1973 年）一书影印。越南汉喃研究院藏编 Vv.304。

50. **《南风解嘲》**，歌谣集，喃字及汉文译本（此书按《诗经·国风》的样式将越南的歌谣译成汉语，汉喃两种文字间用），编者不详。维新庚戌（1910）年柳文堂藏本，凡 66 页（正文 59 页，4b—30a）。

51. **《南北往来柬札》**，书集中有抄录范谦益（1679—1741）、阮公玩等于宝泰七年（1726）上呈黎裕宗的两篇喃字楷书。越南汉喃研究院藏编 AB.276。

52. **《南国方言俗语备录》**，越南歌谣、俗语、成语集，喃字间有国语字，编者不详，维新甲寅年（1914）观文堂刻本，凡 96 页。越南汉喃研究院藏编 AB.619。

53. **《婆圣夭铺鲁槎那童贞传》**，载《各圣传》，讲述圣人殉道的故事，由意大利传教士支由尼模·梅乌移歌（Jeronijimo Maijorica，1591—1656）主持编撰，喃字散文体，全书共 12 册，按月（正月至腊月）划分，近 2000 页，抄本。成书于福泰四年（1646）。《婆圣夭铺鲁槎那》和《翁圣族礼公》两个故事收录于“正月”一集（由于书中无页码标记，故于摘引时，以文中每行之序数来标注）。据巴黎越侨学者赠与越南汉喃研究院的胶卷印制。

54. **《潘陈传重阅》**，六八体喃诗传，莲庵先生编撰，成泰甲辰年（1904）刻本，凡 61 页。越南汉喃研究院藏编 AB.26（与《名家国音》合订）。

55. **《清化观风》**，王维桢著，清化民歌集，海洋柳文堂成泰甲辰年（1904）印行，凡 139 页（1a—70a）。影印版收录于 1973 年阮惟肖编译同名书籍（西贡）。

56. **《钦定昇平百咏集》**，郑根（1633—1709）、郑松（?—1623）著，喃文诗集，平安王郑松（?—1623）御题，抄本，凡 33 页。越南汉喃研究院藏编 AB.587。

57. **《日用常谈》**，范廷琥（1768—1839）著，用喃字注解汉字词语，观文堂成泰十八年（1906）刻本，凡 104 页。越南汉喃研究院藏编 AB.17。

58. **《梳镜新妆》**，范彩（1777—1813）著喃诗传，六八体间有少许唐律，成书于嘉隆丁未三年（1804），重抄于嗣德三十六年（1883）（见 4a 页），正文共 78 页（8a—41b）。越南汉喃研究院藏编 A.1390。

59. **《石生演戏㗂》**，范美石著，喃文嘲剧剧本。柳文堂启定四年（1919）刻本，凡 37 页（1a—19a）。越南汉喃研究院藏编 AB.451（与《本㗂何乌雷》合订）。

60. **《圣宗遗草》**，汉字散文集，包含 19 篇短篇志怪小说，相传由黎圣宗所撰，抄本，凡 189 页。越南汉喃研究院藏编 A.202。

61. **《诗经解音》**，《诗经》汉字原文、喃字散文体译文对照本，译注者不详，继善堂永盛十年（1714）刻本，十卷，今存八卷，后两卷佚。现藏于越南文学院，编号：HN.527（卷一、二）、HN.528（卷

三、四）、HN.529（卷五、六）、HN.530（卷七、八）。

62. **《诗经解音》**，《诗经》汉字原文、喃字散文体译文对照本，译注者不详，光中五年（1792）刻本（书坊不详）。越南汉喃研究院藏编（十卷全）：AB.144/1（卷一、二）、AB.144/2（卷三、四）、AB.144/3（卷五、六）、AB.144/4（卷七、八）、AB.144/5（卷九、十）。

63. **《诗经大全节要演义》**，《诗经》的汉字原文、喃字散文体译文对照本，译注者不详，可以确定的是裴辉璧（1744—1818）对此书进行了完善和订正。多文堂明命十八年（1837）刻本，共四卷。越南汉喃研究院藏编 AB.168/1—2。

64. **《嗣德圣制字学解义歌》**，解释汉字字义的汉喃对照词典，六八歌体。嗣德帝（阮福时，1829—1883）主持编纂。成泰十年（1898）刻本，凡 302 页，分作十三卷。越南汉喃研究院藏编 AB.5/1—2。

65. **《三元安堵诗歌》**，喃文对联、祭文、诗集，阮劝（1848—1904）著。柳文堂启定十年（1925）刻本，凡 38 页。越南汉喃研究院藏编 VNb.48。

66. **《太平省直定县高迈总博泽社俗例》**，抄本，凡 15 页，除开篇首页采用双七六八韵文，其余为散文。越南汉喃研究院藏编 AF.A5/68。

67. **《天南语录外纪》**，六八体韵文，编者不详，抄本，凡 208 页（正文 260 页，1a—130b）。越南汉喃研究院藏编 AB.478/1—2。

68. **《𪅴军新传》**，军鼓乐集，编者不详，含二卷（卷一 38 页、卷二 26 页），皆为成泰乙巳年（1905）刻印。越南汉喃研究院藏编 Nc.00197。

69. **《拓片》**，越南汉喃研究院所藏及私人收集的一些碑文拓片、木匾、对联等。

70. **《翁圣抠璃蜂死为道》**，辑于传教士支由尼模·梅乌移歌（Jeronijimo Maijorica，1591—1656）所著《各圣传》（如《婆圣夭铺鲁槎那童贞传》条所示）。

71. **《渭城佳句摺编》**，陈济昌（又名陈高昌，1870—1907）撰（间有他人诗文），抄本，凡 401 页。越南汉喃研究院藏编 AB.194。

72. **《武艺国语歌》**，兵器用法书，六八体喃字演歌，撰者不详，抄本，凡 148 页。越南汉喃研究院藏编 AB.597。

73. **《训女演歌》**，汉文原作的七七六八体喃译，撰者与译者不详，河内成立号成泰辛丑年（1901）刻本，越南汉喃研究院藏编 AB.18（与《日省吟》合订）。

74. **《训俗国音歌》**，善亭居士邓希龙（即邓春榜，1828—？）编纂，六八体韵文，成泰七年（1895）刻本，凡 12 页（3a — 8b），越南汉喃研究院藏编 AB.287。

75. **《训女子歌》**，六八体喃文演歌，编者不详，嗣德乙亥年（1875）大著堂藏本。越南汉喃研究院藏编 AB.85。

76. **《西洋志略》**，抄本，上下两集，上集为《奉译火船图说》，阮登科（?—?）编纂并奏呈，喃字散文体（1836），除去插图外，有 63 页；下集为《西洋志略》，奏本凡 43 页，乃潘世蜂、胡文治、范再委等使臣写就的西行记，汉文间用喃字。越南汉喃研究院藏编 AB.10。

77. **《西方公据节要演音》**，宋朝吕氏所著《西方公据》的六八体喃译本，禅师照坚（?—?）和其他三位僧人共同编撰。乾安寺嗣德元年（1848）刻本，凡24页（1a—12b）。越南汉喃研究院藏编AB.486。

78. **《新编传奇漫录增补解音集注》**（又名《新编传奇漫录》），越南短篇志怪小说集，莫朝阮屿所撰汉文小说《传奇漫录》的喃译散文及集注本（相传由阮世仪[？—？]与邓容[1483—1541]合译），阮廷遴景兴三十五年（1774）家刻本，共四卷。现藏于越南文学院图书馆，编号：HN.257（卷一、二）、HN.258（卷三、四）。

79. **《阴骘文解音》**，梓潼帝君《阴骘文》双七六八体喃译本，杜玙撰于1857年，嗣德十二年（1859）刻本，凡113页。越南汉喃研究院藏编VNv.302。

80. **《阳节演义》**，中国潘荣《阳节》的喃译本，译者不详。成泰庚寅年（1890）观文堂藏本。越南汉喃研究院藏编VHv.01819。

81. **《杨慈-何茂》**，阮廷炤（1822—1888）所著六八体喃诗传。据某一抄本影印，凡96页。越南汉喃研究院藏编Nc.85。

82. **《月花问答》**，男女对歌集，未注明编者，成泰十七年（1905）印行，凡67页。越南汉喃研究院藏编AB.71。

83. **《咏花烟寺赋》**，玄光禅师，名讳李道载（1254—1334）著，骈俪韵文，辑于《禅宗本行》（29a页—31b页），景兴六年（1745）莲花（莲派）寺刻本，影印版载黄春瀚（巴黎，1978）著书。

84. **《谟彦》**，越北彦人的喃字手抄“谟”本，如《供案谟》《花母谟》《启酒谟》《师恩度谟》《誓词解谟》《收魂谟》等，资料由民族语言教研室、语言学研究院收集并提供。

85. **《云翘一体》**，喃赋，撰者不详，与《五更赋》合刻。越南汉喃研究院藏编AB. 61。

86. **《越史演音》**，莫朝人著，六八体喃文越南通史，抄本。越南汉喃研究院藏编 AB.110。

87. **《越史新约全编》**，黄道成撰，观文堂成泰丙午年（1906）藏本。越南汉喃研究院藏编 VHv.996/1—2。

88. **《征妇吟备录》**，邓陈琨所著汉文诗传，段氏点（1705—1748）（又传潘辉益，1751—1822）喃译，双七六八体。隆和号成泰壬寅年（1902）刻本，凡 65 页。越南汉喃研究院藏编 AB.26（载《名家国音》一书）。

89. **《主滔古传》**，六八体佚名喃诗传，撰者、刊刻年代与书坊皆不详，凡 25 页。越南汉喃研究院藏编 AB.82。

90. **《刍荛对话》**，乐安居士著，六八体与唐律体对答诗。景兴四十一年（1870）印行，凡 48 页。越南汉喃研究院藏编 AB.469（与《敬奉灶神演歌》合订）。

91. **《字学纂要三千字》**（《三千字解音》），汉喃对照字典，“四字”体韵文，吴时仕（1725—1780）景兴丙申年（1776）校阅，辛卯年（1831）刻印，福文堂藏板，凡 47 页。越南汉喃研究院藏编 AB.19。

92. **《贞鼠传》**，六八体喃诗传，编者不详。大著堂嗣德乙亥（1875）年刻本，凡 38 页（1a—19b）。越南汉喃研究院藏编 Nc. 26（据巴黎 Ecole des L.L.O.O 藏本影印）。

93. **《中庸演歌》**，儒家《中庸》六八体喃译本，范少游（即范廷碎）著，成泰三年（1891）刻印。越南汉喃研究院藏编 AB.540。

参考文献

说明："参考文献"目录包括文中已提及的或与本专著中的某些章节或多或少相关的文献资料，该目录主要按拉丁字母 ABC 顺序排列。分为两类：第一类为外文文献，包括越文、日文、俄文、英文、法文的参考资料；第二类为中文文献。

一、外文文献

[1] An Chi. Chuyện Đông chuyện Tây. Nxb Trẻ, TP. Hồ Chí Minh, Tập 2（2006）và Tập 4（2005）.［越］安之：《东传西记》第 2、4 册[①]，胡志明市：青年人出版社，2006 年。

[2] An Khê. Quốc văn ta hồi triều Gia-long. Tạp chí "Nam Phong", N.80, Feb. 1924; N.82, Feb.1924.［越］安溪：《嘉隆时期的民族文学》，载《南风》1924 年第 80、82 期。

[3] Bửu Cầm. Nguồn gốc chữ Nôm. "Văn hoá nguyệt san", N.50, 5-1960.［越］宝琴：《喃字起源》，载《文化月刊》1960 年第 50 期。

[4] Bùi Khánh Thế. Ngữ pháp tiếng Chăm. Nxb Giáo dục, Hà Nội, 1996.［越］裴庆世：《占语语法》，河内：教育出版社，1996 年。

[5] Cung Khắc Lược. Chữ Nôm Tày qua so sánh với chữ Hán và chữ Nôm Việt. Luận án PTS Ngữ văn, Hà Nội, 1992.［越］龚克略：《汉字与越南喃字对比下的喃岱字》，河内：副博士文学论文，1992 年。

① 译者注：原文编著第 2 册为 2006 年，第 4 册为 2005 年。

[6] Cao Xuân Hạo. Tiếng Việt. Văn Việt. Người Việt. Nxb Trẻ, TP. Hồ Chí Minh, 2001. [越]高春灏：《越南语、越南文、越南人》，胡志明市：青年出版社，2001 年。

[7] Dương Quảng Hàm. Việt Nam văn học sử yếu. Bộ Quốc gia Giáo dục tái bản, Hà Nội, 1950.[越]杨广涵：《越南文学史要》，河内：国家教育部，1951 年。

[8] Đào Duy Anh. Chữ Nôm - Nguồn gốc. Cấu tạo. Diễn biến. Nxb KHXH, Hà Nội,1975.[越]陶维英：《喃字的起源、结构与演变》，河内：社会科学出版社，1975 年。

[9] Đào Duy Anh. Đất nước Việt Nam qua các đời. Nxb Thuận Hoá, Huế, 1994.[越]陶维英：《越南历代疆域》，顺化：顺化出版社，1994 年。

[10] Đào Phương Bình, Phạm Tú Châu, Nguyễn Huệ Chi. Thơ văn Lý Trần. Tập I. Nxb KHXH, Hà Nội,1977.[越]陶方平、范秀珠、阮慧芝：《李陈诗文》第 1 册，河内：社会科学出版社，1977 年。

[11] Đoàn Thiện Thuật, Mai Ngọc Chừ. Tiếng Dao. Nxb KHXH, Hà Nội, 1992.[越]段善述、梅玉储：《瑶语》，河内：社会科学出版社，1992 年。

[12] Đỗ Quang Chính. Lịch sử chữ Quốc ngữ（1620-1659）. Tủ sách "Ra khơi", Sài Gòn, 1972.[越]杜光政：《1620—1659 之间的国语字历史》，西贡：远航丛刊，1972 年。

[13] Đặng Đức Siêu. Chữ viết trong các nền văn hoá. Nxb Văn hoá, Hà Nội, 1982.[越]邓德超：《文化与文字》，河内：文化出版社，1982 年。

[14] Đặng Đức Siêu. Ngữ văn học cổ điển - một hướng tiếp cận và thâm nhập kho tàng di sản Hán Nôm. "Tạp chí Hán Nôm", 1986, N.1.[越]邓德超：《古典语文学：深入探究汉喃遗产宝库的一个方向》，载《汉喃杂志》1986 年第 1 期。

[15] Đặng Nghiêm Vạn. Cộng đồng quốc gia dân tộc Việt Nam. Nxb Đại học Quốc gia TP Hồ Chí Minh, 2003.［越］邓严万：《越南民族共同体》，胡志明市：胡志明市国家大学出版社，2003 年。

[16] Đinh Gia Khánh, Bùi Duy Tân, Mai Cao Chương. Văn học Việt Nam thế kỷ X - nửa đầu thế kỷ thứ XVIII. Tập II. Nxb ĐH&THCN, Hà Nội, 1979.［越］丁家庆、裴维新、梅高章：《10—18 世纪上半叶的越南文学》第 2 册，河内：大学和大专出版社，1979 年。

[17] Đinh Khắc Thuân. Chữ Nôm trên văn bia thời Lê. Trong sách "Nghiên cứu chữ Nôm". Nxb KHXH, Hà Nội, 2006.［越］丁克顺：《黎朝碑刻上的喃字》，载《喃字研究》，河内：社会科学出版社，2006 年。

[18] Hoàng Bé, Hoàng Hữu Bình, Khổng Diễn. Các dân tộc Tày Nùng ở Việt Nam.（Nhiều tác giả）.Viện Dân tộc học, Hà Nội, 1992.［越］黄闭、黄有平、孔演等：《越南岱侬民族》，河内：民族学研究院，1992 年。

[19] Hoàng Văn Hành, Nguyễn Văn Khang, Phạm Hùng Việt, Cảnh huống và chính sách ngôn ngữ ở Việt Nam. Nxb KHXH, Hà Nội, 2002.［越］黄文行、阮文康、范雄越等：《越南语言情况与政策》，河内：社会科学出版社，2002 年。

[20] Hà Văn Tấn. Theo dấu các nền văn hóa cổ, Nxb KHXH, Hà Nội, 1997.［越］何文晋：《古文化追溯》，河内：社会科学出版社，1997 年。

[21] Hà Văn Tấn. Chữ trên đá, chữ trên đồng. Minh văn và lịch sử. Nxb KHXH, Hà Nội, 2002.［越］何文晋：《金石文字：铭文与历史》，河内：社会科学出版社，2002 年。

[22] Hoàng Dũng. Đóng góp của cứ liệu chữ Nôm trong việc xác định sự biến đổi của các tổ hợp phụ âm KL, PL/BL, TL và ML. "Tạp chí Hán Nôm", 1995,

N.4.［越］黄勇：《喃字作为论据在确认辅音组合 KL、PL/BL、TL 和 ML 变化方面的贡献》，载《汉喃杂志》1995 年第 4 期。

[23] Hoàng Hựu. Khảo cứu về thư tịch và văn tự cổ dân tộc Dao. Trong tập “Ngữ học Trẻ - 2006”, Hội Ngôn ngữ học Việt Nam, Hà Nội, 2007.［越］黄佑：《瑶族古籍与古文字稽考》，河内：越南语言学会《青年语言学论文集》，2007 年。

[24] Hoàng Minh Tường. Suy nghĩ về lợi ích của việc dạy chữ Hán cho lớp trẻ hiện nay. “Tạp chí Hán Nôm”, 2005, N.3.［越］黄明祥：《关于当代青少年汉字教育裨益的思考》，载《汉喃杂志》2005 年第 3 期。

[25] Hoàng Thị Châu. Xem lại quan hệ giữa tiếng Việt và ngành Thái qua một số tộc từ. Tạp chí “Ngôn ngữ”, 1998, N.3.［越］黄氏珠：《基于若干民族词语再考越语与泰语支的关系》，载《语言杂志》1998 年第 3 期。

[26] Hoàng Thị Ngọ. Chữ Nôm và tiếng Việt qua bản giải âm Phật thuyết đại báo phụ mẫu ân trọng kinh, Nxb KHXH, Hà Nội, 1999.［越］黄氏午：《〈佛说大报父母恩重经解音〉中的喃字和越南语》，河内：社会科学出版社，1999 年。

[27] Hoàng Triều Ân（chủ biên）, Dương Nhật Thanh, Hoàng Tuấn Nam. Từ điển chữ Nôm Tày. Nxb KHXH, Hà Nội, 2003.［越］黄朝恩、杨日清、黄俊南：《岱族喃字词典》，河内：社会科学出版社，2003 年。

[28] Hoàng Trọng Miên. Từ nguồn gốc dân tộc Việt đến lịch sử chữ Nôm. Tập san “Lửa thiêng”, N.2, 1-1975.［越］黄仲绵：《从越南民族起源到喃字历史》，载《灵火》集刊 1975 年第 2 期。

[29] Hoàng Tuấn Phổ. Chỉ nam ngọc âm giải nghĩa - Vấn đề tác giả và thời điểm biên soạn. Tạp chí “Ngôn ngữ”, Hà Nội, N.6-2007.［越］黄俊谱：《〈指南玉音解义〉：作者与编纂时间问题》，载《语言杂志》2007 年第 6 期。

[30] Hoàng Xuân Hãn. Văn Nôm & Chữ Nôm đời Trần Lê. Tập san "Khoa học Xã hội". Số 5 & 6, Paris, 1978—1979.［越］黄春瀚:《陈黎时期的喃文和喃字》,载《巴黎社会科学》集刊 1978 第 5 辑、1979 年第 6 辑。

[31] Hoàng Xuân Hãn. La Sơn Yên Hồ Hoàng Xuân Hãn. Hữu Ngọc, Nguyễn Đức Hiền sưu tập, biên soạn. Tập III, Nxb Giáo dục, Hà Nội, 1998.［越］有玉、阮德贤搜集与编纂：《罗山安胡黄春瀚》第 2 册，河内：教育出版社，1988 年。

[32] Hoàng Xuân Việt. Tìm hiểu lịch sử chữ Quốc ngữ. Nxb Văn hoá - Thông tin, Hà Nội, 2007.［越］黄春越：《国语字历史探究》，河内：文化-通讯出版社，2007 年。

[33] Huệ Thiên. Những tiếng trống qua cửa các nhà sấm. Nxb Trẻ, TP. Hồ Chí Minh, 2004. ［越］慧天：《布鼓"过"雷门》，胡志明市：青年出版社，2004 年。

[34] Hủm-phăn Rắt-tạ-ná-vông. Chữ Quỳ Châu của nhóm cư dân Lào-Tày là kiểu chữ quá độ từ chữ tượng hình Trung Quốc thành chữ mẫu tự Ấn Độ. Tạp chí "Ngôn ngữ", 1996, N.1 và N.2.［老］洪番・拉达纳冯：《佬-岱族群的葵州字是一种从中国象形文字发展到印度字母文字的过渡文字》，载《语言杂志》1996 年第 1 期和第 2 期。

[35] Huình-Tịnh Paulus Của. Đại Nam quấc âm tự vị. Imprimerie Rey, Curiol & Cie, Sài Gòn, 1895（tập I）, 1896（tập II）.［越］黄静貼：《大南国音字汇》，西贡：Imprimerie Rey, Curiol & C^{ie,}，1895（第 1 册），1896（第 2 册）。

[36] Kim Định. Nguồn gốc văn hóa Việt Nam. Nhà sách "Nguồn sáng" ấn hành, Sài Gòn, 1973.［越］金定：《越南文化起源》，西贡：光源书店印行，1973 年。

[37] Lã Minh Hằng. Cấu trúc nghĩa trong chữ Nôm Việt. Nxb KHXH, Hà Nội, 2004. [越]吕明恒：《越南喃字的意义结构》，河内：社会科学出版社，2004 年。

[38] Lâm Giang. Tập Dân ca Sán Chí ở Kiên Lao Lục Ngạn đã ra mắt bạn đọc. Trong "Thông báo Hán Nôm học - 2003", Viện Nghiên cứu Hán Nôm, 2004. [越]林江：《已出版的坚牢陆岸山子民歌集》，载《2003 年汉喃学通讯》，河内：越南汉喃研究院，2004 年。

[39] Lê Mạnh Thát. Viên Thái thiền sư toàn tập. Tu thư Vạn Hạnh, Sài Gòn, 1977. [越]黎孟挞：《圆态禅师全集》，西贡：修书万行，1977 年。

[40] Lê Mạnh Thát. Lịch sử Phật giáo Việt Nam. Tập I. Nxb Thuận Hoá, Huế, 1999.[越]黎孟挞：《越南佛教史》第 1 册，顺化：顺化出版社，1999 年。

[41] Lê Mạnh Thát. Toàn tập Trần Nhân Tông. Nxb TP. Hồ Chí Minh, 2000.[越]黎孟挞：《陈仁宗全集》，胡志明市：胡志明市出版社，2000 年。

[42] Lê Mạnh Thát. Tổng tập văn học Phật giáo Việt Nam. Nxb TP. Hồ Chí Minh, Tập 2, 2000.[越]黎孟挞：《越南佛教文学总集》第 2 册，胡志明市：胡志明市出版社，2000 年。

[43] Lê Ngọc Trụ. Chánh tả Việt ngữ. Nhà sách Trường Thi ấn hành, in lần 2, Sài Gòn, 1960.[越]黎玉柱：《越语正写》，西贡：长诗书局印行，1960 年。

[44] Lê Nguyễn Lưu. Từ chữ Hán đến chữ Nôm. Nxb Thuận Hoá, Huế, 2002.[越]黎阮留：《从汉字到喃字》，顺化：顺化出版社，2002 年。

[45] Lê Trọng Khánh. Sự hình thành và phát triển chữ Việt cổ. Bộ Văn hoá xuất bản, Hà Nội,1986.[越]黎仲庆：《古越字的形成与发展》，河内：文化出版局，1986 年。

[46] Lê Văn Lan, Phạm Văn Kính. Những vết tích đầu tiên của thời đại đồ đồng thau Việt Nam. Nxb Văn hoá, Hà Nội, 1963.［越］黎文兰、范文敬：《越南青铜器时代的最初痕迹》，河内：文化出版社，1963 年。

[47] Lê Văn Quán. Nghiên cứu về chữ Nôm, Nxb KHXH, Hà Nội, 1982.［越］黎文贯：《喃字研究》，河内：社会科学出版社，1982 年。

[48] Liên Giang. Chữ Nôm ta có tự bao giờ và ai sáng-chế ra chữ ấy. Tạp chí "Tri Tân", N.40, 3-1942.［越］连江：《何时何人创制了喃字》，载《知新》1942 年第 40 期。

[49] Lục Văn Pảo. Lượn cọi. Nxb Văn hoá Dân tộc, Hà Nội, 1994.［越］陆文宝：《赞歌》，河内：民族文化出版社，1994 年。

[50] Nghiêm Toản. Việt Nam văn học sử trích yếu. In lần 2, Nhà Sách Vĩnh Bảo, Sài Gòn, 1949.［越］严欑：《越南文学史摘要》，西贡：永保书店，1949 年。

[51] Ngô Cao Lãng（biên soạn） Xiển Trai（bổ sung）. Lịch triều tạp kỷ. Hoa Bằng và Hoàng Văn Lâu dịch. Nxb KHXH, Hà Nội,1995.［越］吴高朗编纂，阐斋补充，华鹏、黄文楼译：《历朝杂纪》，河内：社会科学出版社，1995 年。

[52] Ngô Đức Thọ. Thông tin mới nhất về Chỉ nam ngọc âm. Trong sách "Nghiên cứu chữ Nôm", Nxb KHXH, Hà Nội, 2006.［越］吴德寿：《〈指南玉音〉最新见》，载《喃字研究》，河内：社会科学出版社，2006 年。

[53] Nguyễn Cảnh Toàn. Chữ Nho với văn hoá Việt Nam. "Tạp chí Hán Nôm", 2003, N.4.［越］阮景全：《儒字与越南文化》，载《汉喃杂志》2003 年第 4 期。

[54] Nguyễn Duy Hinh. Văn minh Đại Việt. Nxb Văn hoá Thông tin, Hà Nội, 2005.［越］阮惟馨：《大越文明》，河内：文化通讯出版社，2005 年。

[55] Nguyễn Đình Chú. Cần khẩn trương khôi phục việc dạy chữ Hán trong nhà trường phổ thông. "Tạp chí Hán Nôm", 2005, N.2. [越]阮庭注：《关于尽快恢复中小学汉字教育工作之需》，载《汉喃杂志》2005 年第 2 期。

[56] Nguyễn Đổng Chi. Vấn đề chữ viết trong văn học sử Việt Nam. Tập san "Nghiên cứu Văn Sử Địa", 1955, N.3.[越]阮董之：《越南文学史中的文字问题》，载《文史地研究》集刊 1955 年第 3 期。

[57] Nguyễn Đổng Chi. Việt Nam cổ văn học sử [1942] Phủ Quốc vụ khanh đặc trách văn hoá tái bản, Sài Gòn, 1970.[越]阮董之：《越南古文学史》，西贡：国务卿府出版社，1970 年。

[58] Nguyễn Khuê. Những vấn đề cơ bản của chữ Nôm. （Giáo trình）. Đại học Tổng hợp TP Hồ Chí Minh, 1987-1988.[越]阮奎：《喃字的若干基本问题》（教材），胡志明市：胡志明市综合大学，1987—1988 年。

[59] Nguyễn Kim Dung. Bảo tàng với việc khai thác và phát huy di sản chữ Nôm. Trong tập "Nghiên cứu chữ Nôm", Nxb KHXH, Hà Nội, 2006.[越]阮金蓉：《博物馆发掘推广喃字遗产的工作》，河内：社会科学出版社，2006 年。

[60] Nguyễn Kim Thản. Tuyển tập ngôn ngữ học. Nxb KHXH, Hà Nội, 2003.[越]阮金坦：《语言学选集》，河内：社会科学出版社，2003 年。

[61] Nguyễn Ngọc Bích. Về lô-gích của phép đọc chữ Nôm. Tạp chí "Nhịp sống" của Hội Văn hoá & Xã hội Việt Nam（Hoa Kỳ）, số 12-2007.[越]阮玉璧：《喃字释读方法的逻辑》，载越南文化和社会协会（美国）《生活节奏杂志》2007 年第 12 期。

[62] Nguyễn Ngọc San. Lý thuyết chữ Nôm văn Nôm. Nxb Đại học Sư phạm, Hà Nội, 2003.[越]阮玉珊：《喃文喃字理论》，河内：师范大学出版社，2003 年。

[63] Nguyễn Quang Hồng. Quốc âm tân tự - một phương án chữ Việt ghi âm thế kỷ XIX. “Tạp chí Hán Nôm”, 1986, N.1. ［越］阮光红：《19 世纪越南表音文字的一个新方案：国音新字》，载《汉喃杂志》1986 年第 1 期。

[64] Nguyễn Quang Hồng. Di sản Hán Nôm nhìn từ góc độ của khoa học ngữ văn. “Tạp chí Hán Nôm”, 1987, N.2.［越］阮光红：《科学语文视角下的汉喃遗产》，载《汉喃杂志》1987 年第 2 期。

[65] Nguyễn Quang Hồng. “Êm nềm” và “lắm thăn”. “Tạp chí Hán Nôm”, 1988, N.1.［越］阮光红：《淹袡和凛申》，载《汉喃杂志》1988 年第 1 期。

[66] Nguyễn Quang Hồng. Đặc điểm của chữ Việt La-tinh trong quan hệ với đặc điểm loại hình của tiếng Việt. Tạp chí “Ngôn ngữ”, 1992, N.2. ［越］阮光红：《越南语类型特点关系中拉丁越南文字的特点》，载《语言杂志》1992 年第 2 期。

[67] Nguyễn Quang Hồng. Vấn đề phiên chú các văn bản cổ. Trong “Ngôn ngữ học và vấn đề dịch thuật”. Hội Ngôn ngữ học Việt Nam và ĐHSP Ngoại ngữ Hà Nội, 1993.［越］阮光红：《古文献翻译注解问题》，载《语言学和译述问题》，河内：越南语言学会和河内外语师范大学，1993 年。

[68] Nguyễn Quang Hồng. Âm tiết và loại hình ngôn ngữ. Nxb KHXH, Hà Nội, 1994; Nxb Đại học Quốc gia Hà Nội, 2002.［越］阮光红：《音节与语言类型》，河内：社会科学出版社，1994 年。

[69] Nguyễn Quang Hồng. Hiện tượng đồng hình giữa chữ Nôm Việt và chữ vuông Choang. “Tạp chí Hán Nôm”, 1997, N.2.［越］阮光红：《越南喃字和壮族方块字之间的同形现象》，载《汉喃杂志》1997 年 2 期。

[70] Nguyễn Quang Hồng. Tác phẩm chữ Nôm và các kiểu định danh chúng. “Thông báo Hán Nôm học - 1997”. Nxb KHXH, Hà Nội,1998. ［越］阮光红：

《喃字作品及其命名方式》，载《1997 年汉喃学通讯》，河内：社会科学出版社，1998 年。

[71] Nguyễn Quang Hồng. Bộ thủ không trực tiếp mang nghĩa trong chữ Nôm. "Thông báo Hán Nôm học - 1998". Nxb KHXH, Hà Nội, 1999.［越］阮光红：《喃字：不直接表意的部首》，载《1998 年汉喃学通讯》，河内：社会科学出版社，1998 年。

[72] Nguyễn Quang Hồng. Hình bóng chữ Nôm Việt trong chữ vuông Choang. "Tạp chí Hán Nôm", 1999, N.1. ［越］阮光红：《壮族方块字中的越南喃字印记》，载《汉喃杂志》1999 年第 1 期。

[73] Nguyễn Quang Hồng（phiên âm và chú giải）. Truyền kỳ mạn lục giải âm. Nxb KHXH, Hà Nội, 2001.［越］阮光红拼音与注解：《传奇漫录解音》，河内：社会科学出版社，2001 年。

[74] Nguyễn Quang Hồng. Chữ Nôm trên đường hội nhập với khu vực và thế giới. "Tạp chí Hán Nôm", 2002, N.5. ［越］阮光红：《喃字正逐步融入区域和世界》，载《汉喃杂志》2002 年 5 期。

[75] Nguyễn Quang Hồng. Một số vấn đề và khía cạnh nghiên cứu chữ Nôm. "Tạp chí Hán Nôm", 2004, N.6.［越］阮光红：《喃字研究的若干问题和视角》，载《汉喃杂志》2004 年 6 期。

[76] Nguyễn Quang Hồng. Hiện tượng Nôm hoá các hình thể chữ Hán mượn vào văn bản tác phẩm Nôm. Kỷ yếu "Hội nghị Quốc tế về chữ Nôm". Huế, 6-2006.［越］阮光红：《喃化汉字字形借入喃字文献中的现象》，顺化：喃字国际会议纪要，2006 年。

[77] Nguyễn Quang Hồng. Hiện tượng chuyển dụng chữ Nôm trong các văn bản Nôm. Trong sách "Nghiên cứu chữ Nôm", Nxb KHXH, Hà Nội, 2006.［越］阮

光红：《喃字文献中喃字转用的现象》，载《喃字研究》，河内：社会科学出版社，2006 年。

[78] Nguyễn Quang Hồng. Giới thuyết về chữ Hán chữ Nôm trong tác phẩm văn Nôm. “Tạp chí Hán Nôm”, 2006, N.6.［越］阮光红：《喃字文献中汉字和喃字的界说》，载《汉喃杂志》2006 年第 6 期。

[79] Nguyễn Quang Hồng. Khảo về chữ “Mấy” và chữ “Ốc”. “Tạp chí Hán Nôm”, 2006, N1.［越］阮光红：《“条”字和“沃”字考》，载《汉喃杂志》2006 年第 1 期。

[80] Nguyễn Quang Hồng. Khảo về mấy chữ Nôm ghi tiếng Một và Ấy. “Tạp chí Hán Nôm”, 2006, N.3.［越］阮光红：《表越南语 Một 和 Ấy 的诸喃字考》，载《汉喃杂志》2006 年第 3 期。

[81] Nguyễn Quang Hồng. Khảo về mấy chữ Nôm ghi tiếng Làm và Nào. “Tạp chí Hán Nôm”, 2007, N.4.［越］阮光红：《表越南语 Làm 和 Nào 的喃字考》，载《汉喃杂志》2007 年第 4 期。

[82] Nguyễn Quang Hồng. Khái lược về chữ Nôm Ngạn. “Tạp chí Hán Nôm”, 2007, N.6.［越］阮光红：《彦族喃字概略》，载《汉喃杂志》2007 年第 6 期。

[83] Nguyễn Quang Hồng, Nguyễn Tuấn Cường. “Thi kinh giải âm” - văn bản sớm nhất hiện còn in theo ván khắc năm Vĩnh Thịnh 10（1714）. “Tạp chí Hán Nôm”, 2005, N.3.［越］阮光红、阮俊强：《〈诗经解音〉——现存最早的永盛十年（1714）刻本》，载《汉喃杂志》2005 年第 3 期。

[84] Nguyễn Quang Hồng, Ngô Thanh Nhàn, Đỗ Bá Phước, Ngô Trung Việt. Chữ Nôm: Văn hoá cổ truyền và thông tin hiện đại. Tạp chí “Ngôn ngữ”, 1999, N.4.［越］阮光红、吴清娴、杜伯福：《喃字：传统文化和现代信息》，载《语言杂志》1999 年第 4 期。

[85] Nguyễn Quang Hồng chủ biên. Tự điển chữ Nôm. Viện Nghiên cứu Hán Nôm. Nxb Giáo dục, Hà Nội, 2006. [越]阮光红主编：《喃字字典》，河内：教育出版社，2006年。

[86] Nguyễn Quang Xỷ, Vũ Văn Kính. Tự điển chữ Nôm. Trung tâm Học liệu. Sài Gòn, 1971.[越]阮光侈、武文敬：《喃字字典》，西贡：学料中心，1971年。

[87] Nguyễn Tá Nhí. Các phương thức biểu âm trong cấu trúc chữ Nôm Việt. Nxb KHXH, Hà Nội, 1997.[越]阮佐倪：《越南喃字结构中的表音方式》，河内：社会科学出版社，1997年。

[88] Nguyễn Tài Cẩn. Ngữ pháp tiếng Việt - Tiếng. Từ ghép. Đoản ngữ. Nxb ĐH & THCN, Hà Nội, 1975. [越]阮才谨：《越南语语法：音节、词组、短语》，河内：大学和大专出版社，1975年。

[89] Nguyễn Tài Cẩn. Nguồn gốc và quá trình hình thành cách đọc Hán Việt.（1979）. Nxb Đại học Quốc gia Hà Nội, （tái bản）, 2000. [越]阮才谨：《汉越语读音的起源及其形成过程》，河内：河内国家大学出版社，2000年。

[90] Nguyễn Tài Cẩn. Một số vấn đề về chữ Nôm. Nxb ĐH&THCN（Trung học Chuyên nghiệp）, 1985.[越]阮才谨：《关于喃字的若干问题》，河内：大学和大专出版社，1985年。

[91] Nguyễn Tài Cẩn. Giáo trình lịch sử ngữ âm tiếng Việt. Nxb Giáo dục, Hà Nội, 1995.[越]阮才谨：《越南语语音历史教程》，河内：教育出版社，1995年。

[92] Nguyễn Tài Cẩn. Một số chứng tích về ngôn ngữ, văn tự và văn hoá. Nxb Đại học Quốc gia Hà Nội, 2001.[越]阮才谨：《语言、文字和文化的若干证迹》，河内：河内国家大学出版社，2001年。

[93] Nguyễn Tài Cẩn. Tư liệu Truyện Kiều - Từ bản Duy Minh Thị đến bản Kiều Oánh Mậu, NxbVăn học, Hà Nội, 2004.［越］阮才谨：《翘传资料：从惟明氏版到乔莹懋版》，河内：文学出版社，2004 年。

[94] Nguyễn Thế. Tuồng cổ chữ Nôm - Bảo tồn và khai thác. Trong sách “Nghiên cứu chữ Nôm”, Nxb KHXH, Hà Nội, 2006.［越］阮世：《喃字唑剧：保存与开拓》，载《喃字研究》，河内：社会科学出版社，2006 年。

[95] Nguyễn Thị Lâm. Chữ Nôm và tiếng Việt qua văn bản Thiên Nam ngữ lục. Nxb KHXH, Hà Nội, 2006.［越］阮氏林：《从〈天南语录〉文本看喃字和越南语》，河内：社会科学出版社，2006 年。

[96] Nguyễn Thị Lâm. Hiện tượng ghi âm mang tính chất địa phương trong chữ Nôm. “Tạp chí Hán Nôm”, 1985, N.1.［越］阮氏林：《喃字中表音现象的地方性》，载《汉喃杂志》1985 年第 1 期。

[97] Nguyễn Thị Lâm. Chữ Nôm với ngữ âm địa phương Nam Bộ. “Tạp chí Hán Nôm”, 1993, N.2.［越］阮氏林：《喃字与南部方言语音》，载《汉喃杂志》1993 年第 2 期。

[98] Nguyễn Thị Lâm. Chữ Nôm địa phương qua một văn bản thơ quốc âm của Nguyễn Công Trứ. Trong “Thông báo Hán Nôm học - 2003”. Viện Nghiên cứu Hán Nôm, Hà Nội, 2004.［越］阮氏林：《从阮公著的国音诗看地方喃字》，载《2003 年汉喃学通讯》，河内：越南汉喃研究院，2004 年。

[99] Nguyễn Thị Oanh. Nghiên cứu văn bản Lĩnh Nam chích quái. Luận án Tiến sĩ ngành Hán Nôm. Hà Nội, 2005.［越］阮氏莺：《〈岭南摭怪〉文本研究》，河内：汉喃专业博士研究生学位论文，2005 年。

[100] Nguyễn Thị Trang. Một bản gia phả chép bằng chữ Nôm. “Tạp chí Hán Nôm”, 1997, N2.［越］阮氏庄：《一本用喃字抄录的家谱》，载《汉喃杂志》1997 年 2 期。

[101] Nguyễn Thị Trang. Bước đầu tìm hiểu hệ thống chữ Nôm ghi tên hiệu các vị thần thành hoàng làng. Trong sách “Nghiên cứu chữ Nôm”, Nxb KHXH, Hà Nội, 2006. [越]阮氏庄：《农村城隍喃字名号体系初探》，河内：社会科学出版社，2006 年。

[102] Nguyễn Tuấn Cường. Sơ bộ nghiên cứu ván khắc và văn bản giải âm Lý Tướng công chép sự minh ty. Trong “Thông báo Hán Nôm học - 2004”. Viện Nghiên cứu Hán Nôm, Hà Nội, 2005.[越]阮俊强：《〈李相公记事冥司解音〉文本与刻本初探》，载《2004 年汉喃学通讯》，河内：越南汉喃研究院，2005 年。

[103] Nguyễn Tuấn Cường. Nghiên cứu diên cách cấu trúc chữ Nôm theo cấp độ câu（qua bốn bản giải âm Thi kinh）. Luận văn Thạc sĩ ngành Hán Nôm. Hà Nội, 2006. [越]阮俊强：《从语句层面探究喃字结构沿革：以四版解音〈诗经〉为语料库》，河内：汉喃专业硕士论文，2006 年。

[104] Nguyễn Tuấn Cường. Khảo sát tác động của các yếu tố ngoại lai tới cấu trúc loại chữ Nôm mượn âm phi Hán Việt. Trong sách “Nghiên cứu chữ Nôm”. Nxb KHXH, Hà Nội, 2006.[越]阮俊强：《考察外来因素对借用非汉越音型喃字结构的影响》，载《喃字研究》，河内：社会科学出版社，2006 年。

[105] Nguyễn Văn Cự, Ngô Văn Doanh. Du khảo văn hoá Chăm. Viện Đông Nam Á - Viện Viễn Đông Bác Cổ, Hà Nội, 2005.[越]阮文巨、吴文营：《占婆文化游考》，河内：远东博古学院-东南亚院，2005 年。

[106] Nguyễn Văn Huyên. Recueil des chants de mariage Thổ de Langsơn et Caobăng. BEFEO, 1941. Bản tiếng Việt trong “Góp phần nghiên cứu văn hoá Việt Nam”. Tập I, Nxb KHXH, Hà Nội, 1995.[越]阮文喧：《谅山与高平岱

族婚礼歌曲》，《法国远东学院学报》1941 年，越文版载《对研究越南文化的贡献》第 1 册，河内：社会科学出版社，1995 年。

[107] Nguyễn Văn Tài. Góp thêm tài liệu cho việc đoán định thời điểm. Tạp chí "Dân tộc học", N.3, 1978. [越]阮文才：《关于判断汉越音形成时间节点的材料补充》，载《民族学杂志》1978 年 3 期。

[108] Nguyễn Xuân Diện. Văn thơ Nôm giáng bút với việc kêu gọi lòng yêu nước và chấn hưng văn hoá dân tộc cuối thế kỷ XIX đầu thế kỷ XX. Trong "Nghiên cứu chữ Nôm", Nxb KHXH, 2006. [越]阮春面：《降笔喃文诗与 19 世纪末 20 世纪初的爱国情怀召唤和民族文化复兴》，河内：社会科学出版社，2006 年。

[109] Nguyễn Xuân Diện. Lịch sử và nghệ thuật ca trù - Khảo sát nguồn tư liệu tại Viện Nghiên cứu Hán Nôm. Nxb Thế giới, 2007. [越]阮春面：《歌筹的历史和艺术：以越南汉喃研究院资料为考察视角》，河内：世界出版社，2007 年。

[110] Phạm Huy Hổ. Việt Nam ta biết chữ Hán từ đời nào? Tạp chí "Nam Phong", N.29, 11-1919. [越]范辉琥：《我们越南何时知晓汉字》，载《南风》1919 年第 29 期。

[111] Phạm Quỳnh. Hán-Việt văn tự. Tạp chí "Nam Phong", N.107, Jul. 1926.[越]范琼：《汉越文字》，载《南风》1926 年第 107 期。

[112] Phạm Quỳnh. Khảo về chữ Quốc ngữ. Tạp chí "Nam Phong", N.122, 10-1927.[越]范琼：《国语字考究》，载《南风》1927 年第 122 期。

[113] Phạm Văn Khoái. Một số vấn đề chữ Hán thế kỷ XX. Nxb Đại học Quốc gia Hà Nội, 2001.[越]范文快：《20 世纪汉字的若干问题》，河内：河内国家大学出版社，2001 年。

[114] Phùng Uông, Đảo Thản, Hồ Lê. Bảng tra chữ Nôm. Viện Ngôn ngữ học, Hà Nội, 1976.［越］冯汪、陶坦、胡黎：《喃字查字表》，河内：语言研究院，1976 年。

[115] Phan Khôi. Việt ngữ nghiên cứu（1954）. Nxb Đà Nẵng, 1997（tái bản）.［越］潘魁：《越南语研究》，岘港：岘港出版社，1997 年。

[116] Phan Anh Dũng. Nghiên cứu xây dựng và hoàn chỉnh bộ phần mềm Hán Nôm độc lập. Trong "Thông báo Hán Nôm học - 2003", Viện Nghiên cứu Hán Nôm, Hà Nội. 2004.［越］潘英勇：《研究、构建和完善独立的汉喃软件集》，载《2003 年汉喃学通讯》，河内：越南汉喃研究院，2004 年。

[117] Phan Văn Các, Claudine Salmon. Văn khắc Hán Nôm Việt Nam - Tập 1. Từ Bắc thuộc đến thời Lý. Viện Nghiên cứu Hán Nôm và École Francaise d'Etrême-Orient xuất bản, Paris - Hà Nội, 1998.［越］潘文阁、［法］克劳丁・萨蒙主编：《越南汉喃铭文》第 1 集《从郡县时期到李朝》，河内：越南汉喃研究院，巴黎：法国远东学院，1998 年。

[118] Quốc Anh. Vài nét về nền Hán học cũ ở Việt Nam dưới chế độ thuộc địa của thực dân Pháp. "Tạp chí Hán Nôm" - 1987, N.1.［越］国英：《略谈法国殖民下越南古汉学研究》，载《汉喃杂志》1987 年第 1 期。

[119] Sở Cuồng（Lê Dư）. Chữ Nôm với quốc ngữ. Tạp chí "Nam Phong", N.172, 1932.［越］楚狂（黎屿）：《喃字与国语字》，载《南风》1932 年第 172 期。

[120] Trần Xuân Ngọc Lan（Phiên âm và chú giải）. Chỉ nam ngọc âm giải nghĩa. Nxb KHXH, Hà Nội, 1985.［越］陈春玉兰拼音与注解：《指南玉音解义》，河内：社会科学出版社，1985 年。

[121] Trần Xuân Ngọc Lan. Một giả thuyết về từ nguyên của từ “Nôm”. “Tạp chí Hán Nôm”, 1988, N.1.[越]陈春玉兰：《关于“喃”的一种词源假说》，载《南风》1988 年第 1 期。

[122] Trần Trí Dõi. Nghiên cứu ngôn ngữ các dân tộc thiểu số Việt Nam. Nxb Đại học Quốc gia Hà Nội, 1999. [越]陈智睿：《越南少数民族语言研究》，河内：河内国家大学出版社，1999 年。

[123] Triều Anh. Những trang sử cuối cùng của chữ Hán-Nôm. Nxb Tổng hợp Đồng Nai, 1999.[越]晁英：《汉-喃文字的最后篇章》，同奈：同奈综合出版社，1999 年。

[124] Trần Nghĩa. Sưu tầm và khảo luận tác phẩm chữ Hán của người Việt Nam trước thế kỷ X. Nxb Thế giới. Hà Nội, 2000.[越]陈义：《10 世纪前越南汉文作品的搜集与考论》，河内：世界出版社，2000 年。

[125] Trần Trọng Dương. Nghiên cứu các bản dịch “Khoá hư lục” - Chữ Nôm và tiếng Việt. Luận văn Thạc sĩ ngành Hán Nôm. Hà Nội, 2005. [越]陈仲阳：《〈课虚录〉喃字与越南语各译本研究》，河内：汉喃专业硕士学位论文，2005 年。

[126] Trần Lê Sáng（chủ biên）. 5000 hoành phi câu đối Hán Nôm. Nxb Văn hoá Thông tin, Hà Nội, 2006[越]陈黎创主编：《5000 汉喃牌匾对联》，河内：信息文化出版社，2006 年。

[127] Trần Thị Giáng Hoa. Bước đầu tìm hiểu chữ Nôm trong các bản văn khắc thời Lý - Trần. Trong sách “Nghiên cứu chữ Nôm”. Nxb KHXH, Hà Nội, 2006. [越]陈氏降花：《李陈时期喃字刻本初探》，载《喃字研究》，河内：社会科学出版社，2006 年。

[128] Trần Văn Giáp. Bốn bài văn xuôi nguyên văn chữ Nôm viết vào giữa thế kỷ XVIII. Tập san “Văn Sử Địa”, N.39（4-1958）, N.40（5-1958）.[越]陈文玾：

《创作于 18 世纪中叶的四篇喃字散文原稿考》，载《文史地》集刊 1958 年第 39 期，1958 年第 40 期。

[129] Trần Văn Giáp. Lược khảo về nguồn gốc chữ Nôm. Tập san "Nghiên cứu Lịch sử", N.127, 10-1969.［越］陈文玾：《喃字起源考略》，载《历史研究》集刊 1969 年第 127 期。

[130] Trần Văn Kiệm. Giúp đọc Nôm và Hán Việt. Hội Bảo tồn Di sản chữ Nôm Hoa Kỳ. Nxb Đà Nẵng, 2004.［越］陈文俭：《喃字与汉越语的助读》，《美国喃字遗产保存研讨会》，岘港：岘港出版社，2004 年。

[131] Trần Văn Toàn. Một vài nhận xét về chữ Nôm công giáo. Trong sách "Nghiên cứu chữ Nôm". Nxb KHXH, Hà Nội, 2006.［越］陈文全：《关于天主教喃字的几点见解》，载《喃字研究》，河内：社会科学出版社，2006 年。

[132] Thanh Lãng. Văn chương chữ Nôm. Nhà in Văn Hợi, in lần 2（theo bản 1953）.［越］清烺：《喃字文章》，河内：文亥书坊，1957 年。

[133] Trịnh Khắc Mạnh, Trương Đức Quả. Về những thác bản văn khắc chữ Nôm ở Thư viện Viện Nghiên cứu Hán Nôm. "Tạp chí Hán Nôm", 1994, N.2.［越］郑克孟、张得果：《越南汉喃研究院图书馆所藏若干喃字刻本拓本》，载《汉喃杂志》1994 年第 2 期。

[134] Trần Kinh Hoà. Hình thái và niên đại sản xuất của chữ Nôm. Bản dịch của Đoàn Khoách, in trên tạp chí "Đại học Huế", 1963, N.35-36. 陈荆和著，［越］段扩译：《喃字之形态与产生之年代》，载《顺化大学杂志》1963 年第 35—36 期。

[135] Từ điển Thái - Việt. Viện Ngôn ngữ học, Hà Nội, 1992.［越］《泰越词典》，河内：语言研究院，1992 年。

[136] Viện Khoa Học Xã Hội Việt Nam dịch. Đại Việt sử ký toàn thư. （Bản Chính Hoà thời Lê）. Nxb KHXH, Hà Nội, 1992.［越］越南社会科学通讯院译：《大越史记全书》（黎朝正和版，1697），河内：社会科学出版社，1992 年。

[137] Viện Văn học thuộc Uỷ ban Khoa học xã hội Việt Nam. Thơ văn Lý Trần. Tập I. （Nhiều tác giả）. Nxb KHXH, Hà Nội,1977.［越］越南社会科学委员会下属文学研究院：《李陈诗文》第 1 册，河内：社会科学出版社，1977 年。

[138] Việt Anh. Nguỵ Khắc Đản với cách phiên âm từ và ngữ tiếng Pháp bằng chữ Nôm và chữ Hán. “Tạp chí Hán Nôm”, 2007, N.2（81）.［越］越英：《魏克憻用喃字与汉字注音法语词语之方式》，载《汉喃杂志》2007 年第 2 期。

[139] Vương Lộc（giới thiệu và chú giải）. An Nam dịch ngữ. Trung tâm Từ điển học - Nxb Đà Nẵng, Hà Nội - Đà Nẵng, 1995.［越］王禄介绍与注释：《安南译语》，岘港：岘港出版社，1995 年。

[140] Friedrich von J. Geschichte der Schrit. Heidelberg 1966. Bản dịch tiếng Việt qua bản tiếng Nga do Phạm Văn Khoái thực hiện（Tư liệu dịch Trường Đại học KHXH & NV- Đại học Quốc gia Hà Nội, 2005）.［德］约翰内斯·冯·弗雷德里希著，［越］范文快译：《文字历史》，河内：河内国家大学下属人文与社会科学大学，2005 年。

[141] Istrin V.A. Sự phát triển của văn tự. Истрин В.А. Развитие пиьма. Москва, 1961.［苏联］伊斯特林：《文字发展史》，莫斯科：苏联科学院出版社 1961 年。

[142] Likhachev D.S. Văn bản học - Trên tư liệu văn hiến Nga thế kỷ X-XVII（Лихачев Д.С. Текстология - на материале русской литературы X-XVII

веков）. Изд.“Наука”, Ленинград.1983.［苏联］利哈契夫：《10—17 世纪俄罗斯文献资料的文本学考究》，列宁格勒：科学编辑部，1983 年。

[143] Béhaine（Pierre Pigneaux de Béhaine - tức Bá Đa Lộc）. Dictionarium Anamittico Latinum（Từ điển Việt - La）, Bản thảo viết tay, 1722.［法］百多禄：《越-拉字典》（手稿），1722 年。

[144] Chan Hing-ho và Isabelle Landry-Deron biên tập. Mục lục thư tịch Hán Nôm tàng trữ tại Hội thừa sai Ba-Lê. Paris, 2004. 陈庆浩、［法］伊莎贝尔・兰德里・德隆：《巴黎乘差会所藏汉喃书籍目录》，巴黎，2004 年。

[145] Cadière L., Pelliot P.. Première étude sur les sources annamites de l'historie d'Annam. BEFEO, tập IV, N.3, 1904.［法］里欧培・卡迪尔、保罗・伯希和：《初探安南历史上的“安南缘起”》，载《法国远东学院学报》第 4 集，1904 年第 3 期。

[146] Haudricourt A.G. La place du viêtnamien dans les langue austroasiatique. “Bulletin de la ociété Linguistique de Paris”. 1953, t.49, fasc.1, pp.122-128.［法］安德烈・乔治・欧德里古尔：《越南语在南亚诸语言中的地位》，载《巴黎语言学会集刊》第 1 册，1953 年，第 122—128 页。

[147] Taberd J.L. Dictionarium Anamitico-Latinum（Nam Việt Dương Hiệp Tự Vị）. 1838.［法］让・路易・戴比尔德：《越-拉字典》（《南越洋合字汇》），1838 年。

[148] Maspéro H. Etudessur la phonétique historique de la langue annamite. BEFEO, 1912, t.XI, N.1, pp. 1-124.［法］亨利・马伯乐：《安南音韵史研究・声母篇》，载《法国远东学院学报》1912 年第 12 卷第 1 期，第 1—124 页。

[149] Génibrel J.F.M. Dictionnare Annamite-Francais（Từ điển Việt - Pháp）. Imprimerie de la Mission à Tân Định, Sài Gòn, 1898.［法］格尼布：《大越国音汉字法释集成》（越-法词典），西贡：新定出版社，1898 年。

[150] Rhodes（Alexandre de Rhodes）. Từ điển Annam-Lusitan-Latinh.（Dictionarium Annamiticum Lvsitanum et Latinum. Roma, 1651）. Nxb KHXH, Hà Nội, 1991.［法］亚历山大·德·罗德著：《越-葡-拉字典》，河内：社会科学出版社，1991 年。

[151] Rhodes（Alexandre de Rhodes）. Phép giảng tám ngày cho kẻ muấn chịu phép rứa tọi, ma beào đạo thánh đức Chúa blời.（gọi tắt: Phép giảng tám ngày）. Roma, 1651. Tủ sách “Đại kết” in lại, TP Hồ Chí Minh, 1993.［法］亚历山大·德·罗德著：《圣讲八日》，胡志明市：大结丛刊，1993 年。

[152] Rhodes（Alexandre de Rhodes）. Lịch sử vương quốc Đàng Ngoài（Histoire du royaume de Tunquin）. Hồng Nhuệ dịch. Tủ sách “Đại kết”, TP Hồ Chí Minh, 1994.［法］亚历山大·德·罗德著，［越］洪锐译：《外路王国历史》，胡志明市：大结丛刊，1994 年。

[153] Schneider（Paul Schneider）. Khảo cứu bản dịch Nôm Truyền kỳ mạn lục. “Tạp chí Hán Nôm”, 1995, N1.［法］保罗·施耐德：《〈传奇漫录〉喃译本考究》，载《汉喃杂志》1995 年第 1 期。

[154] Schneider（Paul Schneider）. Dictionnairehistoriquedes ideo-grammes vietnamiens - Universite de Nice-Sophia Antipolis. R.I.A.S.E.M. Nice（France）, 1992.［法］保罗·施耐德：《越南表意文字词典》，尼斯：索菲亚安提波利斯大学，1992 年。

[155] Shimizu Masaaki. Khảo sát sơ lược về cấu trúc âm tiết tiếng Việt vào thế kỷ XIV-XV qua hai cứ liệu chữ Nôm. In trong “Việt Nam học. Kỷ yếu Hội nghị Quốc tế lần thứ nhất. Hà Nội, 15-17.7.1998”. Nxb Thế giới, Hà Nội,

2001.[日]清水政明：《基于两个字喃证据下的14—15世纪越南语音节结构考略》，载《1998年第二次越南学国际会议纪要》，河内：世界出版社，2001年。

[156] Hán tự điển. （Nhiều tác giả）.《漢字典》.旺文社.東京, 2001.[日]小和田、远藤哲夫等：《汉字典》，东京：旺文社，2001年。

[157] Kawamoto Kuniye. Truyền kỳ mạn lục san bản khảo. [日]川本邦卫：《〈传奇漫录〉刻本考》，东京：庆应义塾大学言语文化研究所，1998年。

[158] Takeuchi（Yonosuke Takeuchi）. Chữ Nôm tự điển. [日]竹内与之助：《喃字字典》，东京：东京大学书林，1988年。

[159] Sasahara（Hiroyuki Sasahara）.《日本の漢字》. 岩波書店, 東京, 2006. [日]笹原宏之：《日本的汉字》，东京：岩波书店，2006年。

[160] Nguyễn Văn Tố. Langue et literature annamites. BEFEO, 1930, tập XXX, N.1-2.[越]阮文素：《安南的语言和文学》，载《法国远东学院学报》，1930年第30集第1—2期。

[161] Haudricourt A.G. The Limits and Connections of Austroasatic in the Norheast. Studies in Comparative Austroasiatics Linguistics. London-The Haugue - Paris, 1966, pp.44—56.

[162] Gelb I.J. A study of Writing.（Second Ed.） The University of Chicago Press. Chicago & London, 1963. 俄文版：Гельб И.Е. Опыт изучения письма（Оснвы грамматологии）. Москва, 1988.

[163] Nguyễn Khắc Kham. Chữ Nôm or Former Vietnamese Script and Ist Past contribution to Vietnamese Literature. Area and Culture Studies 24, Tokyo University of Foreign Studies, 1974.

[164] Nguyễn Đình Hoà. Graphemic Borrowings from Chinese: The Case of Chữ Nôm - Vietnam's Dômtic Script. Reprinted from The Bulletin of the History

and Philology Acdemia Sinica. Vol. LXI, Part II. Taipei, Taiwan, China. 1990.

二、中文文献

[1] 陈抡：《历史比较法与古籍校释》，长沙：湖南人民出版社，1987 年。
[2] 陈原：《语言和人》，北京：商务印书馆，2003 年。
[3] 陈士强：《佛典精解》，上海：上海古籍出版社，1993 年。
[4] 陈庆浩、王三庆主编：《越南汉文小说丛刊》第 7 册，巴黎：法国远东学院出版，台北：台湾学生书局发行，1987 年。
[5] 舒新城、沈颐：《辞海》（民国版精装合订本），上海：中华书局，1947 年。
[6] 商务印书馆编辑部：《辞源》，北京：商务印书馆，1983 年。
[7] 丁福保：《佛学大辞典》，上海：上海书店出版社，1995 年。
[8] 董同龢：《汉语音韵学》，台北：文史哲出版社，1997 年。
[9] 符显仁：《中国文字面面观》，台北：庄严出版社，1980 年。
[10] 广西壮族自治区少数民族古籍整理出版规划领导小组主编：《古壮字字典》，南宁：广西民族出版社，1989 年。
[11] 谷衍奎：《汉字源流字典》，北京：华夏出版社，2004 年。
[12] 龚家镇：《汉字汉语汉文化论集》，成都：巴蜀书社，2002 年。
[13] 胡双宝：《汉字与汉语相适应》，载胡双宝：《汉字汉语汉文化》，北京：北京大学出版社，1998 年。
[14] ［汉］许慎撰，［清］段玉裁注：《说文解字》，上海：上海古籍出版社，1984 年。

[15] 汉语大字典工作委员会：《汉语大字典纪念册》，成都：四川辞书出版社，武汉：湖北辞书出版社，1990 年。

[16] ［加］蒲立本（Pwlleyblank E.G. ）著，潘悟云译：《上古汉语的辅音系统》，北京：中华书局，1999 年。

[17] 李乐毅：《方块壮字与喃字的比较研究》，载《民族语文》1987 年第 4 期。

[18] 李卓敏：《李氏中文字典》，上海：学林出版社（根据香港中文大学出版社版本重印），1985 年。

[19] 刘又辛、方有国：《汉字发展史纲要》，北京：中国大百科全书出版社，2000 年。

[20] 吕思勉：《文字学四种》，上海：上海教育出版社，1985 年。

[21] 陆锡兴：《方字论》，载赵丽明、黄国营编：《汉字的应用与传播》，北京：华语教学出版社，2000 年。

[22] 陆锡兴：《汉字传播史》，北京：语文出版社，2002 年。

[23] 罗竹风：《汉语大词典》卷 1，上海：上海辞书出版社，1986 年。

[24] 吕叔湘：《语文常谈》，北京：三联书店有限公司，1982 年。

[25] 马学良：《汉藏语概论》，北京：民族出版社，2003 年。

[26] ［美］布龙菲尔德（Bloomfield L. ）著，袁家骅等译：《语言论》，北京：商务印书馆，1980 年。

[27] 欧阳若修、周作秋、黄绍清等：《壮族文学史》第 1 册，南宁：广西人民出版社，1986 年。

[28] 裘锡圭：《文字学概要》，北京：商务印书馆，2002 年。

[29] 宋永培、端木黎明：《中国文化语言学辞典》，成都：四川人民出版社，1993 年。

[30] ［宋］周去非著，杨武泉校注：《岭外代答校注》，北京：中华书局，2006年。

[31] 史金波：《略论西夏文字的构造》，载《民族语文论集》，北京：中国社会科学出版社，1981年。

[32] 唐兰：《中国文字学》，上海：上海古籍出版社，1979年。

[33] 王力：《汉越语研究》，载王力：《汉语史论文集》，北京：科学出版社，1958年。

[34] 王力：《中国语言学史》，太原：山西人民出版社，1981年。

[35] 闻宥：《论字喃之组织及其与汉字之关涉》，载《燕京学报》1933年第14期。

[36] 韦庆稳：《〈越人歌〉与壮语的关系试探》，载民族语文编辑组：《民族语文论集》，北京：中国社会科学出版社，1981年。

[37] 韦庆稳：《试论百越民族的语言》，载《百越民族史论集》，北京：中国科学社会出版社，1981年。

[38] 韦树关：《汉越语关系词声母系统研究》，南宁：广西民族出版社，2004年。

[39] 徐松石：《粤江流域人民史》，载《徐松石民族学研究著作五种（上）》，广州：广东人民出版社，1993年。

[40] 袁少芬、李红：《民族文化与经济互动》，北京：民族出版社，2004年。

[41] 赵丽明：《试论汉字体制》，载赵丽明、黄国营编：《汉字的应用与传播》，北京：华语教学出版社，2000年。

[42] 赵元任：《汉语词的概念及其结构和节奏》，载赵元任著，吴宗济、赵新那编：《赵元任语言学论文集》，北京：商务印书馆，2002年。

[43] 张公瑾主编：《民族古文献概览》，北京：民族出版社，1997年。

[44] 张桂光：《汉字学简论》，广州：广东高等教育出版社，2004年。

[45] 郑兴凤、张琦：《古代汉语的定语后置问题》，载《鸡西大学学报》2005年第5卷第6期。

[46] 周有光：《世界文字发展史》，上海：上海教育出版社，2003年。

[47] 周有光：《比较文字学初探》，北京：语文出版社，1998年。

[48] 周有光：《汉字型文字的综合观察》，载《中国社会科学》1998年第2期。

[49] 周有光：《汉字和文化问题》，沈阳：辽宁人民出版社，2001年，第112页。

译后记

一、翻译之缘起

翻译越南汉喃研究院阮光红先生的《喃字文字学概论》(Khái luận Văn tự học Chữ Nôm，以下简称《概论》）是一件偶然的事情，也是一种不解之缘。2010 年 9 月，我有幸负笈求学于郑州大学于向东教授门下。于师传承了戴可来先生的学术衣钵，深得其精髓要旨。戴先生是我国首屈一指的越南问题专家，学术成就在国内外学界享有崇高的声誉。在独树一帜的学术研究体系中，先生除了发表了大量关于越南史、中越关系史的论著之外，还以越南史译著见长。关于戴先生的学术研究和译著的相关情况，于师和成思佳学弟已分别有专文述评[①]。兹不赘述。

我到郑州大学求学时，戴可来先生已荣休有年。于师建议我们平时多去看望戴可来先生，多向他请教学术问题。先生除了向我们讲述自己的求学和治学的经历之外，还经常阐明关于研究越南历史问题和中越关系的诸多基本观点与原则。其中，先生强调翻译越南学界的代表性学术著述，也是进行越南研究的重要途径。先生认为，译著译文不仅可以及时了解国外学界最新成果动态，也是与国外学界联系与交流的重要沟通桥梁，还可以校正原著者的失误。先生重视译著的“信、

① 详见：于向东：《怀念恩师著名越南史专家戴可来先生》，载《亚洲研究》（第一辑），中国社会科学出版社，2023 年，第 215—228 页。成思佳：《戴可来先生与中国的越南研究》，载《南洋资料译丛》2022 年第 2 期，第 75—86 页。

达、雅”，把翻译视为一种呕心沥血的学术再创作。

2012年春季学期，我顺利完成了以“越南文字发展史研究”为选题的开题报告，并幸运申请到2012年国家留学基金委员会联合培养博士生公派出国留学名额。2012年9月至2013年8月，我在越南河内国家大学下属社会与人文科学大学留学一年。越方联合培养导师是陈智睿教授。鉴于我博士论文的研究方向，陈智睿教授在给我讲授越南语言文化专题课程的同时，还将我引荐给汉喃研究院的阮光红教授。阮教授是一位著述等身的学者，尤其精专于喃字问题研究。其系列著述，尤其是《概论》在当时越南学界已有广泛的影响。阮教授很关爱和提携后学，安排我旁听他给越南硕博研究生讲授的汉喃专业课程。从那时起，我就萌生了日后翻译阮教授该著作的念头。

2013年8月底，留学期满返回郑州之前，我特地向阮教授辞别，并就打算翻译《概论》之事征求他的意见。阮教授说我是越南语专业教师，又在博士阶段撰写越南文字史的学位论文，是翻译该著作的合适人选，但叮嘱我先集中时间和精力，按时完成博士学位论文再考虑翻译之事。面对他的谆谆教导，我感动不已。回到郑州后，我将打算翻译阮光红教授著作的想法，向戴、于二师汇报，得到了他们的鼓励和支持。

2014年6月，我顺利从郑州大学博士毕业，返回广西民族大学继续进行越南语言文化教研工作。2015年8月，我初为人父。两边家庭均无人能帮照料小孩，虽聘请了保姆，但哺育婴幼之艰辛，一言难尽。翻译阮光红教授著作之事，暂时搁置了下来。

二、翻译的过程

2017 年 5 月 19—21 日，我应邀参加在杭州财经大学举办的“东亚汉籍与越南古辞书”国际学术研讨会。会上见到了越南汉喃研究院的院长——阮光红教授的得意门生阮俊强先生。我向他说明拟翻译阮光红教授《概论》之事，托他返回越南后适时替我向阮教授询问申请授权事宜。阮院长很支持我的想法，认为这对中越学界的学术交流很有意义，并建议我可以先着手翻译，后续事宜会想方设法一起解决。

2017 年 6 月，我以 2008 年越南教育出版社出版的《概论》为底本，开始翻译阮光红教授的著作。经过一段时间的翻译实践，我深刻体会到翻译阮光红教授著作的难度比原先预想的要大得多。如果仅凭一己之力，不但面临巨大的挑战和困难，而且很有可能难以保证预期的进度。我遂邀约刘亚琼和黄先民一起组成翻译团队。刘亚琼是我 2017 年招到的第一个硕士研究生；黄先民则是我教过的越南语本科学生，彼时正在越南攻读硕士学位。两位的越南语专业基础扎实，文思敏捷，且有志于究学，是合适的团队成员。组成团队之后，我们进行了翻译工作分工。我负责第一章、第二章、第五章和附录的翻译；刘亚琼负责摘要、第三章、参考文献的翻译与核查，以及统稿等方面的工作；黄先民则负责第四章和第六章的翻译[①]。

2018 年 2 月，阮俊强院长通过电子邮件将阮光红教授后续修订的电子版发给我，并叮嘱以它为准进行翻译。为此，我们翻译团队又将

① 此处的章节分配主要依据越南语原著，但由于阮先生对译文中的某些章节进行了修改、补充和调整，因此译文相关章节可能与原著存在些许差异。

两者进行通读比较，发现阮光红教授对某些章节进行了微调，也对某些内容进行了修改、补充和损益，但总体上修改之处并不多。2019 年 5 月中旬，我们完成了初译稿，并通过电子邮件发送给阮光红教授和阮俊强院长。8 月初，阮光红教授详细审阅了初译稿之后，将带有修改批注的电子稿件回发给我们。翻译团队遂按阮教授的意见，对各自负责翻译的部分进行整理、修改和补充。8 月中旬，为了商量在中国出版译作的授权事宜，我和黄先民专程前往河内登门拜访阮光红教授，并呈上按他意见修改好的纸质译稿。阮教授对我们的翻译工作表示肯定和谢意，但表示他还需进一步详细审阅和订正，也叮嘱我们对译文要精益求精。此后几个月，我们多通过电子邮件，讨论修改译稿的相关问题。由于阮光红教授年纪较高，且身体抱恙，所以我们之间的联系大多是通过阮俊强院长转达的。

2020 年 1 月 10 日至 17 日，我因公务出差越南河内。其间，抽空又前往拜访阮光红教授。他对我们的翻译工作再次表示肯定和赞赏，并将他进一步订正和审校的纸质版译稿交付于我，让我们翻译团队再做最后的修改。至于授权在中国出版《概论》译稿事宜，阮光红教授让我们跟阮俊强院长友好协商拟定好，再给他签字即可。回国后，翻译团队再按他的批注意见做了进一步的修改。阮光红教授是一位在学术上非常严谨认真的学者，凡事要精益求精。阮教授患有帕金森病症，看到译稿上那些歪歪扭扭的手写批注，心中的敬意和感慨油然而生。

在万事俱备只欠东风之际，新冠疫情爆发肆虐全球。在此期间，我几次给发给阮光红教授和阮俊强院长的邮件，不知何故均被系统退回。后来几经周折，我们才重新与阮光红教授恢复了联系。

三、翻译碰到的问题及处理办法

在翻译《概论》的过程中，翻译团队遇到了翻译学的诸多共性和特性问题，需要克服重重困难与挑战。首先，从内容层面来看，该著作跨越诸多学科领域，不但要求译者要有比较广博而又专业的知识体系，而且还要求译者在碰到相关专业或学术问题时，能够找到有效解决的途径和办法。其次，从行文语言特征来看，作者论述逻辑思维缜密，多以长句表述，在某些必要的语境中，作者有时加以文中注，有时又以括号另加说明的方式进行辅助阐释。这对翻译的理解与表达，尤其是对译稿的学术格式统一，增加了不少难度。再次，汉越关系语素/词语有非常密切的联系。这种联系兼具语言学历时性和共时性两大特点，且往往相互交织。这对翻译过程中遣词用字的准确度是严峻的挑战。复次，定语后置是越南语的一大特点，文中有不少多重定语修饰中心词的语境，对翻译过程的理解和表达提出更高的双语驾驭能力。此外，在译稿电子文档中，汉字字体与喃字字体并不兼容，不能对全文进行统一字体，否则将会出现不少喃字乱码或无法正常显示的情况。作者虽然提供了喃字字库和输入法，但并非所有的喃字均可在电脑中输出，需要借助特定软件创制生僻喃字。附录中的《国音新字》部分因为包含无法新造的不规则文字符号，为保留其原貌，只能以文字图片的形式录入。另外，作者原文采用英文标题层级、繁体字和文中注，且对汉喃文献使用了缩写，如《大南一统志》简写为《大南》，《梳镜新妆》简写为《梳镜》。为便于阅读并符合体例规范，我们将其调整为中文标题层级、简体字和页下注，尽量恢复文献缩写的全称。然而，由于书中列举喃字例字频繁、喃字分类编号多样，且部分编号在其他章节亦有引用，加之借汉喃字多是繁体汉字，因此，个别地方采取了折中的处理方式，保留原书体例，并未径改。面对上述系列问题，翻译团队以认真负责和谨慎细致的态度，竭尽所能逐一进行解决，力求汉译《概论》能最大限度展现原著的学术风貌及翻译层面的信、达、雅。

翻译团队与阮光红教授始终保持良好的学术互动，一起探究翻译中碰到或发现的相关问题。团队碰到原著存在的诸如援引材料信息不完整、欠规范或错漏，历史人名讹误，图片材料有误等需要进一步廓清或核对的问题时，均以译者注的形式列于相应页面的页脚。阮光红教授则逐一详细甄别与核查了译者注。对于确凿的错漏和讹误之处，他欣然接受了翻译团队的订正和修改意见；对于翻译团队理解不到位之处，他耐心细致地给予解释，或另做更为明确的阐述。阮光红教授认为，过多的注释不利于读者阅读的连续性和思维的专注度，因此他将翻译团队那些合理的意见，吸收于译文之中，不再保留译者脚注。

阮光红教授年轻时曾负笈求学于北京大学，又几十年如一日从事汉喃问题研究，有精深的汉文和汉语功底。因此，他对原著作中某些借汉词的使用及汉译，有自己独到的理解和用意。比如，他在阐述和分析喃字结构和形体时，使用了“hội âm”这一借汉词，我们无法找到描述方块字结构的相应术语。经与阮光红教授请教和交流，他说这是用于阐述喃字特有造字方法的创新性术语，与汉字六书的“会意”相呼应，直接按它们的汉字音译为“会音”即可。又如，在分析喃字造字方法时，原著使用“thành tố”来表示造字相关的构件，我们本来翻译为“构件”/“要素”，但阮光红教授认为不妥，建议直接按汉字音译为“成素”。有些越南词语对应若干个汉语词语，阮教授对此也多有独到的见解，给予翻译团队订正或修改意见。诸如此类还有不少，不便一一枚举。

总而言之，翻译的过程中，翻译团队碰到了译术和学术方面的不少问题。其中，有的问题由翻译团队自行研究解决，有的问题则获得了阮光红教授的悉心指导。从某种意义来说，汉译《概论》是翻译团队与阮光红教授一起合作的成果。

四、致谢

在出版之际，翻译团队每个成员心中既有欣喜，也有感慨，但我们心中怀有更多的是感激之情。感谢阮光红教授对翻译团队的信任，将其于 2017 年荣获“越南国家科学技术奖”的心血之作——《概论》交由我们翻译，并在整个翻译实践活动过程中给予的学术指导和热情鼓励。这坚定了我们圆满完成译著的信心。我们向汉喃研究院阮俊强院长致以诚挚的谢忱！他为翻译团队与阮光红教授的联系，提供了诸多便利条件和热情帮助。他为了说服阮光红教授放心将其著作交给我们翻译，曾亲自带领我们前往阮府拜谒阮教授。如果没有阮俊强院长的大力引荐和帮助，可能也就不会有汉译《概论》的问世。我们还要向对外经济贸易大学聂槟教授致以诚挚的谢意！疫情期间，翻译团队无法与阮光红教授和阮俊强院长取得联系。我们有幸通过聂槟教授联系上了阮光红教授的女儿阮芳簪女士。在阮芳簪女士的积极帮助下，阮光红教授很快签订了授权出版合同。对于阮芳簪女士的帮助，我们感激不尽。在越南河内工作的广西民族大学梁伦和杨衡两位校友，工作百忙之余，将阮光红教授签署的授权出版合同寄回国内。对于他们的无私帮助，我们也致以衷心的感谢！

翻译团队特别感谢西南交通大学刘玉珺教授。她为本译著的出版争取到了专项经费支持。巴蜀书社的领导和编辑老师对本译著的出版也给予了热情的帮助。翻译团队单位、同事、师友也给予了大力支持。此外，在此过程中，翻译团队还得到了各自家人的默默鼓励和有力支持。我们在此一并表示感谢！

由于翻译团队水平有限，又是多人合作完成，译文中这样那样的不足在所难免，敬请读者不吝赐教，我们将感激不尽！

梁茂华　代记

2024 年 8 月于广西民族大学相思湖畔

编后记

2003 年 2 月至 4 月，我还是博士一年级的研究生，跟随导师和两位同门一同赴越南汉喃研究院查阅汉喃古籍。期间，我第一次见到了本书的作者阮光红先生。记得他当时能以流利的汉语跟我们交流。这次谈话，让我记忆很深刻的是，阮光红先生对他在中国学习的经历充满了感情。他早年曾留学于北京大学，师从过中国著名历史学家翦伯赞先生。当时他兴致勃勃地谈到“筷”是竹字头，从竹部，这说明筷子肯定是南方人发明的，因为南方才盛产竹子。筷子作为日常生活用品，应当是利用常见的材料制成。只可惜当时我才刚刚接触越南古典学研究，除了静静聆听之外，未能有更多的交谈。

2019 年 12 月，我受越南汉喃研究院的邀请，做了一场题为“中国公共图书馆所藏的越南汉喃古籍概况”的学术演讲。当时听众中有一位广西民族大学亚非语言文学专业三年级的硕士研究生。一年后，这位研究生联系我，表达了想报考西南交通大学中国古典文献学专业博士研究生的愿望。面试时，她表现很出色，还提到她与硕士导师和同学一同翻译了阮光红先生的学术代表作《喃字文字学概论》。这位学生即是本书的第二译者刘亚琼。亚琼入学后，我根据她原来的知识结构和翻译《喃字文字学概论》的经历，将她的研究方向定为中国俗文学作品的喃译研究，并鼓励她继续完成硕士期间未全部完成的翻译。后在她的硕士导师梁茂华博士的支持下，将此书列入我所主持的国家社科基金重大招标项目“中越书籍交流研究（多卷本）”（20&ZD333）

的阶段性成果《越南人文研究丛书》之中。然而在2022年10月，我们欲与巴蜀书社签订是书出版合同之际，传来了阮光红先生住院的消息。其时正值疫情期间，让人不由得深深担忧他的健康。所幸的是，一个多月后，阮光红先生不仅恢复了身体健康，还获得了越南国家最高奖之一的胡志明奖，并亲自出席了颁奖典礼。2023年3月，我收到了从河内寄来的，阮光红先生委托我全权代理越南文《喃字文字学概论》一书在中国翻译、出版的授权书，这本书也就顺利地进入到了翻译、出版的新阶段。

2023年冬天，我与刘亚琼一同到越南汉喃研究院访书一个月。11月22日傍晚，通过阮光红先生的高足汉喃研究院阮俊强院长的联系，我在阮先生的家中，再次见到了他，此时距离初次相见已超过了二十年。他和太太得知我们前来拜访非常高兴，还特地将《喃字文字学概论》的越文版赠送给我。阮先生患有帕金森病，当他用不甚清晰的声音，用越南语念出我的名字时；当他用颤抖的手勉强拿起笔，尽力在书籍的扉页写下他的名字时，我感动不已。

喃字是一种用汉字偏旁部首来拼写越南语的俗文字，因越南语定语后置，所以亦称之为“字喃”。早在20世纪30年代，我国民族语言学家闻宥先生就曾撰有《论字喃之组织及其与汉字之关涉》一文，论述了喃字与汉字之密切关系，以及喃字对于推动研究汉字的学术意义：“夏文与汉字之不同，犹同语族中两种姊妹语之不同；而字喃与汉字之不同，则仅为同一语族中两种方音之不同。……是挈治字喃，一方固所以阐明其自身，一方亦即所以阐明吾汉字。字喃中有繁赜之事象，因得以证之汉字而始明；汉字中有隐晦之事象，或亦得以证之字喃而大白。”遗憾的是，目前国内学术界能够真正掌握越南喃字的学者寥寥无几，显然《喃字文字学概论》这部曾获得越南“国家科学技术奖”的学术著作，在中国出版后将会改变国内学者对喃字所知甚少的局面。

二十一年前，与阮光红先生相识之时，未曾想过有一天他的学术代表作将会由我来推动在中国的出版。2017 年，从英国格拉斯哥大学访学回国后，在浙江财经大学主办的“东亚汉籍与越南汉喃古辞书”国际学术研讨会上，我同时认识了这本书的译者梁茂华博士和一直在做着联络工作的阮俊强院长。在这部书的中文译本即将面世之际，不由得感叹人生到处都是缘网，一切的相遇仿佛都是为了某个无法预知的约定。

是为记。

刘玉珺

癸卯年小雪记于犀浦罗河畔